谨以此丛书献给万德珍女士：
感谢她为此生存理性存在之间
　　　付出一生，
　　　陪伴一生，
　　　唱和一生！

四川师范大学重大成果孵化资助项目

限度引导生存

生存论研究丛书

第4卷

唐代兴 著

中国社会科学出版社

图书在版编目（CIP）数据

限度引导生存 / 唐代兴著 . —北京：中国社会科学出版社，2023.10
（生存论研究丛书）
ISBN 978-7-5227-2269-6

Ⅰ.①限… Ⅱ.①唐… Ⅲ.①生存—研究 Ⅳ.①B086

中国国家版本馆 CIP 数据核字（2023）第 132522 号

出 版 人	赵剑英
责任编辑	刘亚楠
责任校对	张爱华
责任印制	张雪娇

出　　版	中国社会科学出版社
社　　址	北京鼓楼西大街甲 158 号
邮　　编	100720
网　　址	http://www.csspw.cn
发 行 部	010-84083685
门 市 部	010-84029450
经　　销	新华书店及其他书店
印刷装订	北京市十月印刷有限公司
版　　次	2023 年 10 月第 1 版
印　　次	2023 年 10 月第 1 次印刷
开　　本	710×1000　1/16
印　　张	25.5
插　　页	2
字　　数	400 千字
定　　价	158.00 元

凡购买中国社会科学出版社图书，如有质量问题请与本社营销中心联系调换
电话：010-84083683
版权所有　侵权必究

哲学是一门广泛的、不确定的学科,它为人类的生长提供了许多服务。

——A. N. 怀特海《杜威及其影响》

总　序

世界自在，而人立其中。其存在，须臾不离阳光、空气、气候、水、土地；其生存，总要努力于技术、科学、经济、政治、教育、艺术、宗教的武装，既丰富内涵，更挑战极限：

技术，创造生存工具，持续地挑战安全的极限；

科学，开拓存在疆界，持续地挑战经验的极限；

经济，增长物质财富，持续地挑战富裕的极限；

政治，平衡公私利欲，持续地挑战权利的极限；

教育，开发生命潜能，持续地挑战智力的极限；

艺术，追求生活善美，持续地挑战自由的极限；

宗教，赋予存在信仰，持续地挑战心灵的极限。

所有一切都有正反实用，惟有哲学，历来被视为无用之学。然而，无论技术、科学，或经济、政治、教育，甚至艺术或宗教，其正反实用达于极限状态，往往演化出绝望，因为绝望之于希望，才走向哲学，开出"存在之问"的新生之道。

一　哲学发问存在的当世取向

哲学在无用中创造大用，本原于它专注于存在及其敞开，并从发问存在出发，开出存在之思而继续向前，始终行进于存在之问的当世之途，这构成哲学不同于哲学研究的根本性质定位和功能定位。

1. 哲学的自身定位

哲学乃存在之问，偏离存在之问，遗忘或丧失存在之问，哲学必然消隐。哲学一旦消隐，存在世界因丧失思想的光芒而沦为荒原，人必自得其乐于物质主义的愚昧并进而沦为暴虐主义的耗材。这是因为哲学始终是当世的，以存在之问为基业的当世哲学，直接地源于人类的存在困境和生存危机。人类的存在困境和生存危机永远属当世，是当世的必然制造：人类的每一个当世存在必然演绎出只属于此"在世之中"的存在困境和生存危机，哲学的存在之问就是直面人类的当世存在困境和生存危机而展开问询，以探求根本的解救之道，这一根本的解救之道构成武装当世政治、经济、文化、教育、科学、技术的根本智慧、最高知识和统领性方法。这是哲学的当世消隐必然带来存在荒原和非人深渊的根本原因，这也是它与哲学研究的根本不同所在。

哲学是当世的，哲学研究是历史的。

哲学的当世取向及努力，源于它对"在世之中"的人类发出存在之问，以探求其存在困境和生存危机的根本解救之道；哲学研究的历史取向及其努力，在于它只关注已成的哲学思想、知识、方法的历史及其具体内容的哲学著作，哲学理论，哲学思想、知识、方法体系以及与此直接关联的哲学思潮、哲学运动和哲学家。

所以，哲学关注的对象是人类的当世存在，具体地讲是人类当世的存在困境和生存危机；哲学研究关注的对象是已有的哲学成就，包括已经功成名就的哲学家，和这些哲学家创造出来的哲学思想、哲学知识、哲学方法、哲学理论、哲学体系、哲学著作和由他们涌动生成的哲学思潮、哲学运动、哲学流派、哲学传统。

哲学研究追求严肃、严谨、庄重；哲学却崇尚使命和责任。

哲学研究可能成为事业，但对于更多的人或者大多数人来讲只是一种职业，所以哲学研究可以会聚形成庞大的群体，庞大的职业圈，庞大的师门承传，甚而至于可以汇聚成为课题、项目、获奖的江湖，或可曰：哲学研究可成为甚至往往成为敲门砖、工具、手段。哲学研究所拥有的这些都与哲学无缘：哲学作为对当世的存在之问的根本方式，不能成为职业，只能成为事业，所以哲学在任何时代都只由**极少极少的人**能眷顾。因为，哲学之为哲学的基本标志，是存在之问；哲学研究之为哲学研究的基本标志，是对哲学家的哲学成果（认知、思想、知识、方法、著作、体系）之问。

哲学研究可类分出东方或西方，也可类分出古代、近代或现代，更可类分出国度与种族，还可类分出思潮和流派、著作与人，以及阶级和门派。哲学却全然与这些无缘、无关，因为哲学不仅是当世的，更是世界的，它就是立足当世开辟人类存在之问的**世界性**道路。

要言之，哲学研究是人类根本思想、根本知识、根本方法的历史学，或**历史阐释学**；哲学却是人类根本思想、根本知识、根本方法的当代学，或**当代创造学**。

2. 哲学的当世努力

哲学研究的对象产生于历史，哲学及其创造源于当世的存在困境和生存危机，这就是自古磨难出英雄，从来动荡激哲思。古希腊哲学诞生于存在的自然之问，并朝存在之伦理和政治哲学方向发展，前者不仅因为存在世界引发出惊诧和好奇，更是突破大海束缚开拓存在空间的激励；后者源于突围战乱的绝境而探求人性再造的生存反思。春秋战国之世，如果没有"天子失官，学在四夷"的存在困境和"道术将为天下裂"的生存危机，则不可能有探求如何解救时世的思想方案的诸子盛世的产生。

存在的困境，创造思想盛宴；生存的危机，孕育哲学盛世。

以直面存在困境和追问生存危机的方式彰显自身的哲学，始终是当世的。唯物质主义存在和祛魅化生存，基因工程和人工智能开启生物人种学忧惧，后环境风险带动地球生物危机，极端气候失律推动灾害世界化，加速迭代变异的病毒正以嗜虐全人类的方式全面改写着人类的历史，而更新的殖民主义浪潮推动全球化的空间争夺、价值对决、军备竞赛、武器至上等等会聚生成、运演出风云突变的当世存在，构筑起后人口、后环境、后技术化存在、后疫-灾、后经济-政治为基本向度的**后世界风险社会**陷阱，必然激发哲学追问以拆除学科视域、突破科学主义，摒弃细节迷恋，走向生态整体，以关注存在本体的方式入场，开启哲学的当代道路，探索哲学的当世重建。

哲学的当代道路，即是沿着经验理性向观念理性再向科学理性方向前进而必然开出生存理性（或生态理性）的道路①，因而，生存理性哲学，应该成为解救当世存在的根本困境和危机的根本之道的哲学。

哲学展开存在之问的方式，就是理性。哲学以理性方式展开存在之问有多种形式，具体地讲，以理性方式敞开存在的经验之问，即是经验理性哲学；以理性方式敞开存在的观念之问，就是观念理性哲学；以理性方式方式敞开存在的科学（或曰方法）之问，就是科学理性（或曰"工具理性"）哲学；以理性方式敞开存在的生态之问，就是生存理性哲学。由于**存在敞开生存**始终呈自身的位态，所以生存理性哲学亦可称之为生态理性哲学。因为"生态"概念的本义是生命存在的固有姿态，当生命存在敞开生存时，其固有的姿态也就随之呈现其存在敞开的原本性位态，这一本原性位态即是存在以自身方式敞开的生存朝向（详述参见"生存论研究"卷4《生成涌现时间》第1章第四部分），所以，生存理性哲学也就是生态理性哲学。

二 生态理性之思敞开的初步

生态理性哲学的基本主题是"当代人类理性存在何以可能"？它落实在生存上，则凸显出四个有待追问的基本问题：

一、人善待个人何以可能？

二、人善待环境何以可能？

三、人善待文明何以可能？

四、人善待历史何以可能？

生态理性哲学直面当世存在困境和生存危机而发问，探求其解决的根本之道，就是为人善待个人、人善待环境、人善待文明、人善待历史提供可能性，包括认知、思想、知识、方法及其生态整体路径等方面的可能性。因而，发问当世存在困境和生存危机，探索和创建生态理性哲学，不仅是当世哲学家的事业，也是当世文学家、科学家以及其它当世思想家的共同事业。

1. 生态理性的形上视域

基于如上基本定位，生态理性哲学的认知起步，是重新思考人类书写，

---

① 参见唐代兴《生态理性哲学导论》，北京大学出版社2005年版。

考察人类书写事业的主体构成，由是于1987、1988年先后完成《书写哲学的生成》和《人类书写论》(1991)两本小册子。以此为起步，尝试思考生态理性的本体论和形而上学问题，于1989年完成生态理性本体论《语义场导论：人类行为动力研究》(1998年初版，十五年后修订增加了15万字，于2015年以《语义场：生存的本体论诠释》再版)，1990年完成生态理性形而上学《生态理性哲学导论》(2005)，1991年完成生态理性本体论美学《语义美学论纲：人类行为意义研究（1）》(2001年初版，一年后市场上出版盗版本，2003年重印)；1992年完成生态理性政治哲学《语言政治学：人类行为意义研究（3）》（至今未出版）；1993年完成生态理性美学《形式语义美学论纲：人类行为意义研究（2）》（因2001年家被盗，电脑被偷，此书稿丢失）。继而尝试思考生态理性哲学方法问题，先后形成《思维方法的生态化综合》(1990年2月)、《再论生态化综合》(1991年3月)、《生态化综合：全球化语境下的文艺学方法》(1992年4月)等论文，其后予以系统思考，于2000年完成《生态化综合：一种新的世界观》(2015)。

依照哲学传统，哲学应包括三部分内容，即形而上学、本体论，认识论和实践哲学。认识论是形而上学、本体论指向实践哲学的中介，实践哲学应该成为形而上学、本体论达于生活世界指导人生和引导社会的方法论。实践哲学，在经典的意义上是伦理学（或道德哲学）和政治学（或政治哲学）（比如亚里士多德就是如此定位实践哲学，笛卡儿在此基础上增加了医学和力学，黑格尔却以法哲学的方式将伦理学和政治哲学统合起来），但在完整的意义上应包括伦理学、政治哲学、教育哲学和美学（或曰"美的哲学"）四个方面：伦理学，是哲学走向实践引导人如何善待人的根本方法和普遍智慧，或可说伦理学是哲学引导人如何与人"生活在一起"的根本方法和普遍智慧；政治哲学，是哲学走向实践引导社会如何善待人的根本方法和普遍智慧，或可说政治哲学是哲学引导社会如何与人人"生活在一起"的根本方法和普遍智慧；教育哲学，是哲学走向实践引导人如何成己成人立世的根本方法和普遍智慧，或可说教育哲学是哲学引导人如何从动物存在走向人文存在而成为人和大人的根本方法和普遍智慧；美学或曰"美的哲学"，是哲学走向实践引导人如何善待自己的根本方法和普遍智慧，或可说美学是哲学引导人如何**悦**

纳内在的自己而自由地存在、生活和创造的根本方法与普遍智慧。

2. 生态理性的伦理建构

从 2001 年始，开始从生态理性的基本问题转向其生态理性的实践问题。实践哲学虽然主要由伦理学、政治哲学、教育哲学和美学构成，但此四者中，伦理问题却成为实践哲学的基础性问题。这正如斯宾诺莎和黑格尔所说，伦理是一种存在的精神实体。在西语中，ethics 源于古希腊语ëthos（ηθος），意为气禀和品性；但与 ëthos 关系密切的词是 ethos（εθος），意思是风俗、习惯。所以，气禀、品性、习惯、风俗构成 ethics 的基本语义。相对人而言，气禀和品性属内在的东西，构成**个体**的内在精神规范；习惯和风俗却是外在的东西，构成**社会共同体**对个体的外在规范：这种外在规范的个体化呈现，就是习惯；这种外在规范的群体性呈现，就是风俗。或者，习惯表述气禀和品性向外释放形成个体行为约束方式，当这种行为约束方式因**共同行动的便利约定俗成为主体间性**的行动自觉，就成为风俗。风俗是超越个体行为习惯的一种普遍性体认方式、行为模式、精神结构。

伦理作为一种存在的精神实体，是从个体出发，以个性精神为动力，以个体行为方式的**群体性扩散**所构筑起来的**伦理地存在**的**普世性**体认方式、行为模式和精神结构。伦理地存在，是指以个体为主体的体现普世性体认方式、行为模式和精神结构的存在方式。这种体认方式、行为模式、精神结构的内在规定性及基本诉求是什么呢？ethics 没有提供这方面的信息，但汉语"伦理"概念却为之提供了这方面的解释性依据。在汉语中，"伦理"之"伦，辈也"（《说文》），揭明"伦"的本义是**辈分**，辈分的本质是**血缘**。血缘和辈分既将人先天地安排在**各自该居**的关系位置上使之获得等级性，也规定了人与人界线分明的**类聚**关系，即血缘之内一类，血缘之外另一类。血缘、辈分、类聚，此三者生成性建构起人间之"伦"，简称人伦。人伦作为一种基本的人道，却是自然使然，因为血缘、辈分、类聚，都源自然，因而都是自然的：血缘不由人选择，辈分也是天赋于人，当一个生命种子在母体中播下，辈分就产生了；原初意义的类聚是由血缘和辈分生成，比如，你生而为女人或生而为男人，以及你生而为丑女人或美女人、矮男人或高男人，或者生于富贵之家还是贫贱之家，均不由你选择，它对你来讲，是自然地生成，自然地带来的，并自然地将你带进矮或高、丑或美、贫穷或富贵之"类"中，并且是强迫性地使之成为种种"类"的符号、代码，比如生于贫穷地域的贫穷人家，你就成为"穷人"一类中的"穷人"代码。从根本讲，血缘体现**自然生育法则**，辈分和类聚蕴含大千世界存在物如何**存在的天理**（即"自然之理"的简便说法）。遵循血缘这一自然生育法则和辈分、类聚这一存在天理向外拓展，就形成民族，建立国家，产生国家社会的人伦关系形态。亚里士多德在《政治学》中指出，人单独不能存在，更不能延续种类，相互依存的男女因为生理的成熟而结合，所以配偶出于生理的自然产生两种结果，一是男女出于生理的自然而结合组成家庭；二是男女因为生理的自然结合产生生育，所以生育亦是生理的自然。生育的繁衍，使家庭扩展成为村坊，村坊的横向联合，产生城邦。① 这一生成敞开进程，既遵循了自然生育法则，也发挥了辈分和类聚这一存在天理的功能。"伦"字所蕴含的这一双重之"理"，使它有资格与"理"字结合而构成"伦理"：《说文》释伦理之"理，治玉也"，意指"理"的本义为璞石之纹路，按照璞石的天然纹路将其打造成美玉的方式，就是"治玉"。所以"理"蕴含了自然形成、人力创造和改造自然事实的预设模式与蓝图这样三重事实。整体观之，"伦理"既指一种自然存在事实，也指一种理想存在事实，既蕴含自然之理，也彰显人为之道。因为"伦理"既是由"伦"生"理"，也是由"理"生"道"，这一双重的"生"机和"生"意的本质却是"信任"。作为源自自然而生成社会基本结构的伦理达于个体化的人与人"生活在一起"的道德的主体性桥梁，即是信任。（见下页"总图1"）

伦理作为一种存在事实，既是自然存在事实，也是人为存在事实。而凡存在事实，无论从形态学观还是从本体论讲，都是具有内在关联性并呈现开放性生成的关系。所以，统合其自然存在事实和人为存在事实，伦理实是一种**人际存在关系**，简称为人际关系，它敞开人与人、人与群（社会）、人与物、人与环境（自然）诸多维度，形成一种**四面八方和四通八达**的开放性取向、态势或诉求。由于人是以个体生命的方式存在，并且其个体生命需要资

---

① ［古希腊］亚里士多德：《政治学》吴寿彭译，商务印书馆1983年版，第5-6页。

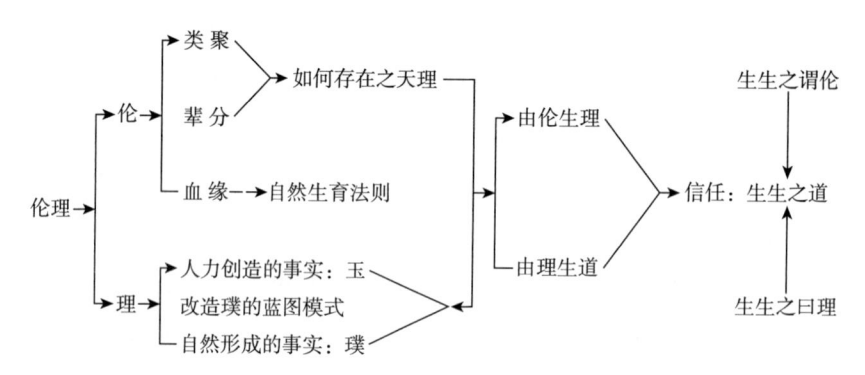

```
                    ┌→ 类聚
                    │            ┌→ 如何存在之天理 ┐   ┌→ 由伦生理 ┐        生生之谓伦
              ┌→ 伦 ┼→ 辈分 ──→ │                 │   │          │           ↓
              │     └→ 血缘 ──→ 自然生育法则     │→ │          │→ 信任：生生之道
     伦理 ──→ │                                     │   │          │           ↑
              │     ┌→ 人力创造的事实：玉        │   │          │        生生之曰理
              └→ 理 ┼→ 改造璞的蓝图模式 ────────┘   └→ 由理生道┘
                    └→ 自然形成的事实：璞
```

[总图1：汉语"伦理"蕴含自然－种族－社会三维精神结构]

源滋养才可继续存在，滋养个体生命的所有资源都没有现成，都必须要通过劳动付出甚至以生命为代价方可获得。人的存在之生，需要利的滋养，因为利而生发争夺，产生权利与权力的对抗、博弈或妥协，更因为利的得失而必生爱恨。所以，伦理本质上是一种**充满利害取向**的人际关系，或可说是一种充满利害选择与权衡的人际关系，蕴含生、利、爱——即生己或生他、利己或利他、爱己或爱他——的对立统一朝向，这种对立统一朝向落实在个人存在敞开生存的日常行为中，就表现为其利害选择与权衡的德或非德，或德或反德。这一对立统一朝向落实到社会共同体的秩序构建上，就是善恶机制、价值坐标、社会方式的建立，并以此善恶机制、价值坐标、社会方式为依据，选择政体，形塑制度，建立边界和限度的法律体系。

从根本言，实践哲学的探讨，无论是政治哲学探讨，还是教育哲学探讨，或者美学探讨，其背后都伫立着一个**伦理坐标**，忽视这个伦理坐标，其探讨无论怎样深入，都会产生**不得其中**的局限。正是基于此，当运用初步形成的生态理性思想和方法来重构实践哲学时，首要工作就是做伦理检讨。

无论中西，伦理学既是最古老的学问，也是与世常青的学问。古老的伦理学发展到今天，存在许多最为根本的和基础的问题，这些问题集中表现在伦理学、道德学、道德哲学的混同、伦理的基础理论与方法的等同，道德与美德不分、功利与道义对立、责任与义务混淆，等等。但其症结却是对伦理学的性质定位错位，这即是人们总是擅长或者说喜欢从价值入手来定位伦理学，并以价值为依据、尺度、准则来考察伦理问题，由此很自然地忽视了人性问题和利益问题。更准确地讲，这种做法是无视人的他者性存在处境和生存状况而将伦理想象地观念化。从根本讲，伦理学不是价值的科学，而是**人性塑造的学问**。人性不是价值事实，而是天赋的存在事实。人性的存在敞开呈现出来的首要问题、根本问题、本质问题，不是价值的问题，而是"因生而活，为活而生"且"生生不息"的问题，具体地讲即存在安全和生活保障的问题，这一存在和生存的根本问题所开出来的第一要义，是"利"，即人"因生而活"关联起利，人"为活而生"也关联起利，人生生不息地诉求"因生而活，为活而生"的劳作同样关联起利。从个人言，人与人之间的爱恨亲仇，均因为利，均以利为原发动力并以利为最终之行动目的；对社会言，人与群体、人与社会、人与政府等等之间的生存纽带，依然是利，政体的选择、制度的安排、法律的制定，都以利为原发机制和最终的校准器。伦理的价值主义，架空了人性和人性存在，这种做法无论是无意还是刻意，都是要洗白"因生而活，为活而生且生生不息"的"利"这一原发动力和原发机制，最终导致政体选择、制度形塑、法律制定丧失人性土壤和利益这块基石，而使野心家、阴谋家任性虚构存在，使地痞、流氓、白痴、人渣、畜牲横行生活世界。

从生态理性思想出发并运用生态综合方法来检讨人类伦理，首先是走出伦理学的**科学主义和价值主义**怪圈，考察"利益"问题，于2001年完成《利益伦理》（2002），然后以"利益"为校准器，检讨制度形塑与公正的问题，于2002年完成《公正伦理与制度道德》（2003）。以此为两维视野，探讨引导国家成为"善业"并使人人能够过上"优良的生活"[①]的道德应该是什么道德，于2003年完成《优良道德体系论》（2004）。以"优良道德"为判据，检讨社会的政体选择的道德基础和个人生存诉求幸福的知识基础这两个有关于道德社会的基本问题，先后完成并出版《宪政建设的伦理基础与道德维度》（2008）和《生存与幸福：伦理构建的知识论原理》（2010）。

从整体讲，如上关于"利益"、"优良道德"、"公正与制度道德"、"伦理价值构建与政体选择"、"生存与幸福"五个专题研究，仅仅是我为构建伦理学的生境体系做的"**准备性研究**"。

---

① ［古希腊］亚里士多德：《政治学》吴寿彭译，商务印书馆1983年版，第7页。

我所讨论的伦理生境问题，不是人们习惯性看待的"生态伦理"，而是指伦理学是引导个人和社会尽可能释放其有限理性，在境遇化生存中面对利害关系的选择与权衡时做到有边界和限度，既使自己生和生生不息，同时也使他者（他人、群体、自然物、生命、自然环境、存在世界）生和生生不息。从本质讲，**伦理学是使人和人组构起来的共同体共生存在并生生不息的伦理知识、学问和方法**，这种伦理知识、学问和方法成为引导和激励人营造共生存在之生境智慧。我所致力于构建的伦理学的生境体系，就是这种性质的知识、学问和方法体系，它由上海三联书店出版的伦理体系由九卷构成，包括导论《伦理学原理》（2018）和卷1《生境伦理的人性基石》（2013）、卷2《生境伦理的哲学基础》（2013）、卷3《生境伦理的知识论原理》（2013）、卷4《生境伦理的心理学原理》（2013）、卷5《生境伦理的规范原理》（2014）、卷6《生境伦理的实践方向》（原书稿名《生境伦理的宪政方向》）（2015）、卷7《生境伦理的制度规训》（2014）和卷8《生境伦理的教育道路》（2014）。

3. 生态理性的验证性运用

生态理性的哲学方法是生态化综合，其所敞开的思维视野是**生态整体性**，诉求整体动力学与局部动力学的合生，具体地讲，就是在问题的拷问和理论的建构过程中，始终诉求整体动力向局部动力的实现和局部动力对整体动力的回归。仅就伦理思考及其理论建构言，即是将人性论、心理学、政治哲学、教育学统合起来予以有序探讨，并形成初步的成功。于是运用生态理性思想、方法和伦理学理论来做映证性研究，即检验生态理性思想、生态化综合方法和生境主义伦理理论是否具有可拓展运用的可能性。这种尝试研究主要从文化、环境和中国传统哲学三个方面展开。

第一个方面是运用生态理性思想、生态化综合方法和伦理学的生境理论来研究文化，并不是主动为之，而是应北京大学"软实力课题组"邀请，完成其"文化软实力"课题，最终以《文化软实力战略研究》（2008）出版。这种对文化软实力的思考虽告一段落，但却后来拓展到对一般文化的断断续续的思考，并于近年发表数篇文章。

第二个方面是运用生态理性思想、生态化综合方法和伦理学的生境理论来检讨当世存在环境，追问环境伦理和环境哲学问题，却是源于主动为之，其契机是 2008 年汶川地震。在所有的宣传与说教中，地震是纯粹的自然现象，并且是无法预测的。仅后者言，地震确实无法精确地预测准确爆发的时间和地点，但却能预测出爆发的大致时间域和范围域，旱震专家耿国庆的旱震理论及其被采用所产生的预测实绩无不表明这一点。就前者论，在人类自然生存的农牧时代，地震以及海啸、火山爆发、气候失律等自然灾变，都是纯粹的自然运动之呈现。但在人力改变地球状貌甚至地质结构的现代工业社会和后工业社会，气候极端失律、频发的海啸、地震等自然异动现象以及疫灾，都渗透了人力因素，是人为破坏环境的负面影响层累性积聚突破自然生态容量极限时爆发出来的人为灾难，科学研究发现，"过去几十年，地球快速变暖，并不是太阳能量释放发生变化所致"，而是人类无节制地向大气层排放温室气体所致。① 在深刻维度上，环境灾害却展露出人类存在危机和人类可持续生存危机。这一双重危机首先源于人类文明对自己的伤害，具体地讲，它"是人类决策和工业胜利造成的结果，是出于发展和控制文明社会的需求"②。所以历史学家池田大佐和阿·汤因比才如是指出，"在现代，灭绝人类生存的不是天灾，而是人灾，这已经是昭然的事实。不，毋宁说科学能够发挥的力量变得如此巨大，以至不可能有不包含人灾因素的天灾。"③ 基于汶川地震背后的**人力性**因素④和**人为性**灾难⑤而展开环境伦理思考，于 2010 年完成《灾疫伦理学：通向生态文明的桥梁》（2011）。其后，继续运用生态理性思想、生态化综合方法和伦理学的生境理论思考现代环境灾难频发的宇观因素，也即是气候极端失律的人力因素，完成环境哲学－伦理学研究四卷，即卷 1《气候失律的伦理》（2017）、卷 2《恢复气候的路径》（2017）、《环境悬崖上的中国》（未能出版）和卷 4《环境治理学探索》（2017），与此同时发表了 50 余篇环境哲学－伦理方面的论文，重在于探讨环境生境运动

---

① ［美］安德鲁·德斯勒、爱德华·A. 帕尔森：《气候变化：科学还是政治?》，李淑琴等译，中国环境科学出版社 2012 年版，第 80 页。

② ［德］乌尔里希·贝克：《什么是全球化？全球主义的曲解：应对全球化》，常和芳译，华东师范大学出版社 2008 年版，第 43 页。

③ ［日］池田大佐、［英］阿·汤因比：《展望 21 世纪》，荀春生译，国际文化出版公司 1997 年版，第 37—38 页。

④ 卢清国：《汶川地震与三峡库区蓄水的关系》，《北京工业大学学报》2009 年第 4 期。

⑤ 范晓：《汶川大地震下的奥秘》，《中国国家地理》2008 年第 6 期。

的原发机制和环境逆生态运动的生变机制和原理，提炼出环境生境运动的场化原理和环境逆生态运动的层累原理、突变原理、边际效应界原理，以及环境生态临界点和环境生态容量极限。对环境生变运动的系统性思考和理论建构，实已从环境伦理和环境哲学领域达于存在场域的自然哲学领域，为后续更为深入地和系统地展开生态理性本体问题的研究，打开了存在世界的自然之维。

环境问题，不仅是自然问题，更是社会问题，而且首先且最终是社会问题，所以，环境问题涉及自然环境和社会环境两个维度。就社会环境言，其整体的恶化态势主要由唯经济主义、唯技术主义和唯政治正确的集权主义、唯武器主义四者合生推动，最终将人类社会推进了后世界风险社会陷阱，近些年来，就唯技术主义以加速度方式造就整个人类的技术化存在现实，分别集中检讨了两个方面的问题，一是检讨以计算机为运演工具、以会聚技术为认知方法、以大数据为分析方法、以基因工程和人工智能为主要形态的生物工艺学技术给当前和未来人类带来的整体危害和毁灭性危机；二是检讨生物环境以及微生物环境的整体破坏和病毒实验带动的全球化彼起此伏的疫灾，如何从整体上改变了地球生态和人类生态而形成一种我们至今不愿正视的**疫灾化存在的生态场域**。对前者的思考所形成的文章陆续刊发出十来篇，对后者的思考所形成的系列论文却一篇都未刊发出来。在如上两个方面的尝试探讨基础上，完成了《后世界风险社会》并由上海三联书店于2023年出版。

第三个方面是运用生态理性思想、生态化综合方法和伦理学的生境理论来思考中国先秦的孔子哲学，具体讲就是以生态理性思想和伦理学的生境理论为指导，运用生态化综合哲学方法来尝试创建语境还原的经典文本解读方法，会通理解《论语》，抉发孔子哲学的思想生成逻辑和理论体系，完成并出版《〈论语〉思想学说导论》（2019）和《〈论语〉思想学说会通研究》（185万字，2023），以为抉发本土文化之大传统即诸子思想资源以为当世文化和思想重建打开一扇新的门窗。

三 生态理性之思的继步向前

以生态理性为志业，将其意愿生成为持存的思维、认知的土壤是逆生态化的环境（自然环境和社会环境）、被立体地扭曲的人性和被连根拔起的文化、文明、传统，并在整体上重塑的荒原般贫瘠的农村，其志业意愿、思维、认知受孕于早年的生活经历和阅历，尤其是十年农民生活。展开其志业之旅的书写尝试始于 1985 年，经历两年的文论思考之后于 1987 年开始转向对生态理性问题的意识性关注。2001 年将问题思考的重心从生态理性哲学的基本问题转向人类伦理的生境问题，既是思维运动中对问题关注重心的自然转移，但更是个人生存（工作和研究）环境因素的逼促和推动。从 2001–2020 这 20 年间，从整体讲是围绕伦理问题展开，但具体言之，其关注重心也经历了从伦理基础理论的重建向环境哲学 - 伦理、技术哲学和中国传统哲学中孔子哲学诸领域之间的游弋，虽然其主题始终是生态理性的，但主要是对初建起来的生态理性思想、方法、理论的运用，体现面的拓展，这种研究最终将存在之间的根本问题和基础问题又以更新的和更为深度的方式焕发出来，吁求重新检视和拷问，由此形成"生存论研究"规划。

"生存论研究"规划的基本意向，是回到生态理性的基础认知和基本问题本身，对生态理性的源头问题、本原问题予以进一步澄清，在此基础上展开四个维度的综合审问。

1. 生存论的形上认知

"生存论研究"关注的首要问题是生存的基础问题，分别从五个维度敞开其讨论。

第 1 卷《书写哲学的生成》（2023）讨论人类精神创造主体的书写哲学生成何以可能。

讨论一个一直被忽视的问题，这就是人成为一代伟大写作家的主体条件问题。这个问题被聚焦于书写哲学（或曰写作哲学），即一切伟大的写作家创作文学、探索科学、创造哲学或建设思想体系的书写哲学何以生成的社会因素和个体条件。从思维方式观，人类伟大的写作家大致可以归为两类型，一是擅长于运用**抽象性具象**的思维形式的文学家，二是擅长于运用**具象化抽象**的思维方式的科学家和哲学家、思想家。他们是运用语词语言或者是综合运用符号语言和语词语言从事存在书写的志业者。个体将自己成就为一代写作家的主体前提是具备个性人格化的书写哲学。写作家书写哲学的生成建构既以生存意向为基础，更以心灵意向为动力。前者由写作家之生活经历与人生阅历、生活变迁与自由阅读层累性生成，后者是写作家对天赋生命的意志因子、智慧因子、体质结构、气禀朝向的反身性体验、领悟和自为性觉解所生成，其原发动力是写作家的物种生命天性和人本存在天性，前者由物种本能、种族原型和个体性力构成原发性的生命意志机制，后者乃生存无意识的层累性积淀和成长无意识的创生性建构，其转换生成的必然方向是生命意志向生存意志的生成和生物无意识对文化无意识的激励，此二者有机整合生成性建构起写作家的书写哲学及精神意向。

第 2 卷《存在敞开的书写》（2023）讨论哲学展开存在之问并建构存在之思的本性、方式及面对后世界风险社会进程的生存理性消息。

哲学开启的存在之问，既牵涉存在**为何存在**之问，也带动存在**何以存在**之问。仅后者言，存在以敞开自身的方式存在。存在以敞开自身的方式存在，即是书写。而存在，既是存在世界的存在，也是人的世界的存在，并且，人总是以历史（自然史和人文史）性敞开的方式存在于存在世界中，而存在世界既自在，又存在于人的历史性敞开"过去→现在→未来"的不可逆进程中。哲学则屹立于过去走向未来的当世交汇点上展开世界性的存在之问并构建人的存在之思。无论存在世界或人，其存在始终敞开书写，并且，存在世界以自身方式敞开存在而书写着人，人既以自然存在的方式又以人文存在的方式敞开自身存在而书写着存在世界。所以，人与世界互为书写构成存在本身，哲学对人的世界与存在世界互为书写的存在之问构建存在之思的敞开过程，亦是存在书写。基此基本认知，首先梳理存在敞开书写的条件、源头方式及发展进程，然后从近代哲学向现代哲学方向演进切入，考察存在敞开书写的形式化道路呈现出来的时空视域与多元方式，揭示其存在敞开书写的自然之理以及整体动力向局部动力实现和局部动力向整体动力回归的认知方向。以此向前聚焦后世界风险社会的人类进程，探询存在书写运思的哲学方向，拷问人的世界性存在根基与存在世界存在的内在关联，报告**限度生存**的生态理性哲学消息。

第 3 卷《生成涌现时间》（2023）讨论生态理性哲学的场存在论和场本体论何以可能。

存在必然敞开自身。存在敞开自身既是存在的空间化铺开，更是时间的

生成性涌现。《生存涌现时间》讨论的主题是存在敞开自身的空间化铺开如何以涌现方式生成时间。对此主题的讨论主要是梳理生态理性、共生存在、场态本体、生境逻辑这四个概念，通过这四个概念内涵及其关联生成的历史的梳理呈现生态理性哲学之认知框架和思想体系构成的四个范畴。在发生学意义上，哲学的存在之问发生于生物存在的人向人文存在的人进发的转捩点上，或可说哲学发生于自然人类学向文化人类学的萌生进程，其萌生的方式是**心觉的**，继而开出**知觉的**方式。哲学发问存在的发生学向继生论方向敞开，自然形成从天启向人为的方向演进，使理性成为哲学发问存在的基本方式，哲学发问存在的这一理性方式获得了调和心觉和知觉的功能。人为的哲学的最初形态经验理性，继而开出观念理性，观念理性对主体主义的认识论形而上学道路的开辟，必然结出科学理性（或曰工具理性）之果，推动理性回返生态理性（或曰生存理性）的本原性道路。所以，生态理性，既是生态理性哲学发问存在的思维方式，也是其发问存在的认知视域和存在姿态。从生态理性出发，生态理性哲学发问存在的主题，既不是经验存在，也不是观念存在，更不是工具存在，而是生存书写的生态存在；并且生态理性哲学发问存在的存在论，既不是"变中不变"的静态存在论，也不是"不变中变"的动态存在论，而是"变中不变"和"不变中变"**互为会通**的共生存在论。生态理性哲学的**共生存在论**打开场态本体论的全新视域，并获得生境逻辑的支撑。

　　从根本讲，卷三是通过对"生态理性""共生存在""场态本体"和"生境逻辑"四个概念范畴的内涵及其生成演化的逻辑推证，**来重建早已被遗忘和抛弃了的存在本体论**，这即是生态理性本体论，或可称之为场本体论。生态理性哲学的场本体论的内在规定是存在语义场的自生成、自凝聚、自存在、自持守。在存在场本体论中，存在语义场的自敞开的存在，即是生境存在。生境逻辑的自身规定是生境。在存在语义场中，生境属于本体范畴，是其存在场本体论的本体，存在语义场本体的内在规定性是生境；生境的本质是生，生境的本性是生生。并且，生境作为存在场本体论的本体概念，蕴含三个方面的内涵，并为解决三个维度的根本问题提供可能性。首先，生境蕴含场化的存在世界的本原状态；其次，生境蕴含场化的存在世界的生成动力；其三，生境蕴含场化存在的本质和本性。由此三个方面，生境敞开的逻辑，乃生境逻辑；生境敞开的方法，乃整体动力向局部动力实现和局部动力向整体动力回归的认知方法和思想方法。

第4卷《限度引导生存》（2023）讨论人与世界共生存在视域下限度生存的实然和应然问题。

此卷是在由生态理性、共生存在、场态本体、生境逻辑四个范畴建构起来的本体论框架和形而上学蓝图规范基础上讨论如下四个基本命题：

（1）心灵镜像视域的生成。

（2）人是世界性的存在者。

（3）自然为人立法，人为自然护法。

（4）限度生存的实然状态和必然方向。

世界原本是一个圆浑的存在整体，但因为人这种物种从自然人类学向文化人类学方向演化，原本动物存在的人踏上了人文存在的进化道路，于是世界的自身存在开出了一个人的存在，存在也因此呈现存在世界的存在和人的世界的存在。哲学的存在之问也就必然同时敞开存在世界的存在之问和人的世界的存在之问，哲学的存在之问所开辟出来的形而上学道路，同样有了人存在于其中的存在世界的本体论和人的存在世界之中的本体论，卷三《生成涌现时间》，致力于讨论人存在于其中的存在世界的本体论，揭示人的存在和人的存在世界如何可能在存在世界中生成涌现，以及人的存在和人的存在世界得以生成涌现的根本标志或先决条件"时间"何以产生的原发机制和存在论动力。与此相对应，卷四《限度引导生存》则致力于讨论存在世界存在于其中的人的存在世界何以生成建构。人的自然人类学向文化人类学方向演进，或者说人的动物存在向人文存在方向生成的人的存在和人的存在世界如何从存在世界中凸显出来的前提性条件，就是人的自然人类学的**动物心灵**向文化人类学的**人文心灵**的形塑，这就是人的心灵镜像的生成。人的心灵镜像一旦自为地生成，则必然构建起人的心灵镜像视域。人的心灵镜像视域无论之于个体还是之于人类整体，都是以历史化的此在的方式或者说以"在世之中"的方式不断生成拓展，或外向的生成拓展，或向内的生成拓展，而始终生生不息地自我发展其存在敞开生存的精神意向。

人真正从动物存在的深渊中解脱出来成为世界性的人文存在者，始终行进在路上。这就是说，人作为世界性存在者并不是一种静态的存在状态，而是一个动态生成性形塑的进程状态。在这一自我形塑的进程态中，人必须走出其存在的实然而进入应然努力，不断地拓展其世界性存在的自然面向和社会面向，必须遵从和守护的自然律令，这就是"自然为人立法，人为自然护法"，它成为人的世界性存在的根本律令和法则，遵从和守护这一根本的律令和法则而存在于存在世界之中永相发展的基本努力，就是**限度生存**，这既是自然人类学的实然，也是文化人类学的必然。

第5卷《律法规训逻辑》（2023）讨论宇宙创化的存在律法指南和规训人的智力逻辑何以可能。

卷三存在世界的共生存在的场态本体论和卷四人的世界性存在的限度生存论构成一种自然人类学向文化人类学方向演化到底能走多远的张力问题。这一张力问题的实质即是共生存在的**本体的本体**，即其逻辑的体认和建构、遵从和运用的问题。

自然人类学向文化人类学进发的历史进程，使存在世界成为两分的世界，即自然存在的世界和人的存在世界，由此内在地呈现两分的逻辑，即存在世界的**存在逻辑**和人的世界的**人力逻辑**，可以将前者称之为存在世界的**存在律法**，将后者称之为人的世界的**智－力逻辑**。由于自然存在的世界和人的存在世界是互涵的，即人的存在世界存在于自然存在的世界之中，自然存在的世界亦部分地存在于人的存在世界之中，存在世界的存在律法与人的世界的智－力逻辑之间也就必然地出现合与分的问题，这种合与分的问题的实质表述是：到底是由人的智－力逻辑来统摄存在世界的存在律法，还是由存在律法来规训人的世界的智－力逻辑？这就涉及一个根本问题，即到底是存在世界创造、养育了人类物种，为人类物种从自然人类学向文化人类学方向持续进化提供了土壤、条件、智慧、方法？还是人的世界创造、养育了存在世界，为存在世界持续地存在敞开提供了土壤、条件、智慧和方法？这个问题答案显然是前者。因而，存在世界的存在律法构成人的世界的智－力逻辑的源泉、准则、规训、原则，也规定了人的智－力逻辑对人的存在世界和宇宙自然世界的运用范围。基于如此基本认知，卷四《律法规训逻辑》首先讨论了人类的智力逻辑的来源、生成及其建构和发展，具体分析知识探究（主要着眼于科学和哲学）的逻辑、思维规律的逻辑和生存规则的逻辑建构与发展的准则、原理、特征、功能、局限，以及无限度地运用智力逻辑来服务人的存在所造成的根本局限和这种局限如何形成对人类存在歧路的开辟，对人类当代之根本存在困境和生存危机的制造。在此基础上讨论存在世界的存在律法，着重探讨存在世界的自然的律法、人文的律法、社会的律法，以及此三大律法的融贯与会通对智力逻辑的引导和规训，如何可能引导人类重建继续安全存在的新文明。

2. 生存的人本条件

第 6 卷《意义与价值》主要讨论人得存在的本原意义及其价值生成。

从本质讲，意义和价值对于存在世界本身并不具有本原性，因为意义和价值并不是造物主创化世界所成，而存在世界继创的产物，即意义和价值是后来生成的。以此观之，存在世界即是存在世界本身，不存在意义和价值的生成问题；并且，人处于自然人类学状态，也不存在意义和价值的生成问题。只有当自然人类学的人获得文化人类学的趋向、态势、特征并进入持续演进的进程之中，意义和价值的生成才在世界中产生。所以，意义产生于人的自然人类学向文化人类学方向演化，具体地讲，意义产生于人的动物存在向人文存在的努力。但意义的源泉却是存在世界本身，是人的自然人类学本身。

以存在世界（包括人的自然人类学）为源泉，意义构建起人的世界蓝图的内在框架，也可说意义构建起人的世界的基本格局，而充盈这一内在框架并撑起起这一基本格局的内容却是价值。价值是意义的实项内容，但意义却是价值的来源，没有意义，不可能有价值，所以，意义生成价值，价值呈现意义。将存在世界、意义、价值三者贯通形成存在之整体的却是**事实本身**，即人的存在世界这一存在事实和宇宙自然世界这一存在事实。

第 7 卷《善恶的病理问题》主要讨论人的存在信仰敞开或遮蔽如何生成其生存论的善恶朝向，并引发出系列的病理学问题。

以存在世界为源泉，构建以事实为依据，以意义为框架和以价值为基本格局的人的蓝图。必然涉及信仰和善恶。人从自然人类学走向文化人类学而生成意义，意义的充盈形式和呈现形态是价值，价值的本质内涵也即是意义的本体，是信仰：赋予意义框架以实项内容的是信仰，信仰充实意义使意义成为意义，并赋予意义以**自持存的**不变方向和坚韧气质。信仰的自为坚守，创造价值；信仰的自为极端、信仰的人为异化、信仰的自我迷失，此三者从不同扇面解构价值。因而，价值的守与失、正与邪，必生发出善恶。从表面讲，价值创造出善恶，善恶构成价值的表征；从本质论，信仰既生成价值，也生成善恶。因为信仰有正邪之分，守正的信仰创造正价值，敞开为善；邪恶的信仰创造负价值，敞开为恶。

从本质讲，善、恶既不构成一一对应的关系，也不构成必然的关系。**恶是善的意外，而非善的必然**。因为善守正的信仰是人对存在意义的张扬和对生存价值的实现，信仰的迷失和信仰的异化（信仰的绝对化、极端化是信仰异化的基本形态）才造成人的世界——包括个人存在和社会存在——的世界**的精神病理学**，人的存在及其敞开一旦形成精神病理学特质，必然丧失存在的人本意义而扭曲或歪曲价值，沦为恶报。以是观之，善恶之间虽然不构成一一对应的必然性，但却潜伏着**相互转换**的或然性，即开出"由善而恶"或"因恶而善"的可能性。这种或然性或能性均需要追溯到信仰本身，因为信仰的正邪，构筑起心灵与精神的分野：守正的信仰是心灵性质的，生成心灵之善；失正从邪的信仰属于精神学的，生成病理之恶。从来源讲，病理学之恶生发于两类情况，一类是由**信仰的迷失**造成，一类是由**信仰的邪恶**造成。病理学之恶，既可以暴力方式呈现，比如政体、制度及其结构的暴力方式，武装的暴力体系方式和语言的暴力方式；也可以非暴力方式呈现，平庸之恶、习俗之恶、传统之恶、社会风气之恶和善良意愿之恶等，却构成非暴力之恶的主要方式。

从存在的在场性和存在的历史性两个方面拷问，信仰和价值的病理学方式造就了人间的暴力之恶和非暴力之恶。从本质言，无论是暴力之恶还是非暴力之恶，实是信仰和价值的**病毒**。信仰和价值的病毒一旦产生，就会传播，就会传染。病理学之恶传播和传染的总是社会化的，这种社会化传播和传染的方式不仅腐蚀伦理，颠覆道德，而且可选择邪恶政体，并通过制度、法律、教育、市场和分配等社会机制而加速传播和传染其信仰和价值的病毒，最终将人沦为工具，进而将人作为**耗材**而任意处置，形成社会化的工具之恶和人的世界的耗材之恶。

第 8 卷《论尊严》主要讨论人之尊严存在的生存论形塑及方法。

人从自然人类学向文化人类学进化，产生人的存在意义，必通过信仰、价值、善而获得书写，其书写过程的实质性努力，是既要避免信仰的异化和迷失，更要防范价值的失范或扭曲而陷入精神病理学之恶的深渊。但仅人的存在个体言，其意义的生成，信仰的确立和价值的构建要避免滑入病理学之恶的深渊而持守人的存在，其基本努力就是创造和守护尊严，因为尊严构成形塑**人的存在**的根本方式。

人作为个体是渺小的，但却是神性的和神圣的，因为人的生命得之于天，受之于地，承之于血脉而最终才形之为父母，所以人是天地神人共创的杰作。人无论出生贫富，都具有天赋的神性和神圣性，这是人以尊严的方式存在于世界之中的根源，也是人以尊严的方式存在于苍天之下和大地上的底气。不仅如此，人原本是物，属自然人类学，但却自为地走出一条与众生命和万物根本不同的路，那就是以自然人类学为起步开出了文化人类学方向，使个体的人从动物存在持续地进化为人文存在。人的人文存在相对万物存在言，它汇聚并会通了造物主的神圣和存在世界的神性，而使自己成为神性的和神圣的存在。所以，人以尊严的方式存在，不仅拥有自然基础，更有人性依据，还有人自身的天赋条件。

天赋人尊严地存在的条件，就是人拥有生命并成为人的**个体权利**。

从根源、依据、条件三个方面讲，人从自然人类学走向文化人类学，从动物存在成为人文存在，应该完全拥有尊严而尊严地存在，但实际的存在并非如此，这源于人的先天的缺陷和后天的局限。人的先天的缺陷，体现在人是个体的、有死的而且是需要并非现成的资源滋养的生命存在，所以人是弱小的、有限的。人的后天的局限体现在人永远不能真正解决存在安全和生活保障的问题。由此两个方面形成人必须互助智 - 力才求得生存，因而必须组建社会。人的社会的产生，源于人致力于解决存在安全和生活保障的努力本身构筑起社会必然成为不平等的根源。由此，等级、强权、暴力伴随社会，由政治、财富、知识形塑的权威主义必然导致人的尊严失迷；更根本的是，由暴力生成的生物主义强权，往往造成人的尊严的全面沦陷。所以，人要能够形塑尊严的存在，必须从根本上解决**人**的生物主义和权威主义，恢复人能够从动物存在的深渊中走出成为人文存在的人的权利。

第9卷以"平等保障生存自由"为主题讨论尊严存在的人敞开生存、诉求自由和幸福的根本条件。

讨论人从动物存在的深渊中走出来成为人文存在的人，应该享有的根本的人的权利是什么。

从存在世界中开出的人的世界，实是自然人类学对文化人类学的开辟。自然人类学开辟出人文化人类学，就是人从动物存在的深渊中走出来成为人文存在的人。**人的人文存在必须用尊严来形塑**，这表明尊严虽有自然的依据、人性的依据和自身的条件，但它却不是天赋，而是后天**人为的努力**。尊严的后天人为性质和努力方式，将权威主义和生物主义凸显了出来，突出人的存在权利的重要和根本。用人的存在权利来抵制生物主义和解构权威主义，构成尊严形塑人的存在的根本方法。

人的存在权利涉及方方面面，但根本的方面有二，一是平等，二是自由。相对而论，平等是自由的绝对前提，自由是平等的实现方式。其它所有的权利由此衍生出来并回归于此。

平等的问题发生于人的存在，属于人的存在世界问题，但平等的土壤、平等的根源、平等的依据却来源于造物主创化的存在世界：造物主创化的存在世界既敞开四面八方，也涌向四通八达。存在世界的四面八方性和四通八达性生成存在世界自身存在敞开的场化运动，存在世界存在敞开的动态化运动，构成平等的土壤；场化运动的存在世界的共生存在方式，构成平等的根源，存在世界自生生它的生生本质和生境逻辑，构成平等的依据。正是因为存在世界构成平等的土壤、根源、依据，平等之于人才获得了天赋性。

平等既是神圣的，这种神圣性注释了人的存在意义，并通过信仰来定型并以价值来显现。

平等又呈现永恒性，这种永恒性既有其自然的来源，更因为人的存在境况本身。这就是天赋的平等落实在人的文化人类学进程中，就是根本的不平等。这种根本的不平等不仅是生存论的，首先是存在论的。所以，从不平等的实然存在出发展开平等追求，客观地敞开存在论、生存论和实践论三个维度。

在存在论意义上，不平等来源于个体和社会两个方面：就个体言，不平等根源于出身、天资、环境、造诣四大因素。从社会讲，不平等构成社会的本质，也构筑起社会的本体结构，即社会是以不平等为准则构建起来的，并以不平等为依据而运作的。

存在论的不平等，必然落实在生存的方方面面而生成出生存论的不平等。生存论的不平等，既可是个人之为，更源于社会之为，并且主要来自社会之为。具体地讲，社会形塑社会的生存不平等才造就出个人的生存不平等。社会形塑社会生存不平等和个人生存不平等的实质方式，是通过选择政体、生成制度，建构法律和编制规程体系并最终通过国家机器和语言两种基本工具来实现的。在生存论的不平等框架下，才形成实践论的不平等。实践论的不平等的具体呈现，从个体言，就是出身、天资、环境、造诣的无限度张扬；从社会讲，就是来自四面八方和四通八达的被规定性和被规训化，包括教育、择业、劳动、分配、消费和言行等方面的被规定性和被规训化。

存在的不平等是宿命的。在不平等的存在宿命框架下，诉求平等构成人的存在的根本权利，这根本权利的享有通道，只能是生存论的构筑和实践论的形塑。这种构筑和形塑也潜伏着四面八方的或然性和四通八达的可能性，但它却集中集聚于诉求六个基本方面，它以尊严地存在为目标，诉求人格平等，起点平等，机会平等、原则平等和构筑运作原则的机制平等，由此努力最终诉求尊严平等而实现尊严地存在。

第10卷以"自由创造美生存在"为主题讨论人的存在自由和自由存在的善美敞开。

如果说人格、尊严、起点、机会、原则和运作原则的机制平等，构成人人拥有天赋权利而生存的根本保障，那么自由权利的平等配享却是人人创造美化生存的保障。

在人的存在权利体系中，作为根本的存在权利之平等和自由，虽具有生成论的逻辑关联，但其之于个体之人和由个体之人缔造出来的社会而言，其根本功能和作用是各有其别的：**平等是保障生存的，而自由是创造生活的**，具体地讲，自由是创造美的生活的根本权利。

自由之于人和社会，是最为古老而常青的问题。但在过去，思想家们更多地将对自由的热情置于实践的论域，并更多地予以政治学的探讨，由此使自由问题成为生物主义和权威主义的最为敏感的问题，也成为病理学之恶得以泛滥之源，即生物主义和权威主义总是任性地自由，是从政治出发用强权来定义他们的自由和规训社会与众民的自由。但就其本身言，自由，既是一个存在论问题，也是一个生存论问题，最后才是一个实践论问题。实践论的自由问题，本应该以生存论的自由为指南并必以存在论的自由为依据；并且，实践论的自由，始终是政治学性质的。要使政治学性质的实践论的自由获得尊严、人格、起点、机会、原则和运作原则的社会机制等方面的人人平等的性质规定，并发挥其如此性质规定的创造美生的功能，必须先立其存在论的自由依据和生存论的自由界标。

自由和平等一样，在本原意义上不是由人来确定，而是由造物主的创造所书写，因为自由是属存在世界的，是存在世界的自身方式，也是存在敞开自身的具象方式。存在世界以自身方式敞开存在，即是自由。造物主创化存在世界以同样的方式赋予存在于存在世界中的存在者以自身方式敞开存在，所以，在造物主的创造中，存在者同样享有存在的自由。人类物种是存在世界之一存在者，它以自然人类学的方式敞开存在，亦是自由地存在。在造物主的创造中，存在世界以自身方式敞开存在的自由，即是自身的本性使然，存在世界中的存在者以自身方式敞开存在的自由，同样是自身本性使然。自然人类学的人向文化人类学方向敞开，而使动物存在的自己从黑暗的深渊中走出来而显发为人文存在，同样是自身存在本性使然，这即是其自然人类学的存在本性向文化人类学的存在本性生成使然。作为文化人类学的人的存在本性，就是意识地觉醒自身存在的他者性中"**有权如此**"地存在，这种"**有权如此**"地存在的自由即是绝对自由。"**有权如此**"地存在就是人从自然人类学向文化文类学方向进发的存在自由。

人的存在自由源于天赋，是天赋的人权。天赋人权的存在自由之于自然人类学的人，是与所有存在者一样遵循造物主的创造本性而一体的地存在，自然不会产生存在自由的**裂痕**，更不会出现其存在自由的**破碎**。人的存在自由生发出问题，出现裂痕并敞开破碎，完全在于人从自然人类学向文化人类学方向进发途中所生发出来的意识将以自身方式存在的本性膨胀，使其"有权如此"地存在突破了**他者性**的存在边界，为解决这一存在意义上的裂痕和破碎，只能抑制意识对本性的膨胀而诉求其存在敞开"只能如此"地生存。人的存在敞开只能如此地生存的自由，就是生存论的自由。人的生存论的自由，就是**以他者性为界**（他人、他物、他事以及它种存在环境）的自由，这种以他者性为界的自由，就是相对自由的**己他权界**的自由和**群己权界**的自由。这种以他者性为界的己他权界的自由和群己权界的自由落实在生活运动中——更具体地讲，落实在人与人生活在一起的言行中——就是**权责对等**的自由和**公私分明**的自由。

以他者性为界的生存论自由，从人与人和人与群（群体、社会）两个维度规定实践论的自由，落实在个体（个人、群体、权力组织、政府）的实践运动中，就是**生活的自由**。生活的自由，不仅是相对的自由，而且是内涵清晰、边界明确的自由，这即是**有责务的**自由和**有节制的**自由。这种以责务和节制为本质规定的生活的自由，一旦忽视、遗忘或强行拆除了权责对等的责务和公私分明的节制，就会滑向"有权如此"地存在的绝对自由。在生活世界里，能够独享"有权如此"地存在的绝对自由的人，只能是少数人，但它必然是以绝大多数人丧失相对自由的权利为前提条件。所以，在生活世界里，当"有权如此"地存在的绝对自由得到表彰性认同或成为"合法"时，则是生活大众的"只能如此"地生活的相对自由也即是有责务和节制的自由全面丧失的体现。这种人为地丧失其以责务和节制为本质规定的相对自由的基本环境，总是通过政体选择、制度生成和法律构建来呈现，来保障，来实现。因而，在生活世界里，人若要能获得平等的保障而创造美生的存在自由，却需要通过政体、制度、法律来奠基。所以，在以他者性为界的生活世界要开辟美生存在的自由生活，不是个人所能做到的，需要"众人拾材"的努力共同清算生物主义和权威主义，前提是人人自觉地**自我医治**病理学的精神，诚心诚意地抛弃平庸之恶。因为生物主义和权威主义生产的精神病理学，总是传播垄断和谎言的病毒并传染平庸之恶。

3. 生存论的善业基础

第 11 卷以"国家的善业基础"为主题讨论国家为何是善业和国家回归善业本原何以可能。

有关于"国家",有两种认义,一是亚里士多德的定义,他在《政治学》中明确定义城邦(即国家)是一种善业,指出人们创建城邦国家的目的就是促使人人能过上"优良的生活"。二是马克思主义将国家定义为"暴力工具"和"压迫机器"。若对这两种"国家"定义予以选择,或许其民生者会取前者,威权者会取后者。但无论取向前者还是取向后者,都将如下基本问题凸显了出来:

第一,何为国家?或曰:国家是做什么的?

第二,国家何由产生?或曰:谁缔造了国家?

第三,国家得以缔造的依据何在?本体何在?本质何在?

第四,谁可以支配国家?或曰:谁才是国家的主人?进而,谁有权代表国家?

第五,何为正常的国家?或曰:正常国家的构成条件有哪些?

第六,如何使国家正常?进而,怎样使国家始终保持正常状态?

第七,在正常国家里,经济权、知识权、教育权、政治权(包括立法权、行政权、司法权)、媒体权如何有限度和有边界地配置,实现高效率地运作以保障人人存在安全、人人平等生存、人人生活自由和幸福。

如上构成第 11 卷所讨论的基本问题,并以期通过对如上基本问题的严肃讨论而可清晰地呈现以存在律法(自然的律法、人文的律法、社会的律法)为依据、以天赋的人性为准则、以人类文明为指南、以"生存、自由和幸福"为目的善业国家样态及其回归之道。

第 12 卷以"文明牵引文化何以可能?"为主题讨论文明对文化的牵引和文化对文明的进阶何以可能。

在习惯性的和感觉经验性质的认知传统中,文化和文明是等义与互用的,但实际上,文化与文明有根本区别:

文化,是人从自然人类学向文化文类学方向演化的成果,这种成果可能是形态学的,也可能是本质论和本体论的。英语 culture 源自拉丁文 cultura,

而 cultura 却从其词干 Col 而来，Col 的希腊文是 Con，表农夫、农业、居住等义。所以 culture 一词指农夫对土地的耕作，并因其耕作土地而定居生活，亦有培育、训练以及注意、敬神等含义，后来引伸出对人的培养、教化、发展等内涵。归纳如上繁富的内容，"文化"概念的原初语义有二，一是指人力作用于自然界（具体地讲土地），对自然事物进行加工、改造（具体地讲是耕作土地，种植并培育庄稼），使之适用于自己（具体地讲是生产出粮食以养活自己）。二是指人通过以己之力（比如耕作土地培育庄稼、饲养家禽并驯化动物）作用于自然界或自然事物的行动同时实现了对自身的训练，使自己获得智力发展并懂得其存在法则（比如自然法则）和掌握生存规律（比如人互借智－力地劳动和平等分享劳动成果等）地谋求生存、创造生活。要言之，文化即是**改变**（对象或自己）的成果，它可能是好，也可能不好，更可能成为坏。"五毛"们所从事的文字书写工作，却每天都在实实在在地创造着文化，但其创造出来的文化，不仅不是好的，而且还是坏的。不好的文化，不是文明；坏的文化，更远离文明。只有蕴含文明内容和张力的文化，才是好的文化。

所以，**文化不等于文明，文明只是文化的进步状态**，只有蕴含一种进步状态和进步张力的文化，才是文明。

并且，**文化史也不等于文明史**。在存在世界里，只要人类存在，只要民族存在，其文化就不会中断而天天创新。文化创新是文化的本性，只要文化存在，只要活着的人还运用文化，文化就无时不在创新。但文化并不能保证文明，文化创新也不保证其有文明的诉求和文明的内涵，所以，**文化不会中断，但文明却可能中断，甚至常常中断**。这种现象在人类文化史和民族文化史中比比皆是。

文明，是文化的进步状态。从文化到文明，其根本区别不在"文"，而在于**由"化"而"明"**。"明"的甲骨形式⦅⦆、⦅⦆、⦅⦆、⦅⦆，"从日，从月，象意字，日月为明。本义是光明。"卜辞义为"天明意。'其明雨，不其明雨'。"① 所以，《说文》释"明，照也。从月从⦅⦆，⦅⦆古文明从日。"无论甲骨文，还是《说文》，"明"字均表示自身乃日月所成。日月乃天之具体表

---

① 马如森：《殷墟甲骨文实用词典》，上海：上海大学出版社2008年版，第165页。

征：天者，宇宙、自然、存在，相对人、人类言，它是存在于人和人类之外并且使人和人类必须伫立其中的存在世界。所以，"明"作为"天明意"，是指宇宙、自然、存在世界通过日月照亮，并以"明"的方式彰显天的意志、宇宙的力量和自然的法则，指引人和人类按照天意的方式存在。《尚书·舜典》"濬哲文明，温恭允塞。"孔颖达疏："经天纬地曰文，照临四方曰明。"①其后，《易传·干·文言》曰"见龙在田，天下文明。"孔颖达疏"天下文明者，阳气在田，始生万物，故天下有文章而光明也"。《舜典》和《易传》关于"文明"的这两段文字可为互文，从四个不同的方面定义了何为"文明"。首先，文明是**对人的教行**。人（从动物到人）的本质（而不是形态、形式）的和本体的改变，是通过教行来实现。其次，文明以律法为本质规定，并以律法为指南。具体地讲，文明作为以教行改变人的根本方式，其最终依据是宇宙律令，自然法则和万物生长的原理，这就是"经天纬地曰文，照临四方曰明"的理由和"天下文明者，阳气在田，始生万物，故天下文章而光明也"的原因。其三，文明需要先行者，即以宇宙律令、自然法则和万物生长的原理为依据对人施以教行，使之成为人的前提，是必须"天明意"，即使自己明天意：**只有明其天意的人，才可施教行**。用宗教语言表述：文明需要天启者；用现代语言表述：文明需要先行者，文明始终是先行者的事业。其四，文明构成文化的指南的具体方式，就是文明先行者指引人的存在明天意、人的生存守律法，人的生活有边界，人的行为有限度。

以此观之，人的存在世界更需要的是文明，而不是文化。因为野蛮也可能创造文化，流氓同样可以创造文化，愚昧更可以创造出文化来，而**文明总是抵抗野蛮、消灭流氓、解构愚昧的社会方式和人类方法**。

第13卷以"教育与律法、人性和文明"为主题讨论教育何为和何为教育及形塑人性的可能性条件。

比较而言，文化的创造更多地充盈功利、实利甚至势利，并有可能呈非人性、反道德取向；与此不同，文明的建设，始终需要祛功利、实利、势利。文明是人性的光华，呈道德和美德的光辉，它需要教育的入场。

---

① 阮元校刻：《十三经注疏》，北京：中华书局2008年版，第125页。

教育历来被定义为"传道，授业，解惑"，这一教育观念在近代得到了全面的确立，那是因为近代以来的教育更加宣扬**知识**的教化和**技能**的训练。其实，如此定义和规训教育，已从根本上解构了教育本身，使教育丧失了它自身的本性。因为这种性质的教育全面贯通了功利主义、实利主义甚至势利主义，并且是以文化知识为根本资源。

真实的和真正体现其自身本性的教育，只能是以存在世界为源泉，以存在律法为依据、以人性为准则，以**文明知识**为根本资源。要言之，教育的自身本性有三：一是**律法主义**；二是**人性主义**；三是**文明主义**。由此，对教育的理解和界定，既可以从遵从律法角度来定义，揭示教育就是引导人学会遵从律法而存在；也可以从人性再造角度来定义，突出教育就是训练人进行人性再造而共谋生存；还可以从会通文明知识角度来定义，强调教育就是激励人会通文明知识而服务生活。但无论从哪个方面切入来定义教育，都是实现使人成为人和使人成为大人。为此，讨论教育和探索实施教育，其首要前提是澄清如下四个基本问题：

（1）何为教育？这个问题涉及世界存在与人的存在问题，具体而言，涉及到自然人类学与文化人类学的问题。

（2）为何教育？这个问题涉及到人的动物存在与人文存在的问题。

（3）如何设定教育的目的？这个问题涉及人的存在本体论和生存论。具体地讲，首先涉及人在宇宙中的地位，人的神性存在；其次涉及人为何需要尊严地存在；其三涉及人在不平等的存在世界里诉求平等和自由的美生生活如何可能的问题。

（4）教育的正常展开需要哪些基本条件？这个问题首先涉及教育的本性和教育的异化，其次涉及国家的定义和定位问题；其三涉及文明的建设和文明如何可能形成对文化创造的引导与净化。

第14卷以"知识分子的形塑"为主题讨论技术化存在和实利主义生存场域中知识分子形塑何以可能。

知识分子的形塑问题实由两个具体的方面构成，即知识分子的自我形塑和知识分子的社会形塑问题。对这两个问题的澄清，涉及一个前提性问题，那就是国家社会和人类社会为何需要知识分子？这个问题总是被另一个问题缠绕和困惑，那就是谁是历史的创造者？或者（1）谁是文明的创造者？和（2）谁引领或推动了历史的进步和文明的前进？

如果民众可以创造历史，或者民众有能力推动历史的进步和文明的前进，实是可以不需要知识分子，或者知识分子是可有可无，所以，采取威权主义和生物主义的双重方式来解构性矮化、软骨性诬化甚至从肉体到精神灭绝知识分子，是完全可行的，也是必要的，而且还应该是"合法"的。反之，如果创造历史或者说推动历史进步和文明前进应主要由知识分子来担当，那么，人类世界可以允许任何阶层堕落，也不能允许知识分子堕落。因为知识分子的堕落意味人的世界重新沉沦到自然人类学的黑暗的渊谷，更意味着人从人文存在重新倒退到动物存在，倒行逆施其绝对自由的丛林法则指导生活。

从历史观，历史的进步是以文明的前进为标志。而文明的产生和前进都需要先行者。这个先行者就是知识分子。作为文明先行者的知识分子，之所以有存在的依据和不可或缺的理由，就是文明需要教行。文明对教行的需要，则需要知识分子来担当和施行。知识分子担当和践履教行的基本方式有三：一是教育；二是探索真理、创造知识；三是道德的表率和激励。

因而，当历史进步和文明前进需要知识分子，当教育、真理探求、知识创造和道德表率与激励需要知识分子，知识分子的形塑问题就呈现出来成为至为紧要的人类存在论和社会文明论问题，这个问题落实在知识分子本身，就是知识分子的自我形塑和知识分子形塑社会的问题。

知识分子的自我形塑需要诸多条件，但主要条件有三个方面：

一是个人方面的，即作为知识分子"不应该成为什么"和"应该成为什么"两个方面，具体到日常生活中，就是"不当为什么"和"当为什么"，对这两个方面的界定和澄清，才可"当为而必为"和"不当为而必不为"。

二是社会方面的，即社会在政体选择、制度生成、法律构建等方面形成善待、尊重、激励人成为知识分子的环境。这涉及社会对"人"的基本定位和人与社会、国家的本原性关联。

三是历史、文化、传统的祛虚构和净化。祛虚无主义和净化的历史、文化、传统是形塑知识分子的基本土壤，也是形塑知识分子的重要社会方式。

第 15 卷以"知识、学术与大学"为主题讨论知识分子不可取代的独立工作如何形塑人的进化和社会文明。

知识分子之可以作为独立的社会阶层而存在,在于它具有其它阶层不能取代的独特性,这种独特性就是**创造**。知识分子的创造最为集中地铺开为三个方面:一是创造知识,为此而必须探索真理,解构遮蔽;二是创造学术,为此而必须弘大批判的学问,抵制意见的奴役,克服思想的瘫痪;三是创造大学,为此而必须遵从存在的律法,追求普遍的道理,张扬创造的个性,鼓励自由的探索。

知识分子创造大学的努力,是使大学本身成为创造的方式,创造的中心,创造的动力源泉。

大学之成为大学的根本性质和自身本分,是能够立定"四不服务"的阵脚,即不服务宗教,不服务政治,不服务经济,不服务就业。大学一但成为**服务器**,变成服务宗教、政治、经济和就业的**工作站**,大学则不复存在,即或是它具有其硬件齐全的设施和阵容庞大的形式结构。

大学保持创造的基本面向,是追求**存在真理**和创造**知识理性**。

大学也肩负服务的职能,但却是以探求存在真理和创造知识理性的方式来展开对人的服务,即服务人的**人性再造**,服务人的**心智成长**,服务人的存在自由和生活幸福。

知识、学术、大学,此三者因为知识分子而自为弘大,构成文明的象征。文明即是知识、学术和大学,它的土壤是思想,灵魂是信仰,准则是存在的律法。知识、学术、大学因为知识分子而存在、而创造和发展、弘大和繁荣。所以,知识分子是文明的主体,大学是文明的核心阵地,知识和学术、是文明的形态和光辉;而存在律法、信仰和思想,是文明的源泉。

4. 生存论的美学智慧

第 16 卷以"美的存在"为主题讨论人的美生存在的依据和基础。

美的存在论问题,是美的形而上学问题。

美的形而上学问题,是从哲学的形而上学发散开来的问题,它的基石由哲学发问存在所构筑。

哲学发问存在的形而上学的核心问题,是存在何以存在的本体论问题,由此形成美的形而上学的核心问题，亦是美何以为美的本体论问题。

美的存在论问题也涉及两个世界的存在，即存在世界的存在和人的世界的存在。

美之于存在世界的存在论，实是存在世界（具体地讲存在事物）以何种方式敞开自身存在？对它的拷问揭发两个方面：一是存在世界的存在之美敞开为简单与复杂之美；二是存在世界的存在之美敞开对称与非对称之美。由此，复杂创造简单和简单创造复杂，构成美的存在论源泉。

美之于人的世界的存在论，即是人的世界以何种方式敞开自身存在？对它的发问必然凸显出两个维度四个方面的存在之美：（1）物在美和人在美；（2）知识美和原则美。

美的存在论的探讨必然铺开美的本体论，无论是存在世界的简单创造复杂的存在之美，还是复杂创造简单的存在之美，或者人的世界的物在之美和人在之美，或者是知识之美和原则之美，其本体之美都是场态之美和场域之美。其本体的本体之美，必是以生为原发机制、以生生为动力之源的生境逻辑之美。

造物主创化的以宇宙自然为宏观构架并以生命为实存样态的存在世界，就是它自身，它融通铸造真善美的律法于自身的内在神韵。只有人这种生命样态从自然人类学向文化人类学方向演化而推动动物存在的人从黑暗的深渊中走出来成为人文存在的人的这一过程中，构筑存在世界之内在神韵的真善美才因为人的意识的生成及自为弘大而获得了人为的"分"并立意于诉求意识地"统"。由此，美的存在论自然地生发其主体存在论。

美的主体存在论所必须讨论的核心问题有三，一是美的主体存在的发生学机制；二是美的主体存在的心灵学动力；三是美的主体存在的意向性方向。

第 17 卷以"美的形式"为主题讨论存在之美敞开自身的形态学。

存在，无论是存在世界存在，还是人的世界存在，其存在敞开即是书写，而存在书写必然形式化。存在书写的形式化呈现即是形式。形式化存在书写的形式，始终是**"有意味的形式"**。

形式的有意味性，源于对存在世界的形式化。形式化将存在世界化为美的形式的"意味"内容，既可能是存在世界的本真性，也可能是存在世界的本善性，更可能是存在世界的本美性，还可能是存在主体的心灵意向，以及存在主体敞开存在之问的情欲之美、思想之美、灵性之美或神性之美。

存在世界的实存样态是生命，生命书写自身存在的形式化努力所生成的"有意味的形式"，可归纳为三大类：

第一类：存在世界敞开书写的有意味的形式，它广涉存在世界敞开自身的方方面面，但最为紧要的方面有六：

（1）材料的"有意味的形式"。

（2）光与色的"有意味的形式"。

（3）时间和空间的"有意味的形式"。

（4）制造物的"有意味的形式"。

（5）确定性与非确定性的"有意味的形式"。

（6）存在之场敞开其四面八方和四通八达的"有意味的形式"。

第二类：人为书写的存在世界敞开有意味的形式，它同样涉及人的存在的方方面面，但最基本的形式之美有六：

（1）声音的"有意味的形式"。

（2）语言的"有意味的形式"。

（3）符号的"有意味的形式"。

（4）语词的"有意味的形式"。

（5）组织与结构的"有意味的形式"。

（6）秩序与混乱的"有意味的形式"。

第三类：主体性敞开的有意味的形式，它也涉及存在主体的方方面面，但最主要的形式之美有六：

（1）情感生发的"有意味的形式"。

（2）想象敞开的"有意味的形式"。

（3）心灵镜像视域敞开的"有意味的形式"。

（4）自由表达的"有意味的形式"。

（5）思想创造的"有意味的形式"。

（6）知识生成与理论构建的"有意味的形式"。

第 18 卷以"美的生活"为主题讨论存在之美的生活形塑。

存在之美的生活形塑,也可称之为生活形塑的存在之美。

美的生活问题,涉及三个基本方面,一是人的生活何美之有?二是人的生活何以需要美?三是人的生活美在何处?

讨论"生活何美之有",必然牵涉出自然人类学的人走出黑暗的深渊向文化人类学进发和人从动力存在上升为人文存在的存在"意义"。意义构成人的生活之美的源泉。

拷问"生活何以需要美",必然牵涉出人的本原性的存在处境、状况和何以可能在其存在处境、状况中自持地存在的信仰、希望、爱。因为在最终意义上,唯有信仰、希望、爱的合生才煽旺自由存在的持存、坚韧、坚守。因为,美是自由的象征,美更是自由的追求、行动、守望。而这,恰恰是生活的本质构成,亦是生活的本质力量。

追问"生活之美在何处",必然从存在意义本身出发,以因为自由而信仰、希望、爱本身而回归生活自身:生活之美在生活本身,生活之美在生活之中,生活之美在生活的经营、生活的创造和生活的全部努力和所有行动的过程之中,但首先且最终在身体之中,在身体的敞开与行动之中。

生活之美无处不在。有生活,就有美。经营生活,就在经营美,创造生活,就在创造美。并且,生活的想象,创造想象之美;生活对存在的记忆,创造记忆美;对存在的遗忘,创造遗忘的美。生活的完整,是生活的完美;生活的残缺,亦呈现生活的残缺之美。残月之于人的生活,既是残缺之美,也是期待和想象完美之美。

第 19 卷以"生态修辞的美与恶"为主题讨论生态修辞的美的哲学问题。

生态修辞是存在敞开生存的基本方式,所以,生态修辞既是一个存在论概念,也是一个生存论概念,更是一个生活论概念。但无论是存在论意义的生态修辞,还是生存论和生活论意义的生态修辞,都是形式化的,并通过形式化而获得"有意味的形式",所以,生态修辞也是美学的。

美学的问题,既是美的问题,也丑的问题,前者呈现真善和利义取向的自由,或可说美的存在本质是真,美的生存本质是善,美的生活本质是利义取向的相对自由。后者呈现假恶和欲望取向自由,或可说丑的存在本质是假,丑的生存本质是恶，丑的生活本质是利欲望取向的绝对自由。

由此，生态修辞涵摄了真善美利义和假丑恶欲望，但生态修辞首先是创造，既可创造真善美利义的限度自由，更可创造出假丑恶欲望的无度自由。

生态修是存在的智慧，这种智慧的源泉是存在世界的本体之场，原发于造物主对以宇宙自然为宏观样态、以生命为实存样态的存在世界的原创之生和继创之生生。生态修辞这个存在的智慧被人运用于生活的构建，就演绎成为根本的和普遍的方法，广泛地运用个人生活和社会运动的方方面面，其中最为根本的方面，就是政治、经济、教育、文化和生活交往交流等方面。

生态修辞运用政治、经济、教育、文化等领域，既有实体的方式，也是虚体的方式，前者主要通过政体、制度、法律、组织、结构、秩序、规程和教化（观念、内容、方式、方法）、宣传、伦理、道德等社会方式来实现；后者主要是通过语言来实现。而在更多的时候是对其实体方式和虚体方式的综合运用。这种综合运用既呈现柔性的取向，更可呈现暴力的取向。一般来讲，在正常的社会里，生态修辞的运用主要呈柔性取向；在非正常的社会里，生态修辞的运用主要呈暴力取向，包括政体的暴力、制度的暴力、法律的暴力、武装的暴力，其中最为普遍的和无孔不入的是语言的暴力。运用语言的暴力来予以生态修辞的基本方法主要是象征、隐喻、（扩张、压缩或扭曲的）夸张、虚构，而历史虚无和民族主义是其象征化、隐喻化、夸张性和虚构化的语言的暴力的基本的和普遍的方法。

生态修辞的美，创造人的尊严存在，诉求生存、自由和幸福。生态修辞的恶，不仅是暴力主义，而且是平庸主义的。

第 20 卷以"哲学意向的中西会通"为主题讨论哲学的人类学和世界主义及其超越性会通。

哲学的超越性会通，首先涉及哲学何为和哲学为何的问题，其次涉及哲学的性质定位和本分问题。哲学是存在之问，但其存在之问原发于存在的困境和生存的危机，因而，哲学的存在之问，是为解构存在困境和生存危机提供根本的解决之道（真理、知识、方法）。所以，存在必须且只能面对存在而发问，包括面对存在世界的存在和人的世界的存在而发问，并且这种发问不是历史的，只能是当世的。由此两个方面观，存在何为和哲学为何的问题，实际地蕴含哲学超越性会通的自身依据。

哲学会通是空间化的，而非历史性的。因为哲学始终行进于当世，是对在世之在和在世之中的当世存在的发问，而非对哲学成就的历史的发问，这是哲学与哲学研究的根本分野之呈现。

哲学的超越性会通，只能在哲学意向的层面。所谓哲学意向，即是哲学发问存在的场态化的视域意向、思想意向、方法意向和存在敞开生存的心灵镜像意向、情感意向、精神意向。

哲学意向的会通，既源于中西哲学个性的激励，也源于中西哲学共性的鼓动。因而，理解哲学的个性和共性，是探讨哲学以意向的方式会通的真谛的前提条件。

哲学的个性，主要由特定的地域、具体的民族、民族化的自然语言和个体化的哲学主体即哲学家所书写。

哲学的共性，主要由宇宙自然、存在世界、律法（主要是存在的律法，但也涉及人文的律法和社会的律法）、真理、宗教、信仰、人文精神等因素所书写。

哲学会通的基本方法，是问题方法。

哲学会通的根本方法，是形而上学方法，即存在本体论方法，或可说是场化本体论方法。

目 录
CONTENTS

总　序 ·· 1

自　序 ·· 1

导论：限度生存的宿命和位态 ·· 1
 1. 人的涌现及存在视域 ·· 2
 2. 人的位态与存在疆界 ·· 4
 3. 人的位态与限度生存 ·· 8

第1章　心灵镜像视域的生成 ·· 11
 一　存在与心智 ·· 14
  1. 宇宙的心智 ·· 16
  2. 自然人类学的心智倾向 ·· 26
  3. 文化人类学的心智构成 ·· 35
 二　心灵的镜像性 ·· 46
  1. 心灵的机制 ·· 48
  2. 心灵的原则 ·· 57
  3. 心灵的构成 ·· 62
  4. 心灵的功能 ·· 70

三 精神的意向视域 ………………………………………… 75
1. 意向视域的环路 ………………………………………… 76
2. 无意识的熔炼场 ………………………………………… 82
3. 意识的建构方向 ………………………………………… 87

第2章 人是世界性存在者 ………………………………… 101
一 人之存在的实然问题 ………………………………… 103
1. 人为谁而存在？ ………………………………………… 104
2. 人依据什么存在？ ……………………………………… 107
3. 人存在于何处？ ………………………………………… 115

二 人之存在的应然问题 ………………………………… 120
1. 个体物理存在的完整性 ………………………………… 122
2. 个体生物存在的完整性 ………………………………… 125
3. 个体存在的心理完整性 ………………………………… 130

三 人世界性存在的自然面向 …………………………… 135
1. 人本宇宙观 ……………………………………………… 137
2. 自然宇宙观 ……………………………………………… 145
3. 本原宇宙观 ……………………………………………… 150

四 人世界性存在的社会面向 …………………………… 164
1. 国家社会面向 …………………………………………… 165
2. 人类社会面向 …………………………………………… 171

第3章 自然为人立法·人为自然护法 …………………… 174
一 自然生法·法在自然 ………………………………… 175
1. 自然生法的隐逸 ………………………………………… 176
2. 法在自然的敞开 ………………………………………… 184

二 简单与复杂互运 ……………………………………… 190
1. 复杂与简单的生成 ……………………………………… 191

2. 复杂与简单的原则 ·············· 196
　　3. 秩序与涌现的机制 ·············· 205
　三　自然为人立法 ················· 210
　　1. 自然为人立法的生成境遇 ············ 210
　　2. 人与自然律法的重新认识 ············ 218
　　3. 自然为人立法的存在含义 ············ 224
　四　人为自然护法 ················· 230
　　1. 人为自然护法的可能性 ············· 232
　　2. 人为自然护法的必为方式 ············ 236
　　3. 人为自然护法的目的方法 ············ 241

第4章　限度生存的实然和必然 ············ 247
　一　"生存"内涵的诠释 ··············· 247
　　1. 生存的内涵框架 ··············· 248
　　2. 生存开放的状态 ··············· 254
　　3. 生存的生成敞开 ··············· 261
　二　生存困境的生成根源 ·············· 268
　　1. 生存有限的无限性 ·············· 268
　　2. 生存无限的有限性 ·············· 276
　三　无限度的生存溃烂 ··············· 280
　　1. 无限度生存的历史 ·············· 280
　　2. 无限度扩张的风险 ·············· 282
　　3. 全方位生成的陷阱 ·············· 290
　　4. 无限度的溃烂态势 ·············· 300
　四　限度生存的实然 ················ 306
　　1. 败坏人性的复返 ··············· 307
　　2. 限度生存的目的 ··············· 316

五　限度生存的应然 ·· 320
    1. 限度生存的人本要求 ·· 320
    2. 限度生存的社会要求 ·· 326
六　限度生存的普遍方式 ·· 330
    1. 可持续生存 ·· 331
    2. 修善与艺术 ·· 334

参考文献 ·· 338

索　引 ·· 348

后　记 ·· 357

自　序

哲学的存在之问达于存在之思，是创建当世的存在思想，构建本体论形而上学，阻止当世的"思想的瘫痪"，引导限度生存。这是"无用"的哲学最终之"大用"所在。

哲学在本性上是祛功利的，但在实际的功能上，哲学也体现功利性，而且其功利也蕴含正反实用的两可性。以此观之，哲学的向前，既可阻止人类存在的思想的瘫痪，也可制造人类存在的思想的瘫痪，这取决于哲学的存在之问达于存在之思的自身性质、内涵、诉求和取向。

在人们的感觉取向的经验理性、观念理性以及工具理性看来，人类从古代社会走向现代社会，具体地讲，从农牧社会进入商业社会，再从古典工业社会向现代工业社会，以至于今天正全面挺进的后工业社会进发，是文明的进步。但如果从存在的生态理性看，商业主义和工业主义所塑造出来的现代社会远比古代社会更便利、先进，物质更丰富，生活质量更高，欲求更烦忙，但商业主义和工业主义所塑造出来的现代文明却并不比古典文明进步，并且，从根本的和本质的方面讲，商业主义和工业主义生产出来的现代文明是对古典文明的倒退，这种倒退可以从人与自然的存在关系，人的社会的普遍化的、层累性的、立体生成的存在苦难，以及人类越是追求发展越是扩大其不确定性，且未来的希望更加渺茫等方面呈现出来。

以商业主义和工业主义为坐标的现代文明自身所生成的这种内在撕裂，实源于商业主义和工业主义主导工业社会无止境地或者疯狂地追求：无限度地发展，无限度地存在，无限度地生存。这种无限度的、直接的无限推动力，就是无限度的物质幸福论，追求物质主义、消费主义、享乐主义、性欲主义、囤积主义和占有主义。形成商业主义和工业主义的这种无限度的物质幸福论的视域框架、认知支撑、思想基础有二。

一是自然资源无限论。文艺复兴以来的科学革命和哲学革命在17世纪取得的决定性胜利，即以霍布斯为代表的唯物质论哲学和以牛顿为代表的经典力学共同创构起机械论世界观，为商业主义和工业主义的无限度的物质幸福论提供了资源无限论的保障。洛克和亚当·斯密依此机械论世界观提供的资源无限论思想引用到政治和经济领域，构建放任自由主义的市场经济和私有财富神圣不可侵犯的个人本位的政体制度，建构无限度物质幸福论的自然观和社会宣言，这即"对自然的否定，就是通往幸福之路"。洛克宣称必须把人们"有效地从自然的束缚下解放出来"，因为自然世界中"仍有着取之不尽的财富，可让匮乏者用之不竭"。①

二是人是唯一的目的，因而，人是世界的立法者。18世纪德国启蒙哲学以康德为先行者和代表，折中和调和英国经验主义和法国唯理主义的二元论矛盾，采取新的二元论方法，将存在世界截然分为"自在之物"的世界和人的世界，然后以人的知性为依据为自然立法，以人的理性为依据为人立法，以此双重立法确立起人在自然世界和人的世界中的绝对主体地位，并为"人是唯一目的"展开纯粹理性、实践理性和判断力批判的三重论证，最终建立起主体主义的认识论形而上学，为商业主义和工业主义为导向的工业社会和现代文明奠定起思想基石。

综上，霍布斯和牛顿共同建构起来的机械论世界观，打开政治学和经济学视野洛克以此为依据提出的"自然资源无限论"和康德从此出发创建主体主义的认识论形而上学哲学，共同构筑起工业社会的基本框架、现代文明的精神实体和思想瘫痪的温床。仅从哲学观，以康德为代表的主体主义的认识论形而上学，制造出了人类哲学史上的"思想的瘫痪"，并且这种思想的瘫痪蔓延了二百多年至今不衰。

然而，以机械论世界观、无限度的物质幸福论、自然资源无限论、人的

---

① 转引自杰里米·里夫金、特德·霍华德《熵：一种新的世界观》，吕明、袁舟译，上海译文出版社1987年版，第23—24页。

立法者思想和人的唯目的论思想此五者合力构建起来的工业社会和现代文明，所面临的全方位的、根本的存在困境和毁灭性的生存危机，却从反面揭示了人的本原性的世界性存在敞开生存并不是可以随心所欲的，人的存在发展及其追求物质幸福并不是无止境、无限度的。要从根本上解构人类当世存在危机，必须重建限度生存的人类机制，这需要解构支撑商业主义和工业主义的机械论世界观、自然资源无限论和人对世界的立法思想与人的唯目的论思想，解构主体主义的认识论形而上学制造出来的人类思想的瘫痪。这是卷3《生成涌现时间》到卷4《限度引导生存》的内在逻辑，即探求如何可能为解构当世"思想的瘫痪"提供其存在论和生存论的依据。

导论：限度生存的宿命和位态

造物主创造的宇宙自然，众物与造物主同居其中，故曰存在世界。

人是众物之物，与众物同样的身份与造物主居于存在世界中，所以，在自然人类学状态下，存在世界即存在世界，一切按造物主的原创生面貌和宇宙自然的继创生规律展开其存在，没有惊奇，没有诧异，没有秩序，没有非确定性，没有快乐，也没有痛苦，没有动机，没有目的，更没有计算，没有得失。只有当人这"众物"中的一物偶然从自然人类学状态萌生出文化人类学的特质，并从自然人类学状态的黑暗深渊中走向文化人类学时，存在世界才渐渐地生发着改变，但这所有的改变都因为人这一"众物之物"而为"人"所致。由此，人的世界产生了，而且随后人的世界越来越广阔、越来越庞大，以至于在人自己看来，存在世界似乎越来越只有人的世界，自然宇宙、众物均可在自己的掌控之中，甚至偏激地并极端地认为造物主根本不存在，神根本不存在。在人自己看来，存在世界就是人的世界，除了人的存在，没有其他的世界，因为其他的世界都要服从人的世界。尽管在人看来可以如此，但存在世界依然以它自身方式敞开存在，众物仍居于存在世界之中，而不是居于人的世界之中，造物主并未因为人的无视或不承认而在存在世界中消失。自然人类学的人虽然早已成为文化人类学的人，但它依然没有摆脱自然人类学的身份仍然与众物一道继续存在于存在世界之中。由此，人具有了二重身份，它既是文化人类学的人，也是自然人类学的人：人这一物种是以"**既是人在形式，又是物在形式**"的方式存在于存在世界之中。由于此二重性，存在世界也生发出相对应的二重性，这即存在世界既是宇宙自然世界，又是人的世界,是人的世界与宇宙自然世界合生的存在世界。

哲学发问的存在,既包括自然宇宙和造物主,又包括人的世界。卷3《生成涌现时间》的存在之问,是关于**存在世界的**存在之问,为发问人的世界提供存在舞台、认知视域、知识背景、思想原则、疆界和限度。在此基础上,本书发问人的世界的存在问题。

1. 人的涌现及存在视域

人原本深居于存在世界中之一物,它之由存在于存在世界中的"一物"变成"一人",从人类学讲,它是从自然人类学进化为文化人类学,进化,是一个缓慢的、漫长的、渐变的过程。从进化的突变角度观,人从存在世界中的"一物"变成"一人",实是经历存在的各种因素层累性激发而从存在的黑暗深渊中**涌现**出来,内在的人质光辉照亮了作为"物"的自己,同时也照亮了众物居于其中的存在世界,由此,人从动物存在上升为人文存在。

与众物同居于存在世界中的人,从自然人类学的深渊中涌现出来成为文化人类学的人,这有各种它本身之外的因素或力量的推动,但根本的因素是内在的,根本的力量源于它自己,且来源于它存在的内部、它本身的内在。

人从"物"中涌现出来而成为"人",其形态学的质变表现在其体质结构和体质形态两个方面的变化。从体质结构讲,人从"物"变成"人",是改变四脚爬行为"**两脚走路,两手做事**"的直立行走。其体质结构的变化带动了体质形态的改变,其中最突出的改变是头可能仰望天空,而且能够灵活地四面八方观看,面部表情变得更为丰富,人可以面对面地交流,身体能得到全方位的接触或抚摸,走路的双脚更加灵便,做事的双手越来越富有个性,越来越富有创造性、探索性、建设性。如上所有体质结构和体质形态方面的巨大变化和灵活、智慧及情感化,直接地来源于大脑的进化。人从自然人类学之"物"变成文化人类学之"人",直接地得益大脑功能的质变,即原本本能化的大脑获得了意识性,生发出意识的能力,这种意识性或曰意识能力的本质内涵,是**人质**意识,人对人的意识和人对人存在(状况、处境、方式)的意识。其人质意识的最初内涵,即分离性观念和对象性意识,以及由此生成的陌生感、惊惧感或恐惧感,惊诧感、奇异感。但大脑的意识性或曰意识能力的生发,并不源于大脑,而是源于**心智**。如果说大脑是人的体质结构和体质形态发生从"物"到"人"的质变的起搏器，那么，心智才是大脑的意识性生成的发动机。因为，心灵才是人这种"物"的存在的内部结构，心智才是人这一"物"本身的内在力量。人作为自然人类学之"物"演绎成为文化人类学之"人"的**最终解释因素**是其心智。

人类物种的心智的秘密，在于它作为众物之物同样是宇宙对心智的创化秉承造物主的创造，赋予居于存在世界之中的众物。所以，人类物种的心智之源是宇宙的心智。

宇宙的心智源于造物主创造宇宙时创造了宇宙的"生"机和不可逆的"生生"朝向（或曰生之本性），宇宙成为有机性的宇宙。其有机性存在的内在形态是生命化地存在，生命化存在的本质或者说原发动力和内生机制是生，是生生，它是神秘的源泉；其有机性的存在的外化形态是宇宙的关联性（interconnectedness）存在，它呈现确定与混沌、清晰与模糊、有序与无序相含纳的连续统，敞开整体化的场态实体。构成存在世界的**"万物缘起的基态"**①就蕴含其中。这个隐藏在宇宙的关联性存在深处，或者说底部的作为万物缘起的"基态"，就是宇宙心智。宇宙的心智，就是宇宙的内在性结构框架和组织朝向。宇宙的内在性，就是宇宙的**自生的动力、自运的神韵和自在的方式**。以其自生的动力、自运的神韵和自在的方式为基本内容所生成的关联性和组织化的结构，构成宇宙的心智的框架；而生，作为宇宙的内在性的灵魂，既构成宇宙的**心智的本原**，也成为宇宙的心智的原发动力。由生所引发出来的**生生**，构成宇宙的心智的内生机制。宇宙的神秘即由其内在性的灵魂之生敞开生生之道的**合目的**感性生命状态，这一合目的的感性生命状态亦可称为**生生之向**。宇宙创化的心智的生生之向，即宇宙的心灵，它内驻于宇宙的心智**之中**，其心智充盈生的灵性、生的神意和生的神韵。宇宙的心智就是生生不息、幻化不已的心灵。因为有了它，宇宙才成为神秘主义，也因为有了它，万物才生长出灵性和善美，存在于众物之中的人类物种的心智才因为它的滋养和激发而焕发出心灵的光辉，照亮原本是自然人类学之"物"最终突破"物"的桎梏，而涌现成为文化人类学之"人"。

---

① ［美］Dean Radin：《意识宇宙：心灵现象中的科学真相》，何宏译，科学技术文献出版社2014年版，第214页。

人的作为物的心智进化为人的心灵，首先需要突破本能的桎梏，这是环境因素变化对身体的刺激和对大脑的激活。天赋的心智突破本能的桎梏，表征为纯粹的感觉化的思维获得了经验内涵，这种感觉化的经验内涵的层累性积聚，促进了大脑的进化。环境因素变化对身体的刺激和对大脑的激活，架通身体与心智之间的桥梁，为心智的进化打开了通道。具体地讲，"两脚走路，两手做事"对身体的物理学结构和生物学结构进行改变且使头颅获得大脑功能，从如下三个方面促进了天赋的心智向心灵的进化：一是促成心觉机制的形成；二是生发出对记忆机制的重塑；三是天赋的心智结构获得心灵化的再塑造，即将原本浑圆一体的心智予以向上行和向下行的结构区分。心智向上行，形成精神结构；心智向下行，形成心灵结构。将向上的精神心智和向下的心灵心智予以内在式贯通的因素，是天赋的本性之生和生生动力学机制及其敞开"避危求安"和"避苦求乐"的本能，它们促进自然人类的心智向文化人类学的心灵方向生成建构的原发机制和继发机制，建构起文化人类学的心灵的个体原则、神学原则和自因原则。以此原发和继生的双重生生机制为动力，以此三大原则为准则，渐进生成地以自由意志为底座，以灵魂为殿堂，以生命激情为动力的心灵获得自身的结构构成，并生成出自具人格和个性的**心灵镜像**，心灵镜像构成人的精神意向生成的原发视域，并且，心灵的继发生成，也推动人格个性化的心灵镜像不断建构人的精神意向的继发视域。人对人的存在世界以及人对自己存在于其中的存在世界认知的视域、高度、思想基础及对待与处理的根本方式，都受其自为生成的**心灵镜像视域**的制约和影响。

2. 人的位态与存在疆界

人从自然人类学之物变成文化人类学之人并持续不衰地经营人的存在世界，并使之继续向前终不衰退和永不终结，必有其基本条件。

首先，人从自然人类学之物变成文化人类学之人，需要具备的根本条件有二，一是作为自然人类之物的天赋心智必须进化为文化人类学之人的心灵，并且其心灵必须获得动力结构的支撑和功能原则的建构，只有这样，人的心灵才可自创化地构建起人格和个性化的心灵镜像及其视域。并且，人的文化人类学发展，必须以不断提升和拓展其心灵镜像视域为先决条件。二是人从自然人类学之物变成文化人类学之人，能够使天赋的心智化为创发性的心灵，必须有其背景土壤、原发机制和创造源泉，这就是存在世界的自身存在所形成的整体动力，造物主创造宇宙的"生"机和"生生"本性的力量和宇宙继创生的根本原则，即简单创造复杂和复杂创造简单的原则和互为推进的"生"机。

其次，人从自然人类学之物的深渊中走出来而成为文化人类学的人，并不是一次性完成的，而是一个永恒的**生成**进程。在这一使"既是人在形式，又是物在形式"的人能够始终保持人文存在地生成能力、生成方向并不断增强其生成态势的根本条件，就是人必须正确确立与存在世界**共生的**存在位态，并始终自我警觉地持守其存在疆界。

对于从自然人类学的深渊中走出来不断地成为文化人类学的人，应该具备怎样的存在位态，才可与存在于其中的存在世界共生？要清晰地认知这个问题，真正地调整好其存在位态，应该先对人的存在的两个基本状貌有必要的了解。

第一个方面，是人的存在的**实然境况**。

人的存在的实然境况，是指人实际地存在于其中的真实状况。这种真实状况由人从自然人类学之物中走出来，成为文化人类学之人始就产生了，它伴随人的文化人类学的发展而一直存在，并且不仅没有得到改变，而且更加突出，也更加扑朔迷离。但是，从人的历史观，文化人类学的人并没有真正清晰地意识到人自己从动物进化为人的实然境况，由此造成人的生存进化的曲折和人的存在发展的困境重重和危机四伏。

人的存在的实然境况的整体状态，是人并没有真正地和完全地从自然人类学的物世界中走出来，而成为完全不受制于自然人类学的人的存在，人的存在始终呈二重性，它是人在的形式，又是物在的形式，人是物与人的混合存在。这种存在境况虽然激发人类为自己寻求和建构好出身，也激发人类充满越来越膨胀的激情去改造、去征服、去发展，这种努力在形态学层面获得了巨大成功，但在存在的本原状态上没有根本性的变化，人依然"既是人在形式，又是物在形式"的二重存在。

人的这种存在境况就是人的实然存在状况。人的这种实然存在状况何以形成并且何以难以改变？这就带出三个根本问题：第一，人为谁而存在？第二，人依据什么而存在？第三，人存在于何处？对这三个关于人自身存在的根本问题的理性正视，会发现它从根本上改变我们的感觉的、经验的历史的看待。人并不只是为人自己而存在，因为"人为谁而存在"的问题，当然是一个人的问题，但它不是一个纯粹的人的问题，它既是一个文化人类学的人的问题，同时也是一个自然人类学的人的问题。不仅如此，"人为谁而存在"的问题，更是一个生物学、地球自然学和宇宙自然学的问题。审视"人为谁而存在"所引发出来的多元视角，将"人依据什么而存在"的问题凸显出来，人并不依据自己而存在，虽然它要依据同类的他者（比如父母、邻居等）或者由人组建起来的社会而存在，但这只是表面的和形态学的，本体论的和本质论的论据却是与人同在的众物、生命、存在者、宇宙自然、造物主、存在世界，这些才是人得以存在的根本依据，没有这些依据，不仅个体的人不存在，人的社会不会存在，人这种物种也不可能存在。所以，从自然人类学的深渊中走出来成为文化人类学的人，依然存在于自然人类学中，依然存在于宇宙自然和众物中，依然存在于存在世界中，依然存在于造物主创造的"生"机和"生生"本性中，依然存在于宇宙自然之简单创造复杂和复杂创造简单的原则之中。

第二个方面，是人的存在的**应然状貌**。

人的存在的"应然"问题，是相对其存在的"实然状况"言，实基于人的存在的实然状况的不尽如人意而谋求改变的那种努力方向和态势。人从自然人类学之物进化为文化人类的"既是人在形式又是物在形式"的实际存在状况，仍然是沉沦于多种存在因素构成的"他者性之中"。考察人从存在于"他者性之中"的实然境况出发，改变这种境况的应然努力的可能性条件的实际具备，则需要从人的存在的物理学、生物学和心理学三个方面考察。人类物种作为宇宙自然中的一种存在实体，是以个体存在的方式呈现的。人作为个体存在，具有物理存在和生物存在的完整性，并且这种存在的完整性分别遵从物理学原则和生物学原则。具体地讲，人的完整的物理存在，遵从的是物理学的力学原则，比如人从自然人类学的深渊中走出来成为文化人类学的人，其结构形态学和体质形态学的表征是"两脚走路，两手做事"，而自然人类学之"物"变成文化人类学的"人"之可以"两脚走路,两手做事",就是因为他作为一种物理存在遵从并运用物理世界的这一力学原则使然,即无论是两脚走路,还是两手做事,都是"力"的爆发、力的呈现、力的成功。与此同时,人也是生物存在,其完整的生物存在所遵从的是生物学的创造原则,比如,发现并存储火种,将从自然世界中摄取的自然物变成熟的食物,以及生殖繁衍、育幼养老等都是生物存在的人在不断把自己成就为文化人类学的进程中遵从和运用生物学的创造原则使然。合言之,物理存在和生物存在的人,正是因为对其物理学的力学原则和生物学的创造原则的遵从和运用,才开辟出了人改变其存在的实然境况而打开与他者关联存在的通道。

存在于存在世界中的人,诉求物理的完整性所遵从的力学原则和诉求生物的完整性所遵从的创造原则,最终直指人的存在的内在性。客观言之,人的存在的内在性,就是人的存在的生命本性和人的存在的宇宙本性,即生性。所以,人因其存在于世而诉求物理的完整性所遵从的力学原则和诉求生物的完整性所遵从的创造原则的内在源泉,是人的本性之生和宇宙的本性之生。并且,人遵从其力学原则和创造原则同样需要启动其原发的生生机制。由此,人的存在亦要诉求心理的完整性。

人的存在所讲求的心理的完整性,即人的存在心智构成的完整性,从宏观讲,人的心智构成即心商、情商和智商;具体而言,人的心智构成即意识、情感和心灵。意识是智商的基本构成,它向内生成前意识和无意识,向外生成观念、思想、知识;情感是情商的基本构成,无意识是其居所和土壤,向内通连心灵,向外滋养或化解观念、思想、知识;心灵是心商的土壤,它生成自由意志、灵魂和生命激情,为无意识煸旺锻造的炉火,为意识输入信仰、法则和原理的智慧。心灵、情感、意识因为自由意志的定位、灵魂的导向和生命激情的动力发挥而协调共生,形成人的心理学意义的完整态。人的以心灵、情感、意识为基本构成的心理学意义的完整态,构成人的心智论意义的、心理的、完整性的内稳器和内动力,人的身体论意义的、心理的、完整性由此获得持久不衰的内生机能。

人的存在的实然境况,自然地开出一种改变的欲求,这种改变其实然存在境况的欲求之成为可能,在于人作为自然人类学之物上升为文化人类之人,原发性和继创性地具备了物理存在、生物存在和心理存在三个维度的完满性，并获得物理世界的力学原则、生物世界的创造原则和心理世界的生生原则的遵从和引导、运用和规范。人的存在遵循、运用并接受引导和规范其物理学的力学原则、生物学的创造原则和心理学的生生原则，必然将自己引渡到**回归其必然的存在之道**，找到人在存在世界中的基本坐标，并以此基本坐标为最终依据和指南而定位自己在存在世界中的存在位态，这就是：**人是世界性的存在者**。这既由人的自然人类学决定，也由人的文化人类学决定，更由存在于其中的存在世界决定，由造物主创造的生的机制和生生本性决定。

人，无论从自然人类学讲，还是从文化人类学讲，他原本就是世界性存在者。人作为世界性存在者，其自居的本原性面向有二：

第一，世界性存在的人，其存在必须是自然面向的。所以，人本原性存在的自然面向规定：人的世界性存在必然的，也是内在地拥有人本宇宙观、自然宇宙观和本原宇宙观，由此，人的世界性存在必然是**神性地存在**。人是神性地存在于存在世界之中的存在者。

第二，世界性存在的人，其存在必然同时也是社会面向的，它敞开为国家面向和人类面向。但是，人的世界性存在的社会面向，无论是国家社会面向还是人类社会面向，都有其存在的本原性位态，这一存在的本原性位态就是**生态**。由此形成人的世界性存在的社会面向和其自然面向不同：人的世界性存在的自然面向是**关联生成**的，即以关联的方式生成存在；人的世界性存在的社会面向却是**位态生成**的，即以本原位态的方式**生成存在**。

人作为世界性存在者的本原性存在，决定了人的存在的疆界。这个存在的疆界既是存在世界的存在本身的疆界，也是造物主的创"生"疆界，更是众物、众存在者存在的疆界。如上疆界构成了人的世界性存在不可违背和不能违背的法则，就是"**自然为人立法，人为自然护法**"。

3. 人的位态与限度生存

人作为世界性的存在者之所以不能任意而为地存在，而必须接受存在律法的引导，这是因为存在世界、宇宙自然和造物主既为人的自然人类学确定了存在的律法，更为文化人类学确定了存在的律法。更为根本的是，人成为世界性存在者，是因为无论从造物主的原创化，还是从宇宙自然的继创生角度讲,它都是居住于存在世界之中。人居住于存在世界之中这一本原存在事实表明:人与存在世界、人与宇宙自然、人与众物和存在者既是交集地存在,又是可分立地存在。人与存在世界、人与宇宙自然、人与众物和存在者交集地存在,既不是因为存在世界也不是因为宇宙自然,更不是因为众物和所有存在者,而是因为人自己。人无论在自然人类学状态上,还是在文化人类学进程中,都不能离开存在世界、宇宙自然和众物及其存在者,更不可能抛弃创造"生"机和"生生"本性的造物主,虽然人可以傲慢地否定、不承认造物主的存在。从根本讲,人的存在——无论其实然存在,还是其应然生存或必然存在——都必须以存在世界为土壤、以宇宙自然为母体、以造物主创造的"生"机和"生生"本性为准则。人与存在世界、宇宙自然、众物及其存在者亦可分立地存在,这既是存在世界、宇宙自然、众物及其存在者之自在的呈现,也是人的存在意愿所向。由此,人亦可以按自己的方式存在,却必须具有条件的要求、律法的规范,并必须接受范围的限制。

这个有条件的要求,就是存在世界的自存在和存在世界中的众物及其存在者的自存在,即人按照自己的方式存在不能有损或侵犯存在世界和存在世界中的众物及存在者的自存在,不能消解或破坏人与存在世界、众物、存在者的共生存在。

这个律法的规范,就是人按照自己的方式存在必须接受存在世界的律法引导并维护造物主的创"生"机制和"生生"本性,必须遵从人的物理存在的力学原则、人的生物存在的创造原则和人的心理存在的生生原则的规训。

这个范围的限制,就是遵从"自然为人立法,人为自然护法"的法则,有节制地限度生存。

存在敞开即生存。基于人的世界性存在的本原性规定和本原性要求,人的存在敞开生存必须有限度。限度生存构成人的世界性存在的宿命,不可忽视,更不可违背和更改,一旦忽视或者违背和更改,必须付出存在的代价,或毁灭,或贫困,或战争,或诸如正在流行于世界的永劫的生物学(比如新型冠状病毒疫灾以及生物战),或物理学(比如核威胁、核战争以及数字集权工具统治)灾难。所以,限度生存既是一个人类的存在论问题,也是人类存在敞开自身的实然样态和方式。作为一个存在论问题,限度生存是从人的当世存在境况中生发出来，对人的当世存在提出如何走出**无限度存在的黑暗世界**而开辟重生的重塑之道。作为存在敞开自身的实然样态和方式，限度生存是宇宙创化敞开自身的实存样态。造物主创化宇宙自然和存在世界的行动，就是创造限度生存的存在样态和限度生存的存在机制，作为继创化者的宇宙自然和存在世界同样以限度生存的存在样态呈现自身，并以遵从限度生存的存在机制而生生不息地敞开其继创生。宇宙自然以"简单创造复杂"和"复杂创造简单"的循环方式敞开继创生的永恒运动，为存在世界、存在世界中的众物、存在者，尤其是从众物中走出来的人类存在开辟限度生存方得生生的存在轨道。

第 1 章 心灵镜像视域的生成

> 心灵之于大脑,包括所受的时空限制,其实并非我们自认为的那样是不言自明无可争议的……不仅应该质疑时空感知的绝对可靠性,而且以当下情况来看,恐怕是不得不被质疑。
>
> ——卡尔·荣格:《心理学与神秘》

哲学的存在之问,实是存在的一般之问和存在的特殊之问。存在的一般之问面向的存在,是宇宙(或曰自然)存在,包括地球存在、万物存在和人类存在,亦可称为"**存在世界**";存在的特殊之问面向的存在,是人类存在,包括人类与地球、万物、宇宙的关联存在,亦可称为"**人的世界**"。由此,哲学的宇宙(或自然)存在之问开出哲学的自然学;哲学的人类存在之问,开出哲学的人类学。完整的哲学之问是哲学的宇宙存在之问和哲学的人类存在之问的统合之问,由此形成完整的哲学视域,必是哲学的自然学和哲学的人类学之相向生成的**共生视域**。卷 3《生存涌现时间》侧重于宇宙存在或曰自然存在之问,其发问的重心是存在的本体及其自构成问题;本卷侧重于人类存在或曰人类的关联存在之问,其发问的重心是其关联存在**何以可能**的机制和方式问题。

关于人类存在的问题,过去的哲学一直将其混合于自然存在之中,没有予以明确的区分,并伴随哲学从本体论关注向认识论、实践论方向展开的进程中,人类存在之问就变成了存在的主体论之问。这方面的最高成就是分析哲学和现象学。大体言之,前者重在人类存在之主体论方法;后者重在人类存在之主体论生成。在存在之主体论哲学的视域框架下，现象学围绕"意向性"问题而敞开，形成的难以突破的视域局限由胡塞尔本人表述得比较清晰，他说："我们无论何时从事这种历史分析，**都会发现自己处于一种循环中。我们只能根据现在理解过去，而现在只有根据过去才有意义。**在一个方向上的'相对性阐明'产生了另一个方向上的'一些说明'，反之亦然。"① 胡塞尔指出，对真理的寻求必须"不是作为错误的绝对化的东西，**而是作为其视域以内的东西**"②。胡塞尔表达了一种非常明确的不同于已有哲学的新哲学认识，已有的哲学为人类存在提供的有关于真理的所有证据，都有待更多证据的支持并以此修正。胡塞尔还指出，这种修正性努力正是根据**视域的本性**，"相互矛盾的经验才具有悬而未决的可能性，它可以被附加，并被引向一个确定形式的修正，或者被引向一个完全自成一格的修正（如假象）"③④。这为当世哲学提供了全部的可能性，即"哲学隐藏于一个全新的领域，它需要一种全新的起点和原则上完全区别于任何自然科学的全新方法"⑤。胡塞尔提出一种新的并且在他看来是彻底性的方法，此方法要求**悬置自然及其相关认知的确信态度**："在对认知行批判的开始，将自然的完整世界，包括物理的和心理的，以及与不得不处理这些客观事件的所有科学连在一起的人类自身都被置于质疑之中。"⑥

悬置自然及相关认知的主体论哲学——不仅是现象学，也包括分析哲学等——确实是一种可摆脱存在的束缚而按其**意愿性想象**来展开哲学，却也因此丧失哲学"存在之问"的本分，避免其本分的丧失的质朴方式仍然是扎根

---

① ［爱尔兰］理查德·柯尔内：《20世纪大陆哲学》，鲍建竹、李婉莉等译，中国人民大学出版社2016年版，第29页。

② *Formale und transzendentale Logik*, ed., P. Janssen (*Husserliana XVII*), The Hague.: Nijhoff, 1974, p. 279.

③ *Formale und transzendentale Logik*, ed., P. Janssen (*Husserliana XVII*), The Hague.: Nijhoff, 1974, p. 281.

④ Stroker E., "Husserl's Principle of Evidence", *The Husserlian Foundations of Science*, Washington, D. C.: University Press of America, 1987, p. 50.

⑤ *The Idea of Phenomenology*, trans., W. Alston and G. Nakhnikian, TheHague: Nijhoff, 1970, p. 19.

⑥ *The Idea of Phenomenology*, trans., W. Alston and G. Nakhnikian, TheHague: Nijhoff, 1970, p. 22.

存在本身，从自然存在出发来发问人类存在。

从自然存在出发来发问人类存在，实是探询人类存在**何以可能**的根本条件与关联方式，以为求解人类当世存在困境与生存危机的根本之道，这种求解人类当世存在困境和生存危机的根本之道的知识学样态，就是真理。因而，亦可说哲学的人类存在之问就是探求**人类存在真理**。探求人类存在真理的本原性祈望，是为人类存在提供一劳永逸的真理和依据。但祈望与现实始终分离，因为人类存在之问的哲学不仅不能为人类存在提供一劳永逸的真理及其最终依据，而且其存在之问本身把哲学推进始终不可间歇的当世之途。形成这种状况的根本因素有二。首先，人类存在状况始终因为不同于过去或将来的当世"存在安全"和"生活保障"这两大基本问题，而使哲学发问人类存在的主题诉求始终是**当世化**的，并且，人类存在之当世始终处于不断流变的时空进程之中而形成每一个时空进程中的此一当世存在，总是生成出不同彼一当世存在，所以，不同的当世存在状况给予哲学发问人类存在困境和生存危机的内容也根本不同，比如 2020 年的人类存在与 2022 年的人类存在，虽然在时间的间隔上未超过三年，但所面对的存在困境与生存危机，无论从内容、性质、方向、深度、广度等方面看，都呈现出根本的不同，因而，求解人类存在困境和生存危机的根本之道的努力，也就客观地敞开主题和重心等方面的根本差异。这种根本不同和差异决定了哲学为求解人类存在困境和生存危机的根本之道所生成的真理，亦是当世化的。其次，哲学的人类存在之问当然是当世之问，但最终得落实到以哲学家为个体的主体之问。无论是人类存在敞开的当世所构成的生活世界本身，还是个体主体言，面对其存在困境和危机求解根本的化解之道的认知视域也始终呈当世化的。具体地讲，人类存在之问的当世化，实是其**此在化存在**的场域化，这种此在化存在的场域化指涉个体主义的认知主体，则敞开一种既属于认知主体，也属于此在化存在场域的心灵镜像化的认知视域导向，发现关联主义的人类存在总是不知不觉中落入一种**镜框**（或镜箱）**性存在**。突围其镜框性存在，实成为人类回返自然主义的本原性存在的持久冲动，正是对这冲动的存在论领悟，才构筑起哲学的人类存在之问必须为人类突围，或者更准确地讲不断扩张其镜框性存在框架提供最终信念、勇敢和方法。为此，**心灵镜像**作为人类存在的框架性实体，或者说作为框架人类存在的实体型式，必然成为哲学发问人类存在时首先关注的问题。就其基本面而言，人类存在的心灵镜像之问要求解的根本问题，是心灵镜像化的人类存在的视域生成何以可能及其存在敞开（扩张、拓展）的内在论机制和生存论原理。

一 存在与心智

存在之本原状态就是存在，即存在按自身方式存在，除此再无其他，更无可论之处。存在之被撕裂开其浑圆的本原状态而生发许多的不确定性和可资讨论的话题或问题，均因为它本身的不经意而生育人类这种生命样态。人类物种的诞生，搅乱了存在的本原秩序，因为在人的视野框架下存在分裂出宇宙存在和人类存在。因为人类存在，宇宙存在遭遇偏见性祛魅。在本原状态，存在就是存在，表里、深浅、隐显甚至物质和精神、身体和心灵、结构和组织等，只有在他者的介入时才可发生。存在之祛魅就这样地发生在人类摆脱自然人类学而诉求于文化人类学之途。自然人类学向文化人类学进发的基本标志，就是**祛魅存在**，并通过祛魅存在的方式呈现人类存在。虽然如此，人类祛魅存在总是以自身**存在偏见**的方式敞开，由此只把宇宙存在想象为一个物质的存在。"我们可以大略地说，物质的东西是可以代替的，而精神则不然；或者说，每一件事情，作为具体成就来考虑的时候是可以更迭的，而作为生活本身，则不然。"萨顿接着说："大多数文学家，遗憾地说，还有不少科学家，他们只了解科学的物质成就，而忽略了它的精神。他们既看不到科学的内在美，也看不到科学不断地从大自然的怀抱撷取的那种美。"①

人类将宇宙想象成纯粹的物质存在，实源于对物质存在的**偏好**，这种偏好不仅折射出赤裸的物质主义的实利需要，而且也无限度地放大了对物质世界。与此相反，对精神的关注却源于心灵的滋养，对精神的关注与照料，实因为心灵的觉悟。由此形成存在关注的两种截然不同且相反的方式，即热衷于物质存在的确定性方式和偏执于精神存在的非确定性方式，比较言之，指

---

① ［美］乔治·萨顿：《科学的生命》，刘珺珺译，上海交通大学2007年版，"前言"第2—3页。

向物质存在的确定性方式是一种经验主义方式;指向精神存在的非确定性方式是一种神秘主义方式。于是"最初在世上只有奇迹和敬畏。它们激发起人类的求知欲望,由此才诞生了科学与宗教。本来这两者同为一体,到了近代才变成互不交叉截然分离的两个领域,分离之后,从奇迹中演变出科学,从敬畏中演变出神秘主义……今天,**科学在寻找自然的边界,神秘主义却不承认边界的存在**;科学是大洋里的水滴,神秘主义则是其中的波涛。……科学与神秘主义都是在探索实在,虽然方式不同,它们都在寻找有关物质以及物质起源的真理"①。马克斯·韦伯认为,科学与神秘主义都在**寻找**存在世界的统一性,科学家们滞留于存在的"外部"寻找,以此前赴后继地努力构建一种称之为"大统一"的"万物的理论";与此不同,神秘主义者却从存在的"内部"寻找,透过对宇宙存在之整体性予以直接体验、直接觉解、直接把握。面对科学与神秘主义之如此方向不同和方法不同的努力,韦伯却出人意料地认为,在最终意义上,**神秘主义要比科学更加符合科学精神**。这是因为"是神秘主义而非科学在用无情的逻辑追求大统一理论,该理论将把提问者连同答案一起包含在内。虽说科学家也想通过某个终极方程统一一切,但他仍不够彻底,**因为他还想把本人留在方程之外**。当然,随着量子理论的出现,想这么做要比在经典物理中困难得多。人们认为观察者与观察对象构成了整体。但是这一点所蕴含的意义尚未被科学共同体的多数人看得清楚,除了量子理论家,许多人仍然以为可以置身于自己所研究的对象之外"②。

客观地看,科学与神秘主义的这种本原于共同努力的不同路径与方式的分歧,实实在在地撕裂了存在世界,同时也撕裂了哲学,哲学从宗教转向科学的实质性呈现,是哲学祛魅神秘主义而信奉物质主义,或坚信**物质经验主义**,或膜拜**物质实证主义**,但二者最终以自己的方式将自己沦陷于远离存在之问的死胡同。哲学要回返存在之问的本分之道,则需要弥合科学与神秘主

---

① Weber, R., *Dialogues with Scientists and Sages: The Search for Unity*, New York: Routledge & Kegan Paul, 1986, p. 10.

② Weber, R., *Dialogues with Scientists and Sages: The Search for Unity*, New York: Routledge & Kegan Paul, 1986, p. 10.

义之对立和分歧,这需要对存在的重新发问。重新发问人类存在,需要在解决存在世界之存在的基本问题的基础上考量宇宙的心智,因为这是发问人类存在何以可能,进而探求人类关联存在怎样发生的内在论机制和生存论原理的真正认知起点。

1. 宇宙的心智

"宇宙的心智"这一短语,不是比喻义的,而是实指义,即宇宙如同人类物种一样,自身拥有一个自发的内生枢纽。人类物种来源于宇宙,人类心智的源泉必是宇宙;既然来源于宇宙的人类有其心智,那么构成人类心智来源的宇宙,亦应该有其心智的存在。对这一推论逻辑予以成立之道的实证,需要解决如下三个基本问题:

第一个问题:宇宙的心智何以可能?
第二个问题:什么是宇宙的心智?
第三个问题:宇宙的心智何以构成?

宇宙何以可能拥有其内生心智的问题,实涉及对存在世界的根本看待。关于存在世界的根本看待,在发生学上是神学的,在继生论上是科学的。整体言之,神学对存在世界的看待方式是人格化的,其典型的表述是上帝创世纪。存在世界是由一个神按照预定的和谐(即合目的)方式创造出来的,并赋予这个被创造的存在世界以善美、让宇宙万物共享其善美而不使知之,并祝其宇宙万物"生生不息"的繁衍。所以,神学直观到的存在世界是神性的,是神韵充盈、神意光照的世界。与此不同,科学对存在世界的看待是非人格化的,其典型的表述是宇宙大爆炸。宇宙大爆炸理论描述了宇宙(或曰存在世界)的诞生,源于一个不知从何处来的神秘的奇怪吸引子的热能集聚和膨胀突破临界点而爆炸、热寂,然后重新集聚热能开始新一轮"爆炸–热寂–爆炸……",这种表面的非人格化的描述背后蕴含一种转换为人格化描述的可能性,因为这个集聚热能的奇怪吸引子既具有不知"来从何处来"的神秘,也具有"其小无内,其大无外"的神奇,更在于它以热能"膨胀–热寂"的方式向死而生,且生生死死相循环。

第1章 心灵镜像视域的生成

以此观之,神学和科学对存在世界的根本看待实以不同方式触及了宇宙的内在性,这种内在性即生和生生。这种生和生生的内在性是否就是宇宙的心智的基本构成?这个问题本应该成为一个关键因素,紧紧抓住这个关键因素而破解,或可将神学和科学统一起来,科学在哲学的助推下却踏上与神学对立的道路,由此很自然地使二者不自觉地悬置了"生和生生这一存在世界的内在性是否成为宇宙的心智的基本构成"这个根本性问题。

若追溯原因,这种悬置源于神学和科学的共同之为。就前者言,那就是教权统摄政权塑造出神学的偏执,宇宙万物既然是上帝的创造之物,一切都属于预定的和谐,自然不能将热忱和兴趣投放于被创造物,而是应该关注造物主自身。仅后者论,科学作为神学的反派方式登上精神世界的舞台,它所做的实际努力,首先是从神学中挣脱出来而独立,然后是积聚力量压缩宗教对生活世界的统治地盘,推翻神学对精神世界的统治。科学在这两个方面的努力取得巨大成功的最为实在的方式,是造成了对存在世界的分离性看待,使存在世界沦为分离的世界。Dean Radin 描述了这种分离存在世界的图景①,但这幅图景只静态地展示了宗教、科学、哲学解读存在世界的表象方面的区别,却没有发现弥合这种观念地分离存在世界的状况的根本方式和方法依然蕴含于此分离的世界图景之中。

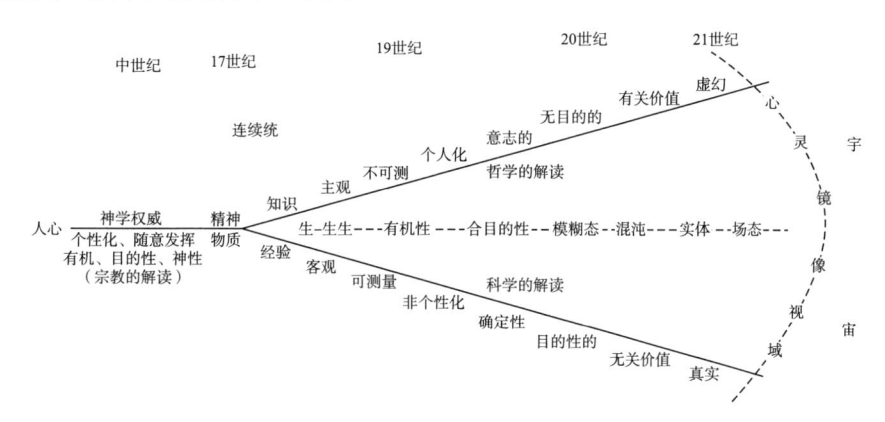

[1-1:看待存在世界的不同姿态与方式的汇聚图景]

---

① [美] Dean Radin:《意识宇宙:心灵现象中的科学真相》,何宏译,科学技术文献出版社2014年版,第200页。

图1-1呈现出人类宗教、哲学、科学探知存在世界的历史进程，在这一历史进程中，宗教、哲学、科学看待宇宙的根本分歧与不同认知取向，始于宗教统治精神世界的时代。这个时代就是中世纪。"在中世纪的西方，有关自然的知识全部来源于神学著作。世界是人格化的、有机的、变化无常的、有目的的，充满着超自然因素。人们不知道、不理解的大量事物只能归于灵魂、神灵或者上帝。"① 在宗教统治的中世纪，"对异教学术和信仰的激烈攻击，是基督教长期斗争的典型标记，这给希腊哲学和科学罩上了猜忌的黑幕。在它达到胜利的顶峰时，基督教以恐惧不安的情态——若不是明显的敌视的话——俯视着它的失败敌手。但基督徒在这件事上并不是铁板一块，极端反动的代表是特图连（Tertullian，约160年-约240年），他把哲学家视为左道邪说的供应商，对他来讲，雅典和耶路撒冷之间的任何关联都是不可思议的。或许更富于代表性的是像查士丁·马特尔（Justin Matyr，约卒于100年-167年）和亚历山大里亚的克雷芒（Clement of Alexandria，约150年，卒于215年之前）一类的人物，他们把希腊学术和哲学当作神学的婢女，只把它们用于更好地理解基督教信仰，而不是为了它们自身的目标。正如哲学已为希腊人接受基督教及基督的完满性做好了准备一样，它也可以同样好地用来完成别的目的。基督徒的两难处境典型地体现在圣·奥古斯丁身上，在整个中世纪中他的影响是巨大的。公元386年，他强调了自古希腊时代以来就包括几何、算术、天文和音乐四门学科在内的人文学科（liberal arts）的重要性，这些传统学科有利于导向更好的生活，对正确地理解宇宙也是不可或缺的。奥古斯丁甚至仔细考虑过一部人文学科百科全书的编排体系，其中包括上面提到的科学课目的章节。这个计划他只完成了一小部分，或许是因为在晚年他对异教及世俗学术的态度有着急剧的转变之故。在他临死之前的几年内，他痛苦地抱憾早年对人文学科的重视，并下结论说，理论科学和机械工艺对基督徒毫无用处"②。虽然，宗教统治世界越是达于绝对之境，则越发滋生出危机与担忧，其结果是"尽管怀着对异教学术（科学和哲学是其中不可分割的部分）

---

① Dennett, D.C., *Consciousness Explained*, New York: Little, Brown and Company, 1991, p.36.
② [美]爱德华·格兰特：《中世纪的物理科学思想》，郝刘祥译，复旦大学出版社2001年版，第4—5页。

潜在危险的担忧与恐惧，环境已迫使他们作出艰难的妥协。事实上唯一可用的世俗学术都源于异教，无论是基础的还是高等的教育机构都充斥着异教的信仰、哲学、神话和文学方面的书籍，语法、修辞课本中的注释完全摘自异教文献。凡接受了正规世俗教育的基督徒不可避免地要吸收大量传统的非基督教精神食粮。教会不得不修改对待异教学术和科学的态度，以摆脱自己的不安"①。这种情势继续发散，孕育出文艺复兴。文艺复兴的最大成果是两个发现，即对"人的重新发现"和对"自然的重新发现"，前一个发现导致哲学的革命；后一个发现导致科学的革命，这两个革命从不同方面指向对宗教统治生活世界和神学统治精神世界的传统发起正面进攻。宗教和神学的节节败退是以哲学和科学齐头并进的胜利为标志。哲学和科学的胜利最终又由科学对哲学引领和哲学对科学的服膺为发展方向。所以，在中世纪宗教土壤中已广为播种且经历文艺复兴培育而在17世纪铺开的科学革命，一路向前取得既征服宗教和神学又征服哲学的双重胜利，实有哲学为其做出了巨大贡献。17世纪科学革命的两个主题："柏拉图－毕达哥拉斯传统和机械论哲学。柏拉图－毕达哥拉斯传统以几何关系来看待自然界，确信宇宙是按照数学秩序原理建构的；机械论哲学则确信自然是一架巨大的机器，并寻求解释现象后面隐藏着的机制。……这两种倾向并非总是融洽吻合。毕达哥拉斯传统用秩序处理现象，满足于发现某个精确的数学描述，并把这种描述理解为对宇宙终极结构的一种表达。相反，机械论哲学关心的则是诸多个别现象的因果关系。笛卡尔主义者至少信奉自然界对于人的理智是透明的这一命题，机械论哲学家一般说来力图从自然哲学中消除每一丝朦胧，并证实自然现象是由不可见的机制引起的，而这种机制完全类似于日常生活中人们所熟知的机制。这两个思想运动追求不同目的，导致相互冲突，而且显然不只是数学科学受到了影响。由于它们提出了冲突的科学理想和不同的程序方法，远离毕达哥拉斯几何化传统的科学，如化学和生命科学，都受到了这种冲突的影响。对机械因果关系的阐释常常站在与通向精确描述之路相反的路途上，科学革命

---

① ［美］爱德华·格兰特：《中世纪的物理科学思想》，第5页。

的充分完成要求消除这两个主导倾向之间的张力。"① 不仅如此，"科学革命不只是关于自然的思想范畴的重建，它也是一种社会学现象，既表达了从事科学研究活动者的数目不断增长，又产生了近代生活中起着越来越有影响的作用的一套新体制"②。

近代科学革命对宗教和神学、哲学的双重革命取得最终胜利并不是17世纪，而是在18世纪通过启蒙运动而完成。法国数学家让·勒龙-达朗贝尔（Jean Lerond d'Alembert，1717-1783）曾指出："一旦奠定了某场革命的基础，完成这场革命的差不多总是后继代。"③ 科学革命经由18世纪启蒙运动的推进，首先是使哲学自觉踏上科学的康庄大道，即"对于哲学家来说，人类这样的图景该是多么受欢迎啊：他们挣脱了所有束缚他们的锁链，解除了偶然性以及进步的敌人的控制，以坚定和确实的步伐向着真理、美德和幸福的道路前进"④。其次是使哲学方法科学化，达朗贝尔于1759年描述了哲学科学化形成的盛况："新的哲学化方法的发现与应用，与各种发现相伴随的那种热情，宇宙奇观在我们身上引起的理念的某种提升——所有这些原因造成了心智的强烈骚动，就像冲破了堤坝的江河一样从各个方向蔓延穿透大自然。"⑤ Dean Radin 以最质朴的方式概述了哲学科学化的系统论图景：

> 新兴科学的目标是把对象拆分成基本单元，再来发现其间的因果规律。在此之上又扩展出新的思想，比如凡是真的都是可以测量的，这叫实证主义；独立于观察者之外存在一个客观真实的宇宙，这叫实在论；万物都由小的粒子构成，此谓原子论；粒子的相互作用犹如台球碰撞，

---

① ［美］理查德·S. 韦斯特福尔：《近代科学的建构》，彭万华译，复旦大学出版社2001年版，第1、2页。
② ［美］理查德·S. 韦斯特福尔：《近代科学的建构》，彭万华译，复旦大学出版社2001年版，第1、2页。
③ Peter Gay, "The Enlightenment: an interpretation", Vol. 2 (New York, 1966), *The Rise of Modern Paganism*, Vol. 1, p. 319.
④ ［美］托马斯·L. 汉金斯：《科学与启蒙运动》，任定成、张爱玲译，复旦大学出版社2000年版，第196页。
⑤ Fritz C. A. Koelln, James P. Pettegrove, translation, *The Philosophy of the Enlightenment*, Boston, 1955, pp. 3-4.

或者钟表里的齿轮,这叫机械论;一旦知道粒子的现状,原则上就可以预言它们的未来状态,这叫决定论;事物都只与最近的周边物体相互作用,与远方物体无关,这叫定域论。①

科学本原于哲学,科学革命使科学从哲学中独立出来形成科学世界和哲学世界的二分,在这种二元分离框架下,科学用现象的和经验的认知方式统摄哲学并使哲学科学化。哲学科学化的基本面向有二:一是以机械论模式去看待世界,这就是"长期坚持地认为世界是有组织的、人格化的、整体的、是被神赋予目的的观点,逐步转变成了新的世界观,世界成了无组织的、非人格化的、分离的、没有特别目的的。中世纪的想法把宇宙看成'伟大的生命体'。在科学革命之后,这种想法换成了宇宙是一台'巨大的机器'"②。这种宇宙器论最终演绎为一种坚信不疑的科学信念,推动"大多数科学家终其一生也就是做点清理性的工作……仔细地看看历史或看看当前的实验室,这个行当都是把自然塞进一个由范式提供的现成的相对不变的盒子里:常规科学的目标根本无法解决新现象,而装不到盒子里的东西通常就根本看不见……"③ 二是机械论模式和机器论信念共同构建起一种确定化的和共性主义的观念方法,运用确定化的和共性主义的观念方法将探究宇宙看作主客泾渭分明,所以"当宇宙被分割成一个主体和一个客体,一个观察态和一个被观察态,总会漏掉一些东西。在这种条件下,宇宙'将总在部分地回避自身'。没有哪个观察系统可以观察到自身正在观察。观察者看不到自己正在观察。每只眼睛都有盲区。正是这个原因,在二元论基础上用尽所有方法我们只会发现:测不准、不完备!"④ 这种浅表的和线性的主客分割的世界观、宇宙观、存在观必然形成威廉·詹姆斯所精辟地概括的那种结果,即"科学**系统地否定了个性**可以成为事件的前提,这种信念绝对认为,我们的世界完全是非人

---

① [美] Dean Radin:《意识宇宙:心灵现象中的科学真相》,第 199 页。
② [美] Dean Radin:《意识宇宙:心灵现象中的科学真相》,第 200 页。
③ James, W., *The Will to Believe and Other Essays in Popular Philosophy and Human Immortality*, New York: Dover Publications, Inc., 1956, p. 327.
④ Wilber, K., *The Spectrum of Consciovsness*, Wheaton, IL: Theosophical Publishing House, 1977, p. 37.

格化的,只有时间的无情流逝。这必将会被证明是个重大失误,我们的后辈将对今天被极度夸张的科学感到吃惊,**在未来的人类眼里无视人的作用的科学不可能有前途,必然是短命的**"①。(引者加粗)

科学将宇宙看成机器,将存在世界定义为客观的物质,将科学家自身和人的存在排除在科学的世界之外,否定世界的个性,否定存在世界的内在性和宇宙的心智,必然将科学推上"短命"的窘途。在这条"短命"窘途上,科学仍未得普遍的反思。心理学家肯-韦尔伯指出:"科学的大多领域到了今天仍旧是彻底的二元论,还在追求'客观事实',可是有些'更纯的'科学,像物理学和数学,还有一些新兴科学,包括系统论和生态学,则已经在某些方面宣判了二元论的终结。……然而,所有这些科学学科都还很年轻,不到300年的历史,所以直到前不久,我们才开始看到已经困扰西方2500年的二元论思想的终结。毫无疑问,所有的科学都始自二元论,甚至有些人追随二元论直至'湮灭的边缘',对于这些科学家他们即将感受到生命中最大的震撼。"②

科学未得普遍的反思的根本原因,仍然源于人们对积300多年之功建立起来的科学观念、信念和模式深为敬畏而不敢轻易地触碰,因为一旦突破其确定化的和共性主义的物质经验主义和实证经验主义的科学观念、信念和模式,科学就会遭遇两个方面难以被接纳的尴尬境遇。

第一个难以接受的尴尬遭遇,即数学家和哲学家阿尔弗雷德·怀特海指出的那样,即使是建立在经典原则之上的进化论也与唯物论的假设不一致。因为"作为唯物主义哲学出发点的原始材料,物质不能进化。物质本身就是终极原料。按唯物主义理论,进化可以被简化说成是不同组分物质之间外部关系的变化。一组外部关系与任何其他的外部关系一样,能有什么好进化的。只不过是一点变化,没有目的、没有发展。……这个学说其实是在呐喊**某种有机论才是自然之根本**"③。

---

① Kuhn, T. S., *The Structure of Scientific ReVolutions*, Chicago, Il: University of Chicago Press, 1970, p. 24.

② Wilber, K., *The Spectrum of Consciovsness*, Wheaton, IL: Theosophical Publishing House, 1977, p. 31.

③ Whitehead, A. N., *Science and the Modern World*, Cambridge: Cambridge University Press, 1933, pp. 134–135.

第二个难以接受的尴尬遭遇就是科学从宗教神学和哲学中反叛出来后无情地抛弃了神秘主义。诺贝尔物理学奖获得者薛定谔曾毫不犹豫地说,"认为存在一个真实的物质世界并以此解释我们最终发现我们发现我们处在不可分的同一环境之中,这才是神秘的形而上学的观点"[1]。爱因斯坦更是直截了当地指出:"我们所能体验到的最美丽、最深奥的情感就是神秘感。**它是一切真科学的播种机。一个与这种体会无缘、没有了惊奇、丧失了敬畏的人,无异于行尸走肉。**"[2]

存在世界的有机论,宇宙的神秘化,应该说是文艺复兴以来通过宗教、神学和哲学所建立起来的科学王国的两个劲敌,或可说,科学对存在世界和宇宙的"大统一"所建立起来普遍理论和方法、信念和范式,就是以批判和抛弃有机论和神秘主义为真正前提。有机论意味着生命主义、关联主义和个性和人格化,这是科学难以接受的;更让科学难以承受的是神秘主义,因为它直接与宗教、神学关联。所以,科学家们对神秘观念心存疑虑的重要原因和根本畏惧,就是它太接近宗教教义。[3]

有机论和神秘主义,虽然是科学所批判的,并且正是通过这种批判而建立起了科学的基础。但科学秉持物质经验主义和实证验证主义探求存在世界创建"大统一"的可解释一切的理论和方法的努力,最终又遭遇了有机论和神秘主义,无法回避也无法摆脱。正如数学家罗杰·彭罗斯爵士指出的那样,科学描述的经典世界如果不能包容意识,那么**"我们的心智一定依赖于背离经典物理学的某种存在"**[4]。(引者加粗)**一旦正视存在世界的有机论和宇宙的神秘性,从整体上、根本上和认知视野与方法上完全区别于经典科学的新科学必然产生**。科学哲学家威利斯·哈曼采用对比的方法,从八个方面阐明了经典科学与新生科学之间的这种整体的、根本的和认知视野与方法的区别:

---

[1] Schrödinger, E., *My View of the World*, Cambridge: The University Press, 1964, p. 40.
[2] [美] Dean Radin:《意识宇宙:心灵现象中的科学真相》,第 214 页。
[3] [美] Dean Radin:《意识宇宙:心灵现象中的科学真相》,第 214 页。
[4] Penrose, R., *The Emperor's Nnew Mind*, Oxford: Oxford University Press, 1989, p. 226.

表 1-1　　　　　　　　经典科学与新生的科学假说的对比①

"机械-分离-共性-客观"的正统科学观	"有机-整体-个性-神秘"的新科学
宇宙由基本粒子和量子组成，除通过场的作用形成一定联系外，它们处于分离状态	宇宙是一个整体，其中的所有部分都与其他部分密切联系
科学理解的宇宙具有最终的确定性	具有确定性的宇宙源于"分离性"假定，但根据经验判断，无任何理由下如此结论
非正常的意识状态，比如精神分裂等，只作为病理现象而被研究。意识是物质进化的副产物，没有内在意义和目的的附带现象	包括宗教体验和神秘态的全部意识态，是一切文化的中轴核心。这些意识态可被视作重要的研究工具，作为一扇透视实在的其他层面"窗口"
所有形式的体验，如"意义巧合"、同步性、心灵体验，要么有其物理或心理学的解释，要么只是巧合，甚至是作伪	问题不是"怎么解释思维传感"，而是"怎么解释我们的头脑何以没有被别人脑袋里的信息所填满"；不是"如何解释精神致动"，而是"如何理解我们的头脑会对物理世界有这等作用"
在进化中找不到"驱动力"和"目的"的证据。生存本能仅是自然选择的结果，缺乏自然选择能力的生命体都被淘汰了。没有科学证据说宇宙中存在类似于"目的"和"设计"的东西。生物科学虽出于方便使用了"目的论"一词，但其真正意义是结构与行为的统一保证了生存	人类是宇宙整体的一部分，没有理由认为如生存、归属感、成就、自我实现等"驱动力"就不是宇宙整体的特性。与此类似，由于我们体验到"目的""价值"，没有理由认为它们不是整体的特性。不仅仅是看上去而已，宇宙可能真就具有目的性与方向性
对某个现象的科学解释就是把它与普遍的、基本的、不变的科学定律联系起来。终极的科学解释必然归结为对基本粒子和力的运动及作用的描述	没有理由认为科学定律是不变的，应该说它们也在进化。所以，大爆炸的推断相当可疑，有证据显示，意识的进化要么先于物质世界，要么与之同步
对客观实在的最真实的信息得自尽可能独立的观察者。在主观认识与客观认识之间存在着清晰的划分	客观性是有前提条件的，因为在所有观察中都不可避免一种意义的"观察者效应"。理解不是来自分离、客观、分析，而是认同对象并与之融为一体

---

① Harman, W., "A Reexamination of the Metaphysical Foundations of Modern Science: Why Is It Necessary?" In W. Harman and J. Clark (Eds.), *New Metaphysical Foundations of Modern Science*, Sausalito: CA: Institute of Noetic Sciences, 1994, pp. 1-13.

续表

"机械－分离－共性－客观"的正统科学观	"有机－整体－个性－神秘"的新科学
所有的科学知识都是基于物理感受之上的数据，这样的信息最终都可以定量化	触及实在需要通过物理层面的数据与内在的、深入的、直觉的心领神会。我们与实在的遭遇并不只限于物理感受，还有来自美学的、心灵的、神秘主义的感受。

与"机械－分离－共性－客观"的正统科学相反的诉求"有机－整体－个性－神秘"的新科学，重新打开了科学反哺哲学、宗教和神学的新可能性。因为，以反思的方式走出正统科学的新科学，重新正视机械、分离、共性的主观想象和认知的局限，而坦然接受存在世界或宇宙的有机性、整体、个性、神秘的客观实存和认知的开放性生成。

存在世界（或曰宇宙世界）是有机性的。有机性的存在世界的内在形态是生命化地存在，生命化存在的本质，或者说原发动力和内生机制是生，是生生，它是神秘的源泉；有机性的存在世界的外化形态是宇宙的关联性（interconnectedness）存在，它呈现确定与混沌、模糊与清晰、有序与无序相含纳的连续统，敞开整体化的场态实体。"在常规物体以及人类体验构成的分离世界的表相后面是另一个实在，是一个有着错综复杂关系与各种可能性的相互关联的世界。这个背后的实在——**作为万物缘起的基态**——要比人们所熟悉的暂态形式与动态关系更加基本。"① （引者加粗）这个隐藏于宇宙的关联性存在深处或者说底部的作为万物缘起的"基态"，就是宇宙的心智。宇宙的心智，就是宇宙的内生性结构框架和组织朝向。宇宙的内在性，就是宇宙的自生的动力、自运的神韵和自在的方式。以其自生动力、自运神韵和自在方式为基本内容所生成的关联性和组织化的结构，构成宇宙心智的框架；而生，作为宇宙的内在性的灵魂，既构成宇宙心智的本原，也成为宇宙心智的原发动力。由生所引发出来的生生，构成宇宙心智的内生机制。宇宙的神秘即由其内在性的灵魂之生敞开生生之道的**合目的的**感性生命状态，这一合目的的感性生命状态亦可称之为**生生之向**。宇宙心智的生生之向，即宇宙的心灵，

---

① ［美］Dean Radin：《意识宇宙：心灵现象中的科学真相》，第214页。

它内驻于宇宙的心智之中，充盈生的灵性、生的神意和生的神韵。宇宙心智就是生生不息、幻化不已的心灵。因为有了它，宇宙才成为神秘主义，也因为有了它，万物才生长出灵性和善美。

2. 自然人类学的心智倾向

哲学需要坦诚之心 讨论存在世界即宇宙及其心智存在何以可能，只是为人类物种的出场做铺垫，因为人类要成为人类存在的最终依据何在，是一个必须关注并求得解决的问题。比较地看，人的问题，既是比宇宙更为简单的问题，也是比宇宙更为复杂的问题。这是因为人类存在既是自然人类学方式的存在，也是文化人类学方式的存在。人类的自然人类学存在，是一种纯粹的宇宙存在，是宇宙存在的具体存在，所以人比宇宙要单纯；与此不同，人类的文化人类学存在，既是一种宇宙存在，又是一种文化存在，并且是既存在于宇宙之中，又逾越或者说不断地突破（即扩张和延伸）宇宙的边界。所以，人比宇宙复杂得多。

由于人类本身具有自然人类学和文化人类学的双重特征，并敞开自然人类学和文化人类的双重存在，也就形成看待它的复杂性景观。

首先，科学以宇宙（即存在世界）为业，所以科学的自觉总是将人排除在自身之外，宇宙学和物理学以及由此繁衍出来的各种科学，都不讨论人的问题。但这种主观上的努力只在观念想象和自我设定的意义上才成立，实际的情况是科学始终无法把人——更具体地讲是科学家自己——排除在科学的讨论之外，虽然科学界一直以大倡"科学中立论""科学客观论"和"科学价值无涉论"，科学始终无法摆脱人自身而中立、客观和价值无涉。正如乔治·萨顿所说那样，科学虽然在表面看来是以自然为镜，但在存在本质上仍然是"以人为镜的反应"。比如，宇宙学关于宇宙的起源，总是把生命带了出来，但当它带出生命时，人也就被悄然引动，但因为科学家的本能性抑制只是未发而已。生物进化理论亦是如此，物竞天择、适者生存的丛林法则不仅将人类物种潜在地写了进去，更是展示了人类的自然人类学存在和文化人类学生存以及如何从自然人类学向文化人类学进化的全部法则。

其次，宗教和神学也是宇宙学，却与科学的路子完全不同。科学建构宇宙学，期望从**宇宙本身**——或可说从宇宙内部——来探求其起源、演化的动力和机制、原理与规律,这是客观的态度,也是客观的方法,并且信守这种客观的态度和方法把探求者自己和人类本身排除在其视野之外。宗教构建宇宙学并由神学来解释其自我建构,却是直截了当地从**外部**着手,即设定一个至上的神来创世纪,宇宙的起源、演化及其动力和机制、原理和规律,都集于创世者一身,都来源于创世者并不是宇宙本身。并且,创世者创造宇宙的最终指向虽然是创世者本身,但其直接目的是创造人,所以人成为宗教和神学的宇宙学主题,并且贯穿始终。只是,在宗教和神学的宇宙学中,比如在基督教宗教和神学中,人类的自然人类学存在是**至善的**存在,人类的文化人类学存在却是因为身犯原罪而成为**救赎地**存在。在宗教和神学建构的宇宙学中,人类存在的朝向是由高阶向低阶降落,虽然其降落的进程中人祈望于朝高阶方向努力。

与此不同,源出于宗教的哲学,却挥动耻感的利斧将自然人类学和文化人类学之间的生成关联拦腰砍断。将自然人类学抛给宗教神学,然后捡起文化人类学作为发问人类存在的主题范围。哲学的这种做法,在动机上可能与科学一样,尽可能地避免麻烦。相对而言,科学更为成功,因为科学可以主观地假定自然是死亡的,宇宙是可以按照自己的观念范式运行。哲学虽然也想如此,却没有这样好的运气,因为它不得不始终面对两个问题。

第一,哲学始终面对活动着的人,最为直观地无法避免身与心、物质与精神的相对存在。如何消解物质与精神、身与心的对立问题,成为哲学内部分裂和斗争的主线,但上千年的争斗过去了,任何问题都未得解决,最终只能垂头丧气地发现,精神与物质、身与心实如一枚硬币的两面,它存在大量心-物作用和超距感知。面对此,哲学家布诺德指出:"如果超常认知和超常因果是事实,那么它们很可能不仅限于偶尔以特别方式无规律地出现,不仅限于只被体验。它们完全可能在我们正常生活的背景之中持续地起作用。"① 系统论者萨丽·格尔勒揭示科学和哲学不得不共同面对的问题,她说:"我们的肉体与精神非常巧妙地耦合起来形成一个巨大的、**经典科学无法想象的过程**。在我们每人身上都有比机械论哲学所想象的要多得多的信息……神秘体

---

① Bohm, D. J., *Unfoldinge Meaning*, New York City: Ark, 1987. [美] Dean Radin:《意识宇宙:心灵现象中的科学真相》,第 217 页。

验可能是一种源自我们与世界一道同步进化的知识形式。"①（引者加粗）

第二，哲学始终面对人类存在的来源问题，即哲学主观上只想将自己限定在人类的文化人类学存在范畴做文章，并且这种努力最终通过康德、黑格尔及其追随者而获得成功，但仍然没有摆脱人类存在之来源的干扰和归宿这两个方面困境。由此，哲学既想避开宗教和神学，但始终被宗教和神学拉扯着不能脱离最终的干系；哲学也想与科学划清界限，但科学的势力总是在策反着哲学并获得最终的成功，因为哲学倒向科学比亲近宗教更容易生存，虽然切身地知道这种选择并不明智，因为宗教和神学提出的人类学问题有其本原性存在的依据，这就是人类物种现实地也是历史地并且也是与将来地存在于宇宙之中，是宇宙的构成部分，作为宇宙成员的人类物种成为文化人类学的人类存在的前提，是人**本是**自然人类学的存在物。要从根本上解决物质与精神、身与心的问题，要坦诚地面对人类存在本质上是超距存在并遵从超因果律，就必须重新正视文化人类学存在的心智，一旦正视人类的文化人类学存在的心智问题，必须要溯其根源而探索人类的自然人类学存在的心智构成和心智倾向。

自然人类学的心智构成　　阿尔伯特·爱因斯坦说："人是我们所称'宇宙'这个整体的一部分，是时空的一部分。他体验到自身、他的思想与情感，以为与其余部分有所不同，但这不过只是他的意识错觉。"② 爱因斯坦不是哲学家，他却在矫正哲学家的"意识错觉"的认知传统，哲学必须正视人类与宇宙的存在关联，当哲学将人类存在的心智作为其本业的基础问题时，应该考量人类的心智与宇宙的心智之间的构成关联以及二者之间的生成逻辑何以可能。如前所述，20 世纪后期以来不断涌现性发展起来的新科学之认为宇宙可能有目的和方向，因为宇宙本身是生命存在，生命永远以自身为目的，也是生为方向。或可说，生命总是以生为方向，并以生生为原发机制和根本方法敞开合目的性存在。

在以生为方向和生生为合目的性的宇宙存在中，人类是其中一员，既是最平常的一员，也是最非凡耀眼的一员。人类的平常，源于它是自然的人类；

---

① Coermer, S. J., *Chaos and the Evolving Ecological Universe*, Langhorne, PA: Gordon and Breach Science Publishers, 1994, pp. 173–174.

② ［美］Dean Radin：《意识宇宙：心灵现象中的科学真相》，第 217 页。

人类的非凡和耀眼，因为它同时还是文化的人类。人类聚自然的人类和文化的人类于自身，这不仅是发生学的，而且更是发生学和继生论的统一。这种统一源于什么呢？源于自然的人类存在和文化的人类存在之间既有本原性的不变因素相支撑，又有继发性的动变因素相激励。这两类因素既同时蕴含于人类物种的物理结构和生物形态之中，也沉淀为人类物种的精神倾向和心智的框架。这种本原性的不变因素，就是自然的人类存在的心智，它与宇宙的心智一脉相承而贯通于文化的人类存在的心灵之中，构成文化的人类存在与宇宙存在的本质关联。这种继发性可变因素就是人类的文化存在的心智，始终拢集存在与非存在、有与无、过去和将来于自身而不断地重构着自己既有别于宇宙的心智，也有别于自然的人类存在的心智的**人文心灵**。因而，要真正理解文化的人类存在的心智及其始终求变的人文心灵，必须理解自然的人类存在及心智构成。

理解自然的人类存在及心智构成的前提，是明确"自然的人类"之所指："自然的人类"是相对"文化的人类"而言，要言之，"文化的人类"即可用"人"这个词来表述；与此同时对应的"自然的人类"，就是动物，或曰动物的人或动物的人类，所以，自然的人类存在，是指人类的动物存在。对人类的动物存在的审视，就是动物人类学，亦可称自然人类学。

自然人类学关注的基本问题，是人类作为动物与生物世界其他动物的**一般物种学共性**和**特殊物种学个性**。在动物世界里，不同物种之间相区别的个性存在，主要与物种的基因、物种的物理构造和生物构造、习性、行动方式等因素密切关联。动物物种之间的一般物种学共性最为根本地体现在**心智构成**上，心智的共性往往通过特殊的物种之自身习性和行动方式的敞开，才可显现出鲜明的个性特征来。因此，讨论自然人类学的心智问题，其实质是在讨论动物的**一般共性**问题。

讨论动物的心智，面临的首要问题是：动物有无心智？这个问题必然带出"本能"，或可说，本能成为走向动物的心智的入口。欲从本能进入走向动物的心智，自然面对如下三个基本问题。

第一个问题：动物的本能由何产生？

一旦涉及动物的本能，需要明确何谓本能？所谓本能，无论在何种领域或何种语境下，都是指**天赋能力**，即造物主创造宇宙及万物生命时所赋予的能力，所以在存在世界里，凡存在皆有存在之天赋能力。天赋能力之于存在者言，既是内在的，也是外在的。因为既然本能是天赋其存在的能力，当然意味着赋予其存在本能的那种力量是外在的，而在"天赋本能"的这一对客观实在的表述中，"天"即赋予存在本能的那个外在的力量。这里的"天"是指整体存在的宇宙，也指造物主，本能是造物主创造宇宙及万物生命时赋予它们的存在能力。由于具有天赋其能力的万物生命均是宇宙中的成员，所以，本能亦是造物主赋予宇宙及万物生命的内在能力。

动物的本能源于天赋，这是从外在性或者说宇宙发生学讲，但同时也是内在的。从本能的内在性生成角度探知天赋动物本能由何产生的问题，必得联系动物本性来看，动物本能是动物本性的存在论敞开。所以，动物本能实源于动物本性。无论从发生学讲，还是从继生论言，动物与万物一样都是一种生命存在。而存在的本质是生，生之本质敞开的本性的逻辑是生生，因为生是存在的不可逆朝向，这种不可逆朝向的不可逆敞开，必是生生且生生不息。动物是天赋的存在，是存在的具体存在，它的存在本质亦必是生，并且其之生本质敞开的本性同样是生生，所以生生构成动物生命存在的内在本性。以生为不可逆朝向的生生之动物本性的存在论敞开，实是进入境遇性生存，自然发生动物本性向动物本能的生成。所以，动物本能是动物在其境遇性生存中发生的，即动物本性在动物存在敞开生存的境遇中生成出动物本能。动物本能就是动物面向境遇或面对境遇而生出来的安危倾向和苦乐态势，具体地讲，就是避危求安倾向和避苦求乐势态。

动物本能源于动物本性这一事实表明：动物本能源于天赋的本性，却要借助于遗传来保持或强化。具体地讲，源于天赋本性的动物本能是要通过物种基因、种群的地域化习性和共铸的行动方式等而获得遗传机制。这就是说，动物的遗传机制并不是单纯的物种基因，因为基因的传递必涉及变异问题，而变异始终不是静态性质的，而是动态取向的：只有那些动态性生成的因素才可构成基因的变异力量。这些动态生成的并可实实在在地引发或推动基因发生变异的根本性因素，就是以种群的地域化存在和种群的地域化存在构筑起来的、不断更新的地域化习性及共守的行为方式。所以，只有当物种基因、种群的地域化习性和共守的行为方式三者合生性运作，才造就动物本能遗传的诞生并推动动物本能遗传的运作。

第二个问题：动物的本能由何激发更新？

对第一个问题的考察引出动物本性和遗传机制来，为讨论第二个问题开启了思路。按照生物进化理论，遗传并不是一成不变，而是与变异并行，因为遗传必遭遇环境，更具体地讲，对于宇宙世界之生命存在敞开言，任何内容和性质取向的遗传都是在境遇性敞开中展开，并在境遇性敞开中实现的，其境遇性的动变本身刺激、影响所遗传的内容遭遇适与不适或适的强弱态势，在这种态势中，适者承传之，不适者则变易之；进而，适者之力强劲到突破其境遇的阻碍，则顺利承传；反之，适者之力弱到不能突破其境遇的阻碍，就得变之以突围。动物本能之适与非适的遗传与变易的博弈运动将动物本能自身之第二个问题凸显了出来，这就是动物本能何由激发和更新？

对这个问题的考察，自然引出**知觉**来。因为，从外在论，动物本能的遗传或变异均由境遇性环境所激发，但从动物自身论，动物的本能运动由知觉引发。动物的知觉，涵摄其视觉、听觉、触觉、嗅觉、味觉。境遇性环境对动物本能发挥激活功能，需要经由知觉这一中介，即境遇性存在刺激动物的知觉，知觉激活本能、选择与行动，以及遗传或变异等才由此产生。要言之，存在敞开的境遇激活动物知觉（五官），知觉激活其本能的功能发挥。

对动物存在敞开生存言，其基于知觉对本能的激活，释放其功能释放的基本方式是选择与适应。动物在知觉的激活下本能性选择的依据是避危求安、避苦求乐："对一个有意识的动物来说，期望值最大化就是追求快乐规避痛苦。快乐与痛苦是主观性感受，由大脑和身体的无意识部分传送给有意识的心灵。做出有意识决策的信息加工的数量和复杂性并不比前意识或无意识决策的更多。这在免疫系统的运行中得到了最好的呈现；我们的思维过程在复杂性上与建立和维护免疫系统的任务不可比。然而，意识使我们有机会提出新的解决方案以面对迄今未预料的危险；这些解决方案可以为他人所复制然后可以世代传承。"① 避免危险求得安全，或避免痛苦获得快乐，这是动物的

---

① ［美］罗素·詹金斯、沃尔特·沙利文：《心灵哲学》，韩宁译，科学出版社2022年版，第110页。

本能选择。客观地看，动物在境遇性存在中避危求安的"安"，既是感觉的安，也是实地存在的安和当下生存的安；动物在境遇性存在中避苦求乐的"乐"，只是感觉的乐，通过感觉的乐而达于心智的乐，实质地化为了安。动物在知觉的激活下本能行动的准则，是以避危求安、避苦求乐为依据的**利己**，即最大限度地有利于自己的存在或最大限度避免不利于自己的因素，或将不利于自身安全存在的因素降减到最低程度、缩小到最小范围。正是这种基于避危求安、避苦求乐的冲动而做出本能性的利己成本计算与选择的方式及其运作机制，使动物成为"有意识的生命力都是复杂生物系统的新质"[①]，为作为纯粹的动物的自然人类学向文化人类学方向演进变得可能。

第三个问题：被激发更新的本能的境遇性释放生成的信息如何舍藏？

由天赋本性生成的本能，遭遇环境的刺激而以避危求安、避苦求乐为依据，并以利己为准则做出行动选择释放出来的知觉信息如何处理，具体地讲，是完全地清除还是有选择地舍藏，这是动物本能性存在必须面对的基本问题，也涉及动物能否自我进化或在多大程度上自我进化的根本问题。

动物本能性选择与行动生发出来的信息舍藏问题，实际地牵涉出两个具体问题：

（1）动物如何筛选信息？

（2）动物会将筛选出来的信息储藏在哪儿？

对动物而言，如果具有筛选信息的意识和能力，这就涉及三个方面的问题：第一，筛选信息的依据；第二，筛选信息的主体；第三，筛选信息的准则或方法。首先，动物如果有能力筛选信息，那就一定有其筛选信息的依据，并且它还熟练地运用这一依据。实际地看，动物在其境遇存在中将本能具体化了避危求安、避苦求乐的选择与行动的依据，那么，其对选择与行动生产出来的信息选择也一定会以此为依据。其次，对于动物言，因为选择和行动而生产出新的信息的主体，只能是动物，更具体地讲，是动物的本能，即动物的本能选择和行动才生产出新的信息，因而，如果要对生产出来的信息予以选择的话，其选择主体自然是动物对本能的再发动，所以，以本能为主体

[①] Morris J. A., "The Conscious Mind and Its Emergent Properties: An Analysis based on Decision Theory", *Medical Hypotheses*, 2011 (77), pp. 253–257.

性条件的信息筛选，也只能是基于避危求安和避苦求乐而以利己为准则，即丰富自己、提升自己或拓展自己的知觉能力为准则来筛选信息。所以，动物本能性筛选信息所遵循的基本方法，就是要将无用的、错误的、多余的信息丢弃掉、遗忘掉；将有用的信息保存下来。

接下来的问题是：哪些有用的信息是需要保存的信息呢？一般来讲，能够筛选保存下来的信息有两个方面的内容：一是能增强或提升本能经验的信息；二是能拓展本能经验的信息。

为增强、提升或拓展本能经验的信息通过本能性筛选出来后，就面临如何保存的问题，这个问题的实质是将筛选出来的有用信息保存在何处以更为有利于其本能经验的增强、提升或拓展？答案只有一个，那就是只有储存在动物自身之中，具体地讲，只能储藏于动物的心智之中。这就涉及"什么是动物的心智"问题，也就涉及一个前提性问题，即动物有无心智？

动物有无心智的问题，实可做出肯定的判断：动物有属自己的心智。其基本理由有二：第一，动物来源于宇宙的创化，并在事实上成为宇宙的一员。宇宙成为宇宙的内在规定，就是拥有使之成为自己的心智。作为宇宙的一员，更准确地讲，作为宇宙之内在构成的动物，必有其心智，这既是造物主创化宇宙及万物的赋予，也是宇宙与万物关联存在的内在依据和本体层面的桥梁。第二，动物拥有本能意味着动物有心智。如前所述，天赋动物本能，是从动物与宇宙之发生学关联而论，动物本能的内在来源是天赋的动物本性，其本性的意识及其敞开的本能本身，构成了动物的心智的基本内涵。

动物是有心智的。动物的心智是由动物的存在本性在境遇性生存进程中向本能生成所形成的那特定的、具体的且相对稳定的空间框架。通俗地讲，动物的心智是由动物本性向动物本能方向生成所形成的空间性结构，这个空间性结构里所盛的原发性内容是天赋的本性和本能本身。动物以避危求安、避苦求乐为依据并以利己为准则的本能性选择和行动所生产出来的信息，做出筛选之后，只有将选择得来的有用信息储藏于本己的心智之中，使其本能经验化。

自然人类学的心智运作 对动物言，将筛选、储藏于心智之中的信息予以本能经验化，其目的是增强或提升、拓展本能经验，以更好地适应生存或促进遗传和变异。这就形成动物的心智运作。动物的心智运作，是动物从自然人类学向文化人类学方向演化的内在方式和不可逆路径，可以说，没有动物的心智的运作，就不可能有动物的进化，更不可能有自然人类学向文化人类学的产生。

动物的心智运作既不任意，也不无序，而是相反，动物的心智运作有其内在机制和固有轨道与程序。概言之，动物的心智运作实是同时既朝向内也朝向外两个方面展开生成出相对稳定的运作机制。

动物的心智向外运作，就是应境遇性环境的刺激而启动知觉，接受、收集来自四面八方的环境信息，然后予以归类处理，并对归类处理的信息做出利与害，或安与危，或若与乐的判断，最后选择和行动。

在人们的习惯性感知或固有的经验性理解中，动物的知觉运动直接源于境遇性环境的刺激，然后反应，形成"刺激－反应"模式，与动物的内在性无关。因为人们根本没有动物的内在性方面的认知。但实际的情况是，动物既是一种外在性存在，更是一种内在性存在，动物的内在性存在的依据是天赋的动物本性，动物的内在性向外释放的直接方式是本能，将天赋的本性和功能释放的本能协调为合生的动力体系的内在因素就是心智。心智才是本能发动知觉的动力机制。

动物的心智向外运作，是为应对境遇性环境，使之避危求安、避苦求乐。动物的心智向外运作启动知觉来应对境遇性环境，形成心智知觉化。心智知觉化，是心智启动视觉、听觉、触觉、嗅觉、味觉整体应对境遇性环境的身体性反应，这一身体性反应通过对境遇性环境的信息收集处理而做出目标、方向明确的选择和行动。所以，动物的心智向外运作生成的选择－行动机制，恰恰是整体取向的知觉化的"心智－环境－行动"模式，这一心智外化的行动模式从整体上呈现场态化的横向扩张状态。

比较地看，动物的心智向外运作，是心智带动本能经验对境遇性存在的世界予以横向扩张状态的一种行动方式。相反，动物的心智向内运作，却是其心智充盈本能经验内容的方式，这种充盈本能经验内容的形态学呈现就是心智回返自身的纵向沉淀。心智回返自身的纵向沉淀的基本方式是记忆。记忆使心智的内容得到充盈、得到更新、得到源源不断的新生。

记忆之于人，在自然人类学阶段和文化人类学阶段有其根本性质的不同，文化人类学的人类记忆，是印象记忆向观念记忆方向推进；自然人类学的人类记忆，只是纯粹的印象记忆。动物也有记忆，但动物的记忆只是印象记忆，没有进化为观念记忆。所谓印象记忆，是对知觉得来的感觉印象的记忆。感觉印象记忆构成动物记忆的根本特点，包括形式特点和内容特点，其记忆的形式特征表现为图像性记忆，或视觉图像，或听觉图像，或触觉图像、味觉图像。这是因为动物的记忆缺乏对感觉化的印象予以抽象，抽象不仅是记忆内容的提炼，而且是对记忆内容予以体积压缩，由于缺乏抽象，记忆的内容呈印象式图像，所以占有的空间相对大，这就影响了心智对有用信息的储存，同时也影响了心智进化的程度。因为无论是人的心智，还是动物的心智，无论具有怎样的张力弹性，其心智的空间都是有限度的。对心智的空间占有度越大的图像性信息，其所储存的最终信息就越少。心智对有用信息的储存量越少，越不利于其本能经验的增强、提升、拓展，自然而然地形成心智进化的质变速度低，质变可能性小。另外，与记忆相跟随的是遗忘，遗忘对心智的功能发挥，形成心智的一种选择机制，这即对大量通过记忆而进入心智的信息予以筛选的机制和对筛选得来的信息予以重组或再造的机制。但是，当动物记忆以感觉化印象式图像的方式往心智输送信息内容，由于心智空间的有限性和记忆内容的空间占有性之间形成的最终关联，是心智所能够储存的信息内容是相当有限的，这种有限的信息储存根本起不到全面激活遗忘的功能，这样一来，心智的选择机制和重组与再造信息的机制自然得不有效建构，即使建构起来也得不到有效的运作，由此动物的心智进化的功能处于最为缓慢的甚至是停滞的状态，这就是在宇宙世界中万物的进化如此艰难的一个根本的内在原因。与此不同，人类从自然人类学进入文化人类学的内在秘密，却是其**心智知觉化**向回返自身的方向生成出**心智心觉化**，其直接的启动力量却是记忆形式的根本改变，即从感觉图像化的印象记忆向抽象性质的观念记忆的生成。这一双重的生成塑造了人类的再生。

3. 文化人类学的心智构成

　　"两脚走路，两手做事"对心智的影响　　人类从自然人类学向文化人类学方向演进的具体呈现，是动物存在的人向人文存在的人的**生成**。这一生成的原发机制是心智化的行为方式的改变。

动物的行为方式是要受心智的支配，这源于两个方面因素的推动：一是动物与宇宙的关联性，因为动物的行为不仅生发于动物存在的自身需要，更源于宇宙的要求。宇宙对动物的关联性不仅构成宏观的关联，而且构成本质的关联。从后者论，动物不过是宇宙的内在性构成因素，动物的行为方式要在宇宙的心智框架下展开。二是动物的行为源于其境遇性环境对心智的激活，心智不得不启动知觉以应对存在环境的变化，所以，动物的行为方式由心智知觉化引导而形成"心智－环境－行动"模式。

心智化的行为方式，就是以心智为动力启动知觉应对环境选择行动的方式，这一行为方式的改变对于自然人类学的人来讲其根本的形态学标志，就是**"两脚走路，两手做事"**。

两脚走路，两手做事，这是自然人类学向文化人类学演化成功的基本标志，它揭示了人对物的区别，这种区别是身体与大脑之间的关系事实的变化。仅前者言，就是"纯粹的自然，本质的人先于创造。脱离纯粹自然的沉沦就是创造"。因为存在先于思想，自然先于创造。这一本原性的存在事实具体到人的生命、人的身体世界，就是物理的身体先于思维的大脑，脚先于手。"比较解剖学的发展还非常有限……，以致我们不可能在此基础上建立可靠的推理。……我假定［人的］形体历来就和我们一样，**双脚行走，双手做事**。"①（引者加粗）**双脚走路，是自然地存在；双手做事，是人文存在**。从双脚行走到双手做事，生成建构起一个逻辑，开创出一种结构，更开辟一种秩序。

首先，"双脚走路"与"双手做事"所构建起来的**这个逻辑**，是从动物到人、从自然到人文的逻辑，这一逻辑展开为从脚到手的进化，这一进化的实质是：脚与手，都属于身体的范畴，也属于自然存在、宇宙存在的范畴，但从动能方面讲，脚与手，就是行为，就是行为的方式，但在行为和行为方式的功能层面，原本属于同一性质的脚与手，却发生了根本的变化。脚代表着身体存在，象征动物，它本身还是动物的肉体的组成部分；手却代表着一

---

① ［法］贝尔纳·斯蒂格勒：《技术与时间1：爱比米修斯的过失》，裴程译，译林出版社2019年版，第121页。

种新的东西,这种东西是身体的延展和超越态,即人文,因而,手不再象征动物,虽然它还是肉身的组成部分,却代表动物的心智向人的心智的进化成功,象征人的心智、人的心智化的大脑。

其次,"双脚走路"与"双手做事"所构建起来的**这种结构**,是人从自然物到人的时间进程,或者说历史结构,展开为从脚的本能运动到手意识地安排事务,当然可以说是动物的进化,但根本是宇宙的内在性构成的自然人类学的人类的再创化,它浓缩了漫长的创化历史、创化过程,最终在时间化渗进的空间之点上**壮丽地**呈现。

最后,"双脚走路"与"双手做事"所构建起来的这种秩序,是人从自然物到人的存在秩序,展开为本原性自然存在的世界与人质性质的存在世界的生成性联结,使自然存在的世界和人质存在的世界最终沦为技术化存在的世界。从此以后,手再不是负载身体重量和行走功能的"脚",也不只是能够"做事"的"手",**它变成一种生产,成为一种生产方式,生产工具,生产技术,并且,还肩负起创造生产、创造生产工具的技术,技术方式和技术方法。**从此以后,不仅文化人类学的人类世界得到日新月异的创造,而且自然人类学的人类世界连同他的源泉宇宙世界本身也将因为手而得到面目全非的改变。"人起始于脚而不是大脑。然而直立行走的含义和结果恰恰是同卢梭关于人之起源的讲述——人从一开始就'双脚行走,两手做事'——不兼容的。因为两手做事——即变爪为手——就意味着操作,而被手操作的就是工具或器具。**手之为手就在于它打开了技艺、人为、技术之门。脚之为脚——行走、运动——就在于:它在承受全身重量的同时,不仅使手得到解放、实行手的使命、获得操作的可能性,而且建立了手和面部的新型关系。**"① (引者加粗)而且,从"双脚走路"到"双手做事",是人以自然人类学的生命方式**自然地存在**向人以文化人类学的生命方式**技艺地存在**的开始。

"两脚走路,两手做事",这是动物存在的人向人文存在的人生成的根本形态学标志,它的伟大意义至今没有人真正地意识到。

首先,"两脚走路,两手做事"改变了人类物种的**体质物理学结构**。

---

① [法]贝尔纳·斯蒂格勒:《技术与时间1:爱比米修斯的过失》,第122页。

在自然人类学阶段，人作为纯粹的动物，其身体的构造形成的形态学结构是四脚爬行的横向结构，在这一结构体系中，脚的功能除了承载身体重量之外，就是负责行动，**爬行**。这一身体结构决定了动物存在是一种对环境的**适应性**存在，并且这种适应性存在呈一种**受役性**模式，表现为心智被境遇性环境的激活而**知觉化**应对环境变化的选择与行动，从根本上缺乏一种主动性的进击，所以，身体的潜能因为心智缺乏创造性的激活而处于沉睡状态。"两脚走路，两手做事"这一行为方式之根本意义，就在于当人从自然人类学向文化人类学进化而成为人，其身体的横向结构变成了身体的**立体**结构，人类物种的存在方式从此发生了根本的改变，由横向结构化的**爬行式存在**方式变成**站立式存在**方式，并由爬行变成**行走**。这种物理结构的改变意味着什么呢？18 世纪的道德哲学家亚当·弗格森对此做了最初的并且至今是唯一的揭示：

  人的体型是直立的，具备关节及肌肉，以适于保持这一姿态，并毫不费力地活动而无损毫发。
  人的手臂是一种工具和一种武器，而不是其身体的支撑或依靠。
  其**体型与姿态**非常适于**观察**，适于运用理智和操作技艺。
  人赤身裸体，赤手空拳。但通过**发明创造**足以弥补这些缺陷。
  人的**发明天赋**的运用乃是其终极因（心灵）。[①]（引者加粗）

人从自然人类学向文化人类学的实现的整体的体质结构学特征，是"直立"式的物理结构，人的身体是直立地存在、直立地行走、直立地生活。作为文化人类学的人类物种，其结构形态学特征是其体质结构本身的灵动和协调，具体地讲，就是其体质结构各部分之间高度协调，能灵活地活动并做出任何行动姿态并使之保持。

在人的直立存在的体质结构中，最具灵动性和自协调功能的是双脚与手臂。双脚支撑身体并使之始终具有依靠性，而且还具有自由行动的功能；手臂虽然不具有支撑身体的功能，却自具**武器的**功能和**工具的**功能，前一种功

[①] ［英］亚当·弗格森：《道德哲学原理》，孙飞宇、田耕译，上海人民出版社 2003 年版，第 10 页。

能是为其具备存在安全能力而自设；后一种功能是为自具生活保障能力而自设。并且，作为文化人类学的人类物种的体质形态和体质结构整体敞开的高度自由的"**体型**"和异常灵动的"**姿态**"的协调运作，很自然地产生出一种"非常适于观察"的身体能力，也就是说，人的观察的天赋能力源于其自由的体型和灵动的姿态，而自由的体型这一体质形态学特征和灵动的姿态这一体质结构学特征，却源于文化人类学的人类的自然构成，或者说人类作为自然的物种的体质形态特征和体质结构特征，是它按照自身演进的人文方式而渐进生成的。

由其高度自由的体型和灵动的姿态合生演化出"适于观察"任何事物、任何变化以及整体存在的这种能力，促进了人的作为生物学的整个身体，尤其是大脑的发育，这种发育向内，滋生出理智和理性；向外，通过模仿而创造出技艺。由此，作为自然的人类物种开始由纯粹的动物向**自我化育**的文化方向展开、探索，逐渐成为作为文化的人类物种。进一步看，对人类物种来讲，其由身体的自由体型和灵动姿态所生成出来的观察能力，不仅促成了理性和技艺，使作为生物物种的人类进化成为文化的人类并促进其朝着文化的方向加速进化变得可能的根本因素，却是由其体质形态和结构形态本身释放出来的观察、理智和技艺能力的综合进化而形成一种"发明创造"意识、个性和能力，这一发明创造能力弥补了人类作为自然的物种"赤身裸体，赤手空拳"的各种缺陷而成为自然世界中最优化的物种。

要言之，"两脚走路，两手做事"对人的体质物理结构的改变，不仅从根本上改变了人的存在方式，也重新安排了人的身体结构各部分的功能及其协调机制，促进了文化人类学的人类存在开启内外两个维度的自我革新。"两脚走路，两手做事"的行动方式和与之相协调的身体结构向外展开，开启了人的"发明创造"的探求之路；向内渗进则展开了人的心智结构的进化，天赋的本性意识、自由意志、灵魂、信仰和上帝构成心灵的终极法则。心智的进化本身又成为"发明创造"的原发动力。

其次，"两脚走路，两手做事"改变了人类物种的**体质生物学结构**。

这种改变的重要方面有三。一是"两脚走路，两手做事"的行动方式改变了人的体貌。二是"两脚走路，两手做事"的行动方式改变了人的体质生物学结构中的生殖形态学位态,使人的体质生物学结构中生殖系统的位态由横向遮蔽式变成立体敞显化。三是"两脚走路,两手做事"的行动方式改变了动物人的体质生物学结构中的性交形态学位态,由后进式变成了前进式。

  如上三个方面的体质生物学结构形态和位态的变化,产生的巨大人文意义和心智进化功能,主要通过如下方面的因素激活和激发。首先,人的体貌的改变并不仅仅是外观的好看,更为根本的是直立存在所生成的体貌构成思想和情感的源泉。"人的外貌是其思想、感情和意愿的表达。这种表达或是平静的或是激昂的;或是温和的或是激烈的;或是倦怠的或是热情的;或是疑惑的或是果断的;或是胆怯的或是无畏的。举动、手势、微笑、蹙额、流泪等各种神情并伴以脸色的变化构成了他的**自然表达**;并且在总体上展现出各种变化,展现出在其他动物身上或未发生过或未被观察到的**优雅**。"①(引者加粗)其次,生殖体系的形态学位态和性交的形态学位态的变化,由动物的生理性发情演绎出人的性爱,而且随着人的不断进化,这种基于生殖形态学和性交形态学特征所激发、演绎出来的性爱情感日益丰富。更为重要的是,作为四脚爬行的动物,其横向的物理结构形成的体质生物学结构和体质生物学形态,形成了对知觉和认知的立体性遮蔽,人的体质生物结构中的生殖形态学和性交形态学位态的根本变化,即位态的立体式和前进式无意地促发了人的知觉和认知的根本变化,形成人的感知对象和认知世界的立体化、整体化。而且,站立存在本身使头颅灵活起来和灵动起来,不仅能够自视和自我欣赏,而且获得四面八方的灵活和仰望、俯视的功能,这是大脑得以快速进化的根本原因,也是其根本动力,亦是人加速心智进化的根本动力,尤其是体貌变化、生殖形态学和性交形态学的位态的变化引发出的自视、自爱和性爱冲动和激情内化凝聚形成对心智的冲击,最为直接,也最为有力。

  人的心智进化的机制 "两脚走路,两手做事"的行为方式对人类的决定性意义,不仅在于它构成自然人类学的人类向文化人类学的人类进化获得初步成功的形态学标志,而且它开启了人类物种心智进化的历程,这在于"两脚走路,两手做事"改变动物人的身体的物理结构和身体的生物形态及其

---

① [英]亚当·弗格森:《道德哲学原理》,第10页。

位态，使呆板的头颅进化为灵活、灵动的既可直观自我，也能俯视大地，更可仰望天空的大脑。使动物的头颅变成人的大脑的重要性体现在两个方面：一是纯粹的感觉化的知觉思维获得了经验思维特质；二是成为身体与心智之间的桥梁，为心智的进化打开了通道。具体地讲，"两脚走路，两手做事"对身体的物理学结构和生物学结构的改变使头颅获得大脑功能，主要从如下三个方面促进了心智的进化。

第一，心觉机制的形成。

动物的心智源于天赋，动物的繁衍生息以及遗传变异形成的缓慢进化，并没有对天赋的心智有明显的改变性促进。动物存在虽然以心智为原发动力，但心智被动应对境遇性环境而启动知觉，形成心智知觉化的"选择－行动－记忆"式应对模式，这种应对模式的核心不是心智，而是心智知觉化。心智知觉化，是指心智通过知觉而发挥向外和向内的功能。心智通过知觉发挥向外的功能，就是应对境遇性环境的变化做出选择和行动，由此形成以知觉为导向的环境"选择－行动"模式；心智通过知觉发挥向内的功能，就是对环境"选择－行动"创造的信息予以以知觉为导向的息"选择－记忆"模式的构建。由于这种记忆缺乏大脑的功能而仅停留于感觉图像式的印象记忆，缺乏对心智的促进功能。与此不同，"两脚走路，两手做事"使动物的头颅进化为大脑，心智的功能发挥发生了根本变化。这种变化发生在由头颅渐进化形成的大脑开始成为身体与心智的桥梁，开启了身体与心智的通道。这个通道就是**心觉**的产生，形成**心智心觉化**。

在存在世界里，天赋动物心智的同时也赋予动物以视觉、听觉、触觉、嗅觉和味觉。天赋动物心智，只有借助于由视觉、听觉、触觉、嗅觉和味觉构成的知觉来启动，却没有赋予动物以心觉。心觉不是天赋，只是**人为**使然。人从自然人类学向文化人类学方向进化的根本标志亦即本质成果，是获得了心觉，并且自生成心觉机制，具备心觉能力。从此以后，心智应对境遇性环境变化虽然也要借助知觉的功能，但必须将知觉到内容予以心觉化处理，然后才做出选择和行动。这就是心智心觉的"选择－行动"模式。这种"选择－行动"模式的核心不是心智知觉化，而是心智心觉化。

心智心觉化与心智知觉化一样，是一种心智协调身体的一种机制。心智知觉化是心智协调身体的知觉机制，心智心觉化是心智协调身体的心觉机制。二者的根本区别是：知觉机制的主导方向是外向性的，采取的是直接应对、直接处理的"选择－行动"模式；心觉机制的主导方向是由外而内再由内而外，采取的是间接应对、灵活处理的"选择－行动"模式。这里的"间接应对"是指心智启动心觉应对境遇性环境的变化，必须通过大脑功能直接对接来自身体各方面的知觉信息，予以初步归类处理然后再发送给心智心觉化的处理中心。这获得两个方面的优化功能：一是应对境遇性的环境变化的"选择－行动"方式获得了灵活性，产生了灵活应对机制。二是心觉化的信息向内潜沉于心智的记忆获得了重塑的可能性。

第二，记忆机制的重塑。

由于"两脚走路，两手做事"的行为方式从根本上改变了身体的物理结构形态和身体的生物结构位态，同时将动物的头颅进化为能够指挥直立存在的大脑，必然将心智知觉化进化为心智心觉化，建立起心智为原发动力和最终归宿的心觉机制，生成心觉能力。心觉机制的产生，由此引发出心觉能力的形成，这是动物的心智结构向人文化的心灵结构进化的前提条件，也是信仰生成及其功能释放的前提条件。因为，真正使动物的心智向人的心智实现的最初标志，是记忆机制的重塑。

重塑的记忆机制，是动物的记忆机制。如前所述，动物也有记忆，但动物记忆只停留于图像性的印象状态，是属于图像性的印象忘记，这是动物的心智始终保持天赋状态而难以获得自进化的内在原因。人类从动物向人方向进化，必须进化心智；动物进化其天赋心智的必为努力，需要经历攀登三步阶梯：第一步，是将动物的头颅进化为能经验性思维的大脑；第二步，运用大脑的功能，将心智知觉化的"选择－行动－记忆"模式变成心智心觉化的"选择－行动－记忆"模式；第三步，重塑天赋的动物记忆机制。所以，重塑记忆机制是人类从动物进化为人的最后一步，也是最关键的一步。重塑记忆机制，就是在保持印象忘记功能的基础上，创造出观念记忆。

如前所述，动物的心智之始终保持天赋的状态而难以改变的根本原因有二：一是心智向外，形成被动式应对的心智知觉化的思维模式，并由这种思维模式塑造出知觉导向"选择－行动"模式；二是心智向内，形成图像性的印象记忆，这种形式和性质的记忆使有限的心智因为缺乏基本的信息量而丧失了自新动力和机制。形成这种状况的根本原因是记忆内容的印象化和记忆形式的印象图像化，首先是印象没有获得向观念沉积的能力，其次是图像性印象进入心智后没有获得空间压缩的可能性。"两脚走路，两手做事"的行为方式带动头颅向大脑方向进化，使因身体应对境遇性环境的变化创造出来的散漫的信息内容获得经验性的沉淀，生发出使知觉印象内凝为观念的可能性。因为，以天赋的心智为原发动力启动知觉形成心智知觉化的环境应对模式所创造出来的信息，经由本能性记忆而形成印象，并蕴含观念于其中，既可能显现，也可能被强烈的印象内容湮没。因为当心智启动知觉形成心智知觉化的环境应对模式，又通过知觉化的记忆而将知觉到的信息内容输入心智的世界后，这个被输入心智世界的信息内容就是混合性的印象，印象的基本构成内容是感觉、情感、情绪。印象在思维和推理过程中的呈现形态，就是观念；观念是对感觉、情感、情绪的弱化表达；或者知觉向心灵的内聚性生成，就是印象；知觉向思维和推理发挥功能，就是观念，但前提是心智知觉化必须获得经验性思维和记忆的功能。

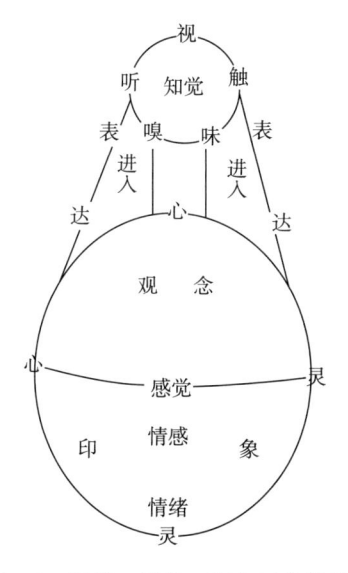

[1-2：知觉·印象·观念三维结构]   [1-3：观念记忆的心觉机制]

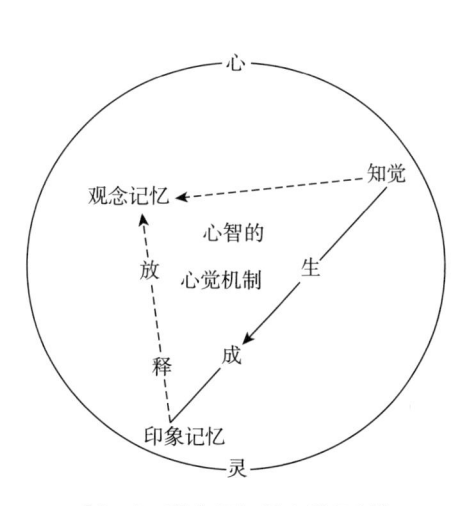

要言之，观念起源于印象；印象起源于知觉，也可以说，观念起源于知

觉，并且观念成为知觉向心觉进化的中介。"我所形成的观念就是我曾感觉过的印象的精确的表达，观念中的任何情节也无一不可在印象中找到。在检查我的其他知觉时，我仍然发现同样类似的表象。观念与似乎永远是互相对应的。"① 因为"我们如果将这些论证仔细加以考察，就可以发现，这些论证只是证明了**在观念之前已经先有了其他的更为生动的知觉，这些知觉是观念的来源，并被观念所复现**"②。（引者加粗）从印象到观念，是记忆使然，由此诞生观念记忆。观念记忆的诞生，意义重大。这是因为图像性的印象记忆进化为观念记忆，意味着抽象的诞生。印象是知觉化的，它的内容是动物感觉、动物情绪，印象记忆所记忆的信息内容是感觉、情绪，虽然其中蕴含了有用的观念信息，必须经历一种抽象才可凸显出来而发挥"用"的功能，抽象就应和了这种功能需要，使感觉化、情绪化的印象记忆上升为观念记忆，观念记忆的基本功能是剔除记忆中的感觉化和情绪化的内容而凸显出经验性思维的观念内容。观念内容的记忆性积淀与层累达及的必然结果，是人的反思意识的生成。所以，观念记忆构成反思意识的母体和发酵剂，反思意识又推动观念记忆的优化。观念记忆的优化，开启了历史意识、信仰意识，生成理性，产生思想，由此种种的汇聚性生成，知识诞生。

要言之，如果说心觉机制和心觉能力的获得，使人获得了根本不同于动物的心智建构的可能性、条件和内在机制；那么，观念记忆以及由此生成的反思意识，使人的心智重塑变成现实。人对动物的心智予以人文化的重塑，这是"两脚走路，两手做事"的人建立直立存在的信仰、思想、知识的心灵机制并生成科学、艺术的精神机制的前提条件。

第三，心智结构的重新塑造。

动物的心智是天赋的，其天赋的心智在结构上一直处于自稳定状态，形成这种自稳定状态的重要原因，是心智启动知觉形成心智知觉化的应对境遇性环境的"选择-行动-记忆"模式，缺乏大脑的功能。因为动物横向式的体质物理学结构和体质生物学结构，注定了动物大脑活动的呆板和大脑缺乏自视机制与灵动功能。"两脚走路，两手做事"的行动方式将动物的头颅进化

---

① ［英］休谟：《人性论》，关文运译，商务印书馆1983年版，第14页。
② ［英］休谟：《人性论》，第19页。

为大脑，把心智知觉化的"选择－行动－记忆"模式进化为心智心觉化的"选择－行动－记忆"模式，图像性的印象记忆进化为抽象化的观念记忆和反省意识成为心智重塑的直接推动力，即抽象化的观念记忆和反省意识的进一步发展推动心智实现自我重塑。心智的自我重塑是指将自然人类学的心智重塑为文化人类学的心智，所重塑的心智的形态学呈现，就是心智心觉化，或曰心智心灵化。

心智心灵化，不是指心智变成心灵、心灵取代心智，而是指天赋自然人类学的心智及其结构框架仍然得到保持。因为天赋自然人类学的心智的本质内涵是生，原发动力机制是生生，其心智的结构框架是由生之本性朝向生生方向敞开生成本能构建起来的空间框架，在这一空间框架中，避危求安和避苦求乐仍然成为基本体认方式和根本的选择依据和准则。自然人类学的心智得到文化人类学重塑，是指心智的结构获得了两个方面的再造。

首先心智内容的再造。自然人类学的心智内容，是混沌浑圆的，没有内在的区分性，这种混沌浑圆的状态形成整体性的特征，包括功能的整体性。这种由混沌浑圆形成的整体性实质上限制了心智的存在功能，同时也抑制了心智的自进化功能。自然人类学的心智内容获得文化人类学的再造，就是心智获得了智商、情商和心商的区分，这种区别是经历漫长的演化而渐进形成最后达于一种认知论的明晰和功能上的明确。心智内容的功能性区分，实质性地促进了人的心智的全方位进化，因为天赋的心智内容渐进获得越来越多的人文内容的涵化，最终形成心智的人文内容不断纯化、提升天赋的心智内容。

其次是心智结构的重塑。天赋自然人类学的心智经历文化人类学的塑造，就是将原本浑圆一体的心智予以向上行和向下行的结构区分。**心智向下行，形成心灵结构；心智向上行，形成精神结构**。将向上的精神心智和向下的心灵心智予以内在的贯通的是两个东西：一是贯通心智（即智商、情商、心商）内容的天赋的本性之生和生之不可逆朝向构建起来的生生动力学机制，及其敞开的"避危求安"和"避苦求乐"的本能，前者是心智的存在本体论；后者是心智的生存功利论。二是贯通心智结构的前意识机制。

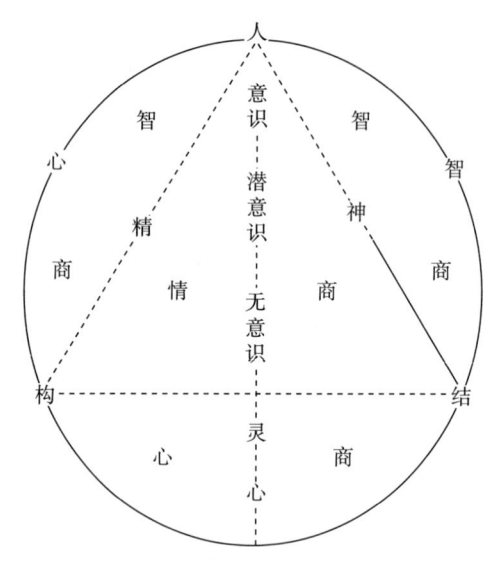

[1-4：文化人类学的心智结构]

二　心灵的镜像性

莱尔·沃森认为，对于不断取得一个接一个伟大胜利的人类来讲，迄今为止，"我们对世界的知觉很少是真实的。我们的大脑和感官之所以得到发展，乃是由乎有利于我们的生物生存的的需要，而并不是满足我们理解实在的本性这种哲学上的需要。在进化的每一个阶段，我们都是粗略地浏览一下纷繁复杂的环境，从中选择出仅仅对于保障我们的生存所必需的那一点点零碎"①。基于生存需要形成的认知更多关注存在与感官或存在与大脑的层面。关注存在与大脑，自然地开出生物主义的意识形态和价值体系；关注存在与感官，必然地形成物质主义的意识形态和价值体系。生物主义和物质主义分别以不同的方式解释存在的本性，并以自种的方式将本性化为本能。基于本能的共享二者相向走进对方，诉求物质的幸福、生物性快乐和权威主义。或曰，权威主义的土壤是物质幸福论和生物快乐主义，即只要深研生物本能主义的刚性倾向，而想法满足刚性的物质需求并运用各种方式鼓动生物快乐主

---

① ［英］莱尔·沃森：《超自然现象：一部新的自然史》，王森洋译，上海人民出版社1991年版，第216页。

义，权威主义就立于不败之地而大行其道，无所阻碍，并且也没有阻碍。生物主义和物质主义的认知基石是自然人类学，虽然二者从来不承认这一点。生物主义和物质主义既以不同的方式又以合力的方式将人引向高技术化存在，但这种高技术化存在方式本质上是将人塑造成为肤浅的生物学存在，全面的社会化祛魅和清零主义的心灵解构，是其肤浅的生物学存在的基本表征。虽然这种状况和态势被普遍认同而视为体现主导旋律的正确，却日益远离人的文化人类学存在，因为人类从纯粹的自然人类学进化为文化人类学的基本努力重塑的人文心智结构，是以心灵为导向的精神存在。生物学家约翰·兰德尔指出："我们每个人都有一个**内在的世界模型**，这种模型是我们多年实践经验发展的结果，而且它对于我们的日常生活来说是相当充分的。"（引者加粗）按照这种内在世界模型，"我们都生活在均匀的三维空间之中，一切客体在这种空间中的行为都是有规则的，具有保持着它们原来的形状和位置的性质，除非受到某种外力的直接作用。同时，客体被排列在一种线性的秩序之中，从过去到现在再到将来，我们的心灵深深地为这种模型所影响，因而倾向于对每一新的事件都给出与这种模型相符合的解释。而任何为这种模型所难以容纳的事件则被忽视、遗忘、置之不理，或者甚至完全拒绝接受"①。这个蕴藏于我们每个人身上的"内在世界模型"，就是我们的心灵，心灵呈现的这一内在的世界模型，并不是心灵的任意构造，更不是我们凭生物主义或物质的主义以及康德主义或黑格尔主义的意愿方式而构建起来的，而是基于作为文化人类学的人类与宇宙的关联存在，并遵从宇宙的生生机制和心智的结构而建构起来的内在世界模型。即使是科学，比如纯粹的理论物理学和宇宙学，亦是以其"内在的世界模型"——心灵的结构框架和内生的精神原则——来展开自己的工作，否则，科学也会遭遇存在的困难而难以踏上本己的正途。换言之，即使科学，也要正视心灵的存在和对科学的牵引作用，20世纪早期心灵研究方面的最敏锐的批评家埃弗拉德·费尔丁就意识到这一点，当科学研究忽视心灵的存在以及对科学的牵引功能时，就会遭遇意想不到的困难。他说："对于突然的异常事实，一个平衡得相当好的心灵的通常反应是：拒绝

---

① ［英］莱尔·沃森：《超自然现象：一部新的自然史》，第217页。

接受它，拒绝考虑它。"他指出："这使得科学家变得特别脆弱，比常人更加容易意气用事地对待那些对他们关于实在的基本模型构成威胁的事件，所以他们很可能要么拒斥这种矛盾的证据，要么反而受其蒙骗。"① 正视心灵的存在，并遵从心灵的牵引，不仅是科学和哲学的正道，亦是文化人类学的人类与宇宙关联存在的正道。

1. 心灵的机制

心灵是自然人类学向文化人类学进化成功的最初标志，它不是自然人类学向文化人类学进化成功的形态学标志，而是自然人类学的人类成为文化人类学的人类的内在标志，或者说是文化人类学的人类本原论标志，虽然它是对自然人类的心智内容和心智结构的重塑，但心灵成为这一重塑成果中最新的内容，从整体言，心灵体现了文化人类学的原发创造，并构成文化人类学存在的**人文原型**，探讨人类文化、人类文明的原发机制、原结构、原动力，都得追溯到心灵。心灵，是文化人类学诞生的源头，也是文化人类学发展的源泉，因为心灵辐射出去的**空间视域**，构成了人类文化、人类文明的视域，心灵的干枯或充盈，生成出人类的文化人类学存在的张力状态。从个体言，心灵是动物存在的人进化为**人文存在**的人的内在标志，也是动物存在的人进化为人文存在的人的最初状态，人的人文存在状况，取决于心灵的状况；人的人文存在视域，实际地构成人的心灵向外辐射形成的空间域度和认知疆界。柏拉图的"洞穴"理论，应该是对人的心灵与其人文存在之关系构成的最初描绘，也是最精彩的且其后是无人出其右的描绘。

心灵，是自然人类学进入文化人类学的**自为**创造，它构成文化人类学的人文原型，但并不是一成不变，而是始终"日新"，即心灵总是伴随其心灵的直观、生存经验、存在认知、本原性思想以及本体论信仰甚至环境、处境的变化而日新。虽然如此，但构成人文原型的心灵信仰、心灵精神、心灵结构、心灵生意和神韵却始终自持地常青。因而，要真正领悟心灵的变与不变的本质含义，需要了解心灵的生成。

心灵的生成问题，是心灵的本原论问题。心灵的本原论涉及两个基本方

---

① ［英］莱尔·沃森：《超自然现象：一部新的自然史》，第217页。

面，一是心灵的原发生学机制；二是心灵的继生论机制。

心灵的原发生学机制　　心灵的原发生学机制涉及三个基本问题。

首先，人的心灵何由发生？

心灵因为什么而发生的问题，是本章第一部分讨论的主题。要言之，心灵产生于人的自然人类学向文化人类学进化之自身需要。这种自身需要主要源于三个方面因素的激发和推动。一是宇宙的运动，推动人类从自然人类学向文化人类学方向演化到其临界点时，必然导致心灵的发生。二是以自然人类学方式存在的人类，为应对最终由宇宙运动所形成的境遇性环境的变化，不得不生发变革自然人类学的心智的倾向，当这种倾向性因为繁忙地应对不断变化的境遇性环境而变得越发明朗、急切和不可压抑的需求状态时，其自然人类学的心智之自我重塑自然产生，心灵在其重塑中必然诞生。三是自然人类学的心智启动知觉应对境遇性的环境变化的本能性努力导致身体的功能结构的变化，这就是"两脚走路，两手做事"。"两脚走路，两手做事"的行为方式实际上是自然人类学的人类的身体的活动方式，这一身体的活动方式实质上对身体的结构性功能予以重新的安排，即将支撑身体重量和负责身体行动的四只脚重新安排为前两只脚变成手，使之成为工具，将支撑身体重量和负责身体行动的功能全部转移到后两只脚上，身体的这一功能结构的变化，导致了自然人类学的身体的体质物理学结构和身体的体质生物学结构的根本变化，这一双重变化以不可阻挡之势推动自然人类学的心智加速自我变革，以适应"两脚走路，两手做事"的新存在方式和新行为方式，由此心智的重塑被有序推进，这一推进的最终成果就是自然人类学的心智被真正重塑，即心智内容的重塑和心智结构及其功能的重塑，这一重塑的原创性成果就是心灵，心灵的诞生才使自然人类学向文化人类学进化变成现实。

其次，心灵发生的原发关联

心灵的发生是自然人类学向文化人类学方向演化的必然，更是宇宙进化运动的必然。具体地讲，心灵作为文化人类学存在的人的内在事实，得以产生实际上需要许多条件，这些条件构成了心灵的诞生的原发性关联。这是因为人类物种作为万物之一物，是造物主创世的实际成果。人类物种以自然人类学方式在宇宙中存在，既实然地面对四面八方，也可应然地敞开四通八达。

由此使其肩负原发动力功能的心智同样要以显得捉襟见肘的方式应对来自四面八方并呈现四通八达的境遇性环境的变化，这就自然形成了自然人类学的心智向文化人类学的心智方向演进，必然关联起四面八方的因素并获得四通八达的激活，这就是心灵发生学的原发关联性生成。在这诸多的生成性关联中，至为根本和重要的关联性可归类为两个方面。

一方面是心灵与存在的关联。

心灵与存在的关联，实是心灵与宇宙的关联存在。心灵与宇宙的原发关联有三层含义。

其一，推动心灵发生的终极原动力是宇宙，从这个角度看，心灵的发生，可看成是自然人类学的人类被第二次创造，其创造者是宇宙的力量，这应该是造物主对自然人类学的人类的特别眷顾。

其二，宇宙作为自然人类学的心智重塑的终极推手，并不是直接的，而是以整体运动的方式推动自然人类学的心智向文化人类学方向重塑，这实际上是赋予了心灵以整体动力，在这种整体动力推动下诞生的心灵获得了整体动力学功能。这一整体动力学功能通过存在论冲动和信仰而展开。也就是说，心灵的发生学，亦是心灵获得永存的存在冲动机制和存在信仰机制。这一永存的存在冲动的心灵机制，就是心灵化的生命激情；这一永存的存在信仰的心灵机制，就是居于心灵殿堂的灵魂。

其三，宇宙运动以其整体动力方式赋予心灵诞生以整体动力学功能，实是通过存在环境和身体的中介而实现。其中，存在环境构成宇宙推动心灵诞生的宏观性的媒介方式，而自然人类学的身体则成为宇宙推动心灵诞生的具体媒介方式。

没有人会否认心灵在运转时伴随着大脑活动的发生。总体而言，我们可以说每一个精神体验都对应一个生物过程。如果人类被理解为一个心理－生物的联合体，并用其整个身体来经历精神体验，那么，心灵－大脑之间的对应关系就不会令人惊讶了。……**我们的身体不是一团模糊不清的生物等离子体。如同其他的有机体生物，身体是一个内部高度分化的结构，其功能运转是非常有组织性的。**因此，一种表达得清楚明白且细分化的精神生活的对应物很明显是特定的生物过程。如果我们的精神行为是伴随着生物活动而发生的，没有任何的特征或规律可循，这将是出人意料的。既然人是一个心理-生物的联合体，那么获知，当一个人在做某种类型的行为或经历某种类型的精神体验，他（她）的神经系统中特殊结构、特定形式的功能运转等就会被激活，我一点儿也不感到奇怪。这样一种对应恰恰是我所期望的。这样，当某人经历一种神秘体验或发展出一种"宗教的"个性，他（她）的额叶发生某些特殊的事情也就很自然了。① （引者加粗）

在心灵发生学意义上，环境和身体对心灵的关联，是从内外两个方面发挥功能：环境因为宇宙的推动而成为心灵诞生的直接的外部激发因素，身体因为宇宙的推动而成为心灵诞生的直接的自身激励力量。

其四，以环境与身体为媒介，宇宙以整体动力方式推动心灵的诞生，赋予心灵以存在论的神性及其方式。第一，由于宇宙的创化，心灵获得存在论的神性，即存在以自身方式渗进心灵，使心灵的发生学获得了神秘、荒漠、恐惧、敬畏和永恒，这是心灵的存在论冲动生成的土壤，也是心灵的存在论信仰持存的源泉。第二，由于宇宙的创化，心灵获得敞开的神性方式，这就是使心灵在发生学上成为人与存在对接的内在接口。人通向存在世界、通向宇宙创化的真正的原发性的井口，就是心灵。通过心灵，文化人类学的人类构建起自身向存在世界要存在、向宇宙创化要进化的"镜框"和镜框性影像，即**镜像**。第三，由于宇宙的创化，心灵获得通向存在世界——具体地讲，通向境遇性存在之环境和身体本身——的自身方式，即心灵运作自身的方式，既不是感觉直观的方式，也不是经验的方式，更不是理性或理智的方式，而是**心灵直观**的方式，这种方式本质上是先验的、是神性的，这种先验的和神性的内容敞开自身的具体方式，是**喷薄**和**涌现**。

另一方面是心灵与心智的关联。

心灵是文化人类学的心智之具体构成内容，在文化人类学的心智体系的

---

① ［美］罗素·詹金斯、沃尔特·沙利文：《心灵哲学》，第115—116页。

构成论意义上，心灵与心智的关系是部分与整体的关系，在这种关系中，心灵构成心智的原动力场。文化人类学意义上的心灵与心智的关联，是基本的，但不是根本的。根本的关联有两个方面：一是心灵与宇宙心智的关联；二是心灵与自然人类学心智的关联。

关于心灵与宇宙心智的关联，如前所述，宇宙的心智即宇宙的内在性，它既构成宇宙的自生生它的动力，也构成宇宙自我恒存的内在结构和外向组织的不可逆朝向，它是合目的地存在于宇宙之中而生生不息地显发于宇宙运动进程。心灵既是宇宙创化的自然成果，也是宇宙整体动力向文化人类学注入的受纳场域，自然获得宇宙的合目的精神、内在神韵和自持恒存的结构力场。或者更明确地讲，宇宙以其整体动力方式推进心灵的诞生过程，也是宇宙向心灵注入其心智的合自然精神、内在神韵和自持恒存的结构力场于心灵之中，并以此方式赋予心灵以宇宙心智的神性力量，这既是心灵的神秘和善美的魅力，也为心灵铺成通向宇宙心智的通道，心灵成为文化人类学的人类与宇宙共生存在的内在通道。

关于心灵与自然人类学心智的关联，首先表征为自然人类学的心智是文化人类学的心智的母体，也是文化人类学的心智的源泉。作为文化人类学的心智的奠基构成要素的心灵，自然也来源于自然人类学的心智，自然人类学的心智不仅构成心灵诞生的直接土壤、母体，而且永存地构成心灵不竭的活水源头。心灵是自然人类学的心智的超越内容，但离开自然人类学和自然人类学的心智，心灵就会沦为干枯变成犹如持久干旱而开裂的土地一样。其次，自然人类学的心智之成为心灵的土壤和源泉，是因为自然人类学心智的本性、本质仍然构成心灵的本性、本质，自然人类学心智的本性和本质向境遇性存在敞开生成的本能，依然构成心灵向外释放的本能性力量，虽然这种本能性力量不是心灵的直接呈现，而是要通过精神对身体行动的支配才可发挥功能。具体地讲，心灵的本性是生，是生之朝向，这一生之朝向的自我敞开的基本方式是生生，所以生生仍然构成心灵的原发动力。所不同的是，自然人类学的心智的生之本性和生生之原发动力的功能发挥整体的推动力量，是宇宙心智的运动；其具体的调节机制，是由境遇性环境的变化激发出来的心智知觉化，而心灵的动力方式和调节机制却是文化人类学的，它虽然要接受宇宙心智的边界规范和自然人类学的心智激励,但这些都不能对心灵直接发挥功能,它只能融会贯通于心灵之中,通过心灵的铸造而形成体现文化人类学方向的动力体系。具体言之,心灵基于生的本性之不可逆朝向生成的生生这一原发动力,其静态方式是自由意志,其动态方式是生命激情,其自调节机制是灵魂。所以,以生之本性和生生生机所构成的心灵动力,是一个既自足又开放性生成且生生不息的体系,这个动力体系由自由意志、灵魂、生命激情构成,并以心灵化的镜框和镜像的方式向外释放生成其精神体系和行动方法。

最后,心灵的原发生机制

概括上述,心灵的原发生机制,可归类为三个方面。

其一,心灵发生的首要机制是**创化机制**。自然人类学心智向文化人类学心智方向进化,虽然是渐进生成,但其渐进生成积累到重塑心智的状态,心灵呈现完全是创造性的。心灵是被创造出来的,因为在此之前的自然人类学心智结构没有心灵,宇宙的心智结构中也没有心灵。所以,在自然人类学心智被重塑的过程中,心灵的涌现是纯粹的原创。这种原创化的机制即是内化生生。生生本是宇宙心智的动力机制,也是自然人类学心智的动力机制,当它成为心灵的动力机制时,怎么能说是原创化呢?这是因为心灵的生生机制是自然人类学向文化人类学的进化,是人文主义的生生,是人文原型。这种人文原型是因为心灵的发生才发生,也因为心灵的诞生才形成。所以,以内在生生为机制的心灵创化,是**人文创化**,而不是自然创化。

其二,心灵发生的基本机制,是**统合机制**。在自然人类学向文化人类学进化之途中,心智的重塑,是将人的动物心智重塑成为人文心智,它从内容与结构两个方面重塑了心智的体系,但这个体系的心灵是心灵,原动力也是心灵,只有心灵才具有统合人文心智的其他因素而使心智得以健全的方式持续运行。同时,心灵亦是统合身体、精神、环境三者使之合生存在和共生生存。所以,心灵的这一双重的统合功能源于心灵的诞生,即心灵一旦诞生,就自生成建构起一种统合机制,这种统合机制直接地接受其创化机制的规训与引导,激发心灵本身构成原发动力性质的连续统运动,带动身体、精神、环境的统合运行,以实现共生存在。

其三,心灵发生的重要机制是环运机制。心灵发生的环运机制是指心灵既向内循环运作，同时又向外循环运作。心灵向内发挥功能，形成自由意志、灵魂、生命激情的良性循环，这种良性循环是心灵自持恒存活力和创化力量的根本保障。心灵向外发挥功能，一面方面形成心灵、精神、身体的良性循环；另一方面形成心灵、身体、环境的良性循环和心灵、人、宇宙的良性循环。通过这几个维度的良性循环，心灵实现着它的原动力功能。

心灵的继生论机制　　心灵的继发生论问题涉及文化人类学存在敞开的方方面面。

首先，心灵为何出现继发生？这个问题的实质是心灵之原发生学的局限何在？心灵的诞生，只意味着心灵诞生，并不意味着心灵的完成。心灵源自自然人类学的心智向文化人类学的心智的重塑，这种重塑仅仅是心灵的开始，并不意味着心灵的终结。心灵的发生学，本质上是心灵的未完成学、待完成学，或曰，心灵的发生学开启了心灵的发展学。这是因为：第一，自然人类学向文化人类学方向前进本身就是一个既不知具体从何处开始，也未有终点的永恒进化过程；第二，人的存在敞开既受自身之身体、生命运动的影响，更要接受环境的变化和宇宙的运动，作为文化人类学的原发动力机制的心灵，同样既要应对这诸多方面的运动和变化，也要自我改变以适应之。所以，心灵的诞生，不仅是心灵诞生的呈现，更是心灵**继生的**开启。心灵始终是未完成、待完成、需要不断完成的人类学进程和个体生命过程，正是在这个意义上，心灵获得了继生论的品质和责任。

其次，心灵继发生何以可能问题？这是关于心灵继发生的条件问题。心灵的继发生问题就是心灵的再生或者说自我新生问题，心灵的继发生就是心灵的自我进化、自我排除、自我保持、自我凝练、自我纯粹、自我增强、自我超拔的生生运动，由此形成心灵继发生需要相应的条件的具备，即需要有能够引发、激发、促进和使之保持继发生的相关性因素。这些因素相对开放的心灵讲，既是四面八方的，也是四通八达的。概括其要有如下几个方面，并且正是这些方面的条件性因素的相互关联带动了其他方面的因素，推动心灵生生不息地再生运动。

推动心灵自我日新的首要因素是心灵的神学。心灵的神学，是指心灵将自己自神自圣之学。心灵将自己自神自圣的内容有三：一是存在的希望，这是心灵的存在论源泉。二是生存的信仰，这是心灵之存在论坚守的基本内容及其敞开的不可逆方向，它保障着希望的常青、常在。三是生活之爱，这是心灵指向生活的行动方式，它将希望化为行动，把信仰变成人与人之间的切身关联和切身感召。

心灵的神性内容——希望、信仰、爱——是心灵自我排除污染、自我纯化、自我强健新生的原发动力。无论对文化人类学整体言还是对个体存在论言，心灵的神学一旦缺失，心灵不仅会沦为干枯，而且有可能会成为恶的源头，人们容忍恶、作恶甚至创造恶，在于心灵的神性——希望、信仰、爱——的根本丧失，个人如此，社会如此，时代亦如是。

推动心灵自我日新的基本因素是心灵的生物学。心灵的生物学，是指心灵对身体的依重和身体对心灵的推动。在心灵对存在的动力学意义上，心灵训导身体，心灵滋养身体。但身体与心灵之间并不仅是这样的单向度关联，而是互为促发、互为推进又互为限制、互为规训的双重关联。身体对心灵的动力学，首先体现在心灵是自然人类学的进化杰作，自然人类学的具体形态即个体的动物人，人作为个体，其动物存在向人文存在方向进化的内在标志，是其动物的心智向人文的心智生成，当人文的心智在个体身上产生，也就面临自我日新的问题，身体就成为或推进心灵日新或除非心灵日新的动力因素。

身体对心灵继生的动力学功能，体现在身体的存在论变化，总是直接或间接地影响着心灵的运动方向和心灵的运动方式，成为心灵变化的直接动力因素。比如人的有限生命历程中的成长、青年、壮年或衰老等不同阶段对身体的生存感受方式和生存感受状态，都会直接或间接地影响心灵的变动。这是一方面；另一方面就是身体通过性爱而发生遗传或变异，同样影响着心灵的变化。

从整体讲，心灵与身体之间的这种动力关联性，根源于心灵是肉身化的，肉身也是心灵化的。心灵肉身化和肉身心灵化的中介桥梁或者方式，是知觉。知觉可以由身体诱发，比如五官的知觉；也可以是心灵的直觉诱发。但不管属于哪种诱发形式，身体对心灵的影响直接地或潜在地促发心灵的改变，这种改变无论是激进的可见方式还是渐进的浸润性或肤受性的不可见方式，都是通过知觉而生成。因为知觉不是心灵的意识行动，而是心灵的无意识敞开，所以，知觉是身体在人作为存在主体的前意识水平上的一种存在方式。[1] 身体不是"一个在世界之中的客体，处于一个与之分离的精神的视野之下……它是我们看世界的视角，是精神在某种物理的和历史的情境中得以呈现的场"[2]。心灵就是这样一种身体化的存在场域中获知各种身体变化的信息而渐进地改变自己，这就是心灵继发生的身体动力。

推动心灵自我日新的重要因素是心灵的文化学。心灵，是文化人类学的基本标志，是文化人类学的人文原型，心灵虽然与宇宙心智、与自然人类学心智有其双重的血缘关联，并且二者构成心灵的最终源泉和终极原动力，但心灵作为人文原型始终属于文化学范畴，实际地构成了文化人类学的原型，也成为人类文化学发展的心灵性源泉。但与此同时，文化人类学一旦创造了文化，拥有了文化，文化就与心灵结下动力学之缘，形成心灵的文化学。心灵的文化学既指心灵文化的原型功能、原动力作用，同时也指文化对心灵净化、提升、增强、保护的动力学功能。仅后者言，心灵的文化学，是指情感、认知、思想、精神对心灵的日新影响，即情感对心灵的滋养，认知对心灵的去蔽，思想对心灵的昂扬，精神对心灵的宏大。

最后，心灵继发生的目的与要求。

心灵的继发生，是以心灵的强健新生为目的。基于此目的，心灵的继发生并不随意，它有其自身的内在要求。

心灵基于强健新生之目的而继发生的内在要求，生成心灵继发生的运行机制和根本规范。心灵继发生的根本运行机制是基于不可逆之生的本性敞开的生生，基于这一生生运行机制，只有能实实在在地促进心灵强健新生的那些存在论条件或环境性因素，才可与心灵构成实质性的动力关联，并成为心灵强健新生的动力性因素。比如，希望、信仰、爱，一定是心灵的神学意义的，如果排斥或远离或违背神学意义的那些东西，虽然也可贴上希望、信仰、

---

[1] Maurice Merleau-Ponty, *The Primacy of Perceptiom and Other Essays on Phenomenological Psychology, the Philosophy of Art, History and Politics*, ed., J. M. Edie, Evanston: Northwestern University Press, 1964, p. 13.

[2] Maurice Merleau-Ponty, *The Primacy of Perceptiom and Other Essays on Phenomenological Psychology, the Philosophy of Art, History and Politics*, ed., J. M. Edie, Evanston: Northwestern University Press, 1964, pp. 4 – 5.

爱的招牌，却不仅对心灵的强健新生无帮助，反而会弱化甚至解构心灵，使人沦为心灵被清洗干净的白痴。从本质讲，对人的大脑的清洗，只有在心灵的清洗被实现时才可达成，清洗心灵的基本方式就是或公开的或以另外的替换的方式解构希望、信仰和爱。情感也如此，不能泛泛而论情感是心灵的动力，只有能够对心灵起到真实的强健新生的情感，才是真实的、体现希望、信仰、爱的情感，这种性质和这种内涵的情感才可构成心灵强健新生的动力因素。

以生之本性为根本导向的生生机制敞开的心灵继发生规范亦是内在的，这种内在化的规范，即强健的自由意志、光照心灵殿堂的灵魂和生生不息的生命激情三者互为推动之共生。

2. 心灵的原则

心灵是属人的。这个"人"，既是复数的，也是单数的。复数意义上的"人"，就是人类；单数意义上的"人"，指人之个体。心灵具有双重属性，首先，心灵是属于人类的，这是从发生学讲，心灵是自然人类学向文化人类学的进化成果，是对自然人类学的心智重塑所形成的文化人类学心智的基本构成。在这个意义上，心灵是人类物种的人文原型，它构成人类从动物物种成为文化物种的标志。其次，心灵是属人之个体的，是个人的心灵，是人文存在的人区别于动物存在的人的内在标志。

心灵的个体原则　　由于类始终由个体生成，没有个体的类根本不存在。讨论心灵的原则时，需以个体为准则。心灵的原则即个人的原则，或曰心灵的首要原则是个体原则。

个体原则之成为心灵的首要原则，是因为心灵始终要附丽于身体，身体是个体化的——你的身体、他的身体、我的身体，除了个体之外，没有集体的身体，也没有社会的身体。斯宾诺莎曾认为身体的个体化（individuation of bodies）和心灵的个体化（individuation of minds）是同一个东西的两个方面，是对同一个东西所做的内外不同角度的考察和描述："心灵与身体就是同一个东西（某种样式的实体），它分别通过思想和广延属性而得到认识。但是，思想与广延属性之间，也存在一种认知联系，因为在某种认识意义上，心灵就是'身之观念'。心灵是对身体的认知——它是某种观念，将身体作为自己的意向性对象。心灵与身体之间的同一性和认识上的相关性，在斯宾诺莎的哲学体系中，占据相当重要的比重。……因为心灵与身体本质上是同一的，他对身体的个体化的解释，理所当然地可以看对心灵的个体化的解释。并且，既然心灵在认识上与身体相关，那么精神过程就可以通过参考物理过程来理解和讨论。精神过程是对物理过程的认知反映。"① 这种说法只有在功能互释的意义上才成立，因为就其本身言，心灵与身体是有根本区别。身体是心灵的载体，它决定着心灵是否成为实在，心灵作为存在的实体，需要身体为之支撑，没有身体为之提供物理学的结构和生物学的形相，心灵实不复存在。反之，心灵是身体的本体，它决定着身体的性质，是自然人类学的身体还是文化人类学的身体，是兽性的身体还是人文的身体，从根本上取决于身体有无心灵的实存。

个体原则之成为心灵的首要原则的另一个理由，是心灵的发生和继生，都只有通过个体来实现。心灵与宇宙、心灵与存在、心灵与环境、心灵与文化、心灵与历史等的实在（而不是抽象）关联，都必须通过个人而发生，并且正是在这种发生中，心灵才具有血性，才有个性的滋养，才生成出人格的魅力。因为，血性、个性、人格，此三者都在个人呈现，也只在个人呈现，所谓群体人格、社会个性、文化血性等都是由无数个人的近似的血性、个性、人格的汇聚和层累性生成所致。进一步讲，心灵之为心灵，一定是血性的、个性的、人格的。心灵的血性、个性、人格分别通过自由意志、灵魂和生命激情来呈现。自由意志是血性的源泉，灵魂是人格的源泉，生命激情是个性的源泉，但它们都只有通过个人才成为鲜活的、富有神意和神性的东西，并且也只有通过个人的存在及行动方式与作为，才把心灵本有的自由意志、灵魂和生命激情复活为血性的生命、个性的智慧和人格的力量。

心灵的神学原则 就功能言，个体原则构成心灵的功能原则，心灵必须以个体方式生成，并以个体方式彰显其自身存在并释放自身功能。在心灵的原则体系中，其功能意义的个体原则必须接受其奠基原则的引导和规训。心灵的奠基原则即神学原则。

何谓心灵的神学原则？中世纪哲学家和神学家威柯利夫认为，无论是宇

---

① ［美］约翰-克里斯蒂安·史密斯：《认知科学的历史基础》，武建峰译，科学出版社2020年版，第74页。

宙还是个体，其存在都遵从一个自决定论的内在原则，他说："在这一方面我们应该注意到，就一个造物的存在而言上帝的意志可以被理解为一个关系、一个心理的物象，其基础在于上帝决意该造物按照其心理存在——这是绝对必然的东西——的形式以及按照该造物自身种类存在的终端形式而形成。这样的关系依赖于关系的两方面，因为，如果上帝决意彼得或者某个其他的造物应该产生，那么这个造物实际上产生这是必然的。因此，造物的存在，甚至是暂时的存在，在上帝也会有一个**永恒的心理关系**：它永远处于被形成的过程中但是又永远是完备地形成的。"①（引者加粗）这样一种具有自决定能力的"永恒的心理关系"，就是心灵的神学原则。

心灵的神学原则，虽然是心灵的原则，但它有其自然人类的心智依据和宇宙的心智根源。阿那克萨戈拉曾经领悟到宇宙的发生学，描述宇宙发端于一个微小的复杂单元（现代物理学称之为"奇怪吸引子"），随后，这个微小的复杂单元自我扩展和演化（如现代宇宙大爆炸假说，更有此近似于数学的分形学说）成为我们感知的世界，但在这一微小的复杂单元之自我扩张和演化的各个阶段中，每一单独事物都包含其他任何事物的成分。宇宙的发生学和生成论过程之所以如此展开，是因为这一发展过程由心智（rums）来主导，但心智本身是外在于这一演化过程而为："其他东西都分有每一事物的部分，但心智是无限的和自主的，它不与任何东西相混合，是单一的和独立自在的。因为，倘若心智不是独立自在的，而是与其他事物相混合的，那它就会分有任何一种事物，诚如我先前所说，一切事物中都分有其他一切事物的部分。与心智混合的东西会妨碍心智，使其不能像它独立自在时那样以自己的方式来主宰一切。因为，在万物之中，心智是最精辟和最纯洁的。心智对万物拥有一切知识和支配力量，一切有灵魂的事物，无论是较大的还是较小的，都受到心智的支配。"② 所以从根源讲，心灵的神学原则就是宇宙的心智原则，宇宙的心智原则却是其创化原则。

神学原则作为心灵的奠基原则，属于心灵的依据原则，它为心灵最终来

---

① ［英］安东尼·肯尼：《牛津西方哲学史 第1卷·中世纪哲学》，袁宪军译，吉林出版集团2012年版，第241页。
② ［英］安东尼·肯尼：《牛津西方哲学史 第1卷·古代哲学》，第278页。

源于何处提供最终的解释依据。不仅如此，神学原则更是心灵主导原则，它不仅主导心灵的生成、自我变革和日新，而且主导心灵对人的个性、人格和精神的方向生成及其行动方式的建构。心灵的这一主导原则对应于心灵的构成内容，就是灵魂，因为在心灵的构成体系中，灵魂肩负起主导功能。从心灵构成的对应性要素观，也可将心灵的神学原则理解为心灵的灵魂原则。心灵的诞生和继生，自始至终要接受灵魂的导向。情感、个人、人格以及意识和思想的生成，都实实在在地接受灵魂影响和引导。苏格拉底曾认为："'思想的最佳时刻就是灵魂集聚于自身之时，此时没有任何东西干扰它，既无声音，也无视像；既无痛苦，也无任何快乐；灵魂此时离开身体，与身体发生尽可能少的联系'所以，举凡追求真理的哲学家，都让灵魂离开自己的身体，而死亡就是将灵魂与身体分离开来。因此，真正的哲学家在其一生中都一直渴望着死亡。"①

　　心灵之所以呈现神圣性，不仅因为构成心灵的主导，也不仅是灵魂成为人的情感、个性、人格以及意识和思想的直接依据，而是在于它可以脱离个体而延在，即"灵魂要比身体坚强，因此当身体完结时，灵魂不一定完结。在正常的生命过程中，身体经常遭受种种磨难，经常需要靠灵魂来修复。而灵魂可能是不死的，在此意义上，灵魂可以战胜死亡，不会因死亡而毁灭；在此意义上，灵魂会永远活着。即便灵魂从一身体转生到另一身体，甚至有可能在一天内死去，但就像一位织布者一样，他在自己的一生里制作出和穿坏过许多外套，终究有一天，他会安然死去，身后留下一件外套"②。灵魂之所以具有如此神奇的功能和力量，究其实，不过是威柯利夫所说的那样，它是一种"永恒的心理关系"，这种永恒的心理关系即是构成心灵的各要素的关系，即自由意志、灵魂、生命激情三者互动生成的共生关系，它既有自然人类学的直接来源，更有宇宙学和存在论的最终依据。亚里士多德洞察到了这一点，指出灵魂的真正本质取决于它与一种"**有机的结构**"的关系，正是在这种关系构成中，灵魂才是"'身体具有生命的现实'，此处的生命意味着自我存养、

---

① ［英］安东尼·肯尼：《牛津西方哲学史　第1卷·古代哲学》，第279页。
② ［英］安东尼·肯尼：《牛津西方哲学史　第1卷·古代哲学》，第281—282页。

成长和老朽的能力"①。这个最终的依据和直接的来源就是"心智"本身，因为心智基于生之本性展开生生努力生成构建起来的空间结构框架，内驻于被重塑所新生出来的心灵之中，就构成既主导心灵又可避免个体的局限而延在的神学原则。

心灵的自因原则　　如果说个体原则构成心灵的功能原则，神学原则构成心灵的奠基原则和主导原则，那么自因原则则构成心灵的动力学原则。从发生学讲，心灵有创造的来源和依据；从继生论言，心灵有自新的条件和要求。但就心灵自身和心灵与个人身体、个人生命、个人存在敞开生存及生活的关系言，心灵是自因化的，并始终遵从自因原则。

什么是自因?

"所谓自因，我理解为其本质即包含存在，或者其本性只能被想象为存在物。"②"自因"概念的本义，是指自己是自己的原因。能够自己成为自己的原因的存在，也就自然地成为自己是自己的动力和自己是自己的方式。心灵的自因原则，就从这三个方面规定了心灵，构建起心灵的动力学法则。

首先，心灵是心灵的原因，对心灵本身的构成性、功能性、动力学解释，都只是心灵本身，即心灵能够解释心灵。心灵能够解释心灵，不仅意味着心灵是心灵的原因，也意味着心灵是心灵的目的，即心灵并不是以他者为目的，如果（包括任何）他者成为心灵的目的，那么心灵就会丧失自己成为自己的原因的资格。所以，心灵是心灵的目的构成心灵是心灵的原因的根本保障。心灵是心灵的原因和目的的根本前提，要求心灵必须成为心灵的主体。心灵的自因原则，实是心灵的主体原则和合目的原则。

其次，心灵的主体原则和合目的原则，规定了心灵是心灵的动力，即心灵是自动力的，而非他动力的。心灵如果沉沦为他动力，心灵的主体性和合目的性不复存在，心灵就沦为自己的对立面，即异化。心灵异化是其本质的、根本的异化，是一切异化的异化，是所有异化的异化，是其他一切异化的总根源、总源泉。这是因为，心灵的自因原则还揭示人的心灵是人的原因，人的心灵是人的目的，人的心灵也是人的主体和动力，由此形成两个方面：第

---

① ［英］安东尼·肯尼：《牛津西方哲学史　第1卷·古代哲学》，第287页。
② ［荷兰］斯宾诺莎：《伦理学》，李健译，陕西人民出版社2007年版，第7页。

一个方面，个人的心灵构成个人精神的原因、目的、源泉和动力。具体地讲，个人的血性的有无及血性的程度，个人的个性的形成，个人的人格的状况，个人存在的认知视域、心胸格局，个人的意识精神、思想的向度以及知识的结构等都源于心灵，都取决于心灵，心灵构成这一切的动力，也成为这一切的导向。第二个方面，个人的心灵决定个人的存在方式、生存姿态和生活行动的基本面貌和风格。由此两个方面，心灵的自因原则不过是心灵的动力学原则，或者说心灵之于个人构筑自我存在与作为的力学原则。

> 正是由于人的行为的多样性，人的行为对新情境的适合性（appropriateness）和人的创新能力——语言使用的创造性方面，导致笛卡儿将心归属于人类，因为他这种能力超越了一切所能想象得到的力学解释的限制。因此，**一个完全充分的心理需要假设"一个创造性原则"和"力学原则"**。这个"力学原则"足以解释世界的其他一切方面，和人的一系列的重要行为和"情感"。①（引者加粗）

最后心灵的自因原则，既是成就心灵自身的原则，也是成就承载它的个人存在的原则，这一积蓄力量、创造力量和释放力量成就心灵自己和个人存在的原则，被称为力学原则，但从它因为成就心灵和个人存在所积蓄、创造、释放出来的功能讲，这一力学主义的自因原则，又是心灵自创和创他的创造原因。但是，从心灵的构成性角度看，心灵的自因原则亦有其构成来源，大体说来，自由意志构成自因原则之动力学原则的源泉，生命激情构成自因原则之创造原则的源泉，灵魂构成自因原则之主体原则和合目的原则之源泉。

3. 心灵的构成

心灵，是一种存在实体。"所谓实体，我理解为在其自身内并通过自身被认识的东西。换句话说实体概念可以不依赖任何其他概念而独立地形成。"②心灵就是这样一种性质的存在实体，它是它自己的原因和目的，以自己为动

---

① ［美］约翰-克里斯蒂安·史密斯：《认知科学的历史基础》，第68页。
② ［荷兰］斯宾诺莎：《伦理学》，第7页。

力，并能通过自身认识自身。心灵具有如此自我功能，是因为它内具一种神学原则，并可敞开为一种神学方式。心灵的神学原则和神学方式源于心灵本身的自神自圣性。理解心灵的自神自圣性，需要理解何为神。斯宾诺莎说："所谓神。我理解为一种绝对无限的存在。也就是，一个由无穷尽的属性所组成的实体。每一个属性都表示永恒无限的本质。""我说神是绝对无限的。而不说按其本性它是无限的。因为仅仅按其本性是无限的东西。其无穷尽的属性就会被否认。但如果事物是绝对无限的话。那么凡是表现其本质并且不包含否定词的。都属于其本质。"[①] 心灵的自神自圣性之"神"就是如此意义的。心灵之于人，是一种"绝对无限的存在"。从其本性讲，以宇宙的心智为终极依据并通过重塑自然人类学的心智而诞生的人文存在的心灵，其生之本性及其敞开的生生不息的朝向，就体现这样一种"绝对无限的存在"可能性，当这种可能性作为一种原则和方式被运用时，就化为功能上的现实性。比如心灵敞开其自神自圣性之希望、信仰、爱的每一个维度、每一个方面，都体现其"绝对无限的存在"，即从心灵中生发出来的希望、信仰、爱本身就是绝对无限的存在，可以达及任何领域、任何方面，可以超越任何时空。大海是浩瀚的，天空是无限的，比大海更浩瀚、比天空更无限的是心灵。心灵的绝对无限源自心灵的自身构成。

客观而言，心灵的生成机制，是关于心灵的原本论问题；心灵的原则，是关于心灵的功能规范问题；心灵的构成，则属于心灵的本体论问题，即心灵作为一种存在实体的自身构成，或者说心灵作为一种存在实体的自身呈现，就是构成心灵的本体内容。构成心灵本体的基本要素有三，即自由意志、灵魂和生命激情。

自由意志　构成心灵本体的首要内容是自由意志。自由意志是心灵的底座。

"底座"一词的本义，是指支撑物件使其稳固的底部座子，用以指称心灵的构成要素，实是揭示三个方面的内涵。首先，心灵的构成是一个体系，这个体系呈立体生成性结构，自由意志构成这一立体生成性结构的底端。其次，

[①] ［荷兰］斯宾诺莎：《伦理学》，第7页。

在一个结构体系中，底座蕴含海德格尔所讲的"座驾"的意味，具有稳固该结构体系的功能，自由意志亦是心灵体系的座驾，它成为心灵体系之自身结构稳定性的标志。心灵本是开放的和动态生成的，这是心灵之具有继生功能的自身原因。但心灵继生的根本前提是心灵本身的相对稳定性，即心灵成为心灵的那些内容，是不易改变也不能改变的，这就是"继生"之"继"的内容。所谓"继"者，就是"承"袭已有，就是"接着"先前而来。"继生"之"生"，就是革新，就是再发生、发展，但其革新或发展都要承接已有而来，就是接受和遵从那些不变的内容而展开。所以，心灵的"继生"一词的本义，是讲心灵的返本开新。在这个意义上，"底座"一词获得了本原的意义，即居于心灵底部的自由意志，实际地成心灵的本原。最后，心灵的本性是生，生之本性的敞开是生生。由生之本性敞开的生生，生发出心灵的继生诉求，构建起继生的自身结构，即心灵的继生诉求自具内在之生的结构，这个结构就是"继－生"本身，再做哲学的抽象，就是"变中不变"和"不变中变"，心灵所"继"者，是"变中不变"的内容；心灵所"生"者，是"不变中变"的内容。而"变"与"不变"，或者说"继"与"生"，都因为"不变"本身，源于心灵之"继"本身，因为一切的变和生，都是为了"继"和"不变"，都是为了保持自身和增强自身。"不变"之"继"构成"生"之"变"的直接动力。心灵体系中推动"生"之"变"的那个"不变"之"继"的动力因素，就是自由意志，自由意志构成心灵体系"变中不变"的那个最为根本的因素，所以它居于心灵的底部，构成心灵的座驾。要言之，自由意志既是心灵的本原构成，也是心灵的动力构成。自由意志之具有如此地位和功能，源于自由本身以及它本身能够**自为**意志。

首先，自由是天赋的。天赋的自由的基本含义有二：一是指天赋存在者以自存在方式；二是天赋存在者以自存在的行动方式。就前者言，自由是指天赋其**自生**的动力、**自创**的结构、**自为**的方式。仅后者言，这种天赋其自存在的自生动力、自创结构和自为方式的整合行为方式，就是有权如此。由此天赋自由，所以天生一物，必有此物的自为存在的空间、自为存在的物理结构、自为存在的生命形态和自为存在的方式。

天赋自由之自为本性，就构成其意志。所谓意志，指**一以贯之**的那个东西。这个东西是蕴藏于存在之中的**不可逆生性**，哪怕其存在的物理结构和生命形态遭遇根本性的折叠或扭曲，其存在之生性始终倔强地、自为地敞开为生生，所以，蕴藏于存在之中的生之不可逆本性敞开的生生，就是存在之自身意志，它必然熔铸于天赋的自由之中，使其天赋的自存在方式和自为行动方式始终自持。所以，自由意志，即自由的生生之志；自由的生生之志，就是自由意志。

其次，自由意志构成心灵的本原和动力，居于座驾的位置，这是自由意志之于心灵体系的结构功能。除此之外，自由意志更为根本的心灵功能有二：

一是自由意志对心灵的固本功能，这一功能可概括为自由意志是心灵的定海神针。这种定海神针功能敞开为两个方面：其一，因为自由意志，心灵保持天赋的自由，这是心灵与造物主、心灵与宇宙心智、心灵与自然人类学保持关联性，使心灵贯通天宇的源泉畅通、生生不息。其二，因为自由意志，心灵发挥天赋的自由。心灵通过自由意志保持天赋的自由，是因为心灵具有返本的能力，即心灵向回溯的续接能力，使自己扎根于自然人类学，扎根于宇宙的心智世界，配享造物主的神圣、神性、神意。心灵通过自由意志而发挥天赋的自由，是心灵获得开新的能力，即心灵始终面向人，面向人的存在和未来，助推人构建精神的世界，新生存在的力量。与此同时，从人的新生存在、构建精神的努力中吸纳自我更新的信息。所以，心灵通过自由而发挥天赋的自由，也是心灵开辟继生的广阔通道，这需要自由意志的导航。

二是自由意志对心灵的定位功能。天赋自由的本质，是天赋自由两个方面的本体性内涵，其一，天赋自由以一以贯之不可逆转的方向，这一不可逆转的方向就是自由本身：天赋自由，就是使自由自由。使自由自由，就是使自由按照自由的方式自由。天赋自由落实于存在，就是天赋存在自由，天赋存在自由，就是使存在依其存在本身而自由。其二，天赋自由的同等性，即天赋所有自由以同等的自由，天赋的自由是平等的自由。所以，天赋自由敞开一以贯之不可逆转的方向，构成天赋自由的生存论定位；天赋自由以平等，这是天赋自由的存在论定位。心灵之所以要通过自由意志而保持天赋自由和发挥天赋自由的道理就在这里：因为自由意志，心灵获得不可逆的自由方向和平等的自由品质。

灵魂 心灵之所以成为绝对无限的实体，是因为它具备了"绝对无限实体"的两个基本条件。第一个条件就是心灵具备了"绝对无限"性，这就是作为心灵之本原和原动力的自由意志，关联起心灵的源与流，前者即自由意志使心灵获得了保持天赋自由的品质，而与自然人类学、宇宙的心智、造物主的神圣、神性、神意保持存在的关联；后者即自由意志使心灵始终面向心灵的个体主体，发挥着构建、新生以及自我再造的生存关联。第二个条件就是心灵具备了"实体"，这个构成心灵的实体就是灵魂。

有关于灵魂的实体论，自哲学诞生之时始就已形成，米利都学派和毕达哥拉斯学派所论的灵魂都是实体意义的，柏拉图的灵魂论更是如此，到了亚里士多德，他就明确地提出灵魂学说，指出"**灵魂是一种实体，作为具有潜在生命的自然肉体的形式**"①。亚里士多德举例说，**灵魂与肉体的关系就像蜡烛的形状与蜡块的关系一样**②。"亚里士多德大概是第一个寻求解释心身关系的哲学家。他的解释抓住了这些理论的洞见，并避免了它们各自的缺点。在心灵哲学中，亚里士多德自觉看待自己立场的方式，与当代功能主义者看待自己立场的方式如出一辙。"③ 但几乎所有的灵魂实体论都是相对身体而言，身心问题并不能简单地归纳为身体与灵魂的问题，从根本讲，灵魂不是相对身体论，而是相对心灵论。灵魂的实体论亦是在心灵的意义上展开的。

灵魂是心灵的实体，这是灵魂的心灵定位。灵魂作为心灵的实体，源于自由意志。自由意志对心灵的固本功能和定位功能会聚成为不变的实体，就是灵魂。灵魂内在地拥有不可逆的自由朝向和平等意愿。拥有如此内在规定性的灵魂，作为心灵的实体从三个方面定位：第一，灵魂是心灵的希望实体。希望，是心灵存在首要前提；没有希望，心灵不可存在，既然存在，也是一空壳。使心灵之希望常青的实体方式，就是灵魂。所以，灵魂内具了希望，并且由于希望内驻于灵魂，灵魂才勃发出清纯熠熠的光辉。第二，灵魂是心灵的信仰实体。因为有希望，才有信仰；由于信仰，希望才不灭不弱、常在常青。信仰来源于希望，希望来源于天赋的自由，来源于自由的悠远的神性之

---

① ［古希腊］亚里士多德：《灵魂论及其他》，吴寿彭译，商务印书馆1999年版，第83页。
② ［古希腊］亚里士多德：《灵魂论及其他》，第84页。
③ ［美］约翰－克里斯蒂安·史密斯：《认知科学的历史基础》，第26页。

源和自由的浩瀚的人本之流。信仰的如此内涵和功能使它本身自持存在地发挥心灵的功能，而必须通过灵魂而获得实体的支撑。所以，如果说希望构成灵魂的来源，那么信仰构成灵魂的主体，爱则构成灵魂的引导方式。第三，灵魂是心灵之爱的实体。希望必须化为信仰，信仰必须化为爱，这是灵魂践履希望和信仰的方式，也是灵魂践履自身的方式。

希望、信仰、爱此三者构成灵魂实体的本质内涵。以希望、信仰、爱为内涵的灵魂构成心灵的主体。但灵魂作为心灵的主体是以自由意志为座驾，是由自由意志支撑的主体。天赋自由之生性所敞开的不可逆的和平等的生生意志，最终要熔铸入灵魂之中，构成灵魂的内在神韵和凝聚方式，即熔铸进灵魂的体现不可逆朝向和平等意愿的生生意志，成为其凝聚希望、信仰、爱于一体的根本方式。所以从根本讲，**生生不息的自由意志呈现出来的不变的朝向、不衰的神气和不竭的动力，就是灵魂。**

从心灵体系的构建言，自由意志是心灵的源泉，但从心灵向人的精神和自新存在发挥自身功能言，灵魂是自我的源泉。一个人如果没有灵魂，不可能有自我；一个人如果丧失灵魂，自我也随即丧失。对一个人言，如若其灵魂昧暗，其根本表现就是自我不仅无力，没有方向，而且受役精神、观念甚至意见和谬误。

灵魂同时构成人与兽的根本区分。因为，人与兽的区别的根本方面有二：一是在行为方面，行为有无限度和边界；二是在心智方面，有无灵魂。无灵魂的心智是自然人类学的心智，这种性质和内容的心智之于人，也是兽。一个人的心智性质倾向和状况，决定其行为有无限度和边界，当其心智处于自然人类学状态，或者回返于自然人类学状态，那么其行为也是自然人类学的心智为导向，很难有限度和边界。正因如此，亚里士多德才认为灵魂不只是活的身体之形式或形式因，它同时成为身体变化和运动的根源，尤其是赋予身体目的论导向的形式因，其再生作用乃是最根本的生命运行活动之一。每个生物都竭力"再生自己的种类，动物繁殖动物，植物繁殖植物，其目的在于它们尽可能地去参与分享永久的和神性的东西"[①]。

---

① ［英］安东尼·肯尼：《牛津西方哲学史 第1卷·古代哲学》，第288页。

生命激情 在心灵体系构成的三要素中，自由意志居于心灵的底座，是心灵的本原和动力，它联结起根源与流向，关联着过去与未来、宇宙与人、整体与个体、实在与想象。灵魂居于心灵的中心殿堂，是心灵的主体，凝聚起希望、信仰和爱，构架起通向人本，通向生活世界，通过未来之善美的桥梁，它既是人本的，更是神本的，并以其神本引导人本，通向人本而回归神本。与此不同，生命激情集二者神、意而将其感性化为实际的心灵力量，并始终指向人本，诉求生活，热衷想象和创构，这种想象和创构往往通过精神世界的改变或化为实在。

生命激情的这种近乎本能的取向和诉求实源于心灵的规训与激励。从根本讲，生命激情既是自由意志的感性生命呈现，使自由意志成为生命激情的自由和意志，同时也是灵魂的感性生命呈现，将构成灵魂的希望、信仰、爱化为生命激情化的希望、信仰、爱。虽然如此，生命激情既要受自由意志固本和定位之制约，也要承纳灵魂的主体性规训。比较言之，心灵是绝对无限的实体，拥有绝对无限的张力，但生命激情始终是有约束的，它体现承载自由意志和灵魂而动的相对自由，生命激情一旦突破相对自由的边界而行绝对的无限自由时，灵魂必昧暗无光，自由意志会沦为任性的野兽之志。

从整体讲，心灵既是心灵的原因和目的，也是心灵的本原和动力。心灵如此的自我规定形成心灵的自创生活力，心灵的自创生活力既源于自由意志的推动和灵魂的导航，更因为生命激情的聚力和发力。生命激情具有聚发自由意志和灵魂之力的功能，但这种聚发功能实由心灵的自创生活力的推动。在心灵体系中，生命激情与灵魂、生命激情与自由意志互为动力。具体地讲，生命激情只有接受灵魂的引导和自由意志的鼓动，才可成为心灵的力量，并以感性方式激活灵魂和自由意志，使灵魂和自由意志的心灵功能得以最大限度地释放，并向更广阔领域发挥。

生命激情不仅要接受灵魂的导向和自由意志的推动，同时也要受心灵与身体之互动体验的激励，这是生命激情获得鲜活生命活力的源泉。心灵对身体的体验最终源于身体对身体的经验，由此限定性，心灵对身体体验的实质是心灵对身体的自我经验的体验，其体验呈现出来的对生命激情产生激发性影响的根本内容有两个方面：一是对身体的自我之生的经验体验；二是对身体的自我之死的经验体验,这两个方面的经验体验构成心灵自我激活的原初方式。在心灵自我激活的原初方式里,一方面,通过身体的自我经验的体验,人发现自己是有死的,这是一种现实,也是一种历史,更是一种命运。个体生命面对这种现实、历史与命运,不仅倍感恐惧,而且爆发抗拒冲动,生成对不死的向往与追求,永生激情成为生命的原初激情,它通过体验而压缩在心灵之中,积淀发酵而构成心灵激活的原生力量。另一方面,通过对身体的经验的体验,有死的生命个体同时发现,生命可以超越身体的局限而获得永存的可能性,甚至现实性。因为生命并不只是身体,身体之外还有精神和心灵;并且精神可以超越身体而创构生命,心灵更可能超越身体而光华生命,但所有这些都通过身体以身体为代价的行动来实现。这就是说,精神超越身体而创构生命和心灵超越身体而光华生命的基本方式有二,一是通过身体耗散自身的行动方式来创造身体的第二自我,比如物品、财富、金钱、信仰、精神、思想、观念、信念、情感等都打上了身体的烙印。埃及金字塔、哥特教堂、绘画、书法、长城、大运河、都江堰,以及一张条桌、一只碗、一副眼镜、一双布鞋、一个键盘或一支钢笔……均烙印上身体的行动和身体的经历、身体的经验和身体的体验。二是通过身体消耗自身为代价创造出新的身体,这就是新的生命、新的人。儿女最终是人的身体的对象化形态,同时也是人的精神和心灵的对象化存在。

人通过身体的行动努力于物质生产、精神创构或心灵超越而达于身体的"不死"这一可感可触的现实,构成心灵的自我激活的继生力量,但这一继生力量的获得必须以身体为代价,身体的不朽与永存必须以身体的自我消耗和死亡为代价。因而,身体的不朽与永存虽然是美和善的,但最终是悲壮的。人以身体为代价的全部生存努力与代价所合生的这种追求不朽与永存的悲壮,成为生命激情的最终源泉。

生命激情始终是人的心灵敞亮状态,所有方面的对身体经验的体验和身体行动的体验产生的身体激情,最终都要汇聚于心灵通过心灵的整合才可生成生命激情,所以,生命激情始终被心灵所塑造,并为心灵本身肩负责任,从两个方面赋予心灵以活力与激励力量:一是为自由意志的健全张扬和灵魂的勃勃生机注入活力;二是为精神的构建与创发提供激励力量。

心灵的人本作用通过精神才可发生。精神构成心灵与人的身体存在发生交通的桥梁，并通过对精神的塑造来发挥对人的身体存在的引导和影响。从整体观，心灵生成精神构建的原动力，其实施方式是心灵启动灵魂和自由意志通过生命激情而进入无意识，达向对精神的构建。

4. 心灵的功能

心灵是自然人类学向文化人类学方向进化之途将自然人类的心智予以人文重塑所形成的人文原型。这一人文原型并不因为自身存在而产生生生不息的意义与价值，而是为文化人类学的人类存在和进化提供最初依据、不断自新参照系和整体的创生动力。由此，心灵获得了属它的独特功能。

心灵的功能既是向内的，也是向外的；既是整体的，也是分殊的。

心灵向内的功能发挥，就是心灵滋养心灵，心灵新生心灵，心灵创发心灵。这是心灵的其他功能得以确保和发挥的绝对前提。心灵滋养、新生和创发心灵本身的方式主要有三：一是心灵滋养自由意志，使之始终保持不可逆的生之本性和生生向上、生生向前的机能。这是心灵强健新生的动力之源，因为自由意志不仅是心灵的本原，更是心灵的原动力量。心灵始终保持不可逆的生之本性和生生向上、生生向前机能，其实是其原动力功能得到最优化的发挥，所固之本和所定之位得到良好的保持。二是心灵滋养灵魂，使灵魂始终成为心灵的主体、生命激情的主导，使希望、信仰和爱始终保持既各自独立又相互促生的张力。三是心灵溯源生命激情，使之始终处于以灵魂为导向、以自由意志为动力的鲜活、充沛、盈溢、张扬的自由激情状态，使之始终保持对心灵自创生活力的激励功能。

心灵向外的功能发挥，就是为精神的创构和日新提供源源不断的营养，包括意志的营养、自由的营养、主体的营养、生命激情的营养和希望、信仰、爱的营养。心灵向外，直接指向人本精神的构建，其最终努力是人的身体的人文存在。人的身体的人文存在，实指人的生命以人文方式存在，这是因为生命始终是以身体为存在样态、以身体行为为存在的敞开方式，所以人的生命以文人方式存在，也可称为人的身体的人文存在。心灵对人的这一双重努力，形成其功能释放既可是整体的，也可是分殊的。要言之，心灵向外的整体功能，就是心灵的镜像功能；心灵向外的分殊功能，就是心灵的滋养功能。

心灵的镜像功能　　爱因斯坦与玻尔关于量子理论的论战,催生出贝尔定理(Bell's theorem)。贝尔定理表明:"世界上的现象虽说看起来是局域性的,表面现象**背后的实在**却一定是超越一切的。世界深层次的实在是靠**无中介、直接、即刻**的量子关联性而得以维系。"①(引者加粗)在哲学中,也可以"通过日趋有力的方法穿透物质越深,就越看到物质各部分之间的相互联系。**宇宙的每个部分都与其余部分交织在一起。**……我们周围的一切,只要眼力所及,宇宙都是维系在一起,唯一可能的解释就是把宇宙看作全部,一个整体"②(引者加粗)。这是完全不同于传统科学和传统哲学信奉的二元模式所看到的世界图景,世界图景在多大多程度上更接近存在世界的本原状貌,取决于人的认知的姿态所形成的认知视域。人的认知视域并不源于认知,而是根源于心灵。心灵的狭窄或宽阔程度形成的心灵镜像完全不同,不同的心灵镜像辐射开来形成的视域度,才真正构成了认知视域本身。所以,心灵之于人本的首要功能,是其镜像功能。理解心灵镜像功能,需先理解心灵、镜像、视域这三个概念及其关联性。

如上所述,心灵作为身体存在和生命存在的原动力,有其向内外两个方面释放的能力。心灵向内,只是心灵;心灵向外,也是心灵。但心灵向内指向心灵是直接的,心灵向外回归于心灵却有一个中介,这个中介就是:心灵一旦向外,就形成一个镜框,或者说"镜箱",所以,心灵向外是以**镜框的形相**呈现的。

何以会出现这种情况呢?

这由两个因素促成。一是心灵本身具有视觉功能,即心灵作为文化文类学的人文原型,它本身就构成人类观看自身存在的眼睛,这双人文原型的文化眼睛落实在个体上,就是人的**心眼**。所以,由于心灵,肉身化的人——或曰身体化的人文存在者——获得了两双眼睛:天赋的生物学的**肉眼**,构成人的五官之一,还有就是心灵的眼睛,它由自由意志、灵魂和生命激情合生所成,它不仅具有视觉的观看性,更具有透视性、拓展性。不仅如此,肉眼之

---

① Herbert, N., *Quantum Feality: Beyond the New Physics*, Garden City, NY: Anchor Books, 1985, p. 249.
② [美] Dean Radin:《意识宇宙:心灵现象中的科学真相》,第 214 页。

看始终是实在论的，心灵向外面对人的存在、面对人的存在关联的世界、宇宙而形成的观看，更体现意愿性、意向性和不变性。所以真正说来，意向性不是来源于精神、意识，而是心灵。心灵天生自具意向的潜能，它一旦朝向外部，透视性意义的意向性就此敞开。

心灵向外生成为镜框性的心灵，亦源于心灵本身的限度性。心灵并不是一个无疆的跑马场，它虽然始终接受四面八方并可四通八达，但它有其自由意志和灵魂的严格规定，自由意志虽然为心灵打开"绝对无限存在"的可能性空间，但它第一，必须是自由的；第二，必须是意志的。前者是固本，张扬平等；后者体现定位，张扬不可逆的生之本性敞开的生生方向，平等和不可逆的生生方向，从两个不同方面规定心灵的自身疆界。与此同时，灵魂规定了心灵成为心灵和心灵敞开心灵的明确方向以及其方向敞开的域，那就是希望、信仰、爱三者形成的想望空间和践履领域。

"镜框"一词，给人的语义感觉是在突出心灵向外形成观看和透视的疆界性，但这只是心灵向外获得观看和透过功能的表面语义，它真正的语义是：心灵一旦向外，它就获得观照人、观照人的存在和人的存在世界的功能和反观心灵本身的功能，就如同镜子一样。所以，用"镜像"一词表述心灵向外获得认知功能比"镜框"更为准确、形态和动态一些，更便于感觉直观的理解。更重要的是，心灵外向形成镜像性的心眼，不仅观看，同时是透视，**观看和透视**构成心灵以镜像方式认知人、认知人的存在和人的存在世界的基本方式。

心灵外向，面对人的存在和人的存在关联起来的世界，其辐射开去形成的认知域度，就称为视域。"视域"是一个空间性概念，指人的观看或认知达及的最终疆界。但"视域"作为一个空间性概念，亦融进了时间的渗透性，即当人启动心灵镜像而观看世界时，时间就进入了观看和透视，或者时间本身构成了观看和透视，没有时间的参与和对空间的不断打开，就不可能产生观看或透视；没有观看和透视，就不会形成视域。在"视域"中，"视"就是观看，包括肉眼的观看或心灵的观看；"域"即疆界、边界。合言之，视域是一个时间张开空间，空间融汇时间的概念，所以，视域不仅蕴含生存论的张力，更张扬生成论的问题，但视域概念首先表征的是存在论问题。因为

"视域"概念涉及它本身何以生成的问题,一旦追问这个问题,观看者必须到场。观看者的到场是以观看者本身的自在为绝对前提。由此,视域的存在论就是视域生成者的自在问题,即**在此**问题。

心灵向外形成的观看和透视所指的人、人的存在和人的存在世界,其实是一个整体的以场的方式敞开的存在,所以心灵向外观看和透视形成的认知视域是场化的。场化视域的心灵镜像,呈现心灵如何"观看和透视的方式"问题,简称为"观看方式"。"观看方式"这个概念由艺术批评家约翰·伯杰于1969年提出,他认为"观看方式"既是一种与生俱来的方式,也是一种习得性方式。因为观看方式之于人是一种实实在在的存在方式,即人是以怎样的方式获得**此在**的。约翰·伯杰认为,人是以观看方式获得此在,并也因为观看方式而在此。约翰·伯杰却没有进一步洞察这种观看方式如何生成以及怎样运用。实际上,当心灵向外时,就自动地启动观看和透视的方式,发挥镜像的认知功能,获知人的此在状况和在此想望。人启动心灵向外而形成心灵镜像,并借助心灵镜像来观看和透视人的此在和在此,恰恰表明对人的此在和在此的心灵认知,始终是镜像性的反观的,也呈镜像视域化的透视,其反观和透视得来的此在和在此与人的实际存在有其相隔,这个"隔",就是观看和透视本身,并且其"隔"的最终来源却是心灵镜像。人的觉醒就是人对自己的隔,也是人对世界的隔。

同时,启动心灵向外所形成的心灵镜像,也是一种生命内在化凝聚的心灵机能,这一心灵机能源于人的存在觉醒对心灵的启动,被启动的心灵向外敞开,心灵镜像这一心灵机能随之激活,另有两种东西也同时被激活,一是洞察;二是想象。心灵镜像化的观看和透视是以洞察为前提,或可说洞察本身构成了观看和透视,形成表达此在和在此的观看和透视方式。并且,心灵镜像这种心灵机能一旦启动,就形成心灵镜像视域,心灵镜像视域的生成是在心灵直观——也就是洞察生成想象——来实现,洞察催发想象,想象完成洞察,形成观看和透视方式,构建心灵化的存在疆界。要言之,心灵镜像视域蕴含两个东西:洞察和想象,将此二者联络成一个生成整体的恰恰是观看和透视方式。

心灵的滋养功能　　心灵的**整体**功能,就是生成心灵镜像,形成心灵镜像视域的观看和透视方式。与此不同，心灵的**分殊**功能，就是滋养功能。心灵滋养的功能有内外之分。心灵的内在滋养，就是心灵对自身的滋养，这是心灵滋养的首要能力，也是心灵的本原性能力，丧失这一本原性能力，心灵的其他功能将会丧失干净。

心灵对心灵的滋养，既指心灵之整体对心灵的构成要素的滋养，也指心灵构成的要素对心灵整体的滋养。心灵的内在滋养的本体内容是滋养灵魂和自由意志，心灵滋养的核心内容是滋养希望、信仰和爱。其中，最为根本的滋养内容是信仰，因为，第一，没有信仰，心灵沦为空荡。空荡荡的心灵，实为心灵的不存在。不存在心灵的人，难有希望和爱。第二，信仰驻入心灵，构成心灵之主体（灵魂）的主体。信仰之所有具有心灵之主体的主体位相和功能，是因为信仰是神性的存在，信仰将神引入心灵，使心灵获得灵魂。第三，信仰驻入心灵，使心灵内生自在、自持、自存、自强、自化的力量，这些力量汇聚和层累性积淀为心灵的底部，生成建构起自由意志。第四，心灵因为信仰的滋养充盈希望和爱。希望和爱，才是道德的内生源泉。

心灵的内在滋养之要以滋养信仰为重心，是因为信仰的滋养既带动了希望和爱的滋养，更带动了对自由意志、灵魂、生命激情的滋养，并由此在整体上增强两个方面的心灵内容：一是通过心灵的自我滋养而从整体上增强信仰的纯化和信仰的持守力；二是通过心灵的自我滋养而煽旺心灵铸造精神的活火，并使之持久地保持兴旺状态。

心灵向外的滋养涉及方方面面，最主要的方面有四：

一是心灵滋养情感。心灵对情感的滋养主要调动生命激情、灵魂、自由意志三个方面协调发力。生命激情滋养情感，激发情感的活力，增强情感的生活力量，丰富和提升情感的想象空间。但生命激情对情感的滋养需要灵魂为之导航，也需要自由意志为之提供原发动力。情感的激情、情感的自由，均源于意志的张扬。但情感的激情、情感的力量、情感的想象张力，都需要灵魂引导朝向生生与共生方向敞开。

二是心灵滋养精神。心灵对精神的滋养同样需要心灵各要素的整体运作。其中，最为重要的方面有三，一是心灵滋养精神的无意识，为无意识选择来自各方面的信息，将其锻造为可用的意识内容、观念内容、思想内容或知识内容提供源源不断的"炉火";二是滋养意识,提升意识的创发力;三是滋养思想,激励思想的更新与创化张力。

三是心灵滋养身体。心灵对身体的滋养是间接的,它要通过心灵意向的滋养、无意识激情的滋养、意识和思想的滋养来实现。心灵对身体的滋养,就是使身体充分释放生之本性而生生存在,具体地讲,就是实现身体与心灵相生,身体与精神相生,身体与行动相生。

四是心灵对心智的滋养。心灵滋养心智,其整体性努力是使人的智商、情商、心商自发协调共运,互为促生。其重心有二,一是滋养情商,增强情绪的情感化方向和情感的自适能力;二是滋养心商,增强心商对情商的疏导功能和心商对智商的激发功能,前提性条件是通过对心商的滋养而激活心商自身的潜能和张力。

三 精神的意向视域

心灵虽然是自己的原因和目的、本原和动力,但心灵并不为心灵本身而存在,而是为人的身体的人文存在而存在,更具体地讲,是为人的身体以更好的方式敞开其人文存在而努力,但这种努力并不直接指向人的身体存在,而是通过精神的创构和日新来影响或引导人的身体存在。

另外,心灵向外而形成心灵镜像,使心灵的认知功能通过心灵镜像而发挥。心灵作为一个镜框,前设了以镜像方式发挥认知功能所达及的视域程度。从静态看,心灵呈现出来的镜框有多大,心灵向外辐射出来的心灵镜像视域就有多宽广。从动态看,心灵向外辐射形成的镜像视域程度也与人的精神结构及其取向正相关,其精神结构呈开发性状态并取向建构性,心灵向外辐射形成的镜像视域就会呈扩张、拓展态;反之,当人的精神结构呈内敛状态,其心灵向外辐射形成的镜像视域就会呈压抑、萎缩态。

人的存在和存在诉求其状况形成的一个决定性因素,不是已成的物质条件、环境条件或关系条件,而是认知视域。认知视域的形成及变化,与很多因素相关,但最重要的因素有二:一是心灵的结构及其呈现出来的状况,现实地呈现心灵向外形成的镜框的大小;二是认知,即认识自身、事物、生活环境、世界及过去和将来的深浅、高低、远近状况,认知敞开的这些方面的状况实由人对自身之建构所形成。概括此二者，人的心灵认知视域由心灵和精神两个因素决定，心灵决定心灵镜像视域的基本面，即心灵向外形成的镜框的大小，由心灵所构筑；精神决定其心灵镜像视域的拓展面，即精神的自我建构的取向——拓展取向或萎缩取向——决定了心灵向外辐射形成的镜像视域之度，即视域的广度和时间深度。

1. 意向视域的环路

讨论心灵镜像视域，必得考量人的精神建构问题，这须先对"精神"的基本常识有所了解。

首先是精神与世界的关系。亚瑟·爱丁顿爵士曾说："**世界的材料是精神**。"[①] 爱丁顿爵士所论，或可表明世界与精神之间实互为材料。世界构成精神的材料，同时，精神亦构成世界的材料。其深层蕴含是：世界与精神互为体用，这种互为体用既是世界的本色，也是精神的本色。更为深刻的寓意或许是：在物象层面，世界是精神的本原，精神的建构实是世界的杰作，对人而言，精神的建构不能忽视其本原，即世界本身的作用；但在本质层面，精神是世界的本原、世界的创化，实是精神的杰作。这意味着世界并不只是科学或哲学所说的那样，世界只是物质性存在，世界的运动并不只物质的位移运动或能量运动或生物进化：世界在本原上是精神的存在、是精神的构造。人是世界性的存在者，世界的精神来源和性质决定着人的位格和状貌，心灵对人的根本性和对人的存在的决定性意义正在于世界的精神性。世界与精神的这种内在生成本质和存在关联，衬托出人的存在与精神的内在逻辑：人精神是存在论的。精神存在论决定了人是精神的存在者，这既由世界决定，也由心灵决定。

其次是人的精神的构成内涵。在人的视域中，"精神"有广、狭含义。广义的精神属社会文化学意义，指情感、知识、思想、信念、观念甚至意见、想望、意识、激情等；狭义的精神属于现代心理学意义，荣格曾说：现代的心理学就是精神学，这一判断极为准确。因为，古代的心理问题属哲学范畴，

[①] Eddington A., *The Nature of the Physical World*, Cambridge, UK: Cambridge University Press, 1928, p.120.

是哲学最根本的那部分，它是哲学通向神学的桥梁的心灵学，是哲学的本体性构成，主要指灵魂论。现代的心理学源于实验科学产生，科学主义和实证主义的兴起将涉及人的心灵那部分内容从哲学中剥离出来，形成心理学，心理研究从独立成学之日起始就是实证主义和科学主义的，它将人的心理问题看成是一个自然科学问题，心理学更乐意使自己成为自然科学的成员。作为自然科学的心理学，最初探讨人的行为及其心理反应，后来转向意识和意识的行为动机与目的，以此拓展开去考察意识的前状态，前意识和无意识问题因为临床性的精神分析而得到关注，并由此推动精神分心理学的诞生，意识、前意识、无意识等成为心理研究的主要对象，其后的心理学发展无论朝向哪个方面展开，都没有摆脱"意识－前意识－无意识"的心理结构框架。荣格就是在这个意义上将这种性质和内容范围的心理学称为精神学，并断定现代心理学就是精神学。荣格对现代心理学的准确判断，是以整全的视野观使然。完整的心理学应该由心灵和精神两部分构成，并要联系身体及其行动来考察，所以，完整的心理学应该是以身体为中介的心灵－精神学。在心灵－精神学中，心灵是其基础部分、根基部分，精神是其主干部分、用的部分。心灵和精神构成心理学的体－用或者本－末两个维度，古代心理学将心理限定在灵魂这个范围内，缺乏"用"的路径、方式和方法，显得虚与幻；现代心理学将心理限定的精神的维度，缺乏"本体"而无根与据。

从哲学发展史观，虽然心理问题从哲学中分离出去单独成学，但哲学向前的路子是现代心理学的精神学的路子，心理学虽然从哲学中独立出来，却抛弃了哲学的根本心理问题"灵魂"，哲学也因为怕沾上神学的晦气，也将"灵魂"抛给了神学。"心灵"这概念自笛卡儿之后逐渐在哲学中消失，虽然后来出了"心灵哲学"，但那是很边缘化的东西，心灵早已入不得哲学的法眼。哲学所走的路子是主体主义的认识论和实践论，前者由康德开出；后者由黑格尔开出。仅就前者言，主体主义的认知论必不能回避心理问题，因而，形成哲学的心理主义，心理主义发展到布伦塔诺那里进入了死胡同，胡塞尔予以拯救。胡塞尔对哲学的拯救并不是要跳出心理主义认识论另辟蹊径，而是接过布伦塔诺的意识的"意向性"观念予以心理主义的认识论改造。海德格尔曾说："康德把'自我之内'和'在我之外'的区别以及联系设为前提，实际上这是对的。然而按照康德提出的证明的趋向来理解，他却是不对的。"① 胡塞尔承袭康德"对"的路子来重建其"不对"的内容，为此采取"悬置"的方法来悬置诸如人对外部世界的自然态度等一切不利于心理主义的所有相关联的内容，然后通过对"意识经验"予以意识作为经验自我的实在"心理感受"、意识作为"内在知觉"和意识作为"意向经验"予以批判性辨析的基础上，专注于意识的意向"意义"，即胡塞尔将**意向性**看成对象的意义，或者理解为意义的趋势、朝向，这种意义的趋势、朝向具有不可逆性，以揭示意识的意向活动的指向性，其目的不是要揭明意识的对象"是什么"，而是描述意识到事物本身如何显现（Dasein）出来。

意向性问题对于胡塞尔而言，不是去解释心理状态实际上是如何与这个世界发生关系的，**而是去解释**心理状态是如何具有关联任何事物的现象特征或"内在"特征的。胡塞尔对这一问题的"解决"，是通过诉求于一种"语义指称"，这截然不同于那种因果解释的办法。一个心理状态，由于它关联于某个意向含义，所以在性质上是意向的。何以如此呢？因为意向含义（Noematic Sinner）就是意义（meanings），并且胡塞尔显然认为，它只是意义的一种用以表征的内在的和不可还原的（但并不是完全不可分解的）属性。胡塞尔实际上持一种强形式的弗雷格理论，即**意义决定指称**。② （引者加粗）

胡塞尔之所以做如此选择，是因为在他看来，人的意识既不是经验自我的实在心理感受，更不是"内在知觉"或者心灵回忆，而是人的意向活动，主体认知事物或世界的一切显示和表象都是依其意向活动方向及其方式的变化而变化。胡塞尔以此建构起以意向活动和意向对象为基本框架的意识结构的理论，他将这一理论称为一种哲学方法，即意识的现象学方法。

在近代以来所形成的主体主义的认识论哲学传统中，意识是其核心问题，而意识的核心问题是意识的意向性问题。胡塞尔终其一生建构以意向性为主

---

① ［德］海德格尔：《存在与时间》，生活·读书·新知三联书店1999年版，第236页。
② ［美］约翰-克里斯蒂安·史密斯：《认知科学的历史基础》，第182页。

题的意识结构理论之所以对哲学产生如此广泛的影响，以至于形成凡哲学不能不谈胡塞尔和不得不论现象学的现象，一是源于主体主义——包括认识论主体主义和实践论主体主义——对现代哲学市场的主导甚至垄断；二是胡塞尔的现象学迎合了主体主义哲学的需求，即构建主体主义形而上学的需要，因为真正从事哲学的人们清楚，缺乏形而上学或者放弃形而上学的哲学最终不能登上哲学的殿堂而成为真正的哲学，胡塞尔的现象学采取悬置的方法，在排除一切他认为不需要的相关内容，放弃意识的经验和经验自我的心理感受，放弃意识的"内在知觉"，放弃心灵和心灵的回忆，揭示意识的意向的先验结构。胡塞尔的如此努力确实给人启发，意识生成的意向确实具有先验性，并内在地具有先验结构。但人的意向活动并不仅限于意识，意识的领域并不能生成人的意向活动。并且，人的意向活动的生成与敞开无法抛开知觉，更无法抛弃心灵。人的意向活动应该是人的存在敞开——无论物理行动的敞开，或是心理行动的敞开——都涉及身心的协调和共生存在，在人的历史性的此在状况中，身心若处于分离或撕裂状态，胡塞尔的现象学所设想的意向活动是不存在的。胡塞尔在后期提出哲学应该"回到生活世界"的主张，其实际意义应该是：哲学需要回到人的身心共生的此在生活世界。

以人的身心共生的此在生活世界为视域，人的意向活动既是意识的、精神的，更是心灵的，是人的身心共生的此在-心灵-意识-精神共育形成的**意向环路**。

首先，人的意向活动始终是此在性的。此在性本身要求此在者必须身心俱在。在许多情况下，人身体在场，但人的心并不在场。人的意向活动的此在性要求身心俱在，并且俱在的身心达于内在协调与共生状态时，意向活动的生成才顺利。此在性同时还呈现一个基本特征，即在场化：任何方式的此在都是在场的。此在的在场化揭示人的此在与世界直接关联，不仅与世界的物理形态直接关联，更与世界的精神本体直接关联。此种性质的此在，并不是人的刻意诉求或任意想象，而是此在的本原存在，此在的本来样态就是与世界关联的场化存在，它体现一种场化的整体视域。这是人的意向活动生成的此在性要求的本质规定，也是人的意向活动生成的本体论呈现。

其次，人的意向活动体现其意向的超验和先验趋向，这种超验性和先验性来源于何处？由什么提供？显然，这两个问题的解决不能从意识入手，因为意识并不具有超验和先验的能力，虽然意识可以内在地发现超验和先验的能力，并可以将其发现附丽于意识而使之显现其超验和先验的能力。生成超验和先验的能力的只有人的心灵，心灵的自由意志是天赋的，天赋的自由意志的生之本性敞开的生生机制和一以贯之方向内驻于灵魂之中，构成灵魂的希望、信仰和爱的内容。所以，自由意志和灵魂成为人与世界及其内在精神、与宇宙及其内在心智的力量相贯通的桥梁，也成为人的超验和先验生成的土壤、母体，并为人的意向活动的超验或先验性取向提供了最终的依据和可解释的理由。

再次，在人的生活世界里，意向的问题并不只是意识领域的问题，它首先是心灵问题，当心灵向外时，就自动生成出既定的朝向精神世界和人的身心存在的意向性，这是心灵向外展开的本能取向，它先于意识，也先于意识的经验。从根本讲，人的意向活动的最初状态是人的心灵活动，具体地讲，是人的心灵向外敞开自发生成的心灵朝向，这一心灵朝向就是**心灵意向**。心灵意向的生成实际上与心灵镜像的生成同步发生：心灵向外发挥自身功能生成出内外两个东西，其自发生成的外显性的东西就是心灵镜像，其自发生成的内隐性的东西就是心灵意向；并且，这两个东西并不是分离的，而是同一个东西的两个方面：**心灵镜像是心灵意向的表体，心灵意向是心灵镜像的本体**，心灵向外发挥功能实际上同时从两个方面敞开，心灵镜像发挥其认知的**视域**功能，心灵意向发挥其认知的**方向**功能。

最后，以心灵向外发挥其功能所自发生成的心灵意向构成其意识的意向的原型，人的此在性的意向活动的产生，必以其心灵意向为基本朝向，以其心灵镜像为视域框架。这就是说，人的意向活动接受来自心灵的两个方面的影响：一是心灵意向，不仅为其提供了基本方向，也为其提供了先验的来源和依据；二是心灵镜像，为人的意向活动打开了最初的视域空间，意识对意向的生成，就是在这样的最初的视域空间框架上生成拓展或压缩。

意识作为精神的核心构成，始终处于动态生成的运动之中，面临着来自精神世界和身体存在各方面的生生鼓动，或者向自我建构的方向生成，或者向自我消解的方向生成。人的意向活动的生成，意识始终是主导者。意识对其意向活动的主导,是吸收来自精神世界和身体存在的有用信息或力量而展开对心灵意向生成和敞开的助推,这种助推可能是性质、方向的强化或内容的丰富,也可能是性质、方向的改变或内容的更换。意识对人的意向活动的生成与敞开的功能发挥的第二方面,就是对其意向活动的视域保持、强化或改变,或缩小性改变,或拓展性改变。

总之,人的意向活动的生成与敞开,是以人的身心此在为出发点,以心灵意向的自发生成为出发点,并以此唤醒或激活意识,推动意识以人的此在性要求为准则、以心灵意向为蓝本予以意向活动的生成,并推动生成的意向活动向人的身体存在敞开而发挥生活功能。并且,每一个成功的意向活动都会以自身方式回返以意识为中心的精神世界,并通过前意识的通道而沉淀于心灵之中,以待人的此在化的身心共生召唤而再度自我启动心灵,向意识领域释放其心灵意向并发挥其心灵镜像功能。所以,人的身心共生的此在所需要的意向生成,始终是人的身心共生的"此在-心灵-意识-精神"共育形成的可逆性环路。人的意向视域是环路式生成和建构的,这是因为"对一个有意识的动物来说,期望值最大化就是追求快乐规避痛苦。快乐与痛苦是主观性感受,由大脑和身体的无意识部分传送给有意识的心灵。做出有意识决策的信息加工的数量和复杂性并不比前意识或无意识决策的更多。这在免疫系统的运行中得到了最好的呈现;我们的思维过程在复杂性上与建立和维护免疫系统的任务不可比。然而,意识使我们有机会提出新的解决方案以面对迄今未预料的危险;这些解决方案可以为他人所复制然后可以世代传承"[1]。更因为人作为个体始终是世界性存在者,人的先验性的意向结构是由个体的心灵和世界的精神(或者宇宙的心智力量)相互通与共生的敞开方式和敞开进程,在这一进程中,"这一由系统和个体共同发育而来的身-心结合体,尤其应该能克服有时候在研究中会遇到的两分问题(比如无意识与意识的区分、显性层次与隐性层次、自主系统与受控系统等)。如果**心灵与身体看着内在的联系**,意向动态将其描述为既受到神经的支配也发生在意识的限度下,并且通常被置于神经生理学运作机制的层面:无意识行动、阈下知觉以及处于模

---

[1] [美]罗素·詹金斯、沃尔特·沙利文:《心灵哲学》,第110页。

糊状态的行为，尽管尚未充分展开，但已经朝着有意义的方向敞开。另一方面，文化的观点提醒我们要提防过度概括的趋势，要更多地专注于精神生活的历史和环境方面的研究，避免产生一种心灵唯我论观点：**你在心灵中所做的构建并不纯粹地依赖于个体，还结合了来自社会和文化交流的诸多因素；个体心灵融为时间关系的连续统一体，从中得到给养并由此得以丰富自身**"①。（引者加粗）

2. 无意识的熔炼场

从心灵到意识的运作机制　　心灵向外自发生成心灵镜像和心灵意向，从内外两个方面引导精神的建构以适应人的此在存在或提升人的此在存在。心灵向外自发生成的心灵镜像和心灵意向要发挥出推动精神建构的功能，必须通过无意识这个中介。

最广为人知的是，信息加工方法把**心灵**当作一台处理来自外部和内部信息的**计算机**，从而使人可以做出正确的行为反应。由心灵所加工的信息由一个组件流向下一个组件，直到到达链条的最后一个组件：意识。由于将心灵比喻为计算机，心灵最后的这个组件被称为"操作系统""中央处理器"或者"监管系统"。②

这是不完全恰当的比喻，因为心灵并不是计算机。心灵对精神建构的功能却以计算机对信息的处理流程来予以比喻性地说明，以促人对心灵运动的更为直观的了解。用计算机运算的流程来比喻性呈现心灵到意识的生成和敞开，这个过程就是"心灵所加工的信息由一个组件流向下一个组件，直到到达链条的最后一个组件：意识"。意识是精神的核心内容，对精神的建构实质性地呈现为对意识的建构或解构。从心灵到精神的过程，实是心灵到意识的过程。心灵运动达于意识的建构或解构，这其中所进行的信息加工的流程有两个至关重要的环境，这就是无意识和前意识。心灵对精神的构建，必须从

---

① ［美］罗素·詹金斯、沃尔特·沙利文：《心灵哲学》，第 124—125 页。
② ［美］罗素·詹金斯、沃尔特·沙利文：《心灵哲学》，第 36 页。

心灵起步经历无意识的锻造继而获得前意识的审查，才可进入意识领域予以建构或解构性塑造，但前提性条件是人的此在需求对心灵的启动。人的此在需求无论以知觉方式呈现，还是以直觉方式呈现，都是意识的意向性活动的展开，即人此在需求刺激意识，意识发出反应敞开其意向性活动，将人的此在需求带动的信息汇聚起来，然后开启前意识的阀门，将这些信息输送入无意识领域，无意识对所接收到的新信息予以筛选与熔炼。对从前意识输送而来的信息，第一步是初步的筛选，将无用的、有害的、多余的信息筛选出来予以向下积压，被积压的无意识内容通过时间机制，逐渐地遗忘，也如计算机的自动垃圾清除那样，时间所生成的遗忘机制，就是对源源不断地积压于无意识底部的无用信息予以自动清除的机制。第二步是开动无意识这一熔炼机制对被筛选出来的另一部分信息予以熔炼，使之成为可用的信息内容，比如意见、观念、思想、情感、信念、意愿、斗志、激情、韧性、恒心等方面对人的存在有用的内容。这些被熔炼的信息内容仍然要储存于无意识的上部分。其实，无意识之于人的精神世界，就是一个体现无限张力、可以无限伸缩的信息仓库。这个信息仓库分成上下两层，上层储存是有用和待用的信息；下层是积压的待清除的信息。对熔炼所成的有用信息做两种处理，一是将一般信息储存在上层的仓库里，只有当人的此在需求通过意识向无意识领域发出提取指令时，前意识阀门会自动打开其通过，让那些被选用的信息从无意识仓库里输送出去，构成意识的战斗内容，应用于对人的此在需求。二是将其中的精华性信息内容，也就是关于自由意志、灵魂、生命激情的信息内容以及能够丰富心灵体系的相关的信息内容输送入心灵之中，使之构成心灵的内容。

在人的精神世界里，无意识并不是弗洛伊德所讲的那样是"一堆无用的激情"或"废物"，也不是荣格所讲的"原型"。原型，无论是人类物种原型，还是种族原型，抑或性别原型，都是自然人类学向文化人类学进化的产物，都是文化意义的。作为文化意义的原型，它的居所不是无意识，而是心灵。人类的文化原型构成人的存在心灵的基本框架。无意识是人的精神、人格、情感、思想、知识、信念、想望、意愿、斗志、激情的原加工工场，或原铸造工场；同时也是无用信息垃圾的自动清扫站。无意识就肩负这两个职能。使无意识履行好这两个职能的动力系统、依据系统和准则系统，就是人的心灵世界。

首先，心灵为无意识筛选和铸造信息提供依据和准则，这个依据是自由意志，这个准则是灵魂，即无意识必须以自由意志为依据、以灵魂为准则来筛选从意识输送而来的信息，同时也必须以自由意志为依据、以灵魂为准则来熔炼所筛选出来的可用信息。

其次，无意识熔炼可用信息的动力系统，从整体言，是心灵体系；具体言，就是生命激情。心灵是无意识锻造工场的炉灶，生命激情就是无意识开启铸造工程熔炼可用信息的炉火。生命激情越充满活力和神意，熔炼无意识内容的炉火越旺；反之，其炉火就会越弱甚至昧暗。使生命激情保持充分活力和饱满神韵的原动力因素，是自由意志的纯粹刚强和灵魂的明朗熠辉。

无意识的自生成张力　　在人的精神世界里，无意识作为天赋的铸造工场，要具备实实在在的锻造能力，并能不断地提升自身的锻造能力，除了意识要为其提供材料、心灵要为其提供动力、依据和准则，还要它本身自具其能力。无意识自具的锻造能力是后天自为的成就，所以，无意识自具锻造能力，必须借助文化，是对文化的吸纳和消化使然。这就引发出两个问题：

第一，无意识所吸纳和消化的文化从哪里来？

第二，吸收而来的文化怎样消化才可成为无意识能力？

首先，无意识能力生成所需要的文化，是从意识向无意识输送而来。人的此在需求刺激意识所卷来的各种信息，或生活信息，或事件信息，或认知信息，或知识、思想、观念、意见、情感信息，都属于文化的内容，它通过意识的活动而将其输送入无意识领域，构成无意识之锻造能力锻造的最好材料。

其次，通过意识而输送入无意识的各种文化信息内容，是通过接受信息、筛选信息、熔炼信息、分类储存信息以及启动时间机制清除积压无用信息和向意识领域输送待用信息，这五个环节分别构成无意识自动生成和提升无意识能力的五个环节、五种方式和方法。

无意识的工作展开，始终离不开心灵的助力。在接收信息、筛选信息、锻造信息、分类储存信息、自动清除无用信息和按需输送信息的全过程，就是无意识对文化的选择与融合过程。在这个过程中，心灵为之提供了依据、准则和原动力。所以，人们一般认为，文化是直接地与心灵交道、交通的：

> 关于文化对所谓的心灵建构所做的贡献，有三点需要强调：①文化有助于心灵的建构，在于它为弄清楚**人内生的心理资源**提供了可能性；②文化有助于心灵的建构，在于文化对它产生了影响；③文化是建构心灵的条件。最后一点导致了有疑问的推论结果，引发了争议。如果精神体验是由对优势文化框架的吸收而引起的，那么关于文化框架本身的诸多问题来自哪里？人们有时会发现，存在着某些东西不符合我们所共用的这个文化框架。相反，一个文化框架之所以被认可，是因为人们意识到它为某些现实方面提供了充足的解释，而这些现实方面在一定程度上已经被视作在这一框架自身之外。最后，激进的文化主义无法回答现存的文化框架为什么，以及如何会发生变化？如果心灵是由当前的文化所塑造的，最初的观念从哪里来？这些争论使我们承认，存在不以文化为介导的精神体验，这是争论和创新的根源。总之，文化主义者的观点提醒我们心灵是由文化所限定的，但不能劝服我们去相信心灵只是一个缺乏了真实精神状态的文化建构。①（引者加粗）

文化与心灵的关系，除如上方面外，还蕴含另外两层意思，首先，文化与心灵之间是相互影响的。但这种相互影响的重要性程度既不相同，更不等量：文化对心灵的影响是有限度的；相反，心灵对文化的影响是至关紧要的。其次，文化与心灵的互为影响并不直接，而是要通过无意识的建构和扬弃而展开。因为文化并不能直接进入心灵：文化之于心灵，始终属于外在性东西，它能够进入心灵的实际路径，是要人对在此需求的启动，带动意识将人的此在需求卷动的文化内容输入无意识，最后通过无意识的筛选和熔炼而将与心灵相关的信息精华，也就是涉及自由意志、灵魂、生命激情的信息内容和可能充实和丰富心灵体系的信息内容输入心灵世界，使之构成心灵的活水源头。

当然，心灵的自我充实和丰富所需要的内容，除了无意识为之提供文化

---

① ［美］罗素·詹金斯、沃尔特·沙利文：《心灵哲学》，第114页。

信息之外，还有其他方面。或可说，文化与心灵的关系，只是心灵自在地敞开自己的一个方面，除此之外，心灵还客观存在诸多方面的关联，其中最重要者有三：一是自然人类学因素，具体到物种基因和人种基因以及个体的家族、家庭的遗传基因对心灵的影响。二是地球环境、自然存在、宇宙运动对心灵的影响。三是宇宙心智、世界精神、存在神灵等，则构成心灵常新和心灵常青的终极源泉。

无意识的功能　　在弗洛伊德的精神分析心理学中，无意识是人的精神世界的消极因素，它背负上关于人的沉沦或堕落的所有恶名，人的沉沦或堕落都或这或那地因为无意识激情的燃烧或推动。弗洛伊德对无意识的如此判决是造物主和造人主不能理解的。无意识当然可能在个体身上体现消极取向，并可能对人的精神存在产生解构性或毁灭性的影响，因为无意识筛选、熔炼信息必须完成的另一个职能，就是将无用的信息分类到无意识的底部仓库，以通过时间机制而予以渐进清除，这是因为人的记忆所制约。人的记忆既有时间的保证，又有时间的限度，无意识清除无用信息内容的唯一方式和方法，就是通过时间的遗忘机制来处理，每一类个体的信息内容都有大体的记忆长度，具体落实到每一个具体的信息内容都有大致的忘记长度，超过这一时间长度而不被利用时，它就会被自动清除。

另一方面，无意识熔炼出来的有用信息，并不能自行向意识领域输送，意识也不能随意地启动前意识阀门放行储存于无意识仓库中的有用信息，而是要等待人的此在需求的指令。按其信息本身言，它是有用的，但人的此在需求始终呈明确的方向，所需要的信息内容也客观地存在类别性，当人的此在需求某种信息内容时，意识才向无意识领域发出提取某类内容的指令，这类信息内容就从无意识的储存仓库里被提取出去。而许多有用的信息内容却一直沉睡在人的无意识世界里，这不是因为它无用，而是因为暂时不被用。

再有一个方面，就是当一个人的此在存在一步步陷入消极、沉沦甚至堕落状态，并自以为这种状态就是他自己本应该有的，那么他的无意识领域储存大都是积压于底部仓库需要渐进清除的无用信息或有害信息，由于对无用信息的清除要等待时间机制的运动，在这一等待过程中，过度积压的无用信息有时就会在个体身上过度积压，这种过度最终会突破其极限而爆发，人就或因此而可能做出超出共守的群体规则的异样行为来，或因此而成为内在自虐者，即形成自我折磨的心理疾病、精神疾病，比如精神分析心理学所讲的各种精神疾病就是如此生成。但是，这并不能因此认为无意识是人的精神世界的"一堆无用的激情"。

客观地讲，无意识是人的精神世界构成的基本要素，它的基本的精神职能可概括为四个主要的方面：一是建构与扬弃。这是无意识的首要功能。无意识就是以心灵为依据、准则和动力机制，对意识输入而来的信息予以筛选、熔炼、分类、储存、清除。通过这些具体的步骤建构起有用的文化信息内容，抛弃无用的甚至有害的文化信息内容。二是积淀与层累功能。这是无意识的基本功能。三是衔接的桥梁功能。无意识是打通心灵与意识之间的桥梁，使之成为完整的、通畅的精神体系。无意识对心灵与意识予以衔接的桥梁功能，是通过对意识输送来的文化信息内容予以筛选、熔炼、分类输送和储存来实现。四是通道环路功能。无意识不仅通过信息的分步处理而打通心灵与意识之间的通道，也打通了心灵与人的此在存在之间的通道，使人的此在存在向心灵提出期待、渴望和要求，同时使心灵可以竭尽全力地满足人的此在需要。这二者之间的互动要通过意识和无意识的中介环节而展开和实现。这也从另一个侧面揭明，心灵与人的此在的互动，往往是有限的，要受到意识和无意识的限制，能够最大限度地缩小这种约束性的重要方法，就是人增强对文化、思想、知识的需要和同时使心灵增强其面向生活世界、面向人的此在的方向感和期待度。

3. 意识的建构方向

心灵向此在世界敞开，形成心灵镜像视域；心灵向此在之精神世界敞开，是心灵意向的辐射。心灵意向达于精神世界，要通过心灵镜像视域的生成方得敞开。心灵镜像视域与心灵意向内外表里共生性敞开，犹如一个认知的长镜头，心灵、无意识、前意识、意识分别构成这个认知长镜头的必不可少的要素，尤其是意识成为这个认知长镜头的最重要环节。

意识与无意识的通道：前意识　　当心灵接受人的此在召唤发挥功能时，必自动生成表本互助的心灵镜像和心灵意向共同指向人的精神世界的建构，直接与无意识发挥功能作用。心灵为无意识运动提供依据、准则、动力和意

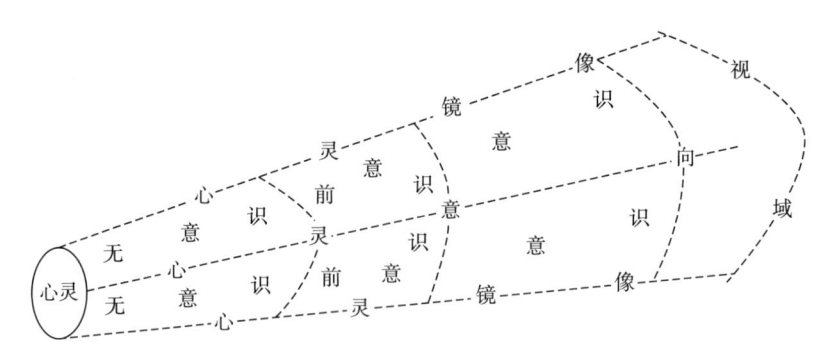

[1-5：心灵意向化的心灵镜像视域]

向活动的方向，无意识遵从心灵的引导、规范和激励展开信息的筛选、熔炼、分类储存，将一部分有用的信息内容输送给心灵，并遵从人的此在需求按意识的指令将另一些待用的信息输送到意识的领域。无意识向意识输送经过熔炼的待用信息，如同意识向无意识领域输入待处理的外部信息一样，都要经过前意识的通道。

"前意识"观念最早出现在英国神学家拉尔夫·柯德沃斯1678年出版的《宇宙之真的推理系统》中，他发现人的"生命中可能存在着某种我们不能清晰地意识到或不能及时注意到的能量——对于它的作用，我们称之为生命的感应"①。这一"生命的感应"意识可看成是对前意识的最早描述。18世纪莱布尼茨在发表单子说的同时提出了前意识的等差概念，同时代的卢梭曾描述自己的情感生活方面有一种自动压迫的情绪，这种难言的抑郁情绪构成一种挥之不去的压抑状态。歌德、费希特、黑格尔、谢林、叔本华、尼采等哲学家都从不同角度描述过生命中的前意识现象，以至于形成前意识现象成为19世纪广泛流行的观念。正是在这一历史和现实的双重语境中，作为"严格的生物决定论者"② 精神分析学家弗洛伊德集其大成而提出了生物主义性质的前意识理论，他在《梦的解析》和《精神分析引论》等著作中用"鬼怪""病态""梦"等可唤起经验直观的精神现象的语词来描述人的精神世界中的前意识现象，认为前意识就是属于"鬼怪意识""梦幻意识""病态意识""过失

---

① [英]拉尔夫·柯德沃斯：《宇宙之真的推理系统》第1卷，第3页，转引自姚本先《前意识理论发生发展探微》，《东北师范大学学报》1999年第1期。
② 张仲庚等：《人格心理学》，辽宁人民出版社1986年版，第178页。

意识"之类混沌的、不清醒的、本能的前意识现象,这种前意识现象本原于性欲本能冲动,所以弗洛伊德将这种潜伏于意识与无意识之间的精神现象命之前意识:"一种历程若干活动于某一时间内、而在那一时间内我们又无所察觉,我们便称这种历程为前意识。"① 这是横亘于精神世界意识与无意识之间的混沌的或者说本能性的东西,"精神分析也并不是首先迈出这一步的(指研究前意识),要指出我们的前辈,可以指出一些著名的哲学家,尤其要首推伟大的思想家叔本华,他的前意识意志相当于精神分析中的欲望"②。胡塞尔曾认为:"在我们的心灵生活的过程中,清醒的生活仅仅是其中的一种类型;除了这种类型外,还存在着另外的一种类型,即深度的无梦睡眠,无意识(Unbewussten)。"③ 意识,是一种清醒的意识;无意识,是一种有如"深度的无梦睡眠"状态,即没有意识的状态,前意识是介于二者之间的那种似意识又似无意识的混沌、梦幻的精神状态,这种精神状态亦成为既阻断又通连意识与无意识的阈限状态。

弗洛伊德从生物学出发、以性欲冲动本能为解释工具,对前意识予以压抑性质的定位,其实并不符合前意识的本来面貌。前意识应该是对人的精神世界中介于意识与无意识之间的特有现象的客观揭示,它应该成为一个中性的概念。从人的精神世界的建构及其运动观,人的精神世界实际上是一个内循环的流动领域,精神的建构或解构实质性地成为人的精神世界的吐故纳新的基本运动方式,从"意识→前意识→无意识→心灵"继而向"心灵→无意识→前意识→意识"方向展开,形成人的精神世界的运动环路,呈现人的精神世界之内在运动循环敞开的应有秩序和轨道,其中,任何一个环节都不能缺少,缺少任何一个环节,人的精神世界建构与解构互为推动的吐故纳新运动的轨道就被破坏,运动秩序也会被解构。

在更为具体的层面,前意识对人的精神世界秩序及其运动的链条功能,具体落实为阈限功能,它从两个方面展开。一是稽查。意识是面向生活世界

---

① [奥]弗洛伊德:《精神分析引论新编》,高觉敷译,商务印书馆1987年版,第55页。
② [奥]弗洛伊德:《精神分析的方法和技术》,1923年俄文版,第198页,转引自姚本先《前意识理论发生发展探微》,《东北师范大学学报》1999年第1期。
③ E. Husserl:LU II/1,A373/B1395. 参见胡塞尔《逻辑研究》第2卷第1部分,倪良康译,上海译文出版社2006年版,第462页。

的。意识向生活世界卷入其内的各种信息只能向无意识输入，但并不是来自意识的所有信息都会无阻碍地进入无意识世界，如果那样的话，无意识无法承担海量的信息处理任务，就会形成精神系统的崩溃。为解决这个问题，人的精神世界的构建予以不同的职能分工，前意识被赋予稽查的职责，对凡是从意识输送而来信息予以初步审查，对那些浅表的、赤裸地呈现有害的信息内容阻挡于意识域内，为那些没有明显危害性的信息内容放行，使之进入无意识领域。前意识的稽查功能实际承担了三个任务，即信息初筛、有害信息阻止和无害信息放行。二是通连。这一职能的具体任务就是为意识与无意识的通畅搭建桥梁，构筑通道，一方面满足无意识锻造工场的材料需要提供畅通的运输通道；另一方面为满足意识对有用信息的需求而提供保障和输送的通道。因为前意识以稽查和通连为基本职责的阈限功能，心灵与意识之间才建立起正确的"工作"渠道和平台，也因为前意识的阈限功能，意识的运动才获得"来（提取信息）去（输送信息）顺畅"的保障。

意识与无意识的区别 前意识这个概念之具阈限的功能，这是由它自身规定。前意识概念有两层基本含义，一是指潜在的或潜伏的意识，即它是被压制于意识阈下的精神内容，当这种被压抑状态被取消时，它就从潜状态中敞开自身成为显性的意识状态；二是指意识的前状态，即前意识状态，胡塞尔认为它是一种前对象化的意识，并对它予以前对象、前自我、前意向、前谓词等类似表述。指出意识的前状态"似乎并非每一个欲求都要求一个与被欲求之物的有意识的关系，因为我们常常活动于一些含糊的要求与渴望之中，而且，追求一个未得到表象的终极目标；并且，尤其是如果人们指明那些自然本能的广泛的领域，这些本能至少在原初时缺乏意识的目标表象。"① "或者我们说：这里所涉及的虽然是意向体验，但这些体验［应当］被描述为具有不确定朝向的意向，在这里，对象朝向的'不确定性'不具有匮乏的含义，而是必然标志着一个描述性的特征，亦即一个表现特征"②。

要言之，前意识虽然是意识的前状态，却有方向性。正是这种方向性使它自具可以初步识别信息"害"与"无害"的能力。由于这种意识的前状态

---

① E. Husserl: LU II/1, A363/B1385. 参见胡塞尔《逻辑研究》第 2 卷第 1 部分，第 451 页。
② E. Husserl: LU II/1, A373/B1395. 参见胡塞尔《逻辑研究》第 2 卷第 1 部分，第 461 页。

是被意识压制于自身阈限之下，所以它又是潜伏的，这种潜伏性使它获得了"不确定性"，包括不确定性的内涵，不确定性的性质和不确定性的身份。正是这诸种不确定性使前意识拥有内在张力空间和特立独行的能力，前者表征为它居于意识与无意识之间形成一个自由的空间地带；后者表述为前意识具有自行决定阻止或放行的权力，虽然心灵可以向它提出锻造工作的依据、准则、动力，意识都可以向它发号施令，但它并不盲目执行，而是按自己的方式来执行、来履行自己的职责。

与前意识相比，无意识既不具有意识的**前**状态，也不具有意识的**潜**状态，而是意识的**无**状态，由于它具有意识之"无"的性质和内容，才获得无任何先见性的纯粹中立的存在状态，而这种存在状态恰恰是最适合于肩负筛选信息和锻造信息的职责。

以前意识和无意识为参照，意识的根本取向和特征是舒张、明朗、确定。意识是自己成为自己而受压抑，因而，意识始终是自我明朗的，更呈现了自我确定性。意识的确定性源于意识的自身要求，理解其自身要求，需从意识的本原入手。考察意识的本原，必牵涉出三个方面的问题。

首先，意识何由产生？

意识作为人的精神世界的重要构成要素。由于人的精神世界生成必有其主体，这个居于人的精神世界中央并决定人的精神世界方向和格局的主体，只能是自我。

自我属于意识，更属于人的精神世界。如前所述，精神概念既具有广阔的含义，更有狭窄的定位，在"人的精神世界"的界域内，精神也有狭义和广义的区别：广义的精神指由心灵、无意识、前意识、意识四者构成；在狭窄意义上，精神指心灵之外的对无意识、前意识、意识的统合称谓，但在更为具体的意义上，精神也特指"人的精神世界"的重要构成要素"意识"。

作为意识的主体自我，往往被看成是心灵的内容。这是有道理的，因为当自我与心灵的关联实是揭示自我的本原。客观地讲，意识虽然构成自我的寓所，而且意识总是表彰自我，并以表彰自我的方式表彰意识本身，但自我并不诞生于意识，意识也不是自我的母体和土壤，意识只是自我的寓所和敞开的舞台空间。自我的土壤是心灵，自我的母体也是心灵，自我之本原是以自由意志为基座的灵魂。要言之，心灵是自我的本原。意识是自我的寓所，自我构成意识的主体。

从心灵到意识，从灵魂到自我，如何横跨贯穿其间的无意识和前意识，这就涉及心灵意向的问题。灵魂向自我生成的直接通道是心灵意向，或者说心灵意向达向意识领域的主体性呈现，就是自我。从这个角度看，自我不仅是意识的，也体现前意识和无意识性。

自我寄寓于意识的领域而本原于心灵，亦可从"自我"概念的内涵获得确证。要言之，个性、人格、意志强力，此乃"自我"概念的基本内涵。一个真实的、有力量的自我，一定必有只属于自己的个性、人格、意志强力。个性、人格、意志强力恰恰对应心灵。生命激情是个性的本原，灵魂是人格的本原，自由意志是意志强力的本原，作为其本原的生命激情、灵魂、自由意志通过心灵意向的通道直达意识领域，为自我的生成、建构和功能发挥提供源源不断的营养。

人作为个体，始终是世界性的存在者。人的世界性存在的本性决定了它既是现实的、当下的存在，更是将来的存在，但首先且最终是历史的存在，既是人类历史的存在，更是自然历史、宇宙历史的存在。由于这样的存在论规定，作为构成历史化的此在存在的人的内在自己之自我，它不仅通过心灵意向而直接与心灵通连，而且也通过人的身体和人的心灵内外两个方面与世界关联、与宇宙关联、与历史关联。所以，自我的本原是开放的、多元的，它的终极本原是世界精神、是宇宙意识。

其次，自我意识的两个维度。

自我必牵涉出自我意识。在人们的习惯感知中，自我就是自我意识，自我意识就是自我。但这只是感觉的错位，自我与自我意识虽有生成性关联，二者却是有根本区别的两个东西。自我，是相对历史化的此在存在的人而言，它是人的内在化；历史化的此在存在的人始终是个体的、是肉身的。个体化和肉身化的人集历史和现在于一体而成为此在存在者，客观地拥有两个自己，一是身体的自己；二是蕴藏于身体之中的精神的自己。自我，就是相对身体的自己而言的精神的自己；并且这个精神的自己既要以意识领域为居所，也要以意识领域为舞台。对于自我意识，首要需要明确定位"自我意识"中

"意识"与作为自我的寓所和舞台的"意识"的区别；后者是相对"人的精神世界"而言，指与心灵、无意识、前意识一道共同构成人的精神世界的基本要素，这个意义上的"意识"，首先是一个精神结构学概念，然后才是一个精神功能学概念。作为精神结构学概念，意识是一种**客观存在**，也可看成一种精神存在的**实体**；作为精神功能学概念，意识是一种主观状态，也可看成一种精神存在敞开的非实体形式。其次，自我意识是指将自我作为审视或思考的对象所形成的认知，即对"自我"的认知就是自我意识。所以，自我意识是自我对自身认识形成的一种状态，它体现主观倾向性。

自我意识作为自我对自身的认知状态，它可能要借助感官来启动，也可能借助心官来启动。即使借助于感官来启动，它也不是知觉意识，"自我意识，以这个观点来看，就是某种知觉：**自我知觉**。它不是那种如靠眼睛来感知脚的知觉，而是那种靠我们称为**内省官能**的东西来感知内部状态的知觉。因此，自我意识与知觉一样，无任何神秘可言。它只是指向内部而不是外部而已"①。意识客观存在向外和向内展开的两种可能性，意识向外展开，是（以人的精神世界为界）向外部世界，包括身体、事物、世界的认知；意识向内展开，是向精神世界内部的认知，其认知的对象可以是心灵，也可能是无意识或前意识，也可能是意识本身，更可能是自我。只有以自我为对象的认知才是自我意识。自我意识的展开，可以内省的方式，所以有人将自我意识理解为"内省知觉"或"知觉的内省"，这仅是从词源学看，"内省"一词源自拉丁语 introspicere，本义为"向内看"，所以将内省解释为"注意自己的意识"，由此形成一种内在的观察。② 内省是向（精神世界）内部省视或向内部认知，由于认知指出内部的对象的具体要求性，实际上形成内部认识的多领域性，所以将自我意识理解为"内省知觉"显得过于宽泛，准确地讲，自我意识是对以自我为对象的内省知觉、内部认知。

最后，自我意识的意识本质。

物理学家尼克·赫伯特认为："**科学的最大之谜是意识本质**。就人的知觉

---

① Paul Churchland, *Matter and Consciousness*, Cambridge, MA: MIT Press, 1984, p.74.
② Robert Audi, *Belief, Justification, and Knowledge*, Belmont, CA: Wadsworth Publishing Company, 1988, p.41.

而言，并非我们所掌握的理论不好或不完善；我们压根就没有一个理论。关于意识我们所知道的一切便是意识与脑袋而不是与脚相关。"① （引者加粗）意识的本质之成为科学的最大之谜，在于"意识与脑袋"相连。"意识与脑袋"关联的本质是意识与自我的关联。意识的最为深奥的方面，就是意识对自我的意识，或者说自我以自我为对象的意识。这种以自己为对象的"自我意识是动态的，不是单一的而是多种多样的，在发展过程中是按时间先后顺序出现的，'就像洋葱，一层接着一层，逐渐地稳固起来"②。自我以自己为对象的认知之能够揭示意识的本质，是因为自我意识可以剥洋葱的方式去探究意识经验，去发现处理、影响、刻画意识经验的方法，去揭示意识经验的本体和源泉。

意识的构成　　诺贝尔奖获得者艾尔文·薛定谔曾说："因为意识，这个世界才得以首次显现，我们可以平静地说，正因为它，包含着意识组分的世界才得以出现。"③ 意识能够帮助清晰地呈现按自己的方式组分的世界，既源于意识本身对舒张、明朗和确定性的要求，也源于意识自身的构成性。

意识的第一个构成要素：印象和观念。

人是肉身的存在者。人的肉身存在决定了人的意识激活的最为直接的因素是外部世界或事物，外部世界或事物甚至包括身体本身对意识的启动，需要通过感官这一中介，感官因为外界的刺激发挥知觉功能产生的最初意识形态，就是印象。印象的内潜形态即观念。

从知觉到印象再到观念，形成意识的原初链条，即"知觉→印象→观念"链条，这一最初的意识链条呈现两个特征：一是既定的明确方向，即意识的最初生成是从知觉向印象再向观念方向展开，并且这一方向具有不可逆性，这是意识本身获得明朗性和确定性的根本保证；二是由外向内，由此揭示意识的基本规律，即意识总由外向内、由浅至深、由表及里。由此形成"意识只属于心的东西，而不属于外在的东西……因为意识是我们**借以认识我们自**

---

① Herbert, N., *Quantum Reality: Beyond the New Physics*, Garden City, NY: Anchor Books, 1985, p. 249.

② Rochat, P., "Five Levels of Self-awareness As They Unfold Early in Life", *Consciousness and Cognition*, 2003 (12), p. 730.

③ Schrödinger, E., *My View of the World*, Cambridge: The University Press, 1964, p. 40.

身的心的操作的能力,而知觉则是我们借以感知外部物体的能力"①。

感官对知觉的发动,产生印象并引发观念的诞生,并带动情绪的生成。印象和观念是记忆的前提条件,也是意识的奠基,情绪则为之培育出土壤。要言之,意识的土壤由印象、情绪、观念三者构成。

意识的第二个构成要素:记忆。

记忆是将肉身存在的人接受外部刺激启动知觉产生的最初意识形态印象和观念予以持久性保持或再造的思维方式。

记忆的本质是对往事的新生。基于这一本质规定,保持意识到或意识生成的内容,是使之获得新生的根本前提。由此使记忆获得了跨越空间进入时间的领域的能力,具备创造历史和再造历史的可能性张力。这是意识的本质之谜的重要方面。从根本讲,印象和观念只是意识的准备性条件,意识的真正形态是记忆,因为如果没有记忆,印象不可能向内沉积而生成观念,更不可能进入历史。印象和观念是万物与存在世界、生存环境打交道的过程中都随时发生的,动物与人相区分的原初性质的主体性标志,就是记忆。记忆造就了人的意识,记忆也推动了人的意识的发展,这是意识的本质之谜的又一个方面。

记忆的本质规定和历史内涵,使它本身获得四个方面的基本功能:首先,记忆具有保存意识的功能;其次,记忆具有重新唤醒意识的功能;再次,记忆具有放大意识的功能;最后,记忆具有创造新意识内容的功能。

意识的第三个构成要素:理智。

意识既要面向外部存在世界,更要面向内部的精神世界。意识面向外部存在世界会发生两个功能并承担两个职责:一是接受外部存在世界的刺激,接受从外部存在世界涌动而来的种种信息,借助于信息对大脑皮层刺激的程度而予以取舍,即将那些对大脑皮层的刺激度相对深一些的信息传输给前意识。二是对肉身存在人的此在状况做出判断和应对境遇性变化的环境发布指令、提供指导,甚至还要为之实现富有成效的对应提供具体的策略、方案、程序、方法。这一切需要意识接受理智的武装,并获得理性的力量,这就是

---

① 托马斯·里德:《论人的理智力》,第6—7页。[美]约翰-克里斯蒂安·史密斯:《认知科学的历史基础》,第118页。

布伦塔诺关于"理智的意向目标是世界中的事物"的根本道理。但正是因为意识获得理智的构成内容，又使意识本身成为局限而不得不接受心灵的引导、规训和激励的根本原因，因为在布伦塔诺看来，"理智对形式的掌握发生在心灵的内部。因此，他认为理智永远不可能有效地达及它的目标"①。

意识面向内部的精神，也要承担三种职能：首先，意识必接受心灵的规训与引导，这种对规训与引导的接受的实质内容，就是遵从心灵赋予的自由意志依据、灵魂准则和生命激情动力，此三者通过心灵意向和心灵镜像的双重方式实现对意识的引导和规训，换言之，意识是以心灵意向和心灵镜像的双重式接受来自心灵的三个方面的规训与引导，由此使意识获得理智的构成性。其次，意识根据人的此在需要而指令前意识打开通向无意识的阀门，提供储存于无意识仓库中的待用信息内容，这种指令性行为同样是理智。所以，这种理智性质的指令性行为实际地成为意识的理智训练方式。最后，意识对意识世界的自我建设，无论是建构性建设，还是解构性建设，都是一种理智的构建活动。此三个方面使意识在面向内部的精神世界的过程，亦是其自为的理智构成的过程。

意识的第四个构成要素：知识。

意识面向外部存在和内部精神世界的过程，在形式上是应对内外世界的变化及其要求而使之协调和共生，这应该是意识的基本职能，但意识面对内外两个世界，并通过对这两个时常充满矛盾和冲突的世界予以协调使之达于共生存在状态的努力过程，却是实实在在的意识世界的自我建设的过程。意识对意识世界的建设的基本方法是在建构中解构，并通过解构而建构。相对意识世界言，建构与解构互为推动，才是真正促进它的建设，因为只有解构才可"吐故"；唯有建构，才可"纳新"。吐故纳新，才是真建设。

意识以这种方式建设的根本目的是强大意识的世界使之服务于人的历史化的此在存在。为此，意识对意识世界的建设，需要一个工具，这个工具就是语言。因为只有语言，才使意识成为真实的意识而获得意识的能力。意识成为真实的意识而获得意识的能力，就是意识获得言语的武装而成为有言语

---

① ［爱尔兰］理查德·柯尔内：《20世纪大陆哲学》，第11页。

内涵和有言语能力的意识。言语是语言的内在状态，它是各种信息通过无意识的锻造而被提取到意识的领域随时待命受用的分门别类的精良信息，比如，数学言语、道德言语、科学言语、艺术言语、政治言语、教育言语等均既杂陈又有序地存在于意识之中等待着派遣。

意识的言语能力化，使意识对意识世界的建设必须具备为人的存在世界所需的那种内在化的言语向外呈现其观念、思想、原理、方法的载体——概念——的能力。更具体地讲，就是使言语化的信息能够根据人的存在的需要而迅速化为可用的知识的能力。这一要求的意识性实现，就是意识自为地获得知识的构成。

诺齐克曾认为，知识是知识论（theory of knowledge）或认识论（epistemology）的探讨对象，其实际的诉求就是知道："知道就是拥有追踪真理的信念。知识是世界联系的一种特殊方法，拥有与世界的专门的真正现实的联系：追踪它。"① 概括地讲，"知识"作为联系世界的一种特殊方式，从两个维度实现对世界的联系。首先是通过认知行为本身实现对世界的联系，这即"知道就是对拥有追踪真理的信念"的基本含义。其次是指以信念为动力追踪真理的知识一旦生成，它会实际地将人与世界联系起来。因为知识不仅构成对真理的确信，并表征为真理，而且其表征真理的知识必然地获得自身的赋形而建构起属人的秩序，包括心灵、情感或意识、精神的秩序；同时，表征真理的知识不仅蕴含开启心智的观念、思想，当人们去重新感受、体认、理解它时，就会敞开张扬自身个性的特定视野并呈示待用的方法。

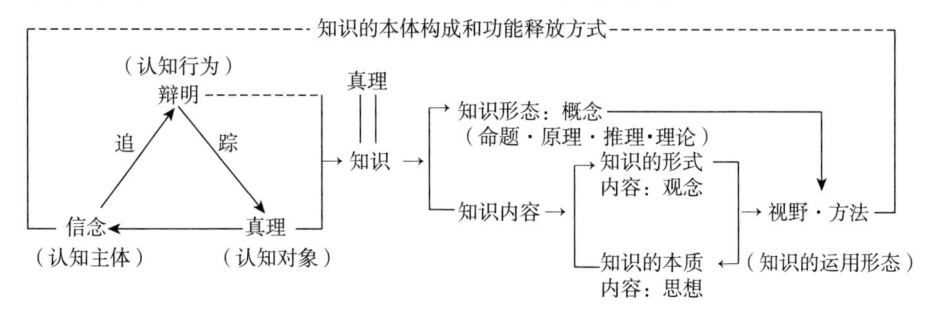

[1-6：知识的生成机制及构成视域]

---

① Nozick, R., *Philosophical Explanations*, Cambridge: Cambridge University Press, 1981, p.178.

所以，意识在为服务于人的存在而建设意识世界，从而获得知识的构成的概念的呈现，既是概念形式的，也观念或思想内容，更可以呈现视野和方法。

意识的功能　　意识的自我要求，形成意识的构成性实质上是意识的建设性。意识的建设性是意识在精神世界上保持独特地位和功能的根本方面。意识对意识世界的建设性，就是探索真理，发现概念、创构知识、生成思想和方法。这是意识的总体功能，它涵摄如下三个主要的方面。

一是意识的构建功能。

人的精神世界在整体上是建构性的，构成人的精神世界的每个要素都具有建构的职能：心灵建构心灵，无意识建构无意识，前意识建构前意识，意识建构意识的世界。在人的精神世界的建构上，心灵的建构是奠基，无意识和前意识的建构是功能完善，意识的建构却是创造，这是意识的本质之谜的根本方面。

意识的创造性建构的重心是运用言语的工具创造概念、创造观念、创造思想和创造知识与方法。意识的创造性建构的实际目的是创建秩序，意识以创造的方式建构秩序，首要的是意识的世界秩序的建构，在此基础上向两个方面努力：一是向内创造性建构，使人的精神世界成为秩序世界；二是向外创造性建构，推动人的存在世界的秩序建构。

二是反思性功能。

意识以创造的方式建构意识世界、人的精神世界和人的存在世界的秩序，当然需要顺向思维，但是更需要逆向思维，并且逆向思维展开构成创造性建构的基本方式。意识的创造性建构和建构性创造功能的充分释放，得益于意识的反思性敞开。

意识的反思有两层含义：一是指意识反思；二是指反思意识。前者是指意识启动自身，应以反思的姿态和方式展开，对任何意识的对象都予以反思性审视，比如，意识指向心灵，同样需要以反思心灵的方式对待心灵。后者指以意识本身为对象予以反思性观照。相对而言，前者是意识的反思功能的面上敞开，后者是意识的反思功能的特指对象，与意识反思对象相比，反思意识更为根本。因为只有意识的自我反思形成，才可生成更健康更具活力的意识的反思性方式。仅后者，有两种基本形式，即前反思意识方式和反思意识。

前反思意识与反思意识由萨特提出，二者的区别是"前者是我们对他者、对我们的在世界中存在的一种当即经验。它不是被逐渐接近的，而是当反思介入的时候就'已经在世界中'，在这个意义上说，它是绽出的和前个人的。伴随着反思的出现，（作为准反思对象的）自我，作为与源自前反思的'理解'术语有所区别的'知识'概念，以及他在'形成心灵'的时候致力于仔细思虑的对象，都随之而来"①。

三是传导功能。

传导，是一个物理学概念，指能量（热能或电能）从一个物体流向另一个物体，它不改变物体本身，却可改变物体的功能。传导概念体现运动力学性质和流体力学的特征，其功能发挥呈柔性状态。由于传导本身具有这些特质，它也在意识中呈现，意识本身也内具这些特质。

意识具有传导功能的首要前提，是意识虽然是一种精神的实体，但它并非静态的实体，而是动态生成的精神实体。意识始终处于生成、变化、流动的状态进程中。实用主义哲学家詹姆斯用"意识流"这个概念来描述，应该是对意识的生成、变化、流动的存在特质的形象表达。心理主义哲学家布伦塔诺创造"意向性"概念来指涉意识的活动状态，以及胡塞尔发展意向性概念来构建现象学方法和意向的结构理论，恰恰是对意识的生成、变化、流动本身的内在的先验结构的揭示。

意识的传统功能的生成，源于意识自身。意识的传导功能的释放，除了其生成、变化、流动的自动力之外，更具有内外两个方面力量的推动。一是人的存在及其关联存在对意识的要求本身作为最强劲的持久动力，而推动意识始终处于生成、流变的传导运动中，既将外部的信息传导给前意识、无意识，根据人应对境遇性存在的环境变化之需，将所需要的指令传导给前意识和无意识，又将从无意识中释放出来的待用信息传导到人的存在。二是人的意识的生成、存在、发展始终以心灵为原动力、为最终依据和最高准则，因而，心灵对意识的引导和规训功能，实际地通过心灵镜像和心灵意向的双重

---

① ［爱尔兰］理查德·柯尔内：《20世纪大陆哲学》，第91页。

方式传导给意识，意识的建构也将需要心灵的引导和激励通过前意识和无意识而传导给心灵，同时也将创造性建构意识世界的过程中创造出来的那些丰富的充满活力的相关信息，通过前意识和无意识而传导给心灵。

意识的自身反思功能的开启，是意识对意识世界、精神世界和人的存在世界的功能的发挥，均通过传导功能的立体性释放而实现。而引导和激活意识的传导功能持久有序地释放最终激励力量，是心灵；引导和激活意识的传导持久有序地释放的内外规训方式，是心灵意向和心灵镜像。心灵意向是意识传导的内在规训和牵引方式，心灵镜像是意识传导的外在规训和引导方式。

第 2 章　人是世界性存在者

西西弗斯因触犯众神而被惩罚：将巨石推上山顶。西西弗斯推动巨石，未及山顶，因不能持久支撑巨石的重压力而导致巨石滚下山脚，西西弗斯再次将巨石推向山顶，巨石总是将及山顶时而滚落山脚，如此周而复始，成为西西弗斯的无穷劳作。西西弗斯神话，实是一隐喻体系。或可喻哲学本身：哲学即这块巨石，哲学家乃西西弗斯。巨石般的哲学，意味着永恒的重建；前赴后继的哲学家，开辟出哲学重建的道路。将达及山顶的巨石滚落山脚，是对西西弗斯的努力的摧毁，西西弗斯重新将巨石推向山顶，必得重新从原点开始，西西弗斯无可奈止地重复劳动，就是从原点出发再回到原点的轮回，以至无穷。哲学亦是如此，其重建性努力，既是对已往哲学成就的否定，更是要从原点出发回到原点的轮回，以至无穷。

西西弗斯推动的这块巨石，或可看成是人；巨石本身之巨之重，或喻无限可能的人性和无止境的欲望，西西弗斯所要推动巨石的出发点是山脚，或者这块巨石原本就沉睡于山脚之中，这个山脚或喻其大地、生物世界。西西弗斯被责令将巨石推至最终目的地山顶，或可喻宇宙。西西弗斯要将巨石从大地中推上宇宙，其中最大的阻碍不是来自西西弗斯，西西弗斯虽然被罚而工作，但他视之为天职而尽心尽力，也不是大地和宇宙，因为它们始终以自身方式存在，并以西西弗斯的推石运动而有所改变自己的自在方式和自在状态，西西弗斯推动巨石上山重复以往的失败之因，均是巨石本身的巨大而沉重。在这里，巨石的巨大，或可喻天赋"相近"却"习相远"的人性的无限可能性；巨石的沉重，或可喻习染天赋"相近"的人性使之"相远"的利欲的无限度释放的现实性。因而,西西弗斯推巨石上山的无休止劳作,实是蕴藏两种基本隐喻:一是隐喻人的存在与世界存在的关联;二是隐喻人虽然从自然人类学向文化人类学方向迈进,但人的动物存在始终拉扯着人的人文存在的上升前行,本原之性和由此生发出来的利欲始终将奋力上升的人降沉原地。人之如此自我捆绑性的沉降性存在的根本之因,或因眼睛始终关注脚下而忘记抬起能天然灵动的头颅,哲学发问存在的意愿性努力,不过是探究人如何能自发地引颈向上的内动力量和存在论方法。

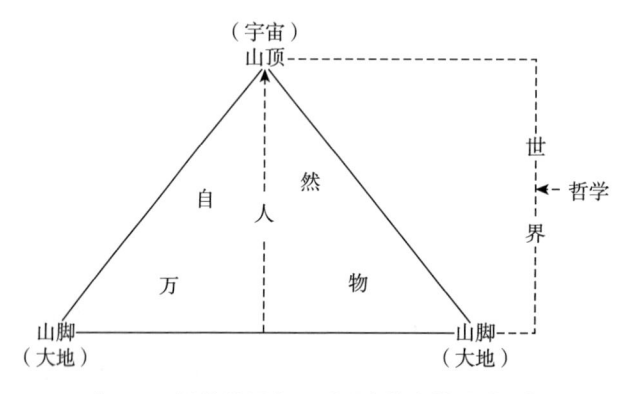

[2-1:哲学从原点回到原点的人性原动力]

在人们的常识观念里,心灵与宇宙是没有关联的。但实际上,"宇宙学能紧紧抓住我们的心灵,因为认识事物怎么开始,与认识它们为什么开始,在感觉上是很近的(至少对某些问题是这样)。这并不是说现代科学把'怎么'的问题与'为什么'的问题联结起来了——没有,而且似乎也从来没有谁见过这样的科学联系。但是,宇宙学的研究似乎有希望让我们最完全地认识'为什么'的源头——宇宙的诞生——它至少可以使我们能在一个有科学依据的框架下来提问题。有时候,彻底认识一个问题也就差不多算拥有了问题的答案"①。科学,无论是作为方法的科学的数学,还是作为基础科学的物理学、化学、生物学,都是从不同方面或维度探求自然存在敞开运动的规律,建构自然的知识,为人类更好地与自然打交道提供必需的知识、方法和行动的边界。B. 格林讨论宇宙学问题,是探求宇宙何以诞生和为何如此方式诞生,其

---

① [美] B. 格林:《宇宙的琴弦》,李泳译,湖南科学技术出版社2007年版,第363页。

为科学的工作能有效展开提供一个"依据性框架",但最终是为人的存在提供"依据性框架",这是宇宙学"能够紧紧抓住我们的心灵"的根本原因;反之,人的实际存在状况如何,也从根本上取决于人对宇宙的意识。

人对宇宙的意识,既有视域度的区分,也存在广阔度和高远度的差异。这种区分和差异形成的主体性因素是人的心灵镜像。如第一章所述,人看存在世界和事物的肉眼和心眼客观地存在功能的区分:肉眼看当下的眼前之物,看可观可感的视觉世界的存在,所以,肉眼是实务的。肉眼的实务性和视觉世界性,形成它本身之看的根本性局限,是这种实务性和视觉性之看实有碍于存在本身,为解决肉眼之看的局限,造人主给予一种补偿机制,赋予人自塑心灵的能力。心灵构成人的心眼,心眼之看是超实务的存在性之看,是要看到或看清存在何以存在。存在何以存在的问题,不是一物一利一弊一害的问题,而是其物其利其弊其害何以产生、怎样存在、如何运行的自律性问题。所以,心眼所看者,乃**人的关联**存在。人的关联存在的视域度、广阔度和高远度,取决于观看者的**心灵镜框**的大小,心灵镜框越大,其辐射开去的**镜像视域度**越开阔;心灵镜框越大,其内生的心灵意向就更高昂,其辐射开去的镜像视野会越高远。

由此,人要能够意识其世界性存在的本原性方式,既需要有世界性存在之心灵镜像和心灵意向,更需要有对存在世界的存在性意识。这是本章与第一章之间在主题和内容方面的生成逻辑。

一 人之存在的实然问题

人的心灵镜像视域与世界性存在意识之间要有内在的生成关联,必是人的存在与宇宙存在之间有必然的存在关联。基于此双重关联的现实性和历史性存在,意识人的世界性存在问题才成为必须。意识人的世界性存在之实质,是理解人的世界性存在何以可能。理解人的世界性存在何以可能的前提,是了解人与宇宙之间的关联,这既需要理解宇宙,更需要理解人。对于前者,爱因斯坦讲得最好,"宇宙最不可理解的事情是它是可以理解的"[①]。宇宙之

[①] Banesh Hoffman, Helen Dukas, *Albert Einstein*, *Creator and Rebel*, NewYork: Viking, 1972, p.18.

最不可理解，既源于它本身的宇观与宏大，更源于宇观和宏大的复杂生成性。或许正是这两个方面的因素为面对浩瀚复杂之宇宙天生有其惊诧和好奇的人提供了一种激发性动力，宇宙的不可理解性同时成为可以理解和能够理解的真实动力，是人存在于其中而需要对它了解。人存在于宇宙之中，是偶然还是必然，是可选择还是宿命式的不可选择性？这涉及人之存在本身。

1. 人为谁而存在？

海德格尔在《康德和形而上学问题》中指出，康德关于"我能知道什么？""我应做什么？"和"我可希望什么？""这三个问题就是作为下属的形而上学的真正形而上学之三个部门所归入的三个问题。人的知识所涉及的是最广义的现存事物的自然（宇宙学）；做则是人的行动，涉及人的人格和自由（心理学）；希望则指向作为天福的不朽，也就是指向与上帝同一（神学）。这三种本源的关切不是把人规定为**自然生物**，而是规定为'世界公民'。它们构成'世界公民的意图中'的哲学对象，即构成真正哲学的领域。"① 海德格尔认为，康德对人予以自然的宇宙学、自由的心理学和不巧的神学的探讨，是要把原本自然的生物提升为"世界公民"的哲学努力，所以哲学就是为人从自然人类学的"自然生物"成为文化人类的"世界公民"的学问。人从自然人类学的"自然生物"向文化人类的"世界公民"演进敞开的领域，就是属于哲学的领域，即"在这种世界公民的含义上"哲学的完整表述必然以如下方式呈现：

1. 我能知道什么？
2. 我应做什么？
3. 我可希望什么？
4. 人是什么？②

海德格尔认为，对康德来讲，"人是什么？"的问题"并不是简单地"将

---

① ［德］海德格尔：《海德格尔选集》上册，孙周兴选编，上海三联书店1996年版，第98页。
② ［德］海德格尔：《海德格尔选集》上册，第98—99页。

其"接续于前三个问题之后";相反,"根本说来这一切都可以看作是人类学的问题,因为前三个问题都与最后一个问题相关"①。或可说,对"人是什么?"的询问,必须在考察"我能知道什么""我应做什么"和"我可希望什么"的基础上展开。

客观地看,在"我能知道什么""我应做什么"和"我可希望什么"三者之间,并不构成必然的逻辑链条。"我应做什么"属于现在的**应然**问题一旦得到解决,自然会正视"我可希望什么"这一导向未来的**必然**问题,以求真正的确立。但是,"我能知道什么"与"我应做什么"之间却存在或然性,"我能知道什么"并不必然地导出"我应做什么",这是因为"我能知道什么"之"能"对人来讲,仅仅是一种天赋的潜在性、或然性,这种天赋的潜在性、或然性只有成为一种显在性或实然性时,才可与"应做"之间建立起必然的逻辑生成结构。所以,"我能知道什么"中之"能",实存在"可能"与"实能"两层含义,从"我**可能**知道什么"达于"我**实能**知道什么",才可生成"我应做什么",并从"应做"的实然起步开启"希望"于未来的必然性。

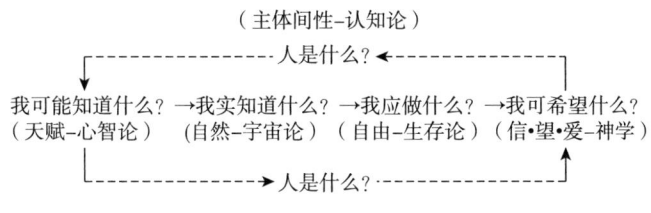

```
                      (主体间性–认知论)
            ┌─────────────── 人是什么? ◀───────────────┐
            │                                              │
  我可能知道什么? → 我实知道什么? → 我应做什么? → 我可希望什么?
  (天赋–心智论)   (自然–宇宙论)   (自由•生存论) (信•望•爱–神学)
            │                                              │
            └──────────────▶ 人是什么? ──────────────┘
```

[2-2:哲学发问人的存在的敞开视域]

"我可能知道什么"的问题,既是天赋论问题,也是心智论问题,或可曰天赋框架下的心智论,它的核心问题是心灵,本质问题是心灵的意向生成,这一问题成为第一章讨论的主题。"我实知道什么"的问题,既是自然问题,也是宇宙问题,或可说是自然的宇宙论,这是本章要讨论的问题。关于"我应做什么"的问题,既是生存问题,也是自由问题,或可说是应然生存的自由论,这是第三章讨论的问题。有关于"我可希望什么"的问题,是如何必然地生活的问题,其质朴的必然性最终带出神性存在及其由此觉思的神学。

---

① [德]海德格尔:《海德格尔选集》上册,第99页。

如上各基本问题的会通既构成探究"人是什么"的"依据性框架",也成为整体性觉解"人是什么"的全境视域和通道。

在天赋灵性的心智框架下,作为存在者之"我实知道什么?"的首要问题,应该是"人为谁而存在"?

"人为谁而存在"的问题,表面看不是一个问题,似乎任何人都可以轻易地做回答:人是为自己而存在。这样的答案或许天经地义,但是,人如果仅仅是为自己而存在,那就有可能不能真正地存在。要理解此,必然地牵涉出人的自然人类学来。文化人类学的人类是从自然人类学的物种演化而来,这种演化至今仍然在个体身上重复呈现,即每一个人的诞生之初,不过是一个实在的动物生命,并要经历一段动物存在的培育才可缓慢地成为人文存在的人,才有能力过一种人文存在的人的生活。人的自然人类学出身以及这一自然人类学出身总是以物种学的方式成为基因并以遗传学的方式繁衍再呈,表明人为自己而存在的前提实是因为物种本身而存在,物种本身的存在要求该物种个体总是要担负起繁衍与承传物种的责任。所以,人为自己而存在的前提性要求是必须为物种而存在,人因为物种而存在构成人为自己而存在的前设性条件,这一前设性条件之于个体,无论意识到与否,它都成为一种实在方式既要求个体并首要且最终制约着个体的存在。

进一步看,"人为谁而存在"的问题不仅牵涉出人的自然人类学问题,更牵连出人的自然人类学的关联存在。人的自然人类学的关联存在的问题实质,是人作为自然人类学的物种其出现、存在以及进化何以可能,这个"何以可能"的问题实将生物和自然关联了起来。首先,生物,即动物和植物构成人的自然人类学何以可能的直接的**具体性**关联,假如这个世界没有植物、没有动物、没有任何形式的食物链,能否有人的存在,是一个很容易解答的问题。其次,自然,即地球和宇宙构成人的自然人类学何以可能的**整体性**关联,这种整体性关联既可能是直接的,也可能是间接的。比如今天(2022年9月8日)发生的泸定地震,相距230公里的成都和相距560公里的重庆等地楼房却发生剧烈摇动。燃烧的北极造成的气候变暖却波及全球每个地区,2022年四川的特大干旱,不仅使长江断流,而且也导致水力发电的停摆而影响华东地区的企业停产和生活断电。这一切表明人的具体的地域性存在总是与自然世界整体息息关联。

"人为谁而存在"的问题，既涉及人的发生学问题，也涉及人的继生论问题。从发生学讲，生物进化从原核生物向真核生物再向软体动物、节肢动物、原索动物、鱼类动物、爬行类动物、哺乳动物方向进化，其间经历46亿年，再经历大约67亿年才由哺乳动物进化为最初的人。所以，"人为谁而存在"的问题蕴含"人由何而来"的问题，这个问题不仅揭示了文化人类学与自然人类学之间的发生学逻辑，也揭示了自然人类学与动物学、生物学之间的发生学逻辑，更暗含了文化人类学、自然人类学与宇宙之间的生成逻辑。从继生论观，文化人类学的人类进化始终既以文化人类学方式展开，又以自然人类学方式展开，并且首先是以自然人类学方式展开继而以文化人类学方式展开；个体生命的播种活动，很大程度上是男女基于生理需要的交媾产生的意外结果，但受孕者却必然遵从生物繁衍的规程（虽表现形式或方法呈现人文性），最后生育与养育，亦是遵从自然人类学规则，当然也灌注进文化人类学方法，其后逐渐向文化人类学转化，由养育变成教育。在变养育而教育的文化人类学进程中，万物、环境、自然、宇宙等也以自身方式进入"人为谁而存在"的问题之中，构成其应有之义。所以，"人为谁而存在"的问题，既是一个人的问题、一个文化人类学和自然人类学的问题，更是一个生物学、地球自然学和宇宙自然学的问题。

2. 人依据什么存在?

人既为己而存在，也不全为己而存在，因为无论从发生学观，还是从继生论言，人都与他物、他在及整体之生物环境、地球环境、自然宇宙相关联，人由此成为**己他关联**的存在。人与他者关联存在本身引发出第二个问题，即人依据什么存在？或曰人的存在依据是什么？

这是一个**实然**问题。作为一个实然问题，其答案必蕴含于实然之中：人是依据人而存在的。人是人的存在依据——这一判断表明人与人之间不仅呈空间关系，敞开空间关联的逻辑，更可能呈时间关系，敞开时间生成的逻辑。合言之，在"人是人的存在依据"中，其空间关联和时间生成互为敞开。其空间关联的延展生成时间，时间生成的展开拓展空间。空间关联与时间生成互为敞开构成一种存在论结构，即关联生成的时空结构，这一关联生成的存在论结构构成人的存在的真正的"依据性框架"。

在这一"依据性框架"下，人的空间关联揭示人不是孤独的存在，一个人独享一个世界，既不可能，也不可行。当一个人被抛入无任何他者的世界之中，根本无法存在下去。因为，第一，人是一个个体；第二，人是一个个体生命；第三，人这一个体生命需要资源滋养才可存活下去，这些资源包括物质方面的，也包括心灵、情感、精神方面，即使人处于自然人类学状态，也存在本己之外的心灵、情感等方面的需要；第四，人作为个体生命所需的资源没有现成，需要劳作才可获得；第五，人作为个体生命所自具的能力（体力、精力、心智能力等）是绝对有限的，仅凭个人的能力根本不可能谋利滋养生命继续存在所需要的资源。因而，作为个体生命的人，其存在需要与他人互借智－力。由此五个方面形成人既不可独享一个世界，也不能独享一个世界，他必须与自己同样的他人共在一个世界，并必须互为存在。

并且，在这一"依据性框架"下，人的时间关联不仅因为空间性拓展所生成，更因为人的存在的先决条件所生成。人作为个体，其得存在的先决条件是有生命。生命不是从自己得来，每个人，有繁衍生命的可能性，却无制作或创造自我生命的能力。每个人的生命都是他者创造的杰作，并且，你作为一个人得存在的生命，还不能由一个人创造出来，而是多人合作的杰作。你的生命一旦获得，要存在，还需要他人的养育、照护和训练，这需要繁衍，也需要家庭。所以，人的存在的时间关联，意味着人的存在是他人的杰作，并以他人为依据和来源。从根本讲，每个人的生命同时是得之于天，受之于地，承之于（家庭、家族、种族、物种）血脉并最终形之于父母。人的生命是天地神人共育的杰作，所以，每个人和他的生命都源于"众"，是众力、众智、众慧、众神、众灵的产物。这就是人的依据。

人得存在的先决条件即生命本身乃是天地神人共育的杰作这一事实表明：人的存在依据并不仅仅是人本身，还有天地神，更具体地讲是生命本身。由此，"人依据什么存在"的问题与"人为谁而存在"的问题之间，既有存在的关联，更有内涵等方面的与共。因为"人依据什么存在"的问题同样带动出两个基本问题：

（1）动物植物依据什么存在？

(2) 自然宇宙依据什么存在？

表面看，这两个问题与"人依据什么存在"没有直接的关联，实际上却并非如此，因为这两个问题与"人依据什么存在"之间不仅有时空存在的生成性关联，更有存在性质上的关联。

动物植物是依据什么存在？ 人的存在在依据上与动物、植物、自然宇宙在时空存在维度发生生成性关联展示：人的存在不仅以人为依据，同时也以物为依据，以地球生命为依据，与环境为依据，以天地自然宇宙为依据。人、生物、环境、天地自然宇宙之间形成由具体到整体，同时从整体到具体的双向生成性结构。并且，在这一双向生成性结构的生成进程中，人得以出现；也是在这一双向的生成性结构的生成敞开中，人得以从自然人类学向文化人类学方向演化，个体作为动物存在的人才进入人文存在的人的世界，而不断向前。

不仅如此，人的存在在依据上与动物、植物、自然宇宙之间在存在性质上的关联，既呈现同质性，也呈现异质性，即人与动物、植物、自然宇宙之间既有存在本性的同构，也存在本性的异构。

人与动物、植物以及自然宇宙在本性上的同构性敞开为方方面面，但择其主要者有三。

首先，人与动植物，其生命存在的**条件的同构性**。一是生命都是以个体为存在单位；二是具有同构的生命发生学，也有同构的生命继生论，前者指生命都是造物主的杰作，即天地神物共育出物种化的生命；后者指个体生命都是有限的，有限的生命的延续存在都靠繁衍来实现。

其次，人与动植物，其生命存在的**本性的同一**，这种生命本性的同一源于两个方面的内涵规定：一是同一的生命本性敞开生之朝向。无论动物、植物还是由自然人类学进化而来的文化人类学的人，其生命诞生本身自具朝向生的不可逆倾向，一棵树、一片树上的叶、一朵花，甚至那朵花上的露珠，一旦获得生命之形，则必呈生之朝向。正是因为此一生之朝向才形成生命存在敞开的生生不已，在存在世界里，无论花草树木还是猪牛马羊或者飞禽走兽以及人本身，一旦具有存在的生命之形，其不可逆的生之朝向就推动它"因生而活，为活而生，且生生不息"。沙漠中的树、山顶上的草、贫瘠土地上的动物和人，总是倔强地因为生命本身而敞开"因生而活，为活而生，且生生不息"的有限生命历史，直到最终耗尽生命本身的全部能量。二是同一的生命本性总是以繁衍的方式承传不息。这方面的最好生存论注释，就是杜甫的"离离原上草，一岁一枯荣。野火烧不尽，春风吹又生"。

最后，人与动植物虽然均是物种化的，但物种化存在始终以个体呈现，个体却始终是有限的。个体**生命的有限性**，根源于物种生命的无限可能性。无限可能的物种之所以构成个体生命的绝对有限，是基于生命自身同一的内在规定，一是新陈代谢原则规定了个体生命的有限；并且，生命的有限强化了生命的新陈代谢原则。二是遗传与变异相生的物种繁衍原则，为物种生命的无限可能性提供了内生的保障。将新陈代谢原则和物种繁衍原则统合起来的是进化的生命法则。凡生命，无论植物生命还是动物生命或者是自然人类学的人成为文化人类学的人，都遵从生命进化的法则。从继生论观，生命进化的法则是生命进化的自身凝练的呈现；从发生学言，是造物主创造生命世界和生命万物的内在性赋予。

人与动植物之间的同质性既是动物、植物、人之间关联存在的内在依据，也是动物、植物、人之间共生存在内在条件。与此不同，动物、植物、人之间在本性上的异构才构成物种的本性的限度。

物种本性的限度的整体呈现，就是物种存在的边界。物种在本性上的限度，构成物种存在边界的外在依据；物种本性的限度本身，却构成物种之间存在边界生成的内在依据。具体地讲，物种本性的限度及其呈现出来的边界，从如下方面生成出物种的个性存在。

首先，物种本性的限度，生发出生命世界的类型学，即一个物种就是一种类型，并创造出一种生命存在的类型形态，生成物种的形态学，天上的飞鸟，地上蠕动的生物，四脚爬行的动物，水中的鱼类动物和植物等，各为一类，各创一类存在形态和存在方式。而且，一种类型的物还可生成更为具体的类型形态和存在方式，比如飞鸟一类，却生成出成万上亿种鸟类。然而，物种本性的限度也决定了它的类型学产生及其衍生，最终源于"一"，这就是造物主的创造。物种的类型及其形态学虽然源于物种本性的限度，但物种本性的限度源于造物主创化宇宙世界万物使然。

物种本性的限度生成的物种类型学，蕴含物以类聚的存在原则，或者，物种本性的限度构建起物以类聚的存在原则，这一原则塑造了物种类型学。物种类型学生发出生命的多样性、生物的多样性和物种的多样性，由此才生成出地球生境、自然生气和宇宙神学，存在世界的神圣性根源于生命多样性、生物多样性和物种多样性。或者，造物主创化宇宙时，将世界的神圣性赋予生命多样性、生物多样性和物种多样性，使世界以生命多样性、生物多样性和物种多样性的方式敞开自然宇宙的神性，呈现造物主创世的神圣，这一切构成生命的源泉和存在的源泉。

其次，物种本性的限度生成物种之为物种的存在方式、生存习性、行为方式。物种本性的限度规定了任一具体物种以自身本性为依据来建构本己的存在方式、生存习性和行为方式，所以，物种是自在的，这种自在的权利、自在的自由以及由此生发出来的自在的快乐，比如游弋的鱼、飞翔的鸟、歌唱不已的黄鹂、奔逸嬉戏的犬，均以本己的自在方式创造存在的快乐和快乐方式。

物种本性的限度生成出来的这种本己的自在性，不仅是存在方式、生存习性、行为方式的自决自裁，而且是体现存在选择的自主原则和生存的自由原则，这两个原则均源于造物主创世时赋予物种的立世和存世的原则，在存在世界里，物种与物种之间可能会生发出领地的争夺或战争，但这种争夺或战争始终是物种存在的殊态而不是其存在的常态，物种与物种间存在的常态，始终有限度的边界。这种限度的边界呈现物种之间绝不会以相互侵犯、相互伤害作为本己的自在方式、生存习性和行为方式，这就是生物世界里，最弱小的生物也有存在的空间，也能依自己的方式存在的根本原因。老虎是林中之王，根据丛林法则，它可以消灭掉林中任何他物，它可能有这个能力，但它绝不做出这等行为。为什么？造物主创世时赋予物种本性的限度就划分出了物种存在的边界，这种限度和边界融铸成物种本己的自在方式、生存习性和行为方式的个性。物种本性的限度及其边界最终通过个性存在的方式呈现出来，物种基于本性的限度和边界而以本己的方式自主选择存在、生存习性和行为方式，这就是物种的存在个性，这种存在个性的敞开就是自由。所以，从本质讲，物种本性的限度及其生成的边界，构筑起物种存在的自由空间。

由物种本性的限度及边界所生成出来的存在自由空间，不仅是其本己的存在方式、生存习性、行为方式释放出来的自由空间，也是其依本性的限度和边界形成的物理性质的自由空间。

物种本性的限度及其生成的边界，规定了物种以本己的方式自主选择、自由决定自存在的方式、自存在的生存习性和自存在的行为方式，体现物种间的平等，这种平等不是资源享有的，也不是空间占有的，而是选择的平等、自由的平等。

最后，物种本性的限度和边界，从根本上决定了物种与物种之间的关联存在，并未有其共同的模式，而是以本己的自主选择形成的自决的存在方式、自足的生存习性和自为的行为方式——要言之，是以物种本己的个性方式——展开和实现与他者的关联存在。物种与物种之间以个性方式生成关联存在，恰恰源于一种**相容性法则**。物种本性的限度和边界规定了生物世界的相容法则。生物世界的**丛林法则**，历来被人们渲染为弱肉强食，这种渲染主要不在于人不了解物种本性的限度和边界，而是刻意为人类物种自身的弱肉强食提供一种自然的依据。但自然世界的基本事实却是限度与边界，这种限度与边界是由造物主设定，并化为物种本性生成的个性之间的存在相容。根据存在相容的法则，无论强或弱，物种之间必须承认个性的存在空间，必须容受个性存在的自主选择、自足生存和自由行动，这种对于个性存在空间的相容法则，哪怕就是在"物竞天择"的具体语境中，也仍然要遵从，这种遵从体现为"适者生存"。对于达尔文的生存进化论的"适者生存"之"适"，人们更多地理解为"适应"，具体地讲，就是弱者对强者的适应，这种弱肉强食的适应观念，其实为强者可以横行于世建立自然依据。但实际上，"物竞天择，适者生存"的丛林法则的内在规定，是个性存在的相容法则，这一法则源于存在世界的**多样性法则**，这一多样性法则又根源于关联存在。在存在世界里，物种存在的根本条件是与此不同的他者的存在，只有当与他者建构起关联存在的环境、条件、机制时，才可真正保障其不可逆的本性之生得以生生地展开；并且，己与他者构建的关联存在越开放，越呈多样化，其生生之性才可得到真正的舒展。所以，关联存在及其所要求的多样性法则规定，以本己的个性方式存在的物种必须以存在个性的方式容纳任何物种的存在个性。所以，物与物之间可以竞，但这只是生存论的，而这种生存论之竞必不能突破**存在论的**相容法则，所以物物相竞必须物物相适，这个"适"就是**自我限度强力**以遵从相容的存在论法则。

自然宇宙是依据什么存在？　　"人依据什么存在"的问题牵涉出"动植物依据什么存在"，这个问题将人与动植物之间的同质性和异质性之关联存在呈现了出来。在动植物世界里，动植物物种之间本身既存在同质性也存在异质性，这种同质性生成的存在关联法则和异质性生成的存在个性的法则，实自呈体系，这一同质性和异质性相生的存在法则体系亦构成人的存在依据，因为人首先是自然人类学的物种，然后才是文化人类学的人类，并且最终无法摆脱自然人类学的物种特征。并且，"人依据什么存在"以及引发出来的"动植物依据什么存在"的问题，必然将"自然宇宙依据什么存在"的问题带动起来，因为，无论是混合着文化人类学取向与自然人类学特征的人类，还是动植物，其存在关联和存在个性总不能摆脱自然宇宙。那么，自然宇宙的存在的依据又是什么呢？这是一个更复杂的存在问题，择其要者有三。

首先，在物理层面，自然宇宙是自创化的，并且自创化的自然宇宙的存在依据必是自然宇宙自身，巴门尼德界说存在时说**存在存在**，此一存在论认知实是对自然宇宙的自创化生成的自为依据这一本原存在事实的最初揭露。

自然宇宙构成自己的存在依据，所遵循的根本法则有二：一是自创法则；二是自在法则。前一个法则规定：自然宇宙不仅自己创造自己，而且自己创造本己的存在依据。这一自创法则聚焦于生命世界，就是存在之不可逆的生之朝向，就是自生（繁衍）的法则。后一个法则规定：自己创造自己的存在和自己创造自己的存在依据的自然宇宙，必然是自在的，即自己选择自己的存在方式、自己选择自己的行动方式。这一自在法则的落地于生命物种之中，则是物种自主选择和自由存在的个性方式，即物种的自主选择、自足生存和自为行动的个性。

其次，在精神层面，自然宇宙的自创生何以可能？或者自然宇宙自己创造自然这种说法的依据何在？既然自然宇宙是创造的，它作为被创造物何可能成为创造者来创造自己？生物进化论的解释，提出生物是进化的呈现，却没有解决最原初的进化者是什么、是怎样产生的，这是生物进化论没有解决的问题。宇宙学提出大爆炸的理论假说，而那个小的不能再小的奇怪吸引子又是从哪里来的？这也是宇宙学始终处于不断的"猜想"与"反驳"的探索进程的根本原因。泰勒斯开启人类哲学提出的第一个问题就是"世界的本原何在"，他及其后继者各自提出的世界本原的"原型"物质形态各不相同，表明这个构成世界的本原的东西到底是从哪里来的这个问题从一开始就被悬置了起来。虽然如此，但泰勒斯及其后继的自然哲学家们所热衷的"世界的本原何在"的发问及其求解努力，却为自然宇宙的自创化存在和自创化依据的矛盾说法提供了一种可以化解的可能性思路，那就是自然宇宙既是物理的自然宇宙，也是精神的自然宇宙，自然宇宙的自创造存在和自创造存在依据，实指其物理层面的自然宇宙乃由其精神层面的自然宇宙所创造，即内在自己创造出外在的自己。对这个内在的自己，柏拉图将它定义为存在的本体世界，并将这个被内在的自然创造出来的外在自然描述为存在的现象世界。柏拉图自知这种二元论不能自圆其说，于是提出了可以并且能统摄二者的灵魂和神的理念。以此观之，自然宇宙自创存在和自创存在依据的说法可以成立的最终秘密，是创造物理的自然宇宙的精神的自然宇宙的抽象形态，即具体地蕴含于自然宇宙之中构成其创造的原动力和原发机制的那个精神的抽象形态，就是至坚至刚、至诚至阳的发散出神性、神气、神情、神意的神，它隐蔽于自然宇宙的精神结构的底部，构成自然宇宙自创化的元精元气元神。所以，蕴含于自然宇宙之精神深处的会聚其具有原生力和原创机制的元精元气元神，就是自然宇宙存在的真正依据。

最后，以本己之元精、元气、元神为创造依据和存在依据的自然宇宙，其自在地呈现自己的形态学，必是既体现同质诉求又张扬异质个性的生命世界。作为自然宇宙创化的形态学呈现的生命世界，并不只是动植物，动植物只是生命世界的一部分，是个体化存在的那一很小的部分，是人的肉眼可观可感的这部分。除此，生命世界的大部分，也就是生命世界以整体方式存在的那部分，既是大地之中的山水平原丘壑，也是大地之下的地幔、地核及其各种结构性物质，更是大地之上的宇宙星系。自然宇宙的形态学既自发生成结构分层的形态学，又自发生成形态呈现的类型学，由此结构分层的形态学和形态呈现的类型学，自然宇宙生成个体与整体、结构与类型等的复杂关联性，并且这种复杂的关联性并不是静止的，而是因其创化的原发动力涌现出来的生及其生生机制，内在地推动自然宇宙的结构分层的形态学和形态呈现的类型学始终处于生和生生的进程之中，因而，自然宇宙自生成的个体与整体、结构与类型的复杂关联性始终是动态生成的。这种由个体与整体、结构分层与形态类型生成的关联存在和其关联存在的动态生成机制，亦构成自然宇宙自为创造、自足生存和个性行动的存在依据。

自然宇宙敞开如上三个层次的存在依据亦构成它与动植物、人类物种之间的终极关联。这种终极关联的本质是：人、动物、植物以及地球、宇宙，它们各自按照自己的本性而存在，并依据自身的本性而敞开存在。这就是它们之间的本性的同构。虽然在最初的发生学和最终的归宿论两个维度上，自然宇宙、世界、生命、人实乃于"一"，但存在展开的进程之中，它们并不是同一个东西，它们总是从"一"中获得分有而生成为"多"，其众"多"的它们各自成为自己是因为它们以自身本性而形成只属于它们自己的存在方式、生存习性、行动方式，因而，它们的存在方式、生存习性、行动方式是异构。从这个角度看，每个存在物都有它们自己的存在本性、存在方式、存在权利。它们是它们自己的主体，它们也有它们自身的道德，这个道德就是它们标明它们自己存在和本性的限度，也是它们相互之间共存在、同生存的本性的趋同。所以，本性的同质与异质，本性的限度与边界，本性的趋同与个性，此三者构成自然宇宙存在的伦理。所谓自然宇宙存在的伦理，即自然宇宙及其结构分层学和形态类型学敞开存在的最终依据，原发动力和最终机制。

3. 人存在于何处？

从"人为谁而存在？"向"人依据什么存在？"方向展开，自然面对"人存在于何处？"的考量。

"人存在于何处？"的问题，既是一个形下问题，也是一个形上问题。作为一个形下问题，就个体言，每个人毫无疑问地存在于某个具体的民族国家持续稳定的占有的空间疆域之中，存在于这个空间疆域的具体地域、具体区域、具体的乡村或城市、具体的村庄、小区和家庭之中。从个体的集合体即民族国家言，则存在于地球上可供人存在的某个具体的地域。地球被划分几大洲几大洋，以民族和政治为结构方式把不同的个人会聚形成的存在共同体始终定位明确地存在于这几大洲的某个具体的地域空间。但就物种言，个人作为具体的生命物种而存在于地球表面上的生物世界里，与生物世界里小时间尺度的生物和大时间尺度的生物共在于地球上。存在于地球上的生物世界里，小时间尺度是指生物的肉眼及身体能够知觉到存在变化的时间尺度，比如日月之行，四季变化，草木一秋等，就是生物的肉眼可感知的运动变化，就属于小时间尺度，比如一头猪的生长，一个人的生死，土地里庄稼的春播、夏蓐、秋收、冬藏等，亦是生物的肉眼可感知到的生变，这种生变同样属于小时间尺度。大时间尺度是指生物的肉眼及身体不能够知觉到其变化，但其存在本身却始终处于变化的进程之中，比如，地下的煤、气、油等被我们视为生存资源的矿物质，也不过是地壳变迁使众多的物质遗体腐化所成，却是经历了上百万年甚至千万年的缓慢变化，这是任何肉眼都难以知觉到的**微变**运动，也是任何有限的生命不能知觉到的微变运动。石头、山脉之于我们的肉眼和有限生命，是不能被感觉或被知觉变化，虽然我们在理论上推衍其变化或在想象中假设其变化，却可通过人造的工具——可发明出能无限放大的放大镜——来观测石头、山脉的运动和变化，发现原来石头、山脉也是生命存在，也是以运动变化的方式敞开生命存在，这种生变运动的生命存在就属于大时间尺度。

客观地看，"人存在于何处？"的形下形上的区分，呈现出小时间尺度和大时间尺度的区别。小时间尺度的感知、意识，始终属于形下问题；大时间尺度的感知、意识，却体现形上倾向。比如，纯粹的科学活动，始终是以经验起步、以实验为验证方式的活动，这种性质的活动往往突破小时间尺度进入大时间尺度领域，必要借助于人的智-力对象化或智-力物化的工具的辅助。希腊早期的自然哲学，虽然同样是基于经验的起步感知和意识，但必要突破经验而达于对具体之物的想象之域，使原本可观可感的具体之物上升为普遍性的抽象之物，比如泰勒斯的"水"、阿那克西美尼的"气"、赫拉克利特的"火"，甚至毕达哥拉斯的"数"，都是如此。这种超越经验借助想象达于蕴含内在推论逻辑的那种可普遍性的抽象的意识和思维，就是理性。以理性为基本的意识方式的哲学，走的是完全不同于科学的路子，这就是抛弃任何形式的智-力对象化工具的辅助的纯粹的思维方式，或者从具体的小时间尺度达到大时间尺度展开认知，或者直接启动大时间尺度展开认知，这种不借助任何外在工具的大时间尺度的意识和认知，总是体现形上倾向。

由"人存在于何处？"引发出来的形下形上的区分，不仅因为感知的时间尺度的大小所促成，也与视野的宽窄与高低直接关联。具体地讲，对"人存在于何处"的问题的审视会形成各种不同的看待，实是客观地受制于看待存在之视野。所谓视野，即看出来的广阔或狭窄的域度以及高远或浅近的程度。在本义上，视野相对个人之"看"而言，就个人观看具体事物或观看整体存在，均存在视野的广阔或狭窄、高远或浅近的取向。当人之"看"呈现狭窄和浅近的视野模式，所观看到的存在，无论是具体事物或整体存在，都只是当下的、眼前的、实利的，体现鼠目寸光；反之，当人之"看"呈现广阔和高远的开放性镜像视域时，所看到的存在，哪怕最细小的事物，也能见微知著其内在生变的宏大"道""理"。

视野从个体之"看"的本义向群化方向拓展形成社会性之"看"，是指由无数个体对某一存在的观看形成的趋同性或同一的广阔或狭窄域度和高远或浅近程度。社会性之"看"也存在两种取向，即狭窄和浅近的观看模式或广阔和高远的观看模式，前者形成社会性的短视、实利、形下的物质感知、利益知觉、利害取舍，这种由物质感知、利益知觉、利害取舍鼓动形成的看，本质上是一种生物性取向的看，当一种生物性取向的看成为一种社会性的观看模式时，就会呈现出**取下**的退化的物质主义和生物主义视野。后者形成社会性的远视、超实利、形上的心灵直观、理性认知、"道""理"判断，这种由心灵直观、理性认知、"道""理"判断激发生成的看，本质上是一种人文主义和人性主义取向的看，当人性取向和人文取向的看成为社会性的观看范式时，就会呈现出**取上**的进化主义视野。

比较而言，取下的退化主义视野呈两个基本特征，一是小时间尺度准则。所谓小时间尺度准则，就是凡事小时间尺度观，即使需要大时间尺度之看，也难以上升大时间尺度状态，始终是小时间尺度化。二是后视视野。所谓后视视野，就是凡事以逝去的过去为"看"之准则来看待现在以及铺设未来。与此相反，取上的进化主义视野敞开两个基本特征，一是同时具备小时间尺度与大时间尺度：其存在之看需要以小时间尺度时，就以小时间尺度为准则；

其存在之看需要大时间尺度时，就以大时间尺度为准则。二是以现在为出发点，以未来为指向，以过去为参照的开放性视野，这是一种凡事向前看，并体现对当下、实利的遮蔽的解构性观看范式。

由时间尺度与感知视野合生形成的观看方式，形成对"人存在于何处"的认知取向的根本不同，也就是说，审视"人存在于何处"的问题，涉及看待人的存在的基本方式的选择。一般而言，以小时间尺度和后视视野合生形成的向下的退化主义看待方式来观看"人存在于何处"，所看到的人的存在所在往往呈静止、孤立和非关联性；反之，当以动态取向的时间尺度和开放性生成的视野合生的向上的进化主义看待方式来观看"人存在于何处"，所看到的人的存在往往呈历史性、动态生成性和多元关联性。客观地看，后一种看待方式能更为客观地呈现"人存在于何处"的本原性状态。

当以向上的进化主义看待方式来审视"人存在于何处"的问题时，人的存在的本原性居所会自然敞开：人存在于世界之中，世界构成人的存在的居所。

人存在于世界之中实有三层含义。首先，人存在于自然宇宙之中，自然宇宙构成人的存在的居所。其次，**人存在于历史之中，历史构成人的存在的居所**。这里的历史，并不仅指文化人类学的历史，也指自然人类学的历史，更指物种学、生物学、生命学的历史，还指自然宇宙学的历史。所以，人存在于历史之中，实是指人既存在于文化人类学的历史之中，也存在于自然人类学的历史之中，更存在于物种－生物－生命的历史之中，还指人存在于自然宇宙的历史之中，如上既相交错又相生成的历史，构成人的存在的开放性生成的居所。最后，人还存在于从过去到将来敞开的存在框架和时空结构之中，这一存在框架和时空结构构成人的存在的精神之维，即人同时存在于自己构筑起来的精神世界之中。由此三者——自然宇宙、历史、精神——相生才构成人的存在的真正居所。自然宇宙，构成人的存在居所的空间结构；历史，构成人的存在居所的复合化的时间结构；由"过去－将来"敞开的存在框架和时空结构生成的精神，则构成人的存在居所的心智结构，即心灵－情感－智力结构。

"人存在于何处"的发问，将人存在于世界之中的复杂性、多层次的开放生成性凸显了出来，必然引发相关的两个基本问题：

（1）人以何种方式存在于世？

（2）人存在于世需要哪些条件？

第一个问题涉及的内容，已蕴含于"人存在于何处"中，当明确人是实实在在地存在于世界之中，世界构成人的居所时，人存在于世的方式就不仅仅是人的自在方式，也涉及人的他在方式。

人的自在方式，是指人以自己的方式存在于世界中。人以自己的方式存在于世界中，这是人的生物本性（或曰生命本性）使然。人的生物本性是天赋其不可逆的生之朝向，它敞开为生生，即人必"因生而活，为活而生，且生生不息"，这决定了人的存在必须是自在，人必须以自在方式确定自己在世界中的存在；否则，人就会被湮没在世界之中而得不到呈现和凸显。

人以自在方式确定自己在世界中的存在，实要受自然人类学和文化人类学两个方面的激励引导或规训：人接受自然人类学的激励引导而自在于世，**凸显出**与生物世界、生命世界的**同质性**关联，意识其自在于世界之中的本原性之根是深深地扎在自然人类学、物种－生物－生命的历史和自然宇宙之中，造物主赋予生物化的人以元精、元气、元神，才是人存在于世界之中的终极之源，包括力量之源和信仰之源。人接受文化人类学的激励引导而自在于世，**张扬起**与生物世界、生命世界的**异质性**关联。意识其异质性关联而敞开人的自在之在，必要充分释放造物主给予的继发创造的恩惠，包括心智的恩惠、原发动力的恩惠和原发创生机制的恩惠。

由此自然人类学和文化人类学两个方面对人的自在于世的激励引导和规训，给出了讨论"人存在于世需要哪些条件"的必要视野和认知思路。从整体言，人存在于世界中所需要的基本条件，不过自然人类学和文化人类学两个方面。仅前者言，人存在于世界之中的自然人类学条件主要有二。首先，人必须是自然人类学的并最终是自然人类学的：第一，人应该是自然人类学的物种。第二，人只能拥有自然人类学的本性和自然人类学的生命，这是因为人不可能脱离自然人类学而自造非自然人类学的本性，更不可能脱离自然人类学的生命来自造非自然人类学的生命，人如果可以自造非自然人类学的本性，它就脱离了自然人类学，脱离了生物世界和生命世界，最终完全地与自然宇宙脱钩而可任意地为自己立法,康德为创建个体主体的认识论形而上学之目的而将世界予以二元分割,将自然宇宙归之于"自在之物"的世界,然后用知性为自然立法,用理性为人立法,将人的"意志自由"规定为最高之"法"。康德的如此努力就是与自然宇宙脱离而自任地立法。这种做法的本意是张扬人的地位和力量,但最终生成的意想不到的结果可能是自为地毁灭其存在根基,康德如果活到当世,可能会不愿意看到它的为自然立法的主体论哲学发展到今天的人类恶性竞争盛况和诸如基因工程、人工智能等技术发展盛况。在这种盛况进程中,人如果可以趁虚而入地生产自然人类学的生命(基因工程和人工智能都在努力实现这种可能性),那么人的生命就不再是生物学的,不再有生物学的身体、情感和心灵,也不再有生物的心智。生物人种将会因此而消失。第三,人必须具有自然人类学向文化人类学进化的原发动力和内在机制。其次,人必须以世界本身为条件。以世界本身为条件,整体地讲,就是以自然宇宙为条件;其具体的落实,就是以生物世界和生命世界为条件。

就后者论,人存在于世界之中的文化人类学条件主要有三:首先,从整体言,人类须具备从自然人类学向文化人类学方向进化的**文明能力**;从个体言,人须自具从动物存在的人成为文化存在的**人性能力**,并且必须具备不断使自己成为最高人文水平的人文存在者的提升能力、继创能力。没有继创能力的人,很难存在于世界之中而成为真正的人文存在的人,更难成为不断自新的**人性存在**的人。其次,人须具备意识关联存在的能力和不断意识其关联存在的能力,包括人存在于世界中的空间关联、时间关联、历史关联和未来关联。最后,人须具备存在于世界之中的自觉律法意识和律法能力,包括自觉地意识存在于世界之中的自然宇宙的律法、生物世界的律法、生命世界的律法、人作为自然人类学的物性的律法和人作为文化人类学的人文本性的律法,以及其所有律法的内在关联、内在逻辑和所有具有内在逻辑的律法功能释放的限度和边界的法则。

二 人之存在的应然问题

人,作为存在世界中众物之一物,原本没有什么特别。但很不幸的是,

第 2 章 人是世界性存在者

在自然宇宙的**继创生之轮**中，人这种很平常很普通并且是很弱小的众物之一物，却意外地获得"两脚走路，两手做事"的身体功能的区分，并由此引出其自然人类学改变而朝向文化文类学方向敞开，放大了造物主所赋予的灵性和神性，开启人文存在的独特之路，这一独特的人文存在之路敞开人的实然存在向应然生存道路并朝必然存在方向进化。

在存在世界里，宇宙的原创与继创带动了整个世界的进化，但几乎所有的存在进化都呈现单向度的实然性，唯有人类这一物种存在的进化才开启了多向度进程，呈现**实然存在**、**应然生存**和**必然存在**的区分性，并敞开实然存在起步开启应然生存方向铺开必然存在阶梯。

人的"实然存在"有两个方面的语义规定，首先，它指人作为自然人类学的存在，这是与众物共呼吸同命运的存在，是完全地适应生物本性的智慧的存在。其次，它是人从自然人类学进化为文化人类学语境中的自然存在，比如，A 和 B 两个新生儿同时降生于北京，但 A 降生于八大胡同中的某一院落，B 却降生于皇宫之中。A 与 B 虽然降生的地域是同一的，但其降生的家庭完全不同，虽然地域对人的存在异常重要，但比较而言，家庭环境更为根本。所以，A 与 B 二人降生于世的实然存在状况是根本不同的。实然存在之于人，即人的**历史性的此在**状况，这种历史性的此在状况，既可做发生学观照，也可做继生论观照。比如，C 村和 D 村比邻，人口一样繁多，土地一样贫瘠，生活一样贫穷，人一样没有希望不思变革，但城市向乡村扩张，C 村的土地得幸被征用，D 村却没有这幸运。由此，C 村的人不花钱地住上新楼房，而且家家都获得一大笔土地补偿款而浅浅地暴富了，D 村的人却仍在继续过他们的贫瘠、贫困、无希望的日子，这就是 D 村人的实然存在，这种实然存在相对 D 村来讲，是继往开来的实然存在；而 C 村人却过上另一种实然存在，但这种实然存在相对 C 村人来讲，不是发生学的，而是继生论；并且不是自为创造的继生性实然存在，而是运气生成的继生性实然存在。

人的"应然生存"是相对"实然存在"言，是人对其实然存在状况的谋变性努力。这种谋变性努力有几个方面要求：一是对自己的实然存在状况不满意，自认为应该改变；二是自认为应该改变的实在存在状况可以改变；三是自己具有通过努力而改变实然状况的能力；四是这种谋变实然状况的努力，不仅有明确的方向和目标，而且付诸行动。应然生存之于人，就是他想要的有别于历史性的此在实然存在状况更好的生存状态，它是预设的，同时也是付诸改变行动的一种生存努力。所以，应然生存既是一种自为预设的美好生存状态，也是一种为之实现其自为预设的美好生存状态的努力过程。

"必然存在"既相对"应然生存"言，也相对"实然存在"言。相对前者言，必然存在是其自为预设并为之努力的应然生存的实现态；相对后者，必然存在是真正改变了其历史性的此在实然存在状况，而重构了一种新的实然存在状况。

基于改变实然存在的愿望而预设应然生存的努力，最终实现这种努力而达于必然存在新态，这既是人的人文存在的创生进程，也体现人的人文存在逻辑。人的人文存在逻辑，就是更好地存在。个人是如此，由个人们缔造出来的群化存在的社会，同样遵从文化人类学的这一人文存在逻辑，这种逻辑牵引下的努力，构成人的文化人类学的历史逻辑，这种文化人类学的历史逻辑是可还原为人的自然人类学的进化逻辑，或可说人的文化人类学的历史逻辑，就是人的生物进化逻辑，是人的自然人类学的生物进化逻辑向前延伸形成的文化人类学的人文进化逻辑。在自然宇宙世界里，对人这一物种言，其生物进化逻辑与人文进化逻辑的敞开，本质同一但内涵和性质有异，并且呈现前后相续的两种形式，即自然人类学的进化逻辑和文化人类学的进化逻辑，前者是纯粹的生物进化逻辑；后者既是生物性质，又是人文性质的综合取向的进化逻辑。

客观地看，自然人类学的生物进化与文化人类学的综合性进化有其根本的区别：自然人类学的进化是其生物本性的适应，这种适应本质上是对自然宇宙本性的遵从，也是对自然宇宙的创化律法的遵从。文化人类学的进化，是既遵从生物本性又超越生物本性的进化，即从对生物本性的适应出发重构生物本性的努力，这种努力敞开三个维度，即物理学的完整性、生物学的完整性和心理学的完整性，它从不同的维度敞开了"**人的存在意味着什么**"的问题。

1. 个体物理存在的完整性

人的存在，无论其处于自然人类学状态，还是处于文化人类学进程，其存在的先决条件有四：第一，他必须是一个活的生命存在；第二，他必须是一个活着的生物存在，而不是活的非生物存在；第三，他必须是一个肉体化的活物，即其活的生命必须交付给活的生物肉体；第四，这个活的生物肉体，既是生物学的，也是物理学的，并且首先是物理学，最终也是物理学的。因为一个活的生物肉体必须有一种活的物理组织和结构。从现代科学观，人的生理学解剖的基本面，是人的物理学解剖。生活于 17 世纪的斯宾诺莎（Benedictus Spinoza，1632–1677）曾指出，人的身体原本是一个物理组织（physical organism），它的**同一性**蕴含于构成其身体的各个部分之中，包含一个运动与静止之间的相对稳定的比例关系。所以，人的身体内部本身具有一种运动与静止的平衡结构，正是这种内在的平衡结构才将人的肉体刻画成一种自我平衡态，也由于这种具有内稳定结构机制的自我平衡态，当人的身体在受到周遭环境中的事物以种种方式抑制或激发时，它便倾向于维护自身存在的**物理完整性**（physical integrity）。斯宾诺莎将人的身体的这种自我维护（seLf-maintenance）的倾向性称为人的一种"坚持自身的存在"的努力。这是因为，人的存在既是场态化的，也是场域化的，人在场域中存在所面对的既是四面八方的现实，也是四通八达的可能。正是这种现实与可能的相互交织才构成了人的历史性的此在境遇，在这种历史性的此在境遇里敞开的身体活动，在接受来自四面八方或四通八达的事物（或事件）激发的过程中，有时会增强身体坚持自身存在的能力，有时也会削弱这种能力。"个体的心灵，作为身之观念，反映了所有的这一切，尽管它以一种易受混淆（'想象'之观念所特有的）影响的方式来反映。个体，在通过思想属性来理解时，它的这种自我维护（self-preservation）的努力，被称为**'意愿'**或**'欲望'**。那种增强身体中自我维护能力的观念等同于**喜悦**，而那种削弱身体中自我维护能力的观念等同于**悲伤**。斯宾诺莎从这基本的三种情感（欲望、喜悦和悲伤）中，构造出一个详尽而又系统的分类学和关于情感的病因学理论——这一理论的目的在其对行为、认知和情感的解释中发挥着重要作用。"①（引者加粗）

人居住于世界之中，首先是一个存在，并且必须成为一个完整的存在。

---

① ［美］约翰-克里斯蒂安·史密斯：《认知科学的历史基础》，第 75—76 页。

这个完整的存在是人有资格居住于世界之中，成为一个真实的世界中的人。

人的完整存在实由两部分内容构成：一是作为自然人类学的人，它是一个自然存在。作为一个自然存在，它自有一个完整的物理存在。人作为一个完整的物理存在，就是他拥有属"个体物理的完整性"。人作为"个体物理的完整性"有三个方面的内涵规定：

第一，人不是抽象的"群"或"类"的概念，它首先且最终是一个"个体"概念。当我们说"人"时，我们是在说"这一个"或"那一个"具体的人，是说"张三"或"李四"这个人，将人说成"类"或"群"的抽象物，已经没有了人的个体存在。一个人，当他丧失作为人的个体存在，就意味着他呈现自己的完整物理实体或已不存在，即使存在，也不是作为一个人的完整的物理存在，而是被某种力量将他置于非人的工具性存在或者耗材性存在，比如在纳粹统治下的集中营时代，"两脚走路，两手做事"的人被沦为两类，一类成为工具，比如打手、爪牙，这是绝对异化了的"人"物；另一类成为耗材，这是完全非人化的"物"人。所以，一个真实存在的个体，必须以**体现人的性质和内涵**的完整的物理实体的存在为先决条件。

第二，人作为个体而成为个体，是拥有成为个体的人的完整的身体。人的身体是生物学的，但人的身体更是物理学的，人的身体是生物学和物理学的完整呈现。这意味着，人成为一个真实的个体的人，拥有物理学的全部因素，同时也拥有生物学的全部因素。人是自然的存在者，因为人作为个体是生物学与物理学的完整统一，人成为人并且人可能成为世界性存在者的首要条件和含义，是生物学和物理学对他的同时赋予。从大的方面讲，人的自然人类学构成人的文化人类的基础、土壤、条件和最终依据，人以进化方式从自然人类向文化人类学方向前行，无论达到哪种程度，他作为个体，依然是生物学和物理学的完美呈现。

第三，人成为个体，既是发生学意义的，也是继生论意义的。从发生学讲，人成为个体，是天赋人以自然人类学的存在样态、结构和存在方式，这种天赋的存在样态、结构和存在方式，既是生物学和物理学的，也是遗传学的。你的诞生，诞生于那个被你称为母亲的女人（个体），并且这个被你称为母亲的女人与另一个被你称为父亲的男人（个体）的身体的合生的自然之果，这种合生的自然行为和合生的自然之果,亦是生物学和物理学的,体现了生物学的"**创造性原则**"和物理学的"**力学原则**"。并且,其生物学的创造性原则和物理学的力学总是同样地通过遗传而构成心灵的内容,并合生出**心灵的原则**。同样,你之于你的儿女,同样是你作为一个男性个体与一个与你年龄大致相当而又情意相投的女性个体——在其心灵、情感或精神的层面无论怎样相羡相慕相亲相爱,但最终都要走向身体对身体的合乐而自然地播下一个个体化的生命的种子,然后经过这个你的女儿称为母亲的个体女人的艰难孕育而最后得以诞生成为一个完整的生物学和物理学意义的完美结合的个体生命。你的女儿成长到如亚里士多德所言的具有生理的需要的时候,也会如此而行地寻求能够与自己共生存在的异性个体敞开身体投向身体的合生道路,这一道路的前赴后继的开辟,就是其个体的生物学的创造性原则与其物理学的力学原则的**合生性遗传**。这种合生性遗传通过生物学的基因和物理学的心灵而得到敞开。

从根本讲,能居住于世界中的人,其存在是通过个体主义来实现的,具体地讲,是通过个体按照自身成为一个完整的物理存在的人而展开的。这种展开所遵从的原则就是生物学的创造性原则和物理学的力学原则,正是两个原则才为居住于世界中的人开辟出关联性存在的通道。

2. 个体生物存在的完整性

对于人的存在言,其生物学的创造性原则和物理学的力学原则源于身体的生物存在和物理存在。人的身体的物理存在,更强调身体的组织结构对存在本身的作用。身体的组织结构既为身体的完整存在提供必要的支撑,也为身体的有机运动提供必需的动力,由此两个方面要求人的身体的物理学原则,必须是力学原则。居住于世界之中的人要自具"坚持自身的存在"能力,身体的组织和结构的完整性是其基本要求,因为身体的完整的组织结构既在事实上成为人的力学来源,又孕育生成出人的完整物理存在必遵从的力学原则。人的身体的完整的组织结构实质上是居于身体之中的力学结构,这一力学结构接受身体应对(境遇性)存在所需要,成为指导身体行动的力学原则;这一力学结构向内沉积则生成心灵性的生命力量,其感性的心灵状态就是生命激情。与此不同,人的身体的生物存在,更强调身体的生命功能和物种的组织繁衍功能。

人的身体的生命功能可概括为两个方面：一是生命的自我维护（self-preservation）；二是生命的自我繁衍。生命的自我维护这一身体功能，是个体化的。人的身体自我维护生命的功能，始终相对个人自身而有意义。生命的自我维护的原发形态或曰内在方式是生，即身体被孕育诞生呈现出来的生之朝向，它被表述为本性；生命的自我维护的原发机制是生生，它被表述为本性的功能。人的身体之自我维护的生命功能的内在化，即生命本性，人的身体的生命功能的外在化，就是其身体性的"**意愿**"或"**欲望**"。打通其内在化的本性与外在化的"意愿"或"欲望"的则是其生生机能。与此不同，人的身体繁衍生命的功能，却是物种性质的，虽然这种物种性质的繁衍最终会被赋予种族、家族以至家庭的语义，但繁衍的本质是种族性质的。

生命的自我维护和繁衍生命，此二者构成人的身体的生物学功能。人的身体的生物完整性，必得通过身体之自我维护生命和繁衍生命这两个方面的生物学功能的释放来实现。达尔文在1859年出版的《物种起源》一著的结束语满怀深情地做出以下描述，或许是对生物学的身体的基本生命功能的最精辟的概括：

> 生物世界，壮丽无比，生机勃勃，生命一开始只有一种形式或几种形式；然而，当地球仍旧按照永恒不变的万有引力定律运行时，生物世界已经从最初简单朴素的形式，进化到丰富多彩的奇妙境界，并且还在继续进化着。①

人的身体的生命完整性，构成人的存在的生物完整性，或者说人的存在的生物完整性，实际地呈现人的身体的生物完整性。人的身体的生物完整性的根本前提、基本指标、实际能力从两个方面敞开：一个方面是身体本身具有自我维护生命完整性的能力，它要求人的身体的物理完整性，即要求人的身体的组织结构必须是完整的，必须具备强健的力学原则并能发挥完整身体

---

① ［美］理查德·德威特：《世界观：科学史与科学哲学导论》，李跃乾、张新译，电子工业出版社2014年版，第338页。

的力学功能；另一方面是身体本身具有繁衍生命的能力，这要求身体具有充分地释放和发挥生命本性的生生功能。

人的存在的生物完整性通过"身体"这一中介发挥自我维护生命和繁衍生命的功能，所遵循的生物学原则就是创造性原则。植物学家欧文（Owen）1849年在《四肢的性质》（*Nature of Limds*）写道："原始型（archetype）的观念，远在实际例示这种观念的那些动物存在之前，就在这个行星上生动地在种种变态下而被表示出来了。至于这等生物现象的有次序的继承和进展依据什么自然法则或次级原因，我们还一无所知。"十年之后的1858年，他在"英国科学协会"（British Assciation）的演讲中表达了对生物进化"依据什么自然法则和次级原因"的秘密予以初步揭示，认为生物进化的秘密源于生物自身的创造力，"创造力的连续作用，即生物依规定而形成的原理"[①]。著名植物学家M. 诺丁（Naudin）于1852年发表的讨论物种起源的卓越论文中指出生物物种的可塑性具有自身目的论（principle of finality），并认为这种自具目的论的可塑造性力量是"一种神秘的、无法确定的力量，对某些生物而言，它是宿命的；对另外一些生物而言，它乃是上帝的意志。为了所属类族的命运，这一力量对生物所进行的持续作用，便在世界存在的全部时期内决定了各个生物的形态、大小和寿命。正是这一力量促成了个体和整体的和谐，使其适应于它在整个自然机构中所担负的功能，这就是它之所以存在的原因"[②]。英国生物学家Robert Chambers将生物自具目的性的可塑性力量概括为一种天赋的生命冲动，他在《创造的痕迹》（*Vestiges of Creation*，1844）第十版（1853年）修订中明确地写道："经过仔细考察之后，我决定主张生物界的若干系统，从虽简单的和最古老的达到最高级的和最近代的过程，都是在上帝的意旨下，受着两种冲动支配的结果：第一是生物类型被赋予的冲动，这种冲动在一定时期内，依据生殖，通过直到最高级双子叶植物和脊椎动物为止的诸级体制，使生物前进，这些级数并不多，而且一般有生物性状的间断作为标志，我们发现这些生物性状的间断在确定亲级关系上是一种实际的困难。第二是与生活力相连结另一种冲动，这种冲动代复一代地按照外界环境、食

---

① ［英］达尔文：《物种起源》，周建人、叶笃庄、方宗熙译，商务印书馆1997年版，第8页。
② ［英］达尔文：《物种起源》，第11页。

物、居地的性质以及气候的作用使生物构造发生变异,这就是自然神学所谓的'适应性'。"①

达尔文不用"创造"的概念来表述生物以其目的性方式自塑造的这种天赋的能力,他认为:"关于物种起源,完全可以想象得到的是,一位博物学者如果对生物的相互亲缘关系、胚胎关系、地理分布、地质演替以及其他这类事实加以思考,那么他大概会得出如下结论:**物种不是被独立创造出来的,**而和变种一样,是从其他物种传下来的。尽管如此,这样一个结论即使很有根据。还不能令人满意,除非我们能够阐明这个世界的无数物种怎样发生了变异,以获得应该引起我们赞叹的,如此完善的构造将相互适应性。"②(引者加粗)是因为在他看来,物种不是被单独创造出来的,它要承受许多自身之外的因素的影响,他在《物种起源》第三章"生存斗争"中列举了许多因素,比如气候的影响、个体数目的保护以及具体的物种在自然界中所处的位置及其复杂关系等,尤其根本的因素是"生存斗争"和"自然选择"。达尔文认为,生物自具目的性的自塑造性,并不是以激进的冲动方式展开,而是以渐进的"遗传"和"变异"互为推进的方式展开,其根本的自身动力是生存斗争;其根本的外在动力是自然选择,平衡生存斗争与自然选择的根本方法却是适应,而且指出:在生存斗争与自然选择中,"最适者生存":③

> 全世界所有生物之间的生存斗争,这是它们依照几何级数高度增值的不可避免的结果。这就是马尔萨斯(Malthus)学说在整个动物界和植物界的应用。每一物种所产生的个体,远远超过其可能生存的个体,因而便反复引起生存斗争,于是任何生物所发生的变异,无论多么微小,只要在复杂而时常变化的生活条件下以任何方式有利于自身,就会有较好的生存机会,这样便被自然选择了。根据强有力的遗传原理,任何被选择下来的变种都会有繁殖其变异了的新类型的倾向。④

---

① [英] 达尔文:《物种起源》,第 6—7 页。
② [英] 达尔文:《物种起源》,第 16—17 页。
③ [英] 达尔文:《物种起源》,第 95 页。
④ [英] 达尔文:《物种起源》,第 18 页。

从而把变异按照任何需要的方式累积起来。这样，他便可以使动物和植物适应他自己的利益或爱好。他可以有计划地这样做，或者可以无意识地这样做，这种无意识选择的方法就是保存对他最有用或最合乎他的爱好的那些个体，但没有改变品种的任何企图。他肯定能够借着在每一连续世代中选择那些除了有训练的眼睛睛就不能辨识出来的极其微细的个体差异，来大大影响一个品种的性状，这种无意识的选择过程在形成最显著的和最有用的家养品种中曾经超过重大的作用。人所产生的许多品种在很大程度上具有自然物种的状况，达一事实已由许多品种在很大程度上具有自然物种的状况，这一事实已由许多品种究是变种或本来是不同的物种这一难以解决的疑难问题所示明了。①

这些法则，就其最广泛的意义来说，就是伴随着**"生殖"**的**"生长"**，几乎包含在生殖以内的"遗传"；由于生活条件的间接作用和直接作用以及由于使用和不使用所引起的变异：生殖率如此之高以致引起"生存斗争"，因而导致"自然选择"，并引起"性状分歧"和较少改进的类型的"绝灭"。这样，从自然界的战争里，从饥饿和死亡里，我们便能体会到最可赞美的目的，即高级动物的产生，直接随之而至。认为生命及其若干能力原来是由"造物主"注入到少数类型或一个类型中去的，而且认为在这个行星按照引力的既定法则继续运行的时候，最美丽的和最奇异的类型从如此简单的始端，过去，曾经而且现今还在进化着；这种观点是极其壮丽的。②（引者加粗）

在生物世界，生物为完整自身存在而自我维护生命和繁衍生命的努力所必须遵从的创造性原则，不是以本能为原发动力的激进冲动，是将以本能为原发动力的激进冲动融化为渐进平和明智选择的"遗传－变异"的创造性机制中，以"生存斗争"与"自然选择"相"适应"为准则的方式展开，以"生殖"和"生长"的方式呈现。其中，生殖，诠释了基于生物完整性要求的身体繁衍物种生命的功能；生长，诠释了基于生物完整性要求的身体自我

---

① ［英］达尔文：《物种起源》，第534页。
② ［英］达尔文：《物种起源》，第557页。

维护生命的功能。作为以自然人类学为原发形态和原发机制的文化人类学的人，其存在于世界之中诉求生物完整性的根本努力，就是生长和生殖，即为个体自己的生长而努力的同时，为种群的繁衍担负生育之责，构成人存在于世中的生物完整性呈现，它必要遵从的根本的生物学的创造性原则，就是"物竞天择，适者生存"的原则。这一原则既源于的人的自然人类学本身，也源于宇宙创化的赋予。所以既神圣，更壮丽，因为它续接起自然人类学和宇宙创化论之源，也张扬起文化人类之流，既承传着历史，又书写着未来。这就是人的生物存在的完整性之本质含义，亦是人何以有资格存在于世界之中，而成为神圣的文化主义的物种和人文主义的个体生命的根本秘密。

3. 个体存在的心理完整性

存在于世界中的人，诉求物理的完整性所遵从的力学原则和诉求生物的完整性所遵从的创造性原则，最终直指人的存在的内在性，即直指人的存在的生命本性和人的存在的宇宙本性——**生性**：人因其存在于世而诉求物理的完整性所遵从的力学原则和诉求生物的完整性所遵从的创造性原则的内在源泉，是人的本性之生和宇宙的本性之生。并且，其力学原则和创造性原则的功能发挥也需要启动其原发的生生机制。由此两个方面，人的存在亦要诉求其**心理的完整性**。

人存在于世界中诉求其物理的完整性、生物的完整性和心理的完整性，是解决"人的存在何以可能"的问题。"人的存在何以可能"的问题，不是自然人类学向文化人类学方向进化的问题，而是文化人类学的自我进化问题。文化人类学的自我进化，不是指人成为人的问题，而是指**如何不断地**成为人的问题。人如何不断地成为人，是指人从自然人类学进入文化文化学需要继续成为人，文化人类学的人要继续成为人意味着：人成为人，不是一次性的活动，也不是阶段性的努力，而是永恒性的进程。这是源于文化人类学直接地从自然人类学进化而来，因为自然人类学向文化人类学方向进化并不能摆脱生物学的进化法则和宇宙创化的生生律令而自行法则和律令，而是自始至终地遵从生物学的进化法则和宇宙创化的生生律令。根据生物学的进化法则和宇宙创化的生生律令，从正面讲，人必须不断地成为人，并将不断成为人作为文化人类学的基本标志。对于类来讲，人不断成为人是一个不断展开的永恒进程；对个体而言，人不断成为人是一个不断展开的终身努力。这一永恒进程和终身努力从个体和类两个方面铺开一条只有起点却没有终点的攀越阶梯，在这攀越阶梯上不断地成为人，无论对类而言还是对个体来讲，都是一个不断上升的过程。人不断地成为人，是文化人类学的人从生物本性出发，超越生物本性而建构人文本性、丰富人文本性的努力方式。反之，人若不能不断地成为人，抑或人若抵制不断地成为人，就会重新堕入自然人类学状态，以适应生物本性为指归。从进化论言，人从自然人类学向文化人类学进化之方向呈不可逆性，尽管在某些特定的存在境遇或生存语境下可能会产生个体性的或局部性退化，但那只是偶性的逸出，而不是整体方向的改变。人类进化的方向在整体上不可逆，但这种不可逆性是以人类物种的存在为前提条件。

从文化人类学的自我进化之"不断成为人"这一不可逆方向观，人的物理的完整性、生物的完整性和心理的完整性之间并不相互分离，而是呈整体构成性，三者之间有其内在的逻辑结构和生成机制。由于人的物理的完整性遵从的力学原则和人的生物的完整性遵从的创造性原则，都以人的自然人类学的本性之生和宇宙创化的本性之生为原发动力并以生生为原发机制，人的心理的完整性必然成为其物理的完整性和生物的完整性的动力性因素，人的物理的完整性和生物的完整性构成其心理的完整性敞开自身发挥功能的两翼形态。

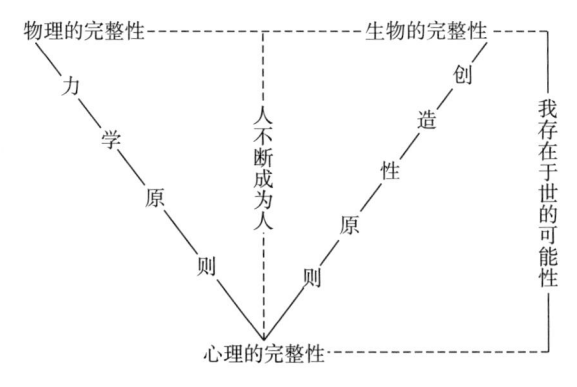

[2-3：人完整地存在于世的可能性向度]

弗兰克·本杰明·戈利指出："人类及其文明通过自然选择而不断进化。人类在其进化的历史过程中作为生物群落中的一个物种，与其他动植物的**互动**决定了人类是否能够存活并繁衍下去。今天，人类犯下的最严重的错误之一，就是认为自己的存在和行为与其他物种毫无关联。事实上，任何物种都不是绝对孤立地存在的，都与其他物种同处一个生命系统之中，相互关联。"[1] 人类存在于世的可能性，在于其相互关联。真正检讨人类自近代一路发展而来所犯的根源，并求从根本消除人类正在继续犯错的必为努力，就是重新续接人的存在与世界的相互关联，使自己重新回到世界之中，成为世界性存在者，但前提是重新认知：人的存在与世界存在的这种相互关联的根本依据，不是外力的赋予，而是人存在的自身要求。人存在的自身要求就是其存在的完整性，它由物理、生物、心理三个维度构成。其中，心理维度的完整性才是根本，因为其物理的完整性遵从的力学原则和其生物的完整性遵从的创造性原则都深深地扎根于心理之中，构成人的存在的完整的动力场源。

人的存在的心理的完整性敞开为三个方面：一是身体学意义的心理的完整性；二是心理学意义的心理的完整性；三是心智论意义的心理的完整性。

人的身体学意义的心理的完整性，就是老生常谈的身心统一。身心统一实际上是身体的统一。在认知上，将身体分解为身心，是对身体的生命化这本原性事实缺乏常识。身体与物有根本区别：身体成为身体，就在于它是生命的；身体之不同于物，是因为物可以无生命。身体的死亡，就是生命从身体中真正消失，当生命从身体中真正消失时，这身体已经不存在而成为尸体，尸体就是无生命之物。所以，身体与生命的死亡之唯一标志，就是生命是否存在于身体之中，生命存在于身体中，是身体；身体丧失生命，则是尸体。

身体的生命化本质，使身心分离的观念成为身体的常识错误，这种常识错误源于哲学早期的世界本原、世界本体、世界本质之问，这种关于世界的本原、本体、本质之问的前提，是可知觉可观感的世界现象，当这种立足于现象展开世界的本原、本体、本质之问的方式转向个体存在时，很自然，可知觉、可观感的身体成了认识的现象，不可知觉、不可观感的身体因为无形，更因为隐逸于身体之中，而将其称为居于身体之中的"心"。因为意识，尤其是记忆的缘故，"心"的观念不仅成立，而且可以超出身体而独自存在，这是因为身体没有意识，没有记忆，更没有因为意识和记忆而来的观念、思想和

---

[1] Frank Benjamin Golley, *A History of the Ecosystem Concept in Ecology: More Than the Sum of the Parts*, New Haven, Yale University Press, 1993.

信仰。不仅如此，又因为自然人类学向文化人类学方向浸润式生成所形成的神话、神，以及由神话、神演绎而来的宗教、上帝、信仰进入人的意识和记忆，它就成为可脱离身体而不灭的永存生命样态。这样，身心分离、身心二元的观念普遍形成，身心统一的努力成为持久的思想战斗方式。

身心分离、身心对立、身心二元是错误的观念，身心统一的努力并不是纠正这种错误，而是承认其错误为正确的前提去弥合分离、对立、二元而使之一体化，所以这种努力只是徒劳之事。真正解决关于身心分离、身心对立、身心二元的错误观念的有效方式，是重新认识身体的生命化。

以生命为表征的身体，自有其裸露的部分和隐蔽的部分，物质的部分和非物质的部分，结构性的部分和非结构性的部分，裸露于外的、物质的、结构性形态的部分，是身体的刚性部分，刚性部分的身体是与外界事物、物体直接交道的身体，也是由外界物体决定身体的那些部分，因而它们经常冲击着身体的柔软部分，这使得它们改变自身的表面，其结果是，身体的柔软部分以另外的方式被呈现。身体的隐蔽的部分、非物质的部分、非结构性形态的部分，是身体的柔软部分，身体的柔软部分并不直接与外在的事物、物质打交道，它与外在世界的交通是间接的，这种间接有两种方式：一是通过刚性的身体部分的方式；二是通过记忆唤起想象的方式。由于身体的刚性部分构成身体的柔软部分与外事物和世界交道的中介方式，所以它直接影响着身体的柔软部分，并以身体知觉的方式作用于身体的柔软部分，以身体的行动方式反映身体的柔软部分的运动。尽管身体的柔软部分被身体的刚性部分以这样或那样的方式呈现，但它依然以自己的方式运动，也同时也以自己的方式激发身体的刚性部分。

人的身体的柔软的部分，就是情感、意识和心灵。但无论是情感、意识还是心灵，都是人的"个体物理的完整性"的构成内容，它是裸露性的、物质性、结构性形态的身体存在敞开运动向内生成的存在样态。所以，对个体言，隐逸于物质性的身体之中的柔软的身体，被物质性的身体或柔软的身体部分对物质性的身体部分的"每一典型的激发"，都可激发或生成出一个有关于人的生物的完整性的"生长"或"生殖"内容，亦有可能激发或生成出一个有关于人的物理的完整性的物理过程或过程性的精细结构。

裸露性、物质性、结构性形态的刚性的身体部分与隐蔽性、非物质性、非结构性形态的柔软的身体部分的互涵，或者互为抱握，构成身体的完整态。生成身体的完整态的动力因素、稳定性因素并非单一的，而是身体的刚性部分和身体的柔软部分本身，即身体的刚性部分因为应对外部环境而启动知觉和身体行动本身构成身体柔软的部分的动力机制，同样，身体柔软的部分以其自身方式运动亦成为推动身体的刚性部分的动力机制。这就是身体的刚性部分与身体的柔软部分之在"不变中变"的互为涵纳或拒斥总是带动身体的刚性部分和身体的柔软部分以各自的方式达于"变不中变"的持守或稳定。所以，身体的刚性部分与身体的柔软部分互为生变和相向持守以求稳定的生成运动方式，构成了身体的完整态。

　　在其身体的完整态之生成、敞开、保持进程中，心智论意义的心理的完整性，是为重要。其重要在于它构成人的心理的完整的内在框架，即天赋的心智之自为新生及其功能发挥的协调和生的框架，成为身体的刚性部分与身体的柔软部分互为动力和互为稳定机制的内稳器。这一内稳器即智商、情商、心商的共生运作，在这一共生运作中，情商为智商提供直接的动力，心商为智商和情商提供方向、目标和原动力机制。这是人的心智的完整性的基本表征；反之，当智商、情商、心商各自为政，或者只片面地张扬智商，而忽视情商的动力性和心商的定位功能、目标功能和原动力功能，人的心智处于残缺性状态。当心智处于各自为政的单向度张扬状态时，身体的柔软部分与身体的刚性部分很难达于自协调的一体存在的完整状态。

　　从构成观，人的天赋自新的心智的基本构成是意识、情感和心灵。意识是智商的基本构成，它向内生成前意识和无意识；向外生成观念、思想、知识。情感是情商的基本构成，无意识是其居所和土壤，向内通连心灵；向外滋养或化解观念、思想、知识；心灵是心商的土壤，它生成自由意志、灵魂和生命激情，为无意识煸旺锻造的炉火，为意识输入信仰、法则和原理的智慧。心灵、情感、意识因为自由意志的定位、灵魂的导向和生命激情的动力发挥而协调共生，形成人的心理学意义的完整态。人的以心灵、情感、意识为基本构成的心理学意义的完整态，构成人的心智论意义的心理的完整性的内稳器和内动力，人的身体论意义的心理的完整性由此获得持久不衰的内生机能。

三　人世界性存在的自然面向

从发问人的实然存在之基本问题引出人的应然生存，拷问人的存在的物理的完整性、生物的完整性和心理的完整性，凸显"人的存在的可能性"之核心问题，乃人的存在的**关联**问题，解决这个问题的本原论方法，就是人以其自己的本原方式栖居于世界之中。于是，人的世界性存在状貌显豁开来，并以自身方式打开了它的全景视域，即场态视域的面向。认知人的世界性存在及其面向成为哲学发问存在的必须任务。

发问的人的世界性存在及其面向，须先明确三个前提性的常识认知：一是"世界"的语义定位；二是看待"世界"的实质；三是看待"世界"的出发点和方式。

"世界"的语义定位　"世界"（world）一语的基本语义有二：一是指地球，或天下（the world）；二是指星球，或天体。显然，以"地球"来定位"世界"，这是特指义，因为地球只是天体中的一颗星球；用"星球"来定位"世界"，应该是一般义，因为它指所有的星球。从星球运动构成的浩瀚空间，可用"天体"来指涉，被笼罩在天体之下的地球，可称之为"天下"。现代科学产生，古典物理学被分有为地球物理学和天体物理学，后者被俗称（或曰通称）为宇宙学，因而，"宇宙"概念成为指称天体的通用术语。所以，地球是世界的特称概念，宇宙是世界的全称概念。

除"地球"和"宇宙"这两个词，还有一个指称"世界"的概念，那就是"自然"（nature），它是相对充满生命的大地言，但由于它的本义是"生"，并有"秩序""法则"和"权力"的含义，获得了统摄地球和其他星球的功能。所以，"自然"概念，既可成为"宇宙"等义概念，也可成为地球和宇宙的统称概念，还可与"宇宙"并用而形成"自然宇宙"。

综上，在狭窄意义上，世界即地球。在一般意义上，世界即自然，或曰自然世界。在特指意义上，世界就是宇宙，或曰自然宇宙。在更宽泛的意义上，世界、自然、宇宙此三个概念可等义互用。

看待"世界"的实质　看待世界的实质诉求，就是认知世界。但看待世界只是认知世界的方式,这种认知世界的方式一旦形成,就形成相对稳定的认知世界的观念倾向、观念视野、观念模式或观念范式。所以,看待世界的实质性结果,是渐进形成相对稳定的认知世界的范式,这一认知世界的稳定性范式,俗称世界观。

"世界观"概念最初由康德提出,他在《判断力批判》(1790)一书中生造了"世界观"(weltanschauung)一词,用以"指人对世界的经验性感知,指人的'世界-观点'。此后,世界观的含义有了扩展,不仅包括对从对自然秩序的感官性把握,也包括对道德经验的范畴性领悟。因而,还在早期的时候,世界观就既包括对实在的现象层面的理解,也包括对实在的道德层面的理解。"① 其后,"世界观一词在各个学术领域被广泛运用,这既证明它在抽象的观念世界中有重要地位,也证明它对各种人类活动具有意义。**一个人最基本的信念或理解框架,组成了他的世界观,或世界-生活观。**基本信念可以用好些词来表示——观念、假设、信念、前提、预设。基本信念直接或间接地影响人类生活的每一方面:它们**指引思想,激发想象,影响直觉,指导道德选择,并决定上述机能具有的价值和优先性。**总体说来,基本信念的作用,在于它有如一个框架和母体,我们据此来理解现实,并努力与这架构保持一致,在它的范围之内生活。"② (引者加粗)认知世界的观念范式、观念视野、观念倾向由基本信念来定位和定型,所以,基本信念构成认知世界的观念范式、观念视野、观念倾向的内在型式和母体,在宗教文化的世界里,"基本信念在性质上是宗教性的,因为它们是基本信念;核心委身在性质上是宗教性的,因为它们是核心委身。**宗教根本而言就是基本信念和核心委身之事,是世界观之事。**因此,**所有的世界观都是宗教性的,而所有的人都是宗教性的人。**我们的一切所思所行,其源头和动力都是核心委身和基本信念——这种东西,圣经称之为'心',并指出它就是我们的存在中心"③ (引者加粗)。

由于世界、自然、宇宙这三个概念可通用,因而,以基本信念为内在型

---

① [美] W. 安德鲁·霍菲克编:《世界观的革命》,余亮译,中国社会科学出版社 2016 年版,第 3 页。
② [美] W. 安德鲁·霍菲克编:《世界观的革命》,第 3—4 页。
③ [美] W. 安德鲁·霍菲克编:《世界观的革命》,第 4 页。

式，以相对稳定的认知的观念范式、观念视野和观念倾向为基本内涵的世界，既是自然观，也是宇宙观，也可在特定的语境中指地球观。

看待"世界"的出发点和方式　　发问人的世界性存在，涉及一个前提性问题，即对人的世界性存在发问从什么地方出发。以归纳的方式，其发问人的世界性存在的出发点主要三个，并由此生成三种方式。一是以人自己为认知出发点，形成以人为本体的认知方式；二是以存在为认知出发点，形成以自然为本体的认知方式；三是以关联为认知的出发点，形成以关联存在为本体的认知方式。

运用如上三种认知方式展开世界认知形成的宇宙观是根本不同：概括地讲，持守以人为本体的认知方式来发问人的世界性存在，形成**人本宇宙观**，由于认为人是宇宙的中心，这种宇宙观也可称为人类中心主义。持守以自然为本体的认知方式来发问人的世界性存在，形成**自然宇宙观**，因为自然的具体构成是物质，也可称为物质宇宙观。由于物质构成宇宙的中心，或称物质中心主义。持守以关联存在为本体的认知方式来发问人的世界性存在，形成本原宇宙观，所谓本原宇宙观，指造物主创造世界万物时本有的整体生成的宇宙样态和型相。

1. 人本宇宙观

人本宇宙观，是宇宙认知历史上后起的世界观念，这种宇宙观是以人自己为本体的方式来看待宇宙，是为人的主体性存在作为出解释的宇宙观，所以人本宇宙观不是神性的宇宙，而是**人性的**宇宙。

人本宇宙观，是人类按自己的意愿来想象和构设世界的宇宙观，这一宇宙观兴起于近代，确立于古典哲学，全面盛行于科学主义时代，却萌生于古希腊。

人本宇宙观的萌生，始于人对存在世界的稳定性的渴望。希腊早期的自然哲学，揭示世界存在既是稳定和可静止的，也是运动和变化。这种"变中不变"和"不变中变"相互交织、相互纠缠的状况，让人倍感不安，因为它不能给人带来持久的稳定。原本弱小的人类从自然人类学状态进入文化人类学状态，因为意识能力的生成性提升，对自己这种弱小存在状况的意识也不断增强，期待那难以把握的变动的感觉世界能够求得不变的稳定性这种渴望几乎成为本能。或许正是这种近乎本能的稳定性渴望的社会性形成和持久的发酵，才最终反映在哲学上，促发爱利亚哲学的兴起，形成对世界的感性运动、变化、多等因素的排斥、剥离，提出抽象的"理神"论、"存在"论以及"飞矢不动"的静态分割方法论，强调整体、统一、一、静止。世界被人的意识过滤而成为人所意愿的秩序世界。

爱利亚哲学对人类认知影响巨大的根本方面，就在于它开启认知世界、认知自然、认识宇宙的一种潜在可能性。这种可能性影响首先通过智者活动呈现出来。智者活动被哲学史和思想史定义为智者运动，作为一种思想运动，本来是一种世俗化的生活智慧的启蒙方式，从表面看，它并不涉及世界认知论的问题。但任何形式的生活智慧运动都将以不同方式从不同角度开启或者揭开形上的认知拷问，智者运动就是这样，它或许以无意识的形下方式承袭爱利亚哲学的思路，首先将早期以关注自然为中心的世界认知论哲学悄然地转向以关注人为中心的世俗主义生活技艺，这种努力所形成的最终成果，是借普罗泰戈拉（Πρωταγόρας，约公元前490－公元前420）之口，提出了"人是万物的尺度，是一切存在者存在的尺度，是一切非存在者不存在的尺度"。

如果说爱利亚哲学的不变存在论和世界静态论为人本宇宙观奠定起第一块基石，那么智者运动的生活哲学和普罗泰戈拉的"人是万物的尺度"论，却为人本宇宙观奠定起第二块基石，因为"人是万物的尺度"论，建立起人对世界的主体论：普罗泰戈拉的"人是万物的尺度"论成为经验主义、主观主义、相对主义的认知源头，而经验主义、主观主义、相对主义分别从不同角度表达了人的主体性，突出了人认知世界的主体论地位。其后，恩培多克勒（μπεδοκλῆς，约公元前495－约公元前435年）的"四根说"、阿那克萨戈拉（Ἀναξαγόρας，约公元前500－前428年）的"种子"说以及留基伯（Λεκιππος，公元前500－公元前440年）和德谟克利特（Δημόκριτος，约公元前460－公元前370年）的"原子"论，分别奠定起人本宇宙观的第三块认知基石，这就是世界物质论。世界物质论的基本理念是世界是由物质构成的，物质构成的世界是可以没有生命的，它的运动是按预定和谐而形成的一种机械方式。

古希腊哲学为人本宇宙观奠定起的这三块基石必达于有机结合态，生成出大地中心论，这应该是奠定人本宇宙观的第四块基石，因为它构成后来以地球为中心的宇宙图景的底色。古希腊哲学为人本宇宙观奠定起来的这四块认知基石，经过中世纪神学的滋养，首先产生神学规训下的新科学，然后是反宗教主义的文艺复兴，以"对人的重新发现"和"对自然的重新发现"的方式开启近代世界，经验主义与唯理主义、唯物论哲学与古典物理学的磨合，正面地建立起机械论世界观。机械论世界观是人本宇宙的基本模型，它抹去了"自然"概念之"生生""秩序""原则"等本义，然后赋予"自然"以非生命的和可以为人任意运用的资源论的观念。这是哲学全面解构本体论形而上学的真正认知基础，也是康德开创认识论形而上学的真正起点。在人们对康德哲学的盲目崇尚的弥久不衰的进程中，却忽视了康德哲学与机械论世界观的隐秘关联，也忽视了康德哲学如何解构本原宇宙论而将实存的世界压缩进人造的世界之中，而真正抛弃人的世界性存在这一本原存在。

怀特海（Alfred North Whitehead，1861–1947）曾在《过程和实在》中断言："欧洲哲学传统最稳定的一般特征，是由对柏拉图的一系列注释组成的。"① 安德鲁·霍菲克在《世界观的革命》中借此指出，"而我们更有理由说，19世纪只是伊曼努尔·康德的注脚。没有哪个哲学家像康德那样主宰身后一个世纪的哲学思考。无论人们怎么看他的观点，19世纪的每一位重要哲学家都相信，康德涉及的论题是每一位严肃的思想家必须回应的"②。在霍菲特看来，康德之具有如此影响力而不得不让每一位严肃的哲学家必须面对它并"回应它"，因为第一，"康德的核心方案要求将自然科学建立在由经验主义和理性主义传统影响的批判哲学框架内。与洛克和休谟的经验论传统比起来，康德主张，印象与印象之间存在着由特定的理智范畴而来的'自然秩序'，**心灵就是通过这些范畴的滤镜来理解现象界**。理性范畴使对于世界的印象黏合在一块。这些范畴并非存在于我们之外，毋宁说，它们是我们理解外在世界的认识论途径"③。（引者加粗）康德批判性地融合经验主义和唯理主

---

① Whitehead, A. N., *Process and Reality*, Cambridge University Press, 1929, p. 53.
② ［美］W. 安德鲁·霍菲克编：《世界观的革命》，第 303 页。
③ ［美］W. 安德鲁·霍菲克编：《世界观的革命》，第 303—304 页。

义的认知传统的这一工作的实质,是要批判性地重组希腊以来的有关于人本宇宙观的四块认知基石,然后以建构范畴体系的方式重建了人本宇宙观的基石,然后以其建构的范畴体系为**过滤镜**来按照绝对主体论的意愿方式过虑存在世界,形成它的两分的世界图本。第二,"康德的遗产事实上将理智探寻分成两个部分:科学的世俗世界(事实的、予料的领域)与宗教的神圣世界(信仰与信任的领域)。世俗世界看重客观性和精明实际的怀疑论,而在宗教界居统治地位的是盲目的相信和对权威的顺从。这两个领域之间实际上没有什么相互作用,而且按康德的看法,我们也不应当去操心做这种沟通"[①]。客观地讲,康德将世界一分为二:"自在之物"的自然世界和以"意志自由"和"人是目的"为基本规定的人的世界。前一个世界是后一个世界的"**待用**"的世界,以怎样的方式"用",这必须有法,这个"法"在过去就是上帝,即上帝制定"法"并发布和监督实施"法",但康德规定**只能且必须**由人——准确地讲是由康德自己——来制定其"法"并发布和监督实施其"法",这就是康德对自然和对人的两个"立法"。通过这两个立法,上帝成为一个形式,一个不得不保留的摆设,因为它只是一个无用的形式和摆设,所以,康德不会去关心它如何来"沟通""宗教世界"和"世俗世界"这两个领域的问题。在康德用范畴的滤镜来过滤的存在世界里,作为造物主的上帝被他处死(一个世纪后尼采才宣告了上帝被康德哲学处死的这一历史事实)了,却保留了"上帝"的语言的形式和物质性的外衣,其目的是要在实质上对上帝予以"人"的转换,所以与此同时,康德自造了一个属人的或者本质上讲"人"的上帝,即立法的理性,更准确地讲,借知性和理性为自然和人立法的"人",其不可消解的隐喻就是康德本人隐然地登上神的大位,即康德创造为自然和人立法的"人",这是他被人本主义狂热的后世所盲目崇拜的真正原因,因为无论在意识的层面还是在无意识的层面,人的存在总是需要上帝和信仰。

康德之如是做,是要将自然存在的世界与人的世界分离,以确立人的主体地位,建立世俗世界的宇宙观、世界观。康德的这种努力,实际地完成了

---

① [美] W. 安德鲁·霍菲克编:《世界观的革命》,第 304 页。

哲学的"主体性转向"在实际上的"定形"。① 康德的"主体性转向"的实质是"信仰的主体转向",即将神从"上帝"转换成为"人"。所以,自康德之后,在"事关实在世界的构造以及世界如何才能被认知这些问题时,个人性的主体(或至少是那些在欧洲一流大学里任教的个体)才是首要权威"②。康德的影响不仅在18世纪和19世纪,而且近200年来,康德一直是各种成色的现代哲学的起点、中心、目标,无论是分析哲学还是现象学,实质上是从康德出发进一步发挥和完成康德的思想,因为无论是分析哲学,还是现象学,分别从语言和意识的意向性两个方面纵向深入地掘进人的主体论问题,在本质上是人的主体论的认识论形而上学的哲学发展,只是现象学也在后来开出了重新恢复本体论形而上学的努力,但最终得出的结论是"哲学的终结"和"终结哲学":"我们的目标并不是以闻所未闻的方式来精心加工和完善我们使用词的规则系统。因为我们所努力达到的清晰真的是完全的清晰。但是,这只意味着:**哲学问题应当完全消失**。真正的发现是这样的发现:**它使我能够中断哲学研究**——如果我想这样的话。——这种发现使哲学得到安宁,从而哲学不再被那些使哲学本身成为问题的问题所折磨。——相反,现在则是用实例来演示方法;而实例的系列可被人们中断。——诸问题都得到解决(困难被消除),而不是单独一个问题。并没有一种哲学方法,尽管的确有许多方法,正如有不同的治疗法一样。"③(引者加粗)"哲学终结于这样一点,它聚集了全部哲学史的最终可能性,作为完成的终结意味着这样的聚集。""**哲学的终结证实了科学技术和安排世界的胜利,以及适合于这个世界的社会秩序的胜利。**"④(引者加粗)不仅分析哲学和现象学,科学主义和唯物质主义的实践论哲学亦是如此,尤其是科学主义和唯物质主义的实践论哲学,虽然在形式上并不尊重康德甚至反对康德的哲学,但骨子里仍然是康德主义的,不

---

① Jeffrey Stout, *The Flight rorn Authority*: *Religion, Morality, and the Quest for Autonomy*, Notre Dame, IN: Notre Dame Press, 1981. Richard Rorty, *The Linguistic Turn*, Chicago: University of Chicago Press, 1967.
② [美] W. 安德鲁·霍菲克编:《世界观的革命》,第304页。
③ [奥] 维特根斯坦:《思想札记》,吉林大学出版社2005年版,第191页。
④ Heidegger, *Basic Writting*s, London, p.375, 377. 参见赵敦华《现代西方哲学新编》,北京大学出版社2001年版,第281页。

论科学主义，还是唯物质主义的实践论哲学，不仅张扬主体论，而且极端地张扬人的主体论，这最为突出地从两个方面展开：一是相对自然、相对存在世界言，这种绝对的主体论可表述为"与天斗其乐无穷"，改造自然，征服地球，掠夺性开发环境资源，是其具体的表征，它展示人类对自然、对存在世界的专制和暴虐。二是相对人的世界言，这种绝对的主体论即"与人斗其乐无穷"，形成形形色色的强权专制、财富专制、技术专制甚至话语专制的"人斗争人""人压迫人""人剥夺人"的主体论。

历史地看，科学主义和唯物质主义的实践论极端地放大了康德的主体论和人本世界观、人本宇宙观，客观地存在一个转换性的中介的激励，这个转换性的中介是黑格尔主义的。康德对19世纪及其后来世界的影响，在许多方面实是通过黑格尔来实现。在现象学的层面，黑格尔是康德哲学的反对者，但在主体论和人本世界观、宇宙观方面，黑格尔以自己的方式对康德哲学予以极端性的发展。康德提出"意志自由"的个体主体论，构建起个体主体论的认识论形而上学，它为黑格尔提供了一种真实的起步，黑格尔将康德个体主义的绝对主体论演绎成抽象主义的既可以解释国家，更可以解释历史的"绝对精神"化的国家主体论，将康德的"人是目的""人只能是目的"的个人自由主义，改造成为国家自由主义，构建起个人服从国家的实践论形而上学。在此双重基础上，黑格尔提出历史的目的表现为"绝对精神"的外化工作。① 国家主体论要能够真正统摄个人自由主义并使之"臣服"，则必须借用**历史的必然性**，黑格尔必须完成对历史和历史观念的改造，重建历史和历史观，揭示观念创造历史、历史演绎观念的内在规律。在黑格尔那里，历史作为这一绝对精神的自我实现而不屈不挠地开展着。换句话说，观念使历史运动，这一运动既不是线性的也不是环形的，而是辩证的。人类历史的进步手段就是伟大观念之间的张力。简单说来，历史的运动就是正题、反题与合题。② 因为"历史上的大多数重大观念形态都是单面的，它们包含的真理伟大但并不全面。这样，一个相对立的观念形态就不可避免地出现了，为的是抓

---

① G. W. F. Hegel, *The Phenomenology of Spirits*, trans., A. V. Miller, Oxford: Clarendon Press, 1977.

② G. W. F. Hegel, *Science of Logic*, trans., A. V. Miller, New York: Humanities Press, 1976.

住真理的其他部分。两个互为反题的观念形态起了冲突,导致两者之间的合题,而这一合题又要在某一时刻面对它的反题"①。

从康德到黑格尔,不仅哲学的主题变换了——康德创建的是绝对主体论的认知论形而上学,所张扬的是个体主论,具体地讲是个体主义的"意志自由"和绝对"目的"论;黑格尔创建的是绝对客观(黑格尔花费了很大力气要将个人主义的主观精神统摄到历史主义的客观精神之中)的实践论形而上学,其张扬的是国家主体论,具体地讲是国家主义的"客观精神"和绝对"目的"论。不仅如此,在对世界的看待上,康德不得不下大工夫去清理"自在之物"的自然存在,给予立法规范,使之符合人的世界的要求性,具体地讲就是使之符合人本化的世界观和人本化的宇宙观,由此不得不实质地扼死上帝和对神的信仰的同时,保留上帝和信仰的形式,然后用"人"的"意志自由"这个新上帝和"人只是目的"这一新信仰去填充已死的上帝和信仰的空间。康德之所以这样做,是因为它面对经验主义和理性主义的本体论形而上学的残余,更要面对上帝创世纪的根深蒂固的信仰传统,为解决这两个问题,它必须以重建范畴方式来建构世界的过滤镜和过滤世界的方法,因而,他必须既为自然立法,又为人立法。康德的如上努力,实际上为黑格尔清除了根本性的障碍,并为黑格尔重建他所意愿的(国家主体论的)人的世界和宇宙来代替自然存在的世界和宇宙。在黑格尔看来,他所创建起来的以国家为主体的可以融合主观精神的绝对客观的实践论形而上学的世界,既是人的世界,也是自然的世界,能够全面解释这个以人的世界来代替自然的世界的那个东西,就是其充满无限的必然性张力的历史观、历史精神、历史信仰。在黑格尔那里,历史的必然性上升成为上帝、神。在神学时代,是上帝创世纪;在康德那里,是人创造世界,所以康德很是张狂地自许道:"只要给我物质,我就用它造出一个宇宙来!这就是说,给我物质,我将给你们指出,宇宙是怎样由此形成的。"② 在黑格尔这里,却是历史创造世界。当然,黑格尔也非常重视自然之维,并系统地研究自然,写出彪炳后世的《自然哲学》,但

---

① [美] W. 安德鲁·霍菲克编:《世界观的革命》,第 305 页。
② [德] 伊曼努尔·康德:《宇宙发展史概论》,上海外国自然科学哲学著作编译组,上海人民出版社 1972 年版,第 17 页。

《自然哲学》同样贯穿历史的必然性。黑格尔在其《耶纳逻辑、形而上学与自然哲学》（1804）"导论"中定义"自然"概念是"**自然界是自我相关的绝对精神**"①，指出"自然是作为他在形式中的理念产生出来的"，揭示自然的本质是"自然界是自我异化的精神"，提出自然哲学研究的根本任务是"扬弃自然和精神的分离，使精神能认识自己在自然内的本质"。② 黑格尔的这种绝对精神主义的自然观，被看成是"变相的宗教创世说"③。费尔巴哈认为："黑格尔关于自然、实在为理念建立的学说，是用理性的说法来表达自然为上帝所创造、物质实体为非物质的、亦即抽象的实体所创造的神学学说。"④ 费尔巴哈如是论只是看到了黑格尔自然哲学的现象学含义，却忽视它的本质论。黑格尔的"理性"即历史的必然性，它构成黑格尔的历史神学：黑格尔的历史哲学就是其历史神学，他以历史神学的"必然性"为依据和方法来解释自然现象，构建自然世界达及的真正的目的，是用国家主论的"历史必然性的"历史神学来真正消解本原性的存在世界、自然和宇宙，以图建构起国家主体论的人本世界论、人本宇宙观。

　　要言之，人本宇宙观即人的主体主义的世界论和宇宙观，通过康德和黑格尔的双重努力，分别构建起从个体到国家，再从国家到个体互为推进的世界论和宇宙观。然而，无论康德式的主体主义的世界论和宇宙观，还是黑格尔式的国家主体主义的世界论和宇宙论，必然要通过个体和国家的双重努力而推向极端，就会产生如黑格尔的辩证法所讲的自反性运动，这种自反性运动就是战争以及现代主义的解构。"第二次世界大战更是使欧洲对过去产生疑问，一种越来越彻底的悲观主义敲响了欧洲美好观念的丧钟。其实，这是法国现代或后现代的各种思想的真正原始的根源。"⑤ 战争放大了业已滋生的现代主义，将古典工业社会予以现代主义重塑，形成现代工业社会，推动现代主义向后现代主义敞开，就是人本世界论和宇宙观，具体地讲就是摆脱"机

---

① ［德］黑格尔：《自然哲学》，梁志学等译，商务印书馆1980年版，第6页。
② ［德］黑格尔：《自然哲学》，第5页。
③ ［德］黑格尔：《自然哲学》，第5页。
④ ［德］恩格斯：《关于改造哲学的临时纲要》，《18世纪末—19世纪初德国哲学》，商务印书馆1960年版，第538页。
⑤ 杜小真：《德里达的解构主义》，《首都师范大学学报》2000年第3期。

械的、科学化的、二元论的、家长式的、欧洲中心论的、人类中心论的、穷兵黩武的和还原的世界"①。

人本世界论和宇宙观之所以最终要走向自反运动，是因为人本世界论和宇宙观以违背人的世界性存在的本性刻意地将人自己置于宇宙的中心，并假定人是自然的主人，人完全可以按照自己的意愿方式来创建世界，来改造自然甚至重建宇宙，比如今天的宇航业应该是人本世界论和宇宙观的一个方面的操作性呈现。在人本世界论和宇宙观鼓动下，人的进程就是"一个理性化、'规范化'和统治日益增长的过程"②。在这个过程中，"强迫技术改善性能并且获得收益的要求首先来自发财的欲望，而不是求知的欲望。技术与利润的有机'结合'先于技术与科学结合"③。所以，"政治阶层的话语仍在使用解放的辞令。但它似乎无法治愈近两个世纪以来的历史给予'现代'理想的创伤。问题不在于缺乏进步，相反，正是科技的发展'工具理性，'技术理性'制造了全面战争、极权主义、富有的北方和贫困的南方之间不断扩大的差距"④。

2. 自然宇宙观

人本宇宙观的根本错误，是**将自在的**存在世界（自然、宇宙）等同人的认知的世界，或者说用人的认知的存在世界来替代自在的存在世界，必然会生成出根本的认知谬误，因为人的认知的存在世界是以人的感官和知觉的工具和方式的，所以贝克莱的观念很自然地成为一种认知自在的存在世界的主导性观念甚至方法，这就是**一切存在源于被感知**："除了我们用感官所感知的事物之外，还有什么上述的物象呢？并且，在我们自己的观念或感觉之外，我们究竟能感知什么呢？"⑤ 当存在被定义为"被感知"的事实和样态时，存

---

① ［美］大卫·格里芬编：《后现代科学》，马季方译，中央编译出版社 1995 年版，第 4 页。
② ［美］斯蒂文·贝斯特、道格拉斯·凯尔纳：《后现代理论》，张志斌译，中央编译出版社 1999 年版，第 145 页。
③ ［法］利奥塔：《后现代状态》，车槿山译，生活·读书·新知三联书店 1997 年版，第 94 页。
④ ［法］利奥塔：《后现代性与公正游戏：利奥塔访谈、书信录》，包亚明译，上海人民出版社 1997 年版，第 170 页。
⑤ 北京大学哲学系外国哲学史教研室：《十六—十八世纪西欧各国哲学》，商务印书馆 1975 年版，第 540 页。

在本身也就隐退,感知到的世界替代性地成为存在的世界。这是近代以来唯心论者或唯物质论者的共识。在近代唯物质主义者们看来,人的认识是以知觉为起点的,所以"全部对自然的解释由感觉开始,由感官的知觉沿着一条径直的、有规则的、谨慎的道路达到理智的知觉,即达到真正的概念和公理"①。近代以来的唯心论也同样如此,比如先验论和表象论者康德认为心灵所认识的并不是事物自身,它只能经由感官知觉取得的表象。一旦抛开这种感觉知觉的表象论,放弃"存在即是被感知"的观念,就有可能发现真实的存在世界本身的自然性、自在性和自为性,承认和尊重存在世界本身的自然性、自在性和自为性,就是自然世界论或自然宇宙观。

历史地看,自然宇宙观基于人类信念的变化而先后呈现出如下三种形态。

大地宇宙观　　这是人类早年经历神话时代之后萌生哲学而产生的宇宙观。

大地宇宙观全称为"以大地为中心的宇宙观",简称大地中心宇宙观或大地宇宙观。大地宇宙观的认知基础是神创宇宙观,神创宇宙观的实质是上帝耶和华创造大地世界。大地宇宙观就是承造物主的创世说传统而演进的物质宇宙观。这里所讲的物质宇宙观,是指世界产生于某种原初的、不可再分的,并且是既生己也生他的最小物质实体,这种物质实体是存在于大地之上且可感受可知觉到的实体性物质,并且这种实质性物质不仅构成世界的原本,而且还成为宇宙及万物生成演化的源泉,即宇宙万物生成的原发机制和原生动力。

这种性质和内涵的大地宇宙观是人类早年的存在认知,它最初通过希腊早期的自然哲学呈现出来。最初呈现这种性质和内涵的大地宇宙观,是伊奥尼亚的哲学家们——泰勒斯、阿那克西曼德、阿那克西美尼等,他们分别提出存在世界的"水"本原论、"无限"本原论和"气"本原论,是以"水""无限"和"气"为世界的始基,宇宙由此得以生成,世界由此得以存在。伊奥尼亚哲学基于经验——包括生活经验和历史经验——而用大地中存在的具体物质形态来解释宇宙如何生成和世界怎样存在,虽然粗糙、简单、直观、

---

① [英]培根:《新工具》,关琪桐译,商务印书馆1938年版,第70页。

朴素，但也间接地再现了"万物有灵"和"是物皆神"的神话传统。稍后的赫拉克利特沿着伊奥尼亚哲学的路子提出"火"本原论，真正否定神创造世界的观念，将自然世界中的"火"这一具体物质形态抽象为普遍化的"永恒的活火"，揭示永恒地燃烧与熄灭循环敞开的火不仅是世界的本原、宇宙生成的源泉，而且其火永恒燃烧与熄灭相循环运动的过程还受一定原则的限制或支配，这是宇宙万物的生成和变化遵循一定尺度或规则，这个尺度和规则就是"逻各斯"。稍后的南意大利哲学家们提出以无形无状的"数"为世界的本原，从大地宇宙观中的个体性的物质现象中抽象出更具普遍性的自然宇宙观，实为后来的"四根说""种子说""原子说"奠定了思维认知的基础。

希腊早期的思想家们将探索宇宙的目光聚焦于他们所能够直接感知的大地，关注世界的本原是什么，以及它如何成为生成宇宙的最初物质形态以及怎样生成的运行机制，因为他们坚信一种质朴的关于世界的理念，这即存在世界或宇宙的基质，一定是由存在于大地之上的一种或几种物质或元素构成，因为他们努力探求以企望能够找到这样的构成世界和宇宙的物质或元素，进而从中发现这些物质或元素如何生成出宇宙万物、怎样使宇宙万物组成的存在世界有秩序的运行的秘密、规律、原则以及本性。希腊早期思想家们提出的如上各说基于质朴的生活经验和历史经验的理性审查所生成的存在认知的基本信念，可以概括为"变中不变"和"不变中变"的大地世界说或大地宇宙观。这种动静相生的大地世界说或大地宇宙观演绎出两类完全不同信念体系的世界说和宇宙观，即亚里士多德的、静止的地球宇宙观，与牛顿的、运动的太阳宇宙观。

地球宇宙观 亚里士多德的地球宇宙观的完整表述是"以地球为中心的宇宙观"，简称地球中心宇宙观或地球宇宙观。亚里士多德的地球宇宙观实是集希腊前期的大地中心宇宙观的大成，希腊前期动静相生的大地宇宙观，经过爱利亚哲学偏好地选择了对"变中不变"的存在论信念的确立，后来通过柏拉图的加固，为亚里士多德的静止的地球宇宙观培育了土壤，创造了基本的信念框架。这一以"地球静止地成为宇宙的中心"为信念的核心框架汇聚起如下信念内容而形成的信念体系。

1. 地球处在宇宙的中心。

2. 地球是静止不动的，它既不围绕太阳一类的其他天体动动，也不沿着自己的轴自转。

3. 行星、月亮和太阳围绕着地球公转，大约每24小时完成一次公转。

4. 在月下的区域，就是地球和月亮之间的区域（包括地球本身），土、水、气、火四种基本元素。

5. 月亮之上区域的天体，就是月亮之外包括月亮、太阳、行星、恒等，是由第五基本元素以太构成的。

6. 每一种基本元素都有自己的本质属性，这个属性就是它们所有外表现之所以产生的原因。

7. 五种基本元素的本质属性，都反映在它们的运动方式上。

8. 土元素具有向宇宙中心运动的天生的倾向（因为地球是宇宙的心，这是岩石垂直落下的原因）。

9. 水元素也有向宇宙中心运动的天生的倾向，但它的倾向没有土元素那么强烈（这是当土和水混合时，都会向下运动，但最终还是水在上、土在下）。

10. 气元素具有向土水之上、火之下的区域运动的天生的倾向（这是吹进水中的空气会形成气泡的原因）。

11. 火元素具有向宇宙中心之外运动的天生的倾向（这是火在空气中会向上燃烧的原因……

12. 构成行星、恒星一类的天体的以太元素，具有做完美圆周运动的天生的倾向（这是行星和恒星不停围绕宇宙的中心地球做圆周运动的原因）。

13. 在月下的区域，运动的物体最终会停下来，要么因为构成它的元素已经回归其在宇宙中的本来位置，要么更多的是因为有某种东西（如地球表面）阻止它回归自己本来的位置。

14. 静止的物体将永远静止，除非有某种动力源（要么是当一个物体向它在宇宙中的本来位置运动时的"自己运动"，要么是外力推动的运动,例如我在课桌上推动我的钢笔)。①

亚里士多德的地球宇宙观在与几乎同时的古希腊天文学家欧多克索那里得到验证,大概是公元前370－360年间,欧多克索(Eupalinus,公元前400－公元347)为解释太阳、月球和行星的运动而提出地球中心说,认为太阳、月球和行星都是以地球为中心而运行的。其后,希腊天文学家希帕克斯(公元前190－公元125)发展了这一地球宇宙观,到公元2世纪,地球宇宙观形成完整的体系,这就是地球中心说体系。自13世纪始,地球宇宙观成为天主教教会公认的世界观,它构成17世纪以前盛行的宇宙结构学说。这一宇宙结构学说认为地球以不动的存在方式居于宇宙中心,太阳、月亮以及其他所有星体都围绕地球运动。

太阳宇宙观　　太阳宇宙观的完整表述是"以太阳这颗恒星为中心的宇宙观",简称太阳中心宇宙观或太阳宇宙观。

客观地看,地球宇宙观是对大地宇宙观的拓展,因为大地宇宙观是通过大地之中的具体物质或元素——具体可感知可知觉的物质或元素,比如水、气、火、土等,或抽象的可感可知觉甚至不可感知的物质或元素,比如水土火气四根、种子、原子等——所建构起来的世界说和宇宙观,地球宇宙观就在此基础上拓展开去,将构成世界和宇宙的物质和元素看成是地球,形成一种整体构成性的宇宙观和世界论。与此不同,太阳宇宙观是对地球宇宙观的抛弃之后的宇宙观重建,认为宇宙构成的物质或元素不能取自于大地或以大地为实质内容的地球,而是既悬于地球之上,又统摄地球的更大的星球,即太阳恒星。这种宇宙观的演绎实源于中世纪后期以来新科学的不断涌现,加之望远镜的发现。波兰天文学家尼古拉·哥白尼(Mikołaj Kopernik,1473－1543)提出著名的"日心说",即太阳居于宇宙的中心,地球等行星均围绕太阳运动。这种以太阳为中心的宇宙观,将亚里士多德创建且后继者发展起来的静止的地球宇宙观毅然抛弃,实得力于17世纪的牛顿(Isaac Newton,1642－1727)经典力学,因为它创造了一套崭新的信念体系,即以"地球是运动的"

---

① [美]理查德·德威特:《世界观:科学史与科学哲学导论》,第8—9页。

为信念核心的太阳宇宙观信念体系，这一信念体系的基本内涵包括如下六个方面：

  1. 地球围绕自己的轴自转，大约每24小时转一圈。
  2. 地球和行星在椭圆形轨道上围绕太阳运转。
  3. 在宇宙中有100多种基本元素。
  4. 物体的运动是因为外力的影响（例如，重力是石头下落的原因）。
  5. 构成行星、恒星、地球的基本元素都是一样的。
  6. 地球上物体的运动规律（例如，运动的物体始终倾向于运动），也适用于行星和恒星。①

3. 本原宇宙观

以太阳为中心的宇宙观，经历牛顿的经典力学虽然强调运动，却将其运动机械模式化，由此使其自然宇宙观因为哲学的主体主义认知论向实践论方向演进，加之古典工业社会向现代工业社会推进的需要，而予以科学主义和唯物质主义的演绎，形成世界论和宇宙观的人本中心化，这种人本世界论和人本宇宙观以加速度的方式远离自然、远离存在世界、远离自然宇宙，最后形成人与自然、人与存在世界、人与宇宙的根本对立，而且人因为实利的需要和满足而不遗余力地推动这种对立加剧，形成不可调和的人与自然的战争，这种人与自然的战争最终影响到人类自身的安全存在。在这种境遇下，重建世界论和宇宙观成为哲学和科学的共同责任。

重建世界论和宇宙观，其实质是使人放弃盲目、自大、狂妄的唯人本理念和信仰，恢复人与自然、人与世界、人与宇宙的本原存在状态，前提是恢复其本原世界论，包括本原存在论和本原宇宙观。

本原宇宙观，就是**原创**宇宙观。所谓原创宇宙观，就是自然、世界、宇宙被创造之初的存在样态，以及这种存在样态蕴含的基本信念、敞开的基本朝向、生成的存在方式和释放出来动力形态及生成机制。

---

  ① ［美］理查德·德威特：《世界观：科学史与科学哲学导论》，第13页。

本原宇宙观是自然宇宙观，但又不同于自然宇宙观。各种自然宇宙观只关注和强调自然、世界、宇宙生成、存在、运动的物质性，却忽视其非物质性的本体内容，即生命、生命本体。本原宇宙观强调自然、世界、宇宙生成、存在、运动的生命本体论，正视其生命本体论的生之本性和由此生成的生生机制及其原动力方式。这种以生命为涵纳方式和张扬方式的生之本性、生生机制和原动力方式，并不是其"物质"所能创造的，它一定是造物主的劳作。自近代以来，在生活领域，尤其是在对存在的探究领域，物质主宰了精神，心理学取代了心灵学、灵魂论，科学取代了神学并自为神学，但科学以一日千里之势向前发展，无论是地球物理学、生物学，还是天体物理学、宇宙学，其向前发展建构的理论达向最终解释依据的探究，总是深感力不从心，而不得不曲折地求助于神学。因为无论是生物学的进化论还是宇宙学的生成论，都不能很信服地解释生物最终来源于何处和宇宙的创造者是谁，古老的、具有无限想象空间的神学提供的世界创造论，相对科学而言总是具有其最终解释的更多可信性。正是在这个意义上，我们仍然需要一种质朴的姿态面对造物主的创世性，承认原创宇宙观更可能是造物主的杰作，其宇宙观的主体是造物主。所以，本原宇宙观是神性的宇宙观，而不是人性的宇宙观，或曰：人类世界的一切形式的人性宇宙观都可能从其**神性**宇宙观中寻找到最终的解释性因素或方法。

从发生学讲，自然、世界、宇宙的发生学不可能是"始基"论或"基质"论，也不可能是"物质"或"元素"本原论，同样不可能是地球创世说或恒星（太阳）创世说（虽然可以说地球运动论或恒星运动论），自然、世界、宇宙的发生学是整体的发生学，它揭示自然、存在、宇宙是被整体地创造出来的，这种能够整体地创造出自然、世界、宇宙的创造者，是人类有限的认知根本无法探知的，这是创世的秘密。这个创世的秘密主体，只能假定为造物主。所以，本原宇宙观是造物主创化自然、世界、宇宙时赋予的宇宙观，是整体生成的世界论、宇宙观、自然观，是关联存在的宇宙观、世界观、自然观。

关联存在的宇宙观、世界论和自然观揭示宇宙创化的秘密，不是突发异想的随意之为，也不是一次性完成，而是蕴含预设的目的性，是不断生成建构的存在进程。

关联存在世界论、宇宙观、自然观的最初形态，通过希腊早期的自然哲学而呈现。希腊早期的自然哲学所呈现出来的世界、宇宙、自然的关联存在发散出两个整体性特征：一是宏观认知的，即它所考量的是"世界的本原""宇宙的生成"和"世界的本质"这样宏大的问题，以求从整体上探知世界、宇宙、自然的规律，为人类存在提供一个认知世界、宇宙、自然的宏观框架。二是动静相生的，即通过探问"世界的本原是什么""宇宙万物是怎样生成的"和"世界的本质是什么"而发现世界、宇宙、自然的存在方式：世界、宇宙、自然以及万物是以变中不变和不变中变的方式敞开其存在，并体现互动与共生。

希腊早期自然哲学呈现的关联存在的世界论、宇宙观、自然观之最初图景，经历中世纪神学的滋养，近代科学革命和哲学革命对它予以机械论和主体论的双重改造，最后在20世纪获得了自新性的发展。这种发展从整体上敞开为前后相继的三种形态。

相对论的宇宙观 在现代人类进程中，宇宙观发展的宏观形态即相对论宇宙观。这既是一种宏观的世界论，也是一种宏观的自然观，它以爱因斯坦（Albert Einstein, 1879 – 1955）的相对论理论为标志。相对论宇宙观是一种目的论宇宙观，认为"宇宙是有目的和本质的，在一个有目的的宇宙上，充满着各种事物，它们朝着自己内在的永恒的本质的目标努力"[①]。相对论宇宙观的目的论是一种终极性预设的静态主义的目的论，它绝对地自持、不变和高稳定化。这是爱因斯坦最早发现量子现象和量子理论，却最为坚决地反对量子理论和哥本哈根诠释的根本原因，用爱因斯坦自己的话讲，上帝不掷骰子："量子力学当然让人印象深刻。但我的内心却有一种声音告诉我，它还不是真实的东西。这个理论说了很多，却并没有真正引领我们接近那位'老人家'的秘密。我，无论如何，深信他不掷骰子。"[②] 爱因斯坦之坚信上帝不掷骰子，是因为他坚信造物主创造宇宙是有目的的，在创造宇宙时赋予宙时以目的，所以宇宙呈现预定的和谐和不变的存在方式与运行轨迹，因而，也可探知和把握。

[①] ［美］理查德·德威特：《世界观：科学史与科学哲学导论》，第339页。
[②] ［英］布莱恩·克莱格：《宇宙大爆炸之前》，虞骏译，海南出版社2016年版，第243页。

爱因斯坦关于宇宙的目的论思想既是其相对论发现的原发动机，也是其相对论的理论目标，并且他将宇宙的目的论思想注入其相对论理论之中，使之构成相对论的哲学思想的基石和方法。在人类科学史，爱因斯坦的相对论历来被认为是科学进入现代的真正标志。但实际上，与其说他是现代科学的标志，不如说他是古典科学的集大成者并开启了现代科学方向。

理查德·德威特在《世界观：科学史与科学哲学导论》中对爱因斯坦及其相对论委婉地评价说："相对论没有强迫我们改变我们世界观的主要部分，它更多的是引导我们重新思考我们对于自己世界观的确信程度。"[①] 德威特的评价很委婉，也很客观：爱因斯坦并没有要求我们去"改变世界的主要部分"，是因为他的物理学理论——包括狭义相对论、广义相对论和统一场论——自始至终贯穿了他的哲学思想。爱因斯坦的哲学由决定论、定域论和因果论三部分构成。从哲学观，他关于世界、宇宙、自然的宇宙观，只是对牛顿的宇宙观的很小一部分的改变。牛顿的经典物理学理论之所以能够开出机械论世界观、宇宙观和自然观，是因为他在哲学层面坚持了三个东西：一是绝对决定论的哲学基础；二是定域论的哲学认识论；三是严格因果的哲学方法论。爱因斯坦对物理学的革命的根本方面，就是将牛顿的经典物理学理论的哲学基石即**绝对决定论**思想修正为**相对决定论**思想，这一思想在物理学理论的建构上就是确定光速为极限时间和最终坐标。在哲学认识论和方法论方面仍然承续了牛顿开创的经典物理学的定域论的哲学认识论和严格因果的哲学方法论。这是爱因斯坦不幸最早遭遇量子现象并且第一个提出量子理论后又毅然抛弃，是因为微观物理领域的波粒二象同时并存并且测不准的双重现象，从根本上违背了既定和谐的宇宙目的论。

以爱因斯坦为代表的相对论宇宙观，在宏观上敞开世界、宇宙、自然的关联存在图景，至少给予我们两个方面的智慧。首先，宇宙关联存在之成为可能，是因为其预定和谐的目的论，这种预定和谐的目的并不是世界、宇宙、自然之外的力量，而是它自身的内在构成性。宇宙的内在构成性之目的论，是造物主按照预设的目的创造宇宙，并同时注入宇宙之中而使之成为它自身

---

① ［美］理查德·德威特：《世界观：科学史与科学哲学导论》，第342—343页。

的内在构成性。所以，关联存在的宇宙是神圣的，而且这种神圣性是内在的、自发的。其次，在相对论宇宙观中，宇宙是自为存在的，但与此同时也有限度、有边界，这种限度、边界既是宇宙自身的相对性，也是宇宙敞开自身之整体与个体，或个体与个体的互为限度和边界。宇宙的限度与边界不仅源于极限光速的终极的制约，同时也源于物理存在的定域性质规定和严格的因果关系限制。如上两个方面既是相对论对我们所居住的宇宙具有非凡的意义，也是为我们能够以世界性方式存在于世界之中的根本启示。

量子力学的宇宙观 爱因斯坦的相对论理论，既集古典力学之大集，又开启了现代科学。现代科学的真正标志应该是量子力学。量子力学将物理学从宏观领域转向微观领域，探求物理存在的最小构成要素的存在方式和运动规律，发现构成物理存在的最小单位量子出现波动状态，形成薛定谔对电子波动性的思考，引发他对量子理论的重大发现，这个发现就是波动力学。他在《关于爱因斯坦的气体理论研究》中强调："如果不认真地对待德布罗意－爱因斯坦关于运动粒子的波动说的话，所采用的气体统计方法将不具备任何意义。"由此进一步认为"这个世界应该以波动性为基础，而粒子只是一个附带的现象而已……运动着的电子就像辐射电磁波上的'浪花'"[①]。不仅如此，量子运动不仅呈波动状态，同时也呈粒子状态，这种同时并存的运动现象被玻尔提炼为量子世界的波粒二象理论。并且，量子运动的波动状态和粒子状态如何转化成更为复杂、更加颠覆人们的认知的问题：量子运动，即使在严格的实验状况下也测不准、没有规律可循。海森堡从这一复杂的量子现象中归纳出测不准原理，因为不仅实验条件、实验设备、实验环境的差异性会导致量子运动的不确定性，而且观测者的情绪甚至个性风格和行动方式也将影响量子运动的状态或倾向。这种状况引发来自相对论和爱因斯坦的严峻挑战，应对这一挑战并必须将理论的假设运用于实验的验证，这就形成诸如贝尔实验等一系列实验，最后量子理论哥本哈根诠释经受住了检验，得出了"**宇宙也是这样**"和"**宇宙本来就是像这样**"的结论[②]。

[①] 魏凤文、高新红编：《仰望量子群星：20世纪量子力学发展史》，浙江教育出版社2016年版，第157页。

[②] ［美］理查德·德威特：《世界观：科学史与科学哲学导论》，第343页。

最终经受住从理论到实验、从实验到哲学，再从哲学到实验的检验的量子理论，从微观的量子领域打开宇宙的新空间、新结构和理解宇宙、理解世界和自然的新方式，展示了本原的宇宙是这样生成的。量子运动的波粒二象和测不准现象，不仅源于量子本身的结构构成和结构方式及其运动方式，更有量子存在及其运动的环境因素。在物理存在的微观领域，哪怕是量子运动，也是面对四面八方和四通八达的存在之场，量子运动是以场的方式展开。这是因为量子运动本身既呈波状，又呈粒子状，并可同时呈波状和粒子状运动。这恰恰揭示了量子的自身结构、构成方式以及内在的结构性运动方式本身是非确定性的，因为确定性来源于单一性，非单一的构成性最终导致存在物自身的非确定性。这仅是一方面；另一方面，量子自身的波粒二象性运动始终处于难以准确观测和把握的困窘，更因为量子存在的任何环境因素都有可能对量子运动产生影响，并且这种影响并不具有确定性范围的制约或条件要求；相反，它是以超距的和非定域化的方式发生影响。比如，一个观测员在早晨出门前与妻子发生了几句不愉快的口角之争，进入实验室后这种不愉快的情绪早已消逝，但这种已经消逝的不愉快情绪仍然影响其后的实验观测结果，对个体来讲，从身体中生发出来的情绪虽然在意识的层面消逝了，但在一定的时间范围内并没有真正地消除，而是潜伏于心中成为一种前意识或无意识状态，所以它以无意识的方式暗中发挥一种对实验观测的"超距"性影响。

在存在世界里，物理存在的微观结构、微观构成方式、微观运动方式最终不过是物理存在的宏观结构、宏观构成方式和宏观运动方式的缩影，或可说物理存在的微观结构、微观构成方式、微观运动方式构成了物理存在宏观结构、宏观构成方式和宏观运动方式的**内型式**。物理微观世界的复杂量子运动呈现出来的波粒二象运动和非确定性的测不准现象，从根本上颠覆了人们的传统思维和认知。从哲学观，这种让传统思维和认知难以接受的复杂量子现象，恰恰敞开了宇宙生成运动的本原状态。从根本讲，宇宙的生成是四面八方和四通八达的，这种四面八方和四通八达性的场化生成运动，使宇宙及其万物获得了超距的和非定域功能。进一步讲，量子力学之所以成为现代科学的真正标志，是因为它重建了科学的哲学基石、哲学认识论和哲学方法。量子力学通过量子运动的波粒二象理论的建构和测不准原理的归纳，真正摧毁了古典科学的决定论基石，包括以牛顿为代表的经典力学的**绝对决定论**基石和以爱因斯坦为代表的相对论的**相对决定论**基石，揭示宇宙运动的非确定性状态，并在此基础上拆除了古典科学的定域论认识论，引导人们正视了物理运动、世界生变、宇宙生成始终是**关联**性的，并且这种关联性是四面八方和四通八达的，是不完全受直接的地域、条件、环境的限制，存在的关联既可是直接性的，更是间接性和远距的。因而，事物与事物之间、存在与存在之间，甚至在时空与时空之间，可能是因果的，但绝不只是直接的单向因果关联，亦是始终随存在运动本身而生成性地呈现多向度的、超距或远距性质的因果关联性。

量子力学通过量子现象对世界运动和宇宙生成的非确定性、非定域性和多向因果性的本原存在状态的揭示，而真正打开了现代科学的大门，完全不同于传统科学模式和方式的新科学源源不断地涌现出来，且日新月异。即使是传统的基础科学，比如数学、物理学、生物学、宇宙学等都以更新的方式满血复活了自己，突变论、自组织理论、分形学、混沌学、宇宙爆炸假说、多重宇宙论、超弦学等，都从量子力学理论，尤其是其非确定性哲学本体论、非定域性哲学认识论和多向因果哲学方法论中吸取取之不尽、用之不竭的营养。物理学家霍金（Stephen William Hawking，1942 – 2018）认为世界的关联性存在"可能存在无限多的宇宙变化，它们在一定程度上彼此平行，形成一个宇宙共同的模式，我们可以因此而从中找到一个，发现它，这就是我们居住的宇宙"[1]。牛津大学大卫·多伊奇（David Deutsch）也认为多重宇宙是最简单的量子力学诠释，他说："从假定上，它是最简单而廉价的，对宇宙来说，它则是最宝贵的。"[2]

不仅如此，哥本哈根诠释的量子理论颠覆了人们对存在"实体""真实"的认识。因为量子理论与经典物理学的根本不同在于：它不是一种独立于实验者的自由（意志）而做出决定并构建起来的物理世界的理论。约翰·贝尔对此曾做出明确的表述，指出："业已证明，量子力学不可能'完全'成为一

---

[1] Hauking, *A Brief History of Time*. Or John Gribbin, *In Search of the Big Bang*.

[2] Davies and Brown, *The Ghost in the Atom*, p. 84. John Gribbin, *Schrodinger's Kittens and The Search for Reality Solving the Quantum Mysteries*, Little Brown and Company, Boston New York, 1995, p. 163

种定域因果关系理论,至少只要我们允许有……自由操作的实验者。"① 在量子理论中,微观宇宙领域的量子真实,或者说通过量子真实呈现出来的本原宇宙,与经典物理学以及相对论理论呈现出来的本原宇宙的"真实"含义根本不同。比如爱因斯坦所看到的"真实"的本原宇宙是独立的客观存在,认为人的"观察"不过是揭露这一已经"存在"的宇宙"实在"。虽然人在其观察过程中可能会发生某些"触碰"现象而观察到的"实在"有所影响,但由于其观察之前这个本原"实在"的宇宙已经"存在"着,所以这些偶发性的"触碰"不会妨碍宇宙原本的"真实";并且,人们更可能根据已有的经验将其偶发性的"触碰"带来的影响予以解构性处理,最终可揭示出本原"真实"的宇宙本身是什么。② 爱因斯坦关于本原宇宙的如此"真实"信念,却被量子力学所颠覆了。玻尔认为"真实"并不能客观地"独立存在",它总是伴随人的介入而敞开。玻尔强调讨论存在世界、宇宙、自然以及任何个体的事物,总是不能忽视"观察"主体和"观察"行为,否则,有关于"真实"的讨论就没有任何意义。在玻尔看来,人们在论及物理存在时都是在与"现象""性质""表现""状态"以及"变化"内容等打交道。一切形态或样式的现象、性质、状态以及变化等都离不开人的"观察",当我们考察物理的"真实"时,不可避免地涉及"人"本身,人的精神、思想、观点、视角以及作为审视物理"真实"的主体的具体思维方式、语言等无不通过"观察"行为及方式渗透到其存在的"真实"之中。尤其是人的"精神"因素对观察的影响不可忽视,忽视或不承认这种影响,根本不可能确定何为"真实",更不可能在同一境遇或同一时空框架中判断哪个观测结果更为"真实"。③ 玻姆(David Joseph Bohm,1917 – 1992)却以更平和的方式看待本原宇宙的真实问题,提出既不同于玻尔也不同于爱因斯坦的另一种观测角度的"真实"的宇宙观,指出"宇宙在人对它考察之前就存在着、演化着,除非像

---

① [美]布鲁斯·罗森布鲁姆、弗雷德·库特纳:《量子之谜:物理学遇到的意识》,向真译,湖南科学技术出版社2014年版,第267页。
② 魏凤文、高新红编:《仰望量子群星:20世纪量子力学发展史》,第413页。
③ 魏凤文、高新红编:《仰望量子群星:20世纪量子力学发展史》,第413页。

贝克莱大主教所说的那样,把宇宙归属于上帝"①。惠勒(John Archibald Wheeler,1911－2008)沿着玻尔的路子前行,从时间角度切入发展量子力学的哥本哈根诠释,并将量子力学的哥本哈根诠释思想和方法推向一种极致状态,尤其在微观宇宙领域的量子"真实"方面,特别强调"观察"的作用。惠勒将"观察"比喻为无坚不摧的"铁柱"。他在《宇宙逍遥》一著中提出"真实是由一些观察的'铁柱'和其间的理论及想象构成的",并指出"先定义概念再繁衍理论,这是不可能的;然而先有'实在'再有观察者的观察也是不可能的,因为理论、概念、定律和一些测量都是不可分离的,是同时呈现出来的"。②

量子力学哥本哈根诠释对微观宇宙领域的量子"真实"的讨论得出的如上基本判断,同样适合宏观宇宙领域存在"真实"的考量,它揭示一个基本的存在事实,即关联存在。只要有人的存在,只要有参与其存在的领域、事物、事件、过程,全部的真实都是关联性的;同样,只要有物的存在,只要有某物参与其存在的领域、事物、事件、过程,其存在的真实同样是关联性的。当讨论或观测任何存在时,所讨论或观测的存在以及我们自己和由此带动的其他相关事物,就事实地构成真实的关联存在状态,这种关联存在状态就是本原存在,亦是本原真实。

不仅如此,量子力学哥本哈根诠释还打开更为广阔的世界,这就是人本身存在。人本身存在的无限可能性,那就是人的精神世界。在固有的认知模式里,人的精神的核心问题是意识,从人的精神结构的构成性及功能看,意识确实是人的精神世界的关键因素,因为它向外与所有行为发生关联,向内它带动起前意识、无意识和心灵,同时也带动情感,并制约或激发人的心智,意识对人的精神的构成和功能是独一无二的。这是心理学从哲学中独立出来成为自然科学成员之后,形成以意识为中心的研究范式和研究体系的根本原因,也是心理学的发展始终与相关科学比如脑科学、神经学、生理学、生物学发展息息相关的原因。但一个客观的历史事实是,在所有的科学中,对心

---

① Manjit Kumar, *Quantum, Einstein, Bohr and The Great Debate About The Nature of Reality*, W. W Norton & Company, 2010, p. 186; Quoted Aczel, p. 357.

② [美]约翰·惠勒:《宇宙逍遥》,田松南、宫梅芳译,北京理工大学出版社1998年版,第14页。

理学影响最大而且涉及心理学的研究范围、研究范式和研究方法的学科，仍然是物理学。物理学领域的任何巨大的突破都直接冲击心理学。量子力学的哥本哈根诠释理论更是如此，它对意识的看待和探究形成的对心理学的影响将无可估量。戴维·查默斯说："意识带来了脑科学是最令人费解的问题。在我们知道的东西里，没有什么比意识经验更熟悉的了，但也没有什么能比意识更难解释的了。"① 因为"对于我们指定的任何物理过程，存在一个悬而未决的问题：为什么这个过程会产生（意识）经验？假如存在这样的过程，它可以……在没有经验的情况下（存在），这在概念上是说得通的。这样，就不会有对物理过程的单纯解释能告诉我们为什么会出现经验。**经验的突现不是通过物理理论的推演就可以说明的**"②。（引者加粗）人的经验的凸显为何不能通过物理的推演来说明？哲学家丹尼尔·丹尼特给予其解释理由，他说："物理能量或质量不与它们（从心灵传给大脑的信号）相联系，那么如果心灵要对身体施加影响，对于这些信号作用下脑细胞所发生的事情，它们该如何发挥作用呢？……新标准下物理学与二元论之间的这种矛盾……被广泛认为是二元论不可避免的和致命的缺陷。"③ 认知科学家唐纳德·霍夫曼更是激进地认为，"我相信意识及其内容都存在。时空、物质和场从来就不是宇宙的基本常客，而是从一开始就是意识的谦卑的内容。**它们的存在非常依赖于意识**"。（引者加粗）心理学家尼古拉斯·汉弗莱亦以另外的方式表达了同样的看法，他认为"人的意识是一种魔术伎俩，旨在欺骗我们，以为我们是一种莫名的神秘的存在"④。在唯物质论哲学的标准表述中，意识是存在的反应，意识依赖于存在，精神是物质的附属物，现代心理学的各种理论，虽然在刻画人的心理的形式和语言表述等方面呈现创新，但根本的观念和信念仍然是存在、物质主导意识和精神的二元论；哥本哈根诠释的量子理论却完全颠覆了这种认知模式，因为"当物理理论的领地扩展到包括量子力学创建的微观现象后，意识观念再度冒头：量子力学要想不考虑意识问题就得到完全自洽

---

① ［美］布鲁斯·罗森布鲁姆、弗雷德·库特纳：《量子之谜：物理学遇到的意识》，第260页。
② ［美］布鲁斯·罗森布鲁姆、弗雷德·库特纳：《量子之谜：物理学遇到的意识》，第274页。
③ ［美］布鲁斯·罗森布鲁姆、弗雷德·库特纳：《量子之谜：物理学遇到的意识》，第275页。
④ ［美］布鲁斯·罗森布鲁姆、弗雷德·库特纳：《量子之谜：物理学遇到的意识》，第276页。

的形式体系是不可能的"。微观宇宙领域的量子运动展示：量子既是一种物质实体，因为它呈粒子状，同时也是一种非物质实体，因为亦呈波状。微观宇宙领域的量子运动，将物质与非物质、存在与精神一体化，它本身既是物质又是非物质，既是存在的物质实体又是存在的精神实体，因而，意识本身是一种实体，是一种客观存在，时空、物质、场等与意识构成实质性关联存在。这正如布鲁斯·罗森布鲁姆指出的那样，自量子力学产生以来，意识之谜与量子之谜不只是两个毫不相关的奥秘，而是形成一种内在的关联性，因为量子之谜的实验向人们展现了客观的、"外在的"物理世界的谜团；而意识则向人们展现出主观的、"此地的"精神世界的谜团。量子力学似乎可以将二者联系在一起形成存在的整体。①

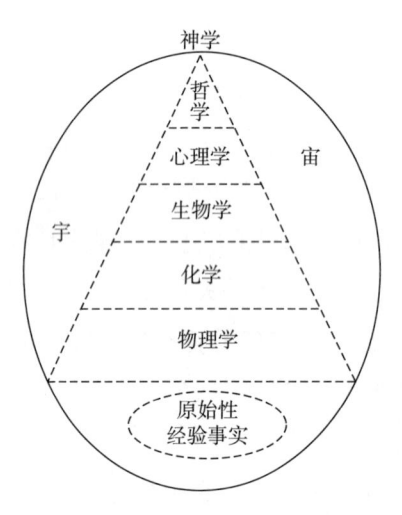

[2-4（1）：科学与原始经验的关联]　　　[2-4（2）：科学与意识的内在关联]

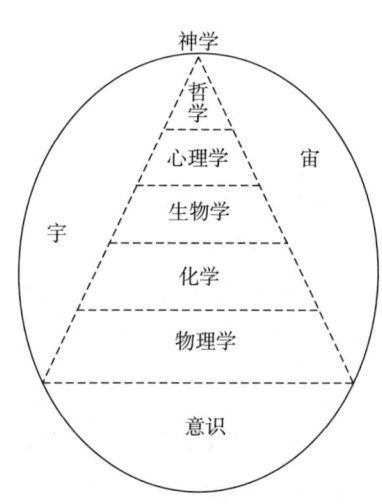

科学，就其本身言始终是分层的，每个层次都有表述它自身独立存在的一套概念。然而，概念"这种新的还原论视角却改变了我们所熟悉的科学大厦的基础"②。这是因为人是生物，生物由此成为寻求心理现象解释的可行方式，而生物现象可以被还原为化学过程；化学现象的产生本质上遵从量子物理学的原子之间的相互作用法则。物理学本身则被认为基于坚实的原始经验，

---

① ［美］布鲁斯·罗森布鲁姆、弗雷德·库特纳：《量子之谜：物理学遇到的意识》，第280页。
② ［美］布鲁斯·罗森布鲁姆、弗雷德·库特纳：《量子之谜：物理学遇到的意识》，第285页。

以原始经验为认知基础的物理学最终是基于观察,但观察又始终以知觉的方式涉及(从发生学讲,是以知觉生发印象沉积观念的方式诞生意识,其后又以知觉的方式带动意识)意识。所以布鲁斯·罗森布鲁姆指出,对如何认识人的意识能否对大脑之外的事物产生直接影响,量子力学哥本哈根诠释却为其提供了许多引人注目的类比。客观地讲,类比虽然不能证明什么,但可以激发和引导人们突破固有思维模式做新的思考,比如,18世纪的启蒙运动恰恰是通过与牛顿力学的类比而引发出来的。玻尔因此提出一个基本观点,即"联想性思考的持续向前冲动与人的个性上统一的保守性之间形成的强烈对比,展现了由叠加原理支配的物质粒子运动的波动描述与这些粒子坚不可摧的个体性之间富于启发的类比关系。"①。

生成论的宇宙观 相对论理论揭示了关联存在的宇宙之预成和谐的目的论、最终存在的限度性和边界性;与此不同,量子力学理论揭示了关联存在的宇宙是物质与非物质、存在与意识、确定与非确定、有序与无序、单一性与多元性、自闭性与开放性的同一,由此生成看待关联存在的宇宙的实质是看待者与看待对象之间必然地生成关联的存在。量子力学探测微观宇宙领域量子运动形成的理论和方法,也凸显出关联存在的宇宙世界和自然事物的内在的有机性、生成性和自为敞开的过程性,打开了考量关联存在的宇宙世界之有机、生成及生成过程化的可能性空间。

根本说来,关联存在的宇宙观所要解决的基础性问题,是宇宙世界以关联的方式构成其本原存在要得到真正的正视和承认,必须解决怀疑论和独断论的认知姿态和思想模式。比较而言,怀疑论来源于不承认人在宇宙世界面前的弱小,由此导致人对宇宙世界的认知始终龟缩于自为的经验模式中不愿自拔,面对浩瀚的宇宙世界和外部存在而生成自为卑鄙的不可知论。与此相反,独断论自以为人居于宇宙的中心,是世界的主宰,宇宙世界是在自己驾驭之下存在并始终驯服地接受人的任性安排,人意愿宇宙世界成为什么样子,它就成为什么样子。牛顿经典力学、机械论世界观、爱因斯坦相对论、唯心本主义和唯物质主义的哲学以及由此形成的康德主义或黑格尔主义等,都体

---

① [美]布鲁斯·罗森布鲁姆、弗雷德·库特纳:《量子之谜:物理学遇到的意识》,第297—298页。

现这种自为其大于宇宙世界和自然存在的独断论。比较而言，怀疑论自卑于宇宙世界而无暇关注其关联存在，独断论自为傲慢而不屑于正视宇宙世界的关联存在。当无视或忽视宇宙世界及万物生变的关联存在这一本原性质、本原取向和本原状态时，无论认识人自己（的精神、意识、情感、心灵）还是认识宇宙世界及万物生变，都会殊途同归于二元论模式。二元论的本质是等级论，怀疑论和独断论都以自己的方式喧哗等级论：怀疑论以自为卑鄙的方式喧哗的等级是人在宇宙面前的弱小；独断论以自为其大的方式喧哗的等级是人是宇宙的主人。由于怀疑论和独断论分别以自为的方式构筑起人与宇宙之间的等级结构，并以此为母体性框架构筑起物与物、物种与物种、人与物、人与人、男与女以及拓展开去构筑起权利与权力、权力与权力、财富与财富、有知与无知、大知与小知等等级体系。所以，二元论在实质上构成传统哲学的代名词："传统哲学的一个二元对立命题中，除了森严的等级高低，绝无两个对项的和平共处，一个单项在价值、逻辑等方面统治着另一单项，高居发号施令的地位。解构这个对立命题归根到底，便是在一定时机把它的等级秩序颠倒过来。"① 以正本清源的方式消灭等级的机制和等级的观念，必须消解认知的二元论模式；要从根本上消解二元论模式，必解决怀疑论和独断论；要真正消灭怀疑论和独断论，必须客观地看待人自己和存在于其中的宇宙世界。过程哲学家怀特海为我们提供看待自己和宇宙的基本姿态，他说：

> 人类组成了一个小的动物群体，在一个很短的时间里，它很难将其自身与太阳系中一个小行星上的大量的动物生命区别开来。宇宙是巨大的。没有任何东西比自足的独断论更难以理解了，由于它，人类在其历史的每个时期对其现存的知识模式的终极性都很珍视。**怀疑论者和信徒们都一样。在这个时刻，科学家和怀疑论者是主要的独断论者**。细节中的进展得到了论证：根本的创新却被禁止了。这种独断的常识乃是哲学冒险的坟墓（death）。宇宙是巨大的。②（引者加粗）

---

① ［美］乔纳森：《论解构》，陆扬译，中国社会科学出版社1998年版，第72页。
② ［英］怀特海：《科学与哲学论文集》，王启超等译，首都师范大学出版社2017年版，第112页。

第 2 章 人是世界性存在者

看待人和宇宙的基本姿态,首先是承认人在宇宙面前的"小";其次是承认宇宙在人面前的"大"。宇宙之大,是宇宙的本原存在状态,承认宇宙之大,是消解独断论的认知良方。人之小,是人的本原存在状态,承认人之小,并不能消解怀疑论,却为消解怀疑论提供了可能性。因为本原是小的人,也存在于宇宙之中,并构成宇宙不可或缺的有机组成部分;本原为大的宇宙,却因为诸如本原其"小"的人这样的具体存在所合生形成。所以,大源于小,小呈现大亦彰显大,没有小,则无所谓有大;因为其大,才彰显其小并使小之存在本身意义重大、价值重大。所以,宇宙之大,乃万物之聚合;万物之小,实宇宙之自为分有。大与小之间既互为关联,也互为生成,更互为敞开其关联和生成的过程,所以"万物**在任何意义上**都是某物,因而都表达了它对那些终极原则的依赖,所以在相关的宇宙中有各种各样的存在和各种类型的存在"①。

宇宙的关联存在,构成宇宙的本原存在。正确认识呈现宇宙之本原存在的"关联"概念、内涵、性质及基本倾向,是其根本前提。呈现宇宙之本原存在的"关联",不是外在的组合,也不是联合,更无横向的倾向。关联之于宇宙,不是其敞开样态,而是其内在型式。关联是宇宙本原存在的自为组织型式和内在构架方式,所以,关联不是相关之物的组合或拼写,而是相关或不相关、同构或异构之存在能相互抱握②的方式**合生共生**的内生机制,它蕴含内生的动力和内生的方式。所以,"关联"展现本原存在的宇宙的内在有机性,揭示宇宙本原存在的秘密在于它自身是有机的存在。在传统的认识世界里,有机性的问题只属于生物学问题。在生物学中,有机体(organism)概念并不能表示瞬间的物质分布,因为"有机体的本质是发挥机能并且在空间中具有广延。然而发挥机能时需要时间,因而生物学上的有机体,是其存在本

---

① [英]怀特海:《科学与哲学论文集》,第 113 页。
② "抱握"(Prehension)概念在《科学与近代世界》中是作为"非认识性把握"(uncognitive)的意义上使用的,它是指"在被赋予关系的具体事实"(Concrete Fact of Relatedness),表示自然内部具体的相关性(relatednerss),即"一个活动性存在被各式各样范畴的存在赋予关系",即其他的活动性存在、永恒客体、结合体、命题、多样性、对比等,凡是可称为"有"的一切存在,在一个活动性存在的形成之际保持着具体的、确定的关系。表示这种具体性的关系性的事实的最普遍的术语是"抱握"。[日]田中裕:《怀特海有机哲学》,包国光译,河北教育出版社 2001 年版,第 215 页。

质的生成或与时空延续生成的统一体,这种生物学的概念明显地与(物理学的)传统看法不相容"①。本原宇宙以关联方式存在却揭示有机性的问题并不只是一个生物学问题,它首先并且是一个宇宙学问题。只有当宇宙自具生的有机性动力和有机生成机制时,构成宇宙的万物才可生成其有机性。所以,本原宇宙之关联存在的实质,是内生有机动力、有机机制和有机功能的存在。

关联存在的本原宇宙是有机的宇宙,有机的宇宙是内生的。宇宙的内生源于造物主创化宇宙的本原性生成,所以,宇宙内生的原发机制和原动力量是造物主创化宇宙本身。基于其创化所赋予的内生性诉求敞开内外两个方面,就内在方面讲,宇宙处于自为生成的状态和自为生生的进程。宇宙的自为生成状态和自为生生进程向外释放,形成宇宙的关联生成状态和关联生生进程,这就是宇宙的自生和生它。宇宙的自生和生它,构成完整的有机生成论的宇宙观,这种有机生成论的宇宙论,就是自为发展的宇宙观,它的前提是宇宙的自为发展。宇宙的自为发展,就是宇宙本原存在的关联样态,简称本原宇宙,它使存在于其中的所有存在者均以宇宙的方式存在成为可能,也是人成为世界性存在者的最终解释依据。

四 人世界性存在的社会面向

人的世界性存在敞开为两个维度——自然维度和社会维度。由于人从自然人类学走向文化人类学并始终扎根于自然人类学,人的世界性存在的自然一维构成其社会一维的基础,人的世界性存在的社会面向始终以其自然面向为面向,并接受其自然面向,即以本原宇宙的关联存在的生成法则为导向。

人的世界性存在的社会面向同其自然面向一样,既承受四面八方又朝向四通八达,但要受自然人类学和文化人类学两个方面的指涉。作为自然人类学意义的"社会"是相对"宇宙"言,可用"自然社会"一词指称;作为文化人类学意义的"社会"相对"自然"言,其语义呈开放性生成的多向度,但基本的语义维度却是"国家"和"人类",由此形成国家社会或人类社会两个面向。

---

① [英]怀特海:《自然知识原理》,转引自[日]田中裕《怀特海有机哲学》,第43—44页。

社会，无论国家社会还是人类社会，都有其本原性位态，这种本原性位态就是生态。由此形成人的世界性存在的社会面向与其自然面向不同：人的世界性存在的自然面向是**关联生成**的，即以关联的方式生成存在；人的世界性存在的社会面向却是**位态生成**的，即以本原位态的方式生成存在。

1. 国家社会面向

人的世界性存在的社会面向，是人的国家社会存在，简称国家存在。国家并不是任意的产物，其产生受两个方面因素的激励。

第一个激励因素是人种。国家是由人缔造出来的。人缔造国家是以人种为凝聚力，即个人通过人种而凝聚在一起共同缔造国家。具体地讲，人种通过繁衍而生成民族，民族缔造国家。所以，国家的缔造是以民族为基本单位。人类的国家类型只有三种：一是单民族缔造的国家，比如大和民族缔造了日本国；二是多民族共同缔造的国家，比如美利坚合众国；三是一个民族分蘖出几个国家，比如朝鲜和韩国是一个民族。

第二个激励因素是生存。个体之人，为解决继续存在的物质资源和精神资源的需要以及情感和生理的需要，必得走向他人而形成结成互借智-力和情感-精神而共谋生存共得存在。这就自然形成以"滚雪球"的方式形成社会，缔造出国家来。亚里士多德在《政治学》中论及国家的最初形态城邦的起源时指出，个人不能独立地存在，更不能独自延续物种，只有相互依存的成年男女基于生理的需要而结合，实现了生育，才产生家庭。亚里士多德认为："男女同主奴这两种关系的结合，首先就组成'家庭'。"家庭因为生育的繁衍而扩展成为村坊，村坊的发展形成横向联合，才为产生城邦创造了条件。"家庭就成为人类满足日常生活需要而建立的社会的基本形式；……其次一种形式的团体——为了适应更广大的生活需要而由若干家庭组成的初级形式——便是'村坊'（Κωμη）。村坊最自然的形式是由一个家庭繁殖而衍生的聚落。"①"等到由若干村坊组合而为'城市'（城邦，πόλις），社会就进化到高级而完备的境界，在这种社会团体内，人类的生活可以获得完全的自给自足。我们也可以这样说：城邦的长成出于人类'生活'的发展，而其实际

---

① [古希腊] 亚里士多德：《政治学》，吴寿彭译，商务印书馆1983年版，第5、6页。

的存在却是为了'优良的生活'。"①

个人对国家的需要,既是基于解决基本的生理问题和生计问题,也是为能过上更好的生活,包括存在安全、物质生活两方面的保障和人际之间在情感、精神等方面的自足和美化等。人对如上方面的存在要求所形成的对国家社会的需要表明,人的世界性的基本维度是国家社会,国家社会构成人的世界性存在的基本社会面向。

人的世界性存在需要国家社会这一实存事实,揭示了国家社会的位态决定着它在多大程度上满足人的世界性存在之基本社会需要。国家社会的位态,即国家社会的存在状态及取向和态势。国家社会位态客观地存在着应然与实然的区分。应然的国家社会位态,是基于人为其共同意愿、共同需要以及共同意志而缔造的国家社会,是亚里士多德所讲的作为其"最高的善业"而可为人们的共同存在提供"优良的生活"的环境、条件、平台、制度机制和保障方式,所以,应然的国家社会位态是生生取向的**生境位态**。但应然的东西始终呈理想的成分,而理想的东西总客观地存在于实际的非对应性现实,国家社会位态亦是如此,因而,应然的国家社会位态是可诉求的,但这种可诉求性是建立在实然的国家社会位态基础上的,所谓实然的国家社会位态,是指国家社会的现实存在状态及其取向和势态。

从发生学讲,一个具体的国家社会其存在的实然位态的形成源于众多因素的汇聚,是对众多因素的汇聚性生成,但其中最重要的因素有五:一是民族缔造国家的过程中获得的实际的具有合法性的疆域空间的广阔程度。二是民族是在何种地域环境中缔造国家,并由此使自己的国家处于什么样的地域之中。三是其地域化的国家疆域中的气候状况、水土状况和资源状况。四是缔造该国家社会的人种天赋和气质。五是缔造国家社会的民族的人种生产能力。

如上各主要因素相对任何一个国家社会言都是基本的,而且其中每个因素都体现相对的张力空间和最终限度,对一个国家社会言,能够使其实然存在的位态产生应然性改变的主要因素有四。

---

① [古希腊] 亚里士多德:《政治学》,第7页。

第一个因素是人口问题及增长速度。

人口增长涉及人种生产能力。人种生产能力与人种本身息息相关,不同的人种其人口生产能力并不相同,不同国家社会的人口生产能力——无论从发生学讲,还是从继生论言——的差异形成的一个根本的因素是人种自身的人口生产能力的强弱。除此之外,就是地域环境的状况和实际的社会环境状况及其取向,对人口生产也形成巨大的或激励或抑制的作用。

人口生产的增长,既不能说多就好,也不能说少就好,其人口生产的增长到底取其多还是取其少,以及其多少在何种程度最为合适,这从根本上取决于国家社会的疆域空间的大小和资源的丰匮。一般地讲,在疆域广阔资源富饶且人口相对稀少的国家社会,人口适度地多恰恰构成其应然存在位态建设所需要的社会动力。相反,疆域窄小资源贫乏且人口众多,极不利于其朝应然存在位态方向发展,因为"人口增长会使人类活动对生态系统的影响更甚。在某些情况下,这些变化也许会超出生态系统的承受能力,那么,量的积累就会引起质的变化。同时,技术因素也会加重人类对生态系统的影响,致使生态变化速度加剧,并且其所造成的影响远远超出了人类在没有先进技术条件所产生的影响"[①]。因为人口增长的直接后果是资源需求暴增,其解决之方,就是要向自然世界要资源,这就推动技术的革新和发展,形成技术对环境的影响:技术越发展,资源开采力度越强,范围越广,自然生态的破坏面就越宽。这一双重努力形成的结果是源源不断地削弱自然的自生境能力,解决的办法是将自然掌握在人类手中,但人类往往并不是因此而认真地善待环境,这不仅因为人口增长和生活水平提升对资源的需求的增加,更为根本的是人的认识本身存在的局限。

第二个因素是国家社会能否接受理性引导。

形成国家社会的实然存在位态的所有因素既具有相应的张力,也具有自身的限度,如何释放各种因素的张力并使释放保持相应的限度,以使之充分发挥出抑制或改变其不利于国家"善业",并推进社会成为"优良的生活"的社会的那些因素。激励国家社会朝着充分发挥国家"善业"和人人过上

---

① [美] J. 唐纳德·休斯:《世界环境史》,越长风、王宁、张爱萍译,电子工业出版社 2014 年版,第 9 页。

"优良的生活"的方向建设其应然存在位态,其根本动力是理性,其根本方法也是理性。因为人所存在于其中的存在世界和国家社会"既不存在绝对的坏事,也不存在绝对的真理;所有人都有拥有尊严上的平等;人类的意志是脆弱的;在自然界中不存在决定论,只有一系列可能性"①。

就存在世界言,自然给予每个具体的国家社会的基本指南有三。

首先,可能性而不是决定论。

存在世界,自然或者宇宙,所为任何国家社会提供的始终只是可能性,而不是决定性。比如国家所处的地域,从物理层面讲是相对固定的,但即使如此,它为居住于其中的国家社会所提供也仍然是可能性而不是决定性,即使存在于资源异常丰富的地域之中的国家,也有可能是异常贫困的,而存在于狭窄且资源异常贫乏的国家,亦有可能非常发达而且高度文明。不仅如此,对于所缔造出来的国家社会本身言也是一种可能性,而不是决定论的。一个国家社会,历史上可能是极度野蛮的,但后来变得高度文明;也可能存在相反的情况,历史悠久且高度文明的国家也可能堕落到完全非人性或反人性的状况。

对于人所存在于其中的国家社会言,无论是历史性存在的应然状态,还是正在进行时中的应然努力,都只是可能性,都呈现可能性张力。使其可能性变成现实性的,不是个人力量,不是单个因素,也不是独立的条件,而是所有的因素、条件、环境的关联化存在的生成。并且正是这种关联化存在的生成敞开,才可避免所有来自各方的独断论的决定论,而开出生生不息的可能性张力。

其次,平等而不是等级。

无论是自然方面的所有因素之于国家社会,还是国家社会的实然存在位态或者其应然存在努力,或者人之于人,以及人之于国家社会或自然世界及其相关因素,相互之间之所以始终呈现可能性而不是决定论,是根源于存在的平等而非等级。本原宇宙的关联存在的内生机制是生生,其原发方式是生成,均因为平等的存在本质。自然世界因为关联存在的宇宙而始终具有对国

---

① [美]杰罗姆·凯根:《三种文化:21世纪的自然科学、社会科学和人文学科》,王加丰、宋严萍译,上海人民出版社2011年版,第18—19页。

家社会的引导性，就是其生生的内在机制和生成的原发方式，杜绝了、扬弃了单向度的或者说生硬的、强迫性的决定论和自闭化的等级结构。等级始终是封闭的，因为等级的本质是固化已有，而非生。等级是扼杀生生的存在机制和生成的原发方式的。生生和生成，要成为国家社会的内在机制和运行自身生成的原发方式而达于应然存在的生境位态，必须拆除呆板的等级结构及其框架，而经营平等。这是人的世界性存在诉求于国家社会的基本面向的核心内容。

最后，自由，而不是武断的干涉。

本原宇宙之所以以关联的方式存在，不仅因为它的内在机制和原发方式敞开平等的天空，更因为本原宇宙的关联存在之生生的内在机制和生成的原发方式开出了宇宙的自由本身。造物主创化宇宙的本质是创造自由，从本质言，造物主既创化宇宙万物，也是创造的自由化身，亦是自由的象征。宇宙的关联存在，其关联存在敞开的物质与非物质、存在与意识、确定与非确定、有序与无序、单一与多元、自闭与开放等的共在及合生，均因为自由的本性和自由本身。关联存在的本原宇宙之如上构成必然成为存在于它之中的国家社会的应然位态内涵，持守平等，尊重自由，不武断干涉，构成国家社会应然存在的基本依据，也应该是国家社会能够成为人的世界存在之社会面向的基本标志。

第三个因素是应该的文化取向。

美国环境史学家唐纳德·休斯从人类文明与环境生境的变动关系角度审视人类社会，指出"人类社会所发生的一切以及继续上演的一切都是一个生态过程。古希腊人对'自然'（古希腊语为 physis，即自然存在和生长的事物）和'文化'（古希腊语为 nomos，即人类创造的事物）的定义并非绝对的真理；然而，不可忽略的是，文化是自然的一部分，因为文化是人类所创造的，而人类是自然界的一种动物"[①]。休斯陈述了三个人的世界性存在事实：第一，人是自然界的一个物种、一种动物，它在本原上是自然人类学的，在本质上也是自然人类学的。第二，人这个物种、这种动物从众物中脱颖而出，

---

① ［美］J. 唐纳德·休斯：《世界环境史》，第6页。

是因为有了文化人类学意识，并通过遵从自然的律法和张扬宇宙的精神而从自然人类学中走出来，将自己创造成为文化人类学的人，其根本区别是文化，所以文化是人类的创造。第三，人所创造的文化仍然是自然的一部分，因为只有遵从自然的律法和宇宙的精神所创造出来的东西，才是文化的；反之，有违于自然的律法和宇宙的精神的那些创造的东西，无论是物质的实体或者是非物质的精神的实体，都最终被归于物质主义的成果。人的世界性存在对国家社会的需求，在起点上，是基于生计而注重于物质层面的东西，但所诉求的目标是"善业"的国家和由此为之不断实现的"优良的生活"。所以，国家社会基于实然存在位态而向应然的生境位态方向努力的重心，不是把人制造成物质主义的生物人、生产工具或权、金钱、财富的耗材，使其回到自然人类学状态，而是不断地把人塑造成精神主义的文化人和人性主义的文明存在者。

第四个因素是生境诉求。

本原宇宙观是一种生境宇宙观。这种生境宇宙观的内在诉求是生生的机制和生成的原发方式，其自我敞开则是关联存在。本原宇宙观的生境取向和生境精神构成人的世界性存在的存在论底色，它要求国家社会之应然诉求只能是生境的。

生境是相对环境言。环境是相对人言。人的世界性存在本身要求其环境敞开自然和社会两个维度，形成自然环境要求和社会环境要求两个方面。人的世界性存在对自然环境的生境要求是**尊重和敬畏**，即尊重自然及其律法，敬畏生命和宇宙。人的世界性存在对社会环境的生境要求是**节制和限度**，即节制利欲，限度生存。客观而言，人的世界性存在的自然环境生境要求和社会环境生境要求要得以明确地确立并付诸实施能普见成效，根本地要通过国家社会自身的生境化确立和实施，这既需要制度和法律的保障，更需要科学和人文的探索，从历史与现实两个方面予以持久不衰的激励。因为"（当今）生态环境的巨大变化表明历史学与生态学，至少在现代，都必须给予对方适当的重视。如果现代史学将地球生态系统看作稳定不变的、仅仅是人类活动的背景，那么这不仅是不完整的，而且还会起误导作用。同样，如果生态学忽视社会力量的复杂性以及历史变化的动态性，那么这也是片面、局限的。

正如其学科所研究的领域趋于综合发展一样,历史学和生态学具有高度的综合性。它们需要做的仅是彼此相互融合"[1]。

2. 人类社会面向

相对自然宇宙言,国家社会构成人的世界性存在的社会面向的基本维度,人类社会则构成人的世界性存在的社会面向的基础维度。国家社会和人类社会这两个敞开人的世界性存在的基本面向,都体现历史的渗进性,但比较言之,国家社会更倾向于空间面向,人类社会却更倾向于历史面向。由此形成人类社会之于人的世界性存在的基本诉求与取向方面,与国家社会之维相比呈现出侧重的差异与个性。

人的世界性存在的社会表述可概括为三个维度。第一,人既与人关联,更与物关联;第二,人既与个体存在关联,也与群体存在关联,具体地讲,人必与家庭关联,与集体关联,与国家关联;第三,人也与人类关联,但这种关联更多地以国家为桥梁,因而,国家必与国家关联。

人的世界性存在的人类社会面向所涉及的基本问题是**共生存在**,即人与人类社会的共生存在、国家与国家、国家与人类社会的共生存在。并且,人与人类社会的共生存在更多地通过国家与国家、国家与人类的共生存在所构筑起来的桥梁而展开、而实现。

共生存在是人的世界性存在面向人类社会的奠基性问题,它从根本上涉及人类共生存在何以可能的问题,这一问题将如下四个基本方面的内容牵涉了进来。

一是利益问题。

这是不可回避的根本问题。国家社会是由人基于共同意愿、共同需要和共同意志而缔造出来,人们走到一共同缔造国家社会的根本动机和目的是解决个人存在和生存不能解决的问题。这些问题可概括为三个方面:其一是(来自于自然和社会两个方面的)存在安全;其二是(物质和精神等方面的)生活保障;其三是(文化、文明和精神层面的)优良的生活。这三个方面的

---

[1] John R. McNeill, *Something New Under the Sun: An Environmental History of the Twentieth—Century World*, New York, W. W. Norton, 2000, p.362.

问题本身构成根本利益。国家社会存在的合法性，就是为个人解决这三个方面的根本利益，使之平等、公正、人道。当国家社会汇聚其社会成员将人的世界性存在推向人类社会时，这三个方面的根本利益必然同时呈现出来而形成人类社会的**共同利益**。

二是权利问题。

利益，无论之于人，还是之于国家，都客观地存在着合法性的问题，这个问题自然将权利牵动出来，构成对利益的基本考量，即权利化的利益才是合法的利益，合法的利益才可诉求。

人类共生存在必须以共同利益为基本的判据，并以此而构建起共同权利。

人类的共同权利，不是给予的权利，而是分配的权利。分配的权利的基本原则，只能是普遍平等。所以，普遍平等构成共同权利的基本判据。

三是责任问题。

人类共生存在以利益为逻辑起点，诉求权利。权利虽然是平等分配的产物，是利益合法的基本判据，但权利是分配的享有。只享有权利地谋取利益并不等于其权利化的谋取必然合法，只能说明以权利谋求利益可能合法，要将这种可能的合法变成实质的合法，就需要责任。所以，共同利益的创造和分配，既要以平等分配的权利为判断，同时也要以平等分配的责任为判断，只有当分配的权利与分配的责任达于实行的对等并产生实质上的对等效果时，其利益才是真正的合法。真正合法的利益，才既是人与人、人与社会的共同利益，也是人类的共同利益，更是人类能够共生存在的利益。

四是价值问题。

人的世界性存在走向人类社会所面对的共同利益问题，从内容观是经济问题，当然涉及经济发展的人类市场如何构建，共同利益所涉及的资源包括技术怎样调配与分享、共同利益内容本身如何分配等，但这些所有的方面都不是经济本身可搞定的，因为人类的共同利益的本质却是政治的。

人类政治在某种程度上既比国家政治简单，也比国家政治更为复杂，这是因为国家政治可以谋求刚性和柔性两个方面的处理方策，而人类政治却只能谋求柔性方策。在人类世界里，无论是国家社会还是人类社会，武力解决利益问题和权利问题，都不叫作政治，而是强权和暴力。强权和暴力是对政治的反动，或者是政治的返祖而回归于自然人类学的动物状态之作为。在人类社会的舞台上，解决共同利益和平等权利的根本政治方策是协商和妥协，达成共同认识，形成共同价值。

　　人类社会要达成价值共识，构筑起共同价值，需要解决几个基本问题。一是共同价值只能从哪里来，这既涉及共同的人性，也涉及自然的律法和宇宙的精神，此三者构成人类共同价值的来源，或者说只有当此三者共同构成其价值的来源时，所形成的价值才可能成为人类的共同价值。二是共同价值的类型，这涉及使用价值和存在价值两个基本维度。对于人类共同价值言，其构建的价值基础应该是存在价值，而不是使用价值，并且其使用价值应该接受存在价值的规范和引导。因为存在价值之于人类及其共同价值，其本质是平等；只有在平等的基础上以平等为根本准则，使用价值才可走向共识，达成共同。三是共同价值应该建立在什么基础上，这就是价值原则的问题。共同价值的构建应该以自由、平等、公正为基本原则。具体地讲，自由是共同价值构建的存在论原则，平等是共同体价值构建的生存论原则，公正是共同价值构建的实践论原则，或者说行动原则。四是共同价值框架建构，应该以共同的人性要求、自然的律法和宇宙精神为依据，以自由、平等、公正为准则来建构其以存在价值为基本取向的共同价值框架。只有如此，人的世界性存在的可能性，才可在人类和国家两个维度上不断地成就为现实性。

第3章　自然为人立法·人为自然护法

人是世界性的存在者，意味着居住于世界之中的人是否可以完全按自己的方式存在，这涉及人与自然两个方面。人居住于世界之中这一本原存在事实本身表明：人与自然既是交集的存在，又是可分立的存在。人与自然交集的存在，并不是因为自然，而是因为人：人不能离开自然而存在，必以自然为土壤、为母体；人与自然可分立地存在，既是自然自在的呈现，也是人意愿之所向。由此，人是否可以完全按自己的方式存在的问题，实存在应然和实然之两可理解。从发生学讲，人的实然存在属于自然人类学，人的应然存在属于文化人类学：从人的自然人类学之实然观，人不可能完全按自己的方式存在于世界之中，因为它既然只能在世界中存在，那就必须遵循世界的存在方式存在。但从人的文化人类学之应然观，人既然从自然的深渊中走出来成为文化人类学意义的人，获得一种有别万物的人文存在，那就应该完全按照自己的方式存在。无论从理论讲还是从实际言，人既然可以完全按自己的方式存在，那么这种"完全按自己的方式存在"就应该没有任何阻碍，更应该没有任何限度和边界。但实际上，人一旦按照自己的方式存在，总是遭遇许多的阻碍，比如，人完全按照自己的方式存在的基本方面，就是需要无限的资源，但自然无法满足此而形成了对人的存在的限制；又比如，人完全按照自己的方式存在的另一个方面，是希望宇宙运行、气候运动等都能完全按人的存在意愿运行，但实际上这没有任何可能性，不仅宇宙不听命于人类的意愿，气候更不会按人类的意志运行。人类最先进的太空技术和生物技术，前者如各种太空空间站的建立，或如马斯克的星链以及中国的北斗，都以能送入天体轨道为前提，而要融入天体轨道，则需要遵循天体力学原理。后者如生物人种的基因编辑，以及其他各物种的生物基因编辑、跨物种基因改造等，人都无法任性而为，仍然只能沿着破译和掌握生物基因、物种基因密码的路子往前走，这些恰恰说明人类完全按照自己的方式存在，可以是理想的预设和愿意的努力，一旦这种预设的理想和努力的意愿落实在"粗糙的地面"上，要么遭受各种阻碍，要么破译自然的密码后遵其律法而行动，即或如此，也不能无任何阻拦地任性而为。人类为解决"存在安全"和"生活保障"而开发出来的每一种技术，无论多先进都存在缺陷或局限，虽然理想上有永动机，但实际上没有永动机。人类生产的每一种产品，无论怎样精美，都不可能达于完美，因为完美的第一个标志就是不受限于时间和空间，但所有由人生产出来的产品都有使用时间和保存时间的长度，虽然理想上有永恒的完美物，但实际上生产不出可以超越时空而进入永恒的完美物。人存在于世界之中的这种实然与应然的矛盾，源于人的文化人类学的应然想望与人的自然人类学的实然方向相反，人的文化人类学虽然想要摆脱人的自然人类学，但由于人的文化人类学始终扎根于其自然人类学的土壤之中，而人的自然人类学又深深地扎根于宇宙之中，所以，人的应然存在不得在按照自己的意愿方式自由存在，却必须接受其实然存在的牵制，这种牵制的宏观方式，就是自然为人立法，人为自然护法。

一 自然生法·法在自然

"世界"即"存在世界"的简称，是万物的栖居之所。由于人从自然人类学走向文化人类学，存在世界有了自然存在的世界和人存在的世界的区分，这与柏拉图将存在描述为现象存在的世界和本体存在的世界不同：柏拉图的"世界"是存在论的形上界说，即世界在哲学的观照中是什么样子；本书讲的"世界"，是存在的形下陈述，即世界的实存状态是什么样子：作为万物的栖居之所的存在世界，就是自然或曰宇宙。比较言之，宇宙，是对存在世界的更抽象一些的概念表述，或曰对存在世界的上行表述；自然，是对存在世界的更感性一些的概念表述，或曰对存在世界的下行表述。由此，讨论"自然为人立法，人为自然护法"的首要前提是澄清如下两个基本问题：

第一，法在自然，亦曰法在宇宙。

第二，世界存在敞开必依法运行，并且世界运行所依之法存在于自然之中，或曰存在于宇宙之中。

1. 自然生法的隐逸

自然为人立法，人为自然护法，这不属于存在的应然问题，而是一个存在的实然问题。存在的应然问题是可以预设的；并且，一切形式的应然问题都首先是预设的，然后才可成为实施的，并且进而可能成为必然的存在。但凡实然的问题，都是实际存在的问题，与预设没有关联。无论是自然为人立法，还是人为自然护法，都是实际存在的，没有或这或那的预设性，更不可能存在可能或不可能的"两可"性，虽然人可以做两可取向。

理解"自然为人立法"和"人为自然护法"是实然的存在，这需要理解"自然"和"法"两个概念的本原语义规定。

"自然"的概念　　Natura（希腊文拉丁拼音 Physis）一词在拉丁语中的基本语义有二：一是指自然事物的组合；二是指存在（宇宙或事物）本性。前者是现象意义的自然，并且也正是在这个意义上，物理学（Physica）即自然学，构成与形而上学（matephysics）相对的有形学或曰形下学。后者是本体意义的自然，它隐匿于现象之中而构成形而上学的发问主题。

现象意义的自然，呈现三个特征。

首先，自然既是整体存在，也是具体存在。这就意味着：第一，自然既是宇观或宏观的，也可是微观的。前者如宇宙星系、星球、天体运动、气候变化等即是，后者如一株花草，一颗露水，或一缕阳光，一轮皓月或一丝微波，均是自然的内容和自然的存在形态。第二，自然既是整体的，也是部分的，比如相对地球言，宇宙是整体；或相对大地言，山脉、平原、江河、海洋是部分。自然之整体与部分之间以三种方式关联存在。一是整体与部分互涵：部分是整体显露出来的部分，整体是部分合生凸显的整体。二是整体与部分互生：整体与部分都是自在的，但各自的自在又以对方为支撑。部分是整体的部分，可以说整体生成部分，深山里生长出野兽，江河里生长出鱼类，土地上生长出庄稼，或可说洼地、山脉、湖泊在陆地中生长出来，荒野在草原中生长出来。但整体生成部分的同时，部分也生成整体。所不同的是：整体以**分的**方式生出部分，部分以**合的**方式生成整体。三是整体与部分互为内在性：部分构成整体的内在性，整体亦构成部分的内容。部分不仅以型式的方式，同时也以形态的方式进入整体之中而构成整体的有机内涵；但整体只以型式的方式进入部分，这就是整体浓缩在部分中，部分蕴含整体的型式、结构、方式。整体与部分之间的互为内在性的本质是**生成**，整体与部分是以互为内在性的方式互相生成，即部分以部分之力促进整体之生成，整体以整体之力推动部分生成，这种互为生成呈现出来的感性方式是**合生**。由此互为生成，使存在本身成为活动性存在，即通过生成活动和过程来创造存在，来呈现存在本身。

其次，现象意义的自然是**形相**的存在。自然以形相的方式敞开存在，也就是整体的自然以具体的面貌呈现，体现形态特征，表征为形态存在。所以，在整体意义上，自然以形相方式显现；在具体意义上，自然以形态方式显现。形相与形态，是自然自为显现在整体与具体两个维度上的特征，透过其特征，自然分别以抽象的形相和感性的形态方式呈现出自身的形态学规律。

自然的形态学规律从两个方面呈现：具体的自然，其存在形态的形态特征是明朗的，是有清晰的刻画，比如这条河与那条江，这个山包与那座山，这片洼地与那片平原，甚至这朵云雾与那片云彩，等等。整体的自然，在其形态呈现上缺乏清晰的刻画，且呈现形态的模糊性。由于这种差异性，具体的自然呈现的形态及其特征是可知觉的，可知觉的存在是可细节性描述的。整体的自然缺乏清晰的刻画和形态的模糊性，形成不可知觉性，对整体的自然感知往往通过想象来实现，想象观照到的自然同样没有具体的形态而只呈抽象的形相。

自然的如上形态学规律，既是制约也是引导有意识和观察能力的看待自然的基本方式和特殊方法。人看待自然的基本方式是启动生物器官而知觉：人是通过知觉而与自然发生认知关联的。不仅如此，人启动知觉与之发生认知关联的自然，只能是具体的自然或部分的自然，知觉之于整体的自然不能发挥其功能，一旦期望通过知觉而与整体存在自然发生实质性的认知关联，实际上已由知觉转换成了想象。更重要的是，知觉与具体的或部分的自然发生知觉层面的认知关联，还必须对所知觉的自然予以事件化的处理，否则，这种认知关联不会成功。为什么知觉与自然发生认知关联的成功，必须以对具体的自然予以事件化处理才可能呢？这是因为作为具体的自然（即"事物"）始终以自在的方式敞开存在，并始终处于生变运动中，而处于生变运动状态的自然是难以认知的，所以知觉自然（即事物）时必须将它事件化，这样就将动态生变的自然予以主观意愿上的静态处理，这种静态处理对于知觉认识而言是必要的，因为只有通过这种方式，知觉才能观察、认知自然，才可由此去发现或抉发它的自然特征和蕴含的整体形相。

知觉虽然是与自然发生认知关联的一般方法，但它只能局限于具体的或部分的自然的认知，当通过知觉而与具体的或部分的自然发生认知关联来展开认知拓展，必然开出两种取向：一是深度取向；二是广度取向。前一种取向是深入了解具体的自然的存在问题，这就进入了自然的本体领域，一旦认知要进入自然的本体领域，知觉将失去自身功能，取代知觉的应该是**理性**，理性的方法却是关于本体的自然的基本认知方法；后一种取向是从具体达于整体，对整体的自然的感知，一旦进入整体的自然领域，知觉同样失效，因为整体的自然存在并没有清晰的自我刻画而在形态上呈模糊性，所以取代失效的知觉的方法就是**想象**，这是对现象的自然的特殊认知方法。对整体的自然，人与之发生认知关联的方式是超越知觉的想象，但想象方法的启动却需要从知觉起步；并且，想象方法的运用和展开，却需要心灵直观和理性的协助。但在宽泛的意义上，心灵直观和理性都呈想象性质，都体现了想象性。

自然的形态学规律揭示：人与自然发生认知关联，是要受到方法的限制。在最直观、最浅表的层面，知觉是人认知自然的基本方法，但这种认知只是起步。在认知上，过分夸大知觉的功能，企图使之无限度指涉任何领域，知觉本身是无能的，人要使这种本身无知的知觉获得指涉一切的可能性，必然造成认知的困扰，产生认知的二元矛盾。因为知觉与自然的关联，始终是具体的自然，并且始终是现象的自然。所以，对自然的认知，一旦要从具体达于整体，必须启动想象；一旦要从现象达于本体，必须启动理性和心灵直观。

最后，自然存在的宏观与微观，实是自然存在的整体与具体。自然之整体存在与具体存在之间互涵、互生和互为内在性，实质性地蕴含自然分合的可能性和分合的机制。自然分合的可能性，是指自然之整体分化为具体的可能性和具体相生为整体的可能性。这种分合的可能性能使整体分化为具体、部分和能使具体、部分合生为整体的机制，就是**类型化**机制。这种类型化机制在地球生物世界就是**物以群分**：在生物世界里，物始终是以物种为类而自立存在。

自然是以类型方式存在的，因为类型方式本身既使自然从整体到具体，再从具体到整体成为可能，也使自然的形态生成和人的知觉发挥变成现实。类型，是自然的自我刻画方式。自然对自身的类型刻画，既可是功能上的，也可是形态上的，是功能与形态的互为刻画，比如大地，被刻画成功能和形态两个方面的类型，平原是大地之一类，洼地是大地的另一类，山脉、河流、湖泊、海洋是大地的各不相同的具体之类。这些类型既有形态学的特征，更有功能上的独特性。

正是自然本身的类型刻画，才使人的知觉或想象、直觉或理性对自然的认知关联而产生分类学。分类学，实源于自然的类型刻画，也是对自然的类型刻画的认知性归纳和描述。

本体意义的自然，亦有自身特征。

现象的自然，不是指人所观照的自然，而是指自然以形态类型方式呈现自身存在的样态。自然以形态类型方式呈现自身存在的样态，为存在于自然世界之中的人对自然的认知变成可能。人在认知上与自然发生认知关联，是在形态类型的自然层面展开的，因为形态类型的自然始终是具体的自然，是可被事件化的自然。通过对形态类型的自然的知觉认知为起步，对自然的认知向深度和广度两个方面敞开，不仅在方法上引发知觉的认知功能的丧失而形成想象或心灵直觉、理性方法对它的取代，更因为对形态类型的自然的深度和广度认知，必要超越自然的形态类型存在而进入非形态类型刻画的整体形相领域，本体存在的自然因此而显现。

要言之，以形态类型方式存在的自然，是自显现的；以非形态类型刻画的自然，是隐蔽的。隐蔽，是本体意义的自然的首要特征，即自然总是喜欢显现自己的形态类型存在，但更喜欢隐蔽自己的本体存在方式。

首先，生命是自然的本体。自然在形态类型的显现层面，呈现整体与具体（或整体与部分）的互涵、互生和互为内在性，其根本的根据是自然本体是生命。生命使整体与具体之间发生互涵、互生和互为内在性,生命也生成出自然的形态类型性。如前所述,只有具体的自然才刻画出形态类型,整体的自然因无法刻画清晰的形态类型,而只以模糊的不确定性的方式呈现为形相,需要想象或推理去补充和明晰。但无论是整体的形相还是具体的形态类型,都是自然之"形"体,它必以本体为支撑。自然之"本"体只能是生命。没有生命,自然不存在。唯有生命的支撑,"形"体的自然才存在。

作为自然本体的生命,同样存在具体与整体的分别:具体的生命敞开具体形态类型的自然,也可说生命被形态类型所刻画时,它就是具体的生命,承载它的自然就是具体的自然。具体的生命既受空间的限制,形成它的地域性特征,也受时间的节制,形成它自身的长度特征。一般来讲,具体的自然客观地存在形态类型和形态类型规范下的个体,作为形态类型的自然,它的生命的长度相对地长,这种长度的最终标识是以形态类型本身的存在或非存在为限。比如一个物种的消失,是其形态类型的消失,但本质上是此类物种生命的消失。形态类型规范下衍生出来的个体存在,却是有明确的生命长度,比如花草,是以一岁为生命周期,其生命长度也限定在这"一岁"之中。

整体的自然之生命本体却是以超越空间和时间的方式存在,自然的生命化在整体上呈现为自然的有机体化,即自然是一个有机生命体。自然作为一个有机生命体,不仅体现为宇宙的创化生成,更表现为地球的创化生成。"地球是一个生命有机体这一观念自古就有,源于思想可考证的早期部落狩猎者和农耕者对地球的感性理解:他们将地球视作母亲,并当作神一样崇拜。柏拉图和其他希腊哲学家认为,地球和作为其组成部分的人类一样是有生命的。在本世纪,英国著名大气化学家詹姆斯·拉夫洛克在他的理论中阐明,地球上的所有生物共同作用,像一个巨大的生命有机体影响着地球的气温、大气成分以及其它物理性质,从而保持地球的最佳存在状态。拉夫洛克选用了希腊语中表示地球女神的名词'盖亚'。"[①] 盖亚是地球的生命女神,也是地球的生育女神,但盖亚首先是生命,是自然整体存在之本体生命的象征。正因为自然整体存在之本体是生命,所以"作为一个完整的星球来看,地球确实

[①] James E. Lovelock and Sidney Epton, "The Quest for Gaia", *New Scientist*, 1975 (65), p. 304.

是有生命的。利用人造卫星拍摄的延时影像为我们展现了类似于细胞质运动状态的大气循环系统。同样，海洋也处于循环系统之中，这是地理学家发现的一种更为缓慢的循环模式，即板块构造。在这一过程中，再形成新的板块，并带动陆地板块合并或分离，就像生命体一样处于不断地运动之中。此外，还有一个理由能充分证明地球是有生命的：正如躯体之中存在着骨骼和血浆之类的看似无生命的物质一样，地球上也存在着空气、水和岩石等物质。生物学家为我们解释了动植物之间及其与环境之间是如何相互影响，从而形成许多较大的生态系统单元的。在一系列极其复杂的关系中，通过繁殖、食物链和能源循环，物种的数量或增或减，但**生态系统作为一个整体在不断延续**。从这个意义上说，**每个生态系统都是一个有机体，而盖亚（或称作地球生物圈）则是包含这些有机体的最大的生态系统**。然而这并不意味着盖亚的存在方式与人的躯体存在方式完全一样。我们可以用单个细胞和整个躯体之间的关系来解释这一点：二者同样有生命，但躯体不仅仅是个巨大的细胞，它是所有以无数种方式相关联的活细胞的共同体，其功能大于各部分之和，其结构也比单个细胞复杂。同样，盖亚也是一个包含了数以十亿计生命体的共同体，其结构也比单一个体复杂得多。所以说，躯体是一个细胞有机体，而盖亚则是一个生态有机体。因此，盖亚的定义不仅仅是一个比喻，它的生理进化过程是生态学所定义和研究的其内部的关联性"①（引者加粗）。

其次，生命本体化的自然的本质是生，它的生的机制是生生。由于自然之生，生成自然之变；由于自然之生生，生成自然之流。所以，生命本体化的自然是**生生流变**的。关于自然之生生流变的思想，怀特海认为是柏拉图最先发现，他说："在柏拉图的《蒂迈欧篇》中，关于自然的一般生成和自然的可量度时间之间的区别，作者提出了一个假设，尽管表述有点模糊。在以后的讲座中，我将对我称之为**自然流变**（the passage of nature）的东西，和展示这种流变的某些特征的特殊时间系统作出区分。"② 其实，对生命本体化的自然世界的生生流变思想的发现比柏拉图更早，可以这样讲，人类对生命本体化的自然世界之生生流变的发现，产生了哲学。米利都哲学不仅对存在本身

---

① ［美］J. 唐纳德·休斯：《世界环境史》，第15页。
② ［英］阿尔弗雷德·怀特海：《自然的概念》，张桂权译，中国城市出版社2002年版，第17页。

发出了"世界的本原""宇宙的生成"和"世界的本质"这样三个最初的哲学问题，而且这三个最初的哲学问题**都是围绕自然的生生流变而展开的**，后来者赫拉克利特哲学敏锐地把握到这一点，才将米利都的自然哲学中最为精辟的生生流变的思想提炼了出来，以 logos 这个概念来定型。这个思想就是世界的生命本体化和生命本体化的世界的生生流变，它被赫拉克利特形象的以"永恒燃烧的活火"来描述，并以"变中不变"和"不变中变"循环生成的 logos 来概括。生命本体化的自然是以生生流变的方式来维持自身存在的生命本体化，并以限度和秩序的方式来保障其生命本体化的生生流变：自然的生生流变是以构建自身存在之秩序为目的，并以秩序本身为限生成"一定的分寸"之尺度。

以此观之，柏拉图关于自然流变的思想，可以说直接地来源于赫拉克利特的活火理论，同时也应该是对米利都哲学对世界三个发问共同呈现出来的生变思想的总结。自然存在无论在现象层面还是本体的层面，都是流动、变化的，其流动、变化的本质是生，生生不止。生和生生才形成流动、变化。但生和生生不止的原动力是什么呢？柏拉图认为这流变的最终推手是不变的神，怀特海认为这个流变的最终推手是自变的或者说自活动、自生成的神。统合这两种说法，流变的最终实体，或者如怀特海所讲的永恒实体是自然、宇宙、世界活动性存在之场，自然宇宙自为存在之场，既生成整体动力，也生成局部动力。自然是一个有机体，这是对自然宇宙之自为存在之场的整体动力表述；生命消长，万物生生，物种繁衍以及人生一世、草木一秋等，都是对自然宇宙之自为存在之场的局部动力表述。生命本体化的自然之生生流变是其场化存在之整体动力与局部动力的合生运动。正是这一整体动力与局部动力合生运动，推动生命本体化的自然的生生流变，才为人对自然的认知打开了多重的视域及其生成探究的方法："我反对这种理论的另一种表现方式，它把自然二分为两个部分，即在意识中理解的自然和作为意识的原因的自然。作为在意识中理解的是事实的自然，它本身包含了树的绿色性质、椅子的坚硬性和柔软的感觉。作为意识的原因的自然是推测的分子和电子的系统，这一系统深刻影响心灵以致产生了显现自然（apparentnature）的意识。两种自然的汇合点是心灵，**作为原因的自然是流入物，而显现的自**

然是流出物。"① （引者加粗）

最后，本体的自然呈现四个法则：一是自生法则；二是自在法则；三是自为法则；四是关联法则。这四个法则从四个方面规定自然（准确讲是现象的自然）的存在和敞开必须遵从它本身。具体地讲，"自然"概念是对"宇宙"的感性描述，自然的自生法则表述了宇宙的自创化：宇宙自创化意味着自然自生，自然自生，才有其生生不息地生它。自然的自生法则既揭示自然是自然的源泉，更揭示自然是其生成物的源泉。因为自然自生，自然内具安排自己的权力。自生之自然对自己的第一项安排，就是自然安排自然以自在方式存在。自然的自在方式的本体论描述，就是生生方式：自然是以生生不息的方式存在。自然的自在方式的现象学描述，就是形态类型方式：自然是以形态类型的方式生生不息地存在。无论整体的自然还是具体的自然，都遵从自在的法则，自在地存在。遵从自在法则，自然必须为自己地存在，必须是自为地存在，所以，自为存在既是自然自生自在的必然要求，也是保持自然自生自在的方式。因为自为法则规定，自然的存在敞开、生变运动，首先是为己的，最终也是为己的。以为己为动机，才生；以为己为目的，才生生且生生不息。自生的自然从自在到自为，必须有一个度，这个度就是使其**生长生**，使其生生生不息。做到使生长生并生生不息的根本规范，就是边界。这个边界就是自然自身之关联存在。本体的自然是以生生流变的方式关联地存在，现象的自然关联地存在既是现象与本体关联地存在，也是整体与具体关联地存在，更是宏观与微观关联地存在，同时也是人与自然关联地存在。并且，人与自然关联地存在，才是人的存在与整个世界建立起本原性的亲缘关系的依据。以关联地存在为依据所构建起来的这种本原性亲缘关系决定了人的存在离不开宇宙，离不开地球，离不开地球生物圈，更离不开阳光、空气、水、土壤、气候、温度以及山川河流、江海湖泊，离不开其他所有地球生命和一切存在者。要言之，自然关联地存在的法则，构成自然自为存在的边界法则。

---

① ［英］阿尔弗雷德·怀特海：《自然的概念》，第29—30页。

2. 法在自然的敞开

自然既以形态类型的方式敞开其有机体化的生命存在，更以法则的方式内凝生变流动的生命存在。自然的存在敞开与凝聚，均是自然之自身本性使然。柯林武德在《自然的观念》中指出："（本性）是它的本义，严格地说是它的准确意义，即当它指的不是一个集合而是一种原则，它是一个principium，或本源（spuce）……这里的'Nature'一词属于某种使它的持有者像它所标志的那样行为的东西，它行为的这种根源是其自身之内的某种东西：如果根源在它之外，那么它的行为就不是本性的，而是被迫的。"① 自然的本性就是蕴含于自然"自身之内"的"原则"，这个"原则"就是使自然成为自然的最终依据，最高的"法"，是众法之"法"。因为"在自然中没有任何东西不是内在于它的特殊尺度而存在"②。所以，**自然生法，法在自然**。

"自然生法，法在自然"的思想源远流长，它不仅构成古希腊哲学的主线，也成为中国文化思想的核心。据文字学，"法"字最早出现于西周金文，其最初的呈现形式是"灋"。汉语是以形表意的文字，其造字的基本方法是摹比法，即摹物之形而造指物之字，"灋"字最突出地体现这一造字方法特征。从形态学看，灋由"氵（水）""廌""去"三部分组成，"水"的本性是"卑下而居，平淡而盈"，表执法公平如水；"廌"乃獬豸，乃古代传说中的神兽，它能明辨是非善恶。杨孚《异物志》记载："东北荒中，有兽名獬，一角，性忠，见人斗，则触不直者；闻人论，则咋不正者。"③ "去"字，《说文》解之为"去除坏人"之意，但也有解"去"是由一人和盛水器皿构成，意在于强调执法平之如水。④

"法"的字源语义不仅指判断是非善恶的普遍规则、法则，即"平"，而且指这种普遍持平的法则并不来源于人间，而是来自自然，并以"神兽"喻之，表"法"不仅法在自然，而且出自自然之法，是神圣的，是神的意志。

---

① ［英］R. G. 柯林武德：《自然的观念》，吴国盛译，华夏出版社1990年版，第47页。
② ［德］皮希特·G.：《论尺度概念》，第419页；［瑞士］克里斯托弗·司徒博：《环境与发展：一种社会伦理学的考量》，邓安庆译，人民出版社2008年版，第247页。
③ （东汉）杨孚：《异物志辑佚校注》，吴永章校注，广东人民出版社2010年版，第38页。
④ 参见李学勤编《字源》，天津古籍出版社2013年版，第867页。

第3章 自然为人立法·人为自然护法

"法"自"神兽"是神话,神话是初民崇拜自然的想象成果,哲学却是敬畏自然的理性省思。

> 有物混成,先天地生,寂兮寥兮,独立而不改,周行而不殆,可以为天地母。吾不知其名,字之曰道,强为之名曰大。大曰逝,逝曰远。远曰反。故道大,天大,地大,王亦大。域中有四大,而王居其一焉。人法地,地法天,天法道,道法自然。(《道德经》第25章)

对"法"这个无形无状而永恒流变的东西,老子称之为"道",它既是天地之母,也是宇宙万物生成及其存在敞开所必须遵循的法则,这就是人遵从大地的法则,大地遵从上天的法则,上天遵从道的法则,道却遵从自然的法则,自然的法则却是自生自在自为的法则。所以,人法地,地法天,天法道,道法自然,自然法自然,即自然以自己为法。

老子"人法地,地法天,天法道,道法自然"的思想,亦可在孔子的思想学说那里得到印证:

> 子曰:"巍巍乎,舜禹之有天下也,而不与焉。"(《论语·泰伯》第18章)

> 子曰:"大哉,尧之为君也。巍巍乎,唯天为大,唯尧则之。"(《论语·泰伯》第19章)

孔子对弟子说:虞舜和夏禹都是很伟大的君子,他们获得天下,并非力求;他们美化了天下,却不据天下为己有。虞舜和夏禹为何能做到常人不能做到的呢?是因为他们效法尧而"唯尧则之"。孔子说,尧不仅更伟大,而且更崇高。因为尧不自以为大,在尧心目上,天才是最大,所以尧"唯天则之"。尧效法天,以天为法则,是因为领悟到"道"在天中:天生其道,人必遵之。

"自然生法,法在自然"的思想不仅在诸子时代产生,也是古希腊文明的绚丽思想花朵。法国人类学家和哲学家列维-布留尔(Lvy-Bruhl Lucien,

1857—1939）指出，对原始人言，"不管他们的意识中呈现出的是什么客体，它必定包含一些与它分不开的神秘属性，当原始人感知这个或那个客体时，他是从来不把这客体与这些神秘属性分开来的"①。这是原始人对待自然的基本表达，在原始人的想象中，自然始终是神性的，并且本身就是神，它才为这个世界制定起规则并建构起秩序。在希腊神话体系中，诸神与人的关系最终源于诸神与自然的关系。但诸神与自然的关系，"并不是一种自然宗教，也不是说，希腊诸神是力量或自然现象的人格化"，而是存在于自然之中的诸神与自然一体生成，所以在"一个诸神充斥的宇宙，希腊人并没有把作为两个对立领域的自然与超自然分离开来。二者始终内在地互相关联"。② 所以荷马的最终努力是要"在自然过程中寻找统一性、规律与秩序"③，也正是这种从自然运动中寻求统一性、规律和秩序的努力，才真正开启希腊和"哲学与科学思想的探索"④。

希腊哲学之以关注自然为中心，并致力于探求世界的本原、宇宙的生成和世界（或事物）的本质，实是踏着希腊神话的路子在前进，是要以经验理性的方式来替代想象的方式继续解决神话没有解决的关于存在世界之"统一性、规律与秩序"的问题。米利都哲学关于世界本原问题、宇宙生成问题和世界本质问题的关系，不仅想要发现世界由什么产生和宇宙是怎样生成世界万物，更是想要理解世界的不变法则和内在规定，尤其是阿那克西曼德关于世界本原于"无定"及其"分化""生成"和"转化"的思想，既把泰勒斯带有浓厚知觉色彩的经验理性予以淡化，也初步清晰出宇宙生成机制，并使自然作为法则、原理的思想呼之欲出。另外，毕达哥拉斯提出"万物皆数"，认为构成自然的原初材料是永恒不变的终极实体"数"，宇宙生成于不同的数的有机组合，由数组合性生成的宇宙及万物之间存在着"数"的和谐关系。如果说米利都哲人们是从运动入手来探求自然自生成其"统一性、规律和秩序"何以可能，毕达哥拉斯则从自然静止入手来探测自然自生成其"统一性、

---

① ［法］列维-布留尔：《原始思维》，丁由译，商务印书馆1981年版，第34页。
② ［法］让-皮埃尔·韦尔南：《希腊神话与宗教》，杜小真译，生活·读书·新知三联书店2001年版，第5页。
③ ［美］特伦斯·欧文：《古典思想》，覃方明译，辽宁教育出版社1998年版，第17页。
④ ［美］特伦斯·欧文：《古典思想》，第21—22页。

规律和秩序"的条件和方法，那么赫拉克利特却取其之长而避其所短地对二者予以综合，提出"永恒的活火"世界观和宇宙论，并创造了 logos 一词来表达永恒燃烧的自然活火（或"宇宙活火"）的本体"永恒的理智"，既构成一切原则的原则，也成为一切秩序的来源，更是一切限度和边界的依据。

> 这个世界，对于一切存在物都是一样的，它不是任何神所创造的，也不是任何人所创造的；它过去、现在、未来永远是一团永恒的活火，在一定的分寸上燃烧，在一定分寸上熄灭。①
>
> 结合物既是整个的，又不是整个的；既是聚合的，又是分开的；既是和谐的，又不是和谐的；从一切产生一，从一产生一切。②

威尔·杜兰认为赫拉克利特关于永恒燃烧的自然活火蕴含"永恒的理智"的思想，"这可以说是自然法在人类思想史中第一次发现"。③ 涅尔谢相茨在《古希腊政治学说》中指出，后世认为自然法思想出自赫拉克利特的学说，这是因为"古代的和近代的一切自然法学说都渊源于赫拉克利特的观点，他们把自然法理解为人定法中应当表现的某种理性的原则"④。赫拉克利特不仅从他之前的自然哲学思想中提炼出了既生生不息又始终保持自身"永恒的理智"之自然法则，也蕴含一种转折。柏拉图开启了这一转折，他将这一"永恒的理智"称为"大自然的法律"，并在《高尔吉亚》中与卡利克勒斯的对话中认为，人间律法的最终依据是自然的法律，它的依据是自然本性，一切抛弃自然律法的人订法律，都是强权者对弱者的作为。"所有动物、整个国家、整个人类显然都是这样，人们把这种权力当作君主之权和强者对弱者之权。……我想这些人的行动遵循着权力的真正本质，**对老天在上，他们依据**

---

① 北京大学哲学系外国哲学史教研室编译：《西方哲学原著选读》上卷，商务印书馆1999年版，第22页。
② [英]罗素：《西方哲学史》，何兆武等译，商务印书馆2009年版，第63页。
③ [美]威尔·杜兰：《世界文明史（希腊生活）》，幼狮文化公司译，东方出版社1999年版，第503页。
④ [苏]涅尔谢相茨：《古希腊政治学说》，蔡拓译，商务印书馆1991年版，第59页。

的是本性自身的法则,而可能并不依据我们设置的法律。"①（引者加粗）亚里士多德也认为"自然法是反映自然存在秩序的法",指出"自然的公正对任何人都有效力,不论人承认或不承认……,凡是自然的都是不可变更和始终有效的,例如火不论在这里还是在波斯都燃烧"。②斯多葛学派更为明确地提出人只能"按照自然生活",这是因为人与自然的关系"好比一条狗被拴在一架车上,当它情愿遵从时,它拉车;当它不情愿遵从时,它被车拉"。③克里西普在《论主要的善》中说:"我们个人的本性都是普遍本性的一部分,因此主要的善就是以一种顺从自然的方式生活,这意思就是顺从一个人自己的本性和顺从普遍的本性;不做人类的共同法律惯常禁止的事情,那共同法律与普及万物的正确理性是同一的,而这正确理性也就是宙斯,万物的主宰与主管。"④

这种对纯粹的自然律法的探讨经过柏拉图、亚里士多德和斯多葛学派而转向人定律的依据思考,在罗马时代得到正面确立。德国法学家耶林在《罗马法精神》中说:"罗马曾三次征服世界:第一次以武力,第二次以宗教,第三次以法律。武力因罗马帝国的灭亡而消失,宗教随着人民思想觉悟的提高、科学的发展而缩小了影响,唯有法律征服世界是为最持久的征服。"罗马法为何能征服世界？因为罗马法是以自然法为依据,将法律建立在自然法则基础上,以自然法为人订法律的最终依据。美国政治学史家萨拜因认为"罗马法的发达（最高裁判官法和万民法的出现）和罗马法学的产生,则无疑是与接受斯多噶派的自然法思想相联系的"⑤。梅因也指出"我找不出任何理由,为什么罗马法律会优于印度法律,假使不是'自然法'的理论给了它一种与众不同的优秀典型"⑥。江平等更断定"可以说,没有自然法,就没有后世成熟的罗马法"⑦。不仅如此,自然法思想对罗马法的贡献"并不在于它们提供给

---

① [古希腊]柏拉图:《柏拉图全集》第1卷,王晓朝译,人民出版社2002年版,第369页。
② [古希腊]亚里士多德:《尼各马可伦理学》,廖申白译,商务印书馆2003年版,第47页。
③ 希波利特:《驳一切异端》卷1第21章,转引自赵敦华《西方哲学简史》,第89页。
④ 北京大学哲学系外国哲学史教研室编:《古希腊罗马哲学》,商务印书馆1961年版,第375页。
⑤ [美]乔治·霍兰·萨拜因:《政治学说史》上册,盛葵阳、崔妙因译,商务印书馆1986年版,第196页。
⑥ [英]梅因:《古代法》,沈景一译,商务印书馆1984年版,第45页。
⑦ 江平、米健:《罗马法基础》,中国政法大学出版社1991年版,第11页。

罗马法的特殊论点的数量,在于它们给予它的单一的基本假设"①。这个基本假设被后世名之为"不言而喻的真理",就是人人生而平等的生命权、自由权、财产权和幸福权,是天赋的自然法权,人订法律的所有内容和具体规定都必须以此天赋自然法权为最高原则。罗马法之所以使罗马帝国永恒地存活于世界之中,就是因为"从整体上讲,罗马法在改进方面,当受到'自然法'理论的刺激时,就发生了惊人的进步"②。

将自然法作为"不言而喻的真理"的天赋法权的思想之能够构成罗马法的依据和最高原则,得益于西塞罗(Marcus Tullius Cicero,公元前106—前43)的努力。西塞罗认为自然法"是根据最古老的、一切事物的始源自然表述的对正义的和非正义的区分,人类法律受自然指导,惩罚邪恶者,保障和维护高尚者"③。指出自然法"乃是自然中固有的最高理性,它允许做应该做的事情,禁止相反的行为。当这种理性确立于人的心智并得到实现的,便是法律"④。因而,自然法"乃是自然之力量,是明理之士的智慧和理性,是合法和不合法的尺度"⑤。以蕴藏于自然之中的自然法为最高原则和最终依据,"真正的法律是与本性(nature)相合的正确的理性;它是普遍适用的、不变的和永恒的;它以其指令提出义务,并以其禁令来避免做坏事。此外,它并不无效地将其指令或禁令加于善者,尽管对坏人也不会起任何作用。试图去改变这种法律是一种罪孽,也不许试图去废除它的任何部分,并且也不可能完全废除它"⑥。

源自希腊哲学的自然法思想之能在罗马得到继承和发展,得益于西塞罗为之奠基。在此基础上,罗马的法学家们继续向前,揭示自然法"不是为体现立法者意志而产生的法",而是立法者必须遵从的立法原则。乌尔比安(Domitius Ulpianus,约170—228)定义"自然法是大自然教给一切动物的

---

① [英]梅因:《古代法》,第33页。
② [英]梅因:《古代法》,第33页。
③ [古罗马]西塞罗:《论共和国论法律》,王焕生译,中国政法大学出版社1997年版,第219—220页。
④ [古罗马]西塞罗:《论共和国论法律》,第189页。
⑤ [古罗马]西塞罗:《论共和国论法律》,第190页。
⑥ [古罗马]西塞罗:《论共和国论法律》,第101页。

法"。盖尤斯（Gaius，约130－约180）揭示自然法实质上"根据自然理由在所有人当中制定的法"。保罗（JuliusPaulus,？－222）定义自然法运用的人类社会的性质，指出"自然法永远是公正和善良的东西"。查士丁尼（Iustinianus I，约482－565）《法学总论》在会集罗马众法学家思想的基础上定义："自然法是自然界教给一切动物的法律。因为这种法律不是人类所特有，而是一切动物都具有的，不论是天上、地下还是海里的动物。由自然法产生了男与女的结合，我们把它叫作婚姻；从而有子女的繁殖及其教养。"①

从西塞罗到《法学总论》，自然法获得三个方面的内涵规定，盖尤斯在《法学阶梯》中明确予以概括："在一定程度上是根据神明制定的，总是保持稳定和不变。"② 这就是，第一，自然法是自然的自身原则，它体现自然的本性和神意。第二，作为自然原则的自然法，是神、物、人共有的法，也是神、物、人必须共守的法。第三，源于自然的自然法，是永恒的原则、永恒的理智、永久生效。

二 简单与复杂互运

关于法在自然，政治哲学史家列奥－施特劳斯说过一句名言："只要自然的观念还不为人所知，自然权利的观念也就必定不为人所知。"③ 结合具体语境，施特劳斯所讲的"自然的观念"，可理解为"自然的原则"，即自然作为一种原则的观念，是"natural"的本原语义和本质语义，自然的本原语义是生之本性，自然的本质语义即是原则功能。所以施特劳斯说，当人们还不真正理解自然的原本语义和自然的原则功能，根本不可能了解自然权利。古罗马人制定出来的罗马法律之征服了世界，使世界成为以法律为准则的世界，就在于通过罗马思想家的努力，使罗马人真正懂得了自然，并以自然为最高原则和最终依据来制定人间法律。

古罗马人赋予自然法以如上三个方面的内涵，实际上仍然是对 natural 概

---

① ［古罗马］查士丁尼：《法学总论》，张企泰译，商务印书馆1989年版，第6页。
② ［意］彼德罗·彭梵得：《罗马法教科书》，黄风译，中国政法大学出版社1992年版，第15页。
③ ［美］列奥－施特劳斯：《自然权利与历史》，彭刚译，生活·读书·新知三联书店2016年版，第82页。

念本义的阐发,也是对赫拉克利特关于自然是"永恒的理智"、是"秩序"和"分寸"(尺度或者原则)的再表述。自然之所以是"永恒的理智",是因为自然始终是按照自身的尺度(或曰"原则")来建构秩序,自然建构自身秩序的尺度或原则到底是什么呢?是自然和构建秩序的尺度或原则,是以生之本性为原发动力和原发机制的生生原则,它具体为**自生法则**、**自在法则**、**自为法则**和**关联法则**。以自生、自在、自为和关联为具体法则的生生原则,如何敞开自身而使自然生且生生不息呢?这可概括为复杂创造简单和简单创造复杂互运和共生。

1. 复杂与简单的生成

自然,无论从整体讲,还是从具体讲,它都是一个有机体,而凡有机体,无论整体或局部、抽象或具体、宏观或微观,都是复杂的系统,以生物个体——比如马之个体、牛之个体、猪之个体或人之个体——为例,作为一个自然的存在,其复杂性从内外两个方面呈现。以人为例,从内在方面,每个人的身体都是四分结构,即头、手、承载五脏六腑的身子、脚。仅作为生物个体之生命表征或者说起搏器的心脏,它首先需要一个使之居其中位的胸腔为之提供存在、生成和运作的空间,而且心脏内部又由四个空腔构成一个活动着的空间场域,这个活动着的空间场域由居于上部的两个心房和居于下部的两个心室,上心房和下心室之间相向运动形成的舒张和收缩功能推动血液循环全身。[①] 人体血液循环是通过大约由 250 亿根血管组成的静脉和动脉系统,这动静脉血管系统将人体的骨髓、胸腺、淋巴结、脾脏、大脑、四肢等所有器官联络起来形成一个血液循环系统,心脏产生的血液才通过这血液循环系统而使人体的每个部分成为活机体而生成生命运动,在这一生命运动中,人体中的任何具体的器官(比如其中的动脉系统)或任何环节(比如某个部位的动脉血管)出了问题,都会影响整体生命运动状态或运行方向。

生物体作为复杂的系统,不仅有一个复杂的内部系统,还有一个更为复杂的外部系统,即生物体——比如人体——所直接和间接关联的环境世界,包括星系、地球、水土、气候、阳光、空气等要素构成的宏大系统,也包括

---

① 李卫东:《人体解剖生理学》,中国医药科技出版社 2006 年版,第 110—112 页。

诸如月夜、阴晴、雨露、朝霞、绿叶、青黄、大江、小河、洼地、山坡、树林等具体内容构成的微观系统。比如，没有树的地方没有绿荫，没有树林的地方没有鸟居，没有河流则没有鱼虾等水中生物，房屋建在山坡上或建在平地中或江河边或深山里，都实实在在地构成居住其中的人体的外部系统的重要内容。比如，负重100斤进平地的房屋或山坡上的房屋对人体的运动方式和运动姿态有完全不同的影响。总之，人体作为一个有机体，其生命正常运行，既需要启动人体复杂的内部系统，同时也启动了人体复杂的外部系统，是其复杂的内部系统和外部系统的协调运作。

在更具体的意义上，自然作为复杂的有机体，无论其整体的或宏观的存在，还是具体的或局部性存在，都蕴含信息、物质、能量三种东西，并统摄这三种东西使之一体运行发挥合生力量时，自然作为有机体才真正成为活的机体而敞开活的生命样态。

一般而言，物质是自然存在敞开的固化形式。在宇观层面，物质即宇宙体；在宏观层面，物质即如太阳般的恒星，或地球般的行星，或周期性变换运动的气候；在微观层面，物质可以是爆发的火山，流动的溪水或山泉，波粒二象运动的量子。物质既可能是固态的，也可能是液态的，还可能是气态的，比如气候、大气、气流。在物质世界里，不仅固态的物质是固化的，液态和气态的物质也是固化的，即以相对自稳定的样态和形式存在、敞开、运行，比如雨水中的"雨"，它是大气循环扰动的气态物质，当这种气态物质汇聚生成大到不能自我托住时就向下降落，但这种向下降落的"雨"到达地面，就成为"水"，水再依照"卑下而居，平淡而盈"的本性而再行汇聚，就产生流水，进入自然生成的低洼通道即河床，就成为河水，河水的继续汇聚，就生成江水或海水。

宇宙学探测发现，组成自然有机体或宇宙的物质，不仅有固态形式、气态形式和液态形式，还存在一种**无态**形式，这或许就是巴门尼德所讲的"存在"中的"不存在"，或可是普罗泰戈拉所说的"非存在"。巴门尼德的"不存在"和普罗泰戈拉的"非存在"，其实就是"无态存在"，这种无态存在即多元宇宙理论中的"暗物质"，即隐藏于固态的或气态的或液态的物质样态背后的没有样态存在的物质，也可说固态的或气态的或液态的物质样态都存在和运动于暗物质之场中。

自然作为有机体，其生之本性和生生原则决定了它的存在样态即物质也必须是生的和生生的，物质，无论固态物质或液态物质或气态物质或无态的暗物质，其生和生生运动的形式，就是信息。任何有机体，其存在，其生成，其在生成中继续存在，都呈现年轮。地质的年轮镌刻在岩石、细菌化石上，气候的年轮既镌刻在冰芯上，也镌刻在树芯和岩芯上。树木的年轮，不仅从树质材体现，更从树皮的纹路、色泽等方面呈现出来。生物机体的年轮同样有其内在机理和外部形态的呈现。比如人的年龄，总是可以通过一眼直观捕捉到，而一眼直观的信息首先是从脸部的肤色、纹路、皮肤的皱褶、眼神传导出来，其次从身姿、身态、行动的动态等方面传导出来。所有这些就是有机体之生命存在敞开运动的信息。

自然有机体是生命化的物质体，或曰物质化的生命体，其物质化的生命之存在敞开的运动形式是信息，但信息交换的方式却是能量。这种能量交换方式构成物质化的生命体与生命体之间关联存在的内在方式。按照量子力学理论，物质以能量方式交换，既可以固态（如粒子态）方式进行，也可以气态（如波态）或液态方式进行，更可以无态（如暗物质）方式进行，还可以固态、气态、液态、无态共振运动。由于固态性、气态性、液态性的明物质只是自然的显性物质形态，构成自然有机体的主要物质是隐性的暗物质，暗物质构成自然有机体存在敞开的既可来自四面八方又可延伸向四通八达的黑暗之场，所有形态的明物质都是散落在井然有序的暗物质之场中，所以在大多数情况下，物质的能量方式交换均以固态、气态、液态、无态的物质能量共振运动的方式展开。

综上，自然作为有机体的构成形态或存在样态是物质，但最根本的物质构成不是固态的、气态的和液态的这些明物质形态，而是无态的暗物质，它才真正生成出自然的复杂性。

理解自然作为有机体的复杂性构成，为认知复杂创造简单打开广阔的视域，但要真正理解复杂创造简单何以可能，还需要理解"复杂"是如何形成的。

复杂如何形成的问题，本身就涉及自然作为有机的构成性问题，这才是复杂形成的前提性条件。自然的复杂性形成，是以自然作为有机体的自身构成为基本框架,并在其自身框架下展开的,在此框架下,自然之复杂性形成主要涉及四个方面。

首先,自然有机体的基本物质形态是量子,量子运动效应对意识和生物组织产生的影响比任何物质样态都重要和重大。自然作为有机体,其存在敞开呈显性和隐性两个层面,在隐性的层面是暗物质的世界,暗物质世界之信息传递是**能量化的**。显性的层面是明物质,明物质世界之信息传统是能量化的。能量化信息传递对有机体的作用因其物质构成样态的固态、气态、液态和波粒共振态四种形式,也就生成一种空间性的梯级结构框架,这种梯级结构框架的固态、气态、液态、波粒共振态对有机体的作用亦呈由浅而深的梯度性影响,一般地讲,固态物质能量信息传递对有机体的影响是浅表的,因为它要受相对静止的固态的制约而产生近距性或等距性取向。比如,一块石头与另一块石头,在没有外力的影响下,不会产生远距信息传递功能。水这种液体物质,在没有外力的阻碍(比如将水装进杯子里或将江河筑建起堤坝)情况下,虽然不能获得远距功能,但它始终处于流动状态;气态性质的能量信息传递,比如天空中的云,就可能承受远距的影响并获得超距功能。但在微观物理世界里,量子运动作为能量性质的信息传递,却始终是超距性质。所以,相对而言,量子的波粒共振运动对意识和生物组织的影响是最大的,也是最为深远的。因为量子运动是能量物质信息传递与无能量信息传递的桥梁,是明物质向暗物质生成和暗物质向明物质生成互为转换的实质方式。

其次,在自然世界里,信息传递既可需要能量的参与,也可**无须能量参与,或曰,有机体之间的信息传递,既可是能量的,更可是无能量的**。信息传递以能量为媒介,这是有机体处于有态物质状态下展开的方式,即当传递的信息属于固态的或气态的或液态的明物质内容,它就属于能量传递,因为这类信息本身就是能量性质的信息;反之,传递的信息属无态的暗物质内容,就无须能量,因为它本身是无能量的信息。由于构成自然的物质显露在表面的明物质只是很小一部分,大部分是潜沉于下而构成存在之场的暗物质,这就形成自然有机体的存在敞开运动,更多时候处于无能量传递信息的状态,这种无能量传递信息的方式是自然创造神性的根本方式,神意、神灵、神通等都因为暗物质的无能量运动,也正是由于暗物质的无能量运动,其信息传

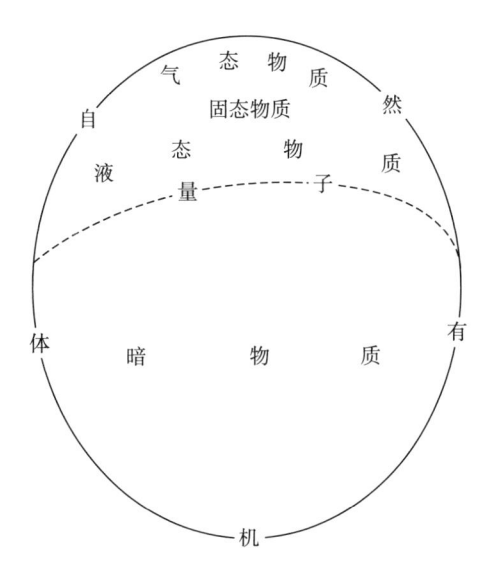

```
           气 态 物 质
      自        固态物质        然
         液  态  物  质
       ┌─────量───子─────┐
      体                    有
           暗  物  质
                机
```

[3-1：自然有机体的复杂性构成]

递才获得神秘性、神圣性。并且，暗物质的无能量运动传递信息，是神发挥功能的基本方式。宇宙创化之神确实存在，它的生生创化方式和其生生创化功能的释放方式，则是无能量的信息传递。这是神无法解释，只靠慧通和觉解的真正存在论根源。

最后，大多数情况下，信息传递都是超距或远距传输的。对自然有机体言，除固态能量信息传递外，其他样态的能量信息传递都能跨越距离的远近而传输，尤其是量子信息，可即刻从一处传递至另一处的"超距传输"。物理学家约翰·贝尔曾在1964年通过数学的演算来证明量子理论的客观存在性，即一对曾经在一起的粒子，当经历相互运动而达到很远位置之后，仍然相互保持着"**即刻的**"联系："一定有某种机制可以使得一台测量装置的设置影响到另一台装置的读出结果，无论两者之间相距多远。"① 这是令爱因斯坦百思不解的物理世界根本特性，他称之为"超距离的幽灵作用"②。物理学家大卫·林德利指出："站在严格的数学观点，光波或者说光子在时间上的逆向传播与正向传播同样成立。但是出于实际需要，我们**忽略了反向解**……不是说

---

① BeJ J. S., "On the Einstein-Podolsky-Rosen Paradox", *Physics* (1), 1964, p.195.
② Lindley D., *Where Does the Weirdness Go? Why Quantum Mechanics Isstrange, But Not as Strange as You Think*, New York: Basic Books, 1996, p.149.

事件绝无可能，只是未能满足使得事件发生的现实条件。"①

更为根本的是由暗物质为主要构成内容的自然有机体的信息传递的根本方式是无态无能量的信息传输，这种信息传输是**无距**的。这种无距传输逾越（如固态的）有距、（或气态和液态的）远距、（或量子的）超距传输方式而达于无距，这就是通常所讲的"神来"，即心诚则灵。审美通感、科学直觉、心灵感应、生存觉悟、存在觉解等，是穿越任何物质——比如有态有能量的明物质或无态无能量的暗物质——的无距信息传输。这是自然有机体之复杂与简单产生和相互转化的根本原因。

2. 复杂与简单的原则

复杂创造简单原则　　遗传算法之父和复杂性科学的先驱者之一约翰·H. 霍兰在《隐秩序：适应性造就复杂性》中提出"复杂创造简单"（Complexity Made Simple）②的主张，这一主张揭示了自然有机体如何生和怎样生生不息的基本原则，即复杂创造简单原则。自然就是遵从复杂创造简单原则生和生生不息的。

首先，复杂创造简单，是宇宙创生的基本原则。

自然，是宇宙的自身样态。宇宙是创化的，自然是宇宙创化的型式。宇宙创化不是一次性完成，而是永恒的过程。多元宇宙理论为之提供一种观察视角：宇宙创化是共形循环的，它以"大爆炸—热寂—黑洞—大爆炸"的方式展开。并且，宇宙的共形循环遵从热力学第二定律，即热能始终是一个熵化过程，在这个过程中，当熵增加到一定临界点时爆炸，然后熵减少到临界点再爆炸，以此循环不已地敞开，就是宇宙向死而生和向生而死的循环运动。宇宙向死而生和向生而死的循环运动，涉及一个最初的起步，这就是宇宙的原创生，其后，宇宙循环往复的向死而生和向生而死的创化运动，属于继创生。复杂创造简单，是引导宇宙继创生的原则，即宇宙向死而生和向生而死的循环往复的继创生运动，遵从复杂创造简单的原则。

---

① Lindley, D., *Where Does the Weirdness Go? Why Quantum Mechanics Isstrange, But Not as Strange as You Think*, New York: Basic Books, 1996, p. 149.

② ［美］约翰·H. 霍兰：《隐秩序：适应性造就复杂性》，周晓牧、韩晖译，上海世纪出版集团2011 年版，第 14 页。

第 3 章　自然为人立法·人为自然护法

宇宙创生的最初活动是原创生，宇宙的原创生活动，创造宇宙的自身样态、自身方式和自身方法：宇宙原创的自身样态，就是自然这个有机体；宇宙原创的自身方式，就是宇宙（或曰自然）自在和自为；宇宙原创的自身方法，就是自生和生生不息。宇宙原创的自我规定——自创自身样态、自身方式和自身方法——决定了宇宙必须按照**本己**的样式继创不息。

宇宙创化的永恒过程论，构成造物主（即上帝）创世论神话的基本框架，这一基本框架成为创世神学的原初依据，也成为以神学为母体的哲学的原型，这就是存在、生成、死亡：存在源于生成，生成必然遭遇死亡，死亡孕育新的存在、新的生成，由此走向新的死亡。所以，"这三个概念是三位一体的：**存在**（being）、**生成和灭亡**。柏拉图通过引入那个总是生成而又从未实现的概念论述了这个问题（柏拉图提出了所有根本的问题，但又没有回答它们）。世界总是在生成，正如它生成了、流逝了并灭亡了一样。现在，灭亡的概念作为一种耻辱被掩盖了。实际上，这样一种说法流传甚广，即过去就是绝对的（simpliciter）虚无"（引者加粗）。① 因为生成本身孕育死亡并最终将存在推向死亡，存在是短暂的，由此使存在始终是生成的，生成虽然孕育死亡，但死亡本身又孕育对存在的生成，所以存在又总是以"向死而生"和"向生而死"的方式敞开自身的永恒："至于我自己关于永久性和暂时性（permanence and transience）的观点，我认为宇宙有一个精神的和永久的方面。这个方面就是最初的概念驱动（prime conceptual drive），我称之为**上帝的原初本质**（primordial nature）。另一方面，这个永久的现实又内在地进入了暂时的方面。我们来拓展一下你们关于终极事实在变化中是永恒的观点。在其本质上，实现就是限制、排除。但是，这个终极事实在其欲望的视野（appetitive vision）中包括了秩序的所有可能性，即那些立刻就和一种超越想象的丰富性（fecundity）不相一致且不受限制的可能性。有限的暂时性在它们和时代之流的有序关系中上演了这种杂乱的不相一致。因而，有限的历史过程对规范基本的视野来说是至关重要的，否则就只有混乱。形而上学的要义就是这种互相内在的学说，为了它的现实，每一方都把一个必要因素借给了（lending to）另一

---

① ［英］怀特海：《科学与哲学论文集》，第 107—108 页。

方。"①（引者加粗）在"存在、生成、死亡"循环往复地创生进程中，宇宙的原创生与继创生有其根本区别：宇宙原创生是自己给予自己，宇宙继创生始终需要相互的"借予"。这种相互借予可表述为"宇宙是上帝创造之后不久就完成的。创造出来之后，宇宙不是按照具体的蓝图演变的，宇宙的日常工作不是上帝计划的，上帝也不干涉宇宙的日常工作。上帝不是某种单独存在和独立在宇宙之外的。而且，宇宙是由不断发生的不可预测的过程，包括进化过程所构成的，这意味着宇宙每时每刻都是不同的，每时每刻都是正在进行的创造过程。并且，可以这样说，**宇宙一直被引向未来**"。（引者加粗）所以，"宇宙不是从事某种'没有意义漫步'，而是有目标的运行。与此相联系的是，宇宙的演变过程大致有个确定的方向，这个方向扎根于整个演变过程中确定性和偶然性之间的平衡。并且，偶然过程允许宇宙根据包括进化论的核心原则在内的自然原则演变，这样，这个演变过程中就有了真正的不确定性和不可预测性"②。

其次，复杂创造简单，是自然有机体生成的基本形式。宇宙大爆炸形成复杂的宇宙，宇宙热寂的过程最终将复杂"坍塌"为最终的无（即简单）。人体经由心脏启动了整个机体内部的复杂运动，但机体内部的复杂运动最终创造出来的是身体的简单行动，或两脚走路，或两手做事，或张嘴说话。但即使是两脚走路，也是两脚分别抬步，前后相续行动。手也是如此。哪怕是最复杂的思考活动，也是一个问题一个问题展开，或一个层次一个层次展开，这就是简单，但所有这些简单生成的母体、动力是复杂的。

大地是复杂的，这种复杂性表现为地形、地貌、地质结构、突兀、蕴藏、隐含、敞开、生变不已。但正是具有如此性质和内涵的复杂的大地，却创造出无以计数的简单，并不断地创造着简单，比如这一类物种，那一棵树、一株草、一朵花、一颗露水，或者那一座山、一条河、一条深沟、一汪洼地、一片荒野、一片树木，以及一块巨石或一颗碎石、一间茅屋或一幢高楼，等等，所有的存在物都是简单，而所有的简单都是具体的；并且，所有简单、具体的存在都是既可数，更可感的。相反，复杂的始终是整体，既可能是显

---

① ［英］怀特海：《科学与哲学论文集》，"总序"第108—109页。
② ［美］理查德·德威特：《世界观：科学史与科学哲学导论》，第317页。

现的,更可能是隐藏的;既可能是有形的,也可能是无形的。所以,复杂创造简单,也意味着整体创造具体、无形创造有形,传统哲学讲"无生有",实际上包含复杂创造简单。

再次,复杂创造简单,意味着"复杂性背后的简单性"①。复杂性背后的简单性,其一指复杂性源于简单性,在这个意义上,简单创造复杂。其二指复杂孕育简单,由于复杂孕育简单,才形成复杂生成简单,这是复杂创造简单的源头语义。其三指所有简单的东西都源于复杂,都是复杂自身运动创造所成。因而,简单不仅由复杂创造,简单亦蕴含于复杂之中。

在生物世界里,生命的孕育和诞生,是最典型的例子。雌性的卵子和雄性的精子,都是简单的东西,二者有机结合生成一个新生命的种子,也是最简单的东西,但雌性孕育这个生命种子使之生成为完整的身体及其机能,却是一个异常复杂的世界,可将其看成是复杂孕育简单、复杂生成简单,经历这一有时间长度规定的孕育、生成而最终从母体脱落而出的新生命,却又是一个简单的东西,这就是复杂创造简单。复杂创造简单,首先要求必有可创造简单的材料(比如精虫和卵虫);然后要求复杂性本身具有孕育、生成的功能(比如不育的雌性,虽然有复杂的机能和身体,却无孕育和生成简单性的功能);最后是由复杂创造出来的简单存在一定要有形态呈现,或固态或气态或液态。因为复杂创造简单,既是整体创造具体,也是无创造有,所以,复杂创造出来的简单一定有形态学的呈现样态。

复杂创造简单是一个过程,并且必是一个生命化和形态化的过程。所以,复杂创造简单的过程,既是孕育、生成、成形的过程,也是抽象、显现、物态化和可数化的过程。

最后,复杂创造简单的根本意义,是宇宙(或曰"自然")继创生意义的。宇宙继创生就是向死而生和向生而死的循环运动。由于复杂创造简单是从创造有或整体创造具体,它最终要物态化和可数化。所以,宇宙向死而生的创造的宏大方式,就是暗物质创造明物质,暗物质是无、是整体、是无态、是无可数,明物质是有、是具体、是有形态、是可数,因为再多的明物质,

---

① [美]梅拉妮·米歇尔:《复杂》,唐璐译,湖南科学技术出版社2015年版,第386页。

在理论上是可数的;一切有形态的存在无论怎样繁多,都是可计算、可统计的。与此不同,暗物质因为其无态无形,始终具有无可统计性、无可计算性,造物主(上帝)的创世说就呈现这一特点。在神学描述的宇宙创化论中,造物主既是宇宙的创造者,又是居于宇宙之外的存在者,他在创世之时,宇宙是混沌的无,他的创世工作就是将无的宇宙变成有的、可数的、有态的宇宙,这种有的、可数的、有态的宇宙,就是天地、山水、万物,最后是亚当这个人被创造出来作为其创世结束的标志。

同样,明物质的世界也存在复杂创造简单。水是液态物,它以简单的雨点汇聚成江河、湖泊和海洋,江河、湖泊和海洋源源不断地创造出千姿百态的水生动物、植物。这是有形的液态的复杂性创造出来的简单存在的典型例子。气态物质是一个混沌的复杂存在体,它成为中西早期哲学发问的对象,阿那克西美尼的气是生成万物的母体,中国哲学中的气更创造出整个世界。

复杂性一定是整体的,但复杂性可能有形有态,也可能无形无态。但无论有形有态的复杂性还是无形无态的复杂性,都具有**祛魅**的功能。复杂创造简单,也是魅创造祛魅。魅创造祛魅,不仅是无和无形无态创造有和有形有态(也可是有形有态创造有形有态),也是遮蔽创造暴露或显露、隐藏创造突现。宇宙中的暗物质创造明物质,就是魅创造祛魅的方式和过程,计算机运算是复杂创造简单的方法,也是遮蔽创造暴露、隐藏创造显现的方法。同样地,大数据分析亦如此,人工智能技术对生物脑的复杂机理和运行方法的探测而制造出人工智能机,亦是有形的复杂创造简单,更是祛人脑这一复杂的黑箱之魅的方式。

简单创造复杂原则 作为永恒过程的宇宙创化,既是原创生的,也是继创生的。一般而言,宇宙的原创生是简单创造复杂,却蕴含复杂创造简单;相应地,宇宙的继创生是复杂创造简单,却也孕育简单创造复杂。

首先,简单创造复杂,也是宇宙创化原则。如果说复杂创造简单是宇宙的继创生原则,那么简单创造复杂首先是宇宙创化的总原则,它既是宇宙原创生遵循的奠基原则,也是宇宙继创生遵循的基本原则。

无论从科学或哲学讲还是从神学论,宇宙原创生都遵循简单创造复杂的原则,展开由简单创造复杂之旅。科学中的宇宙学是专门探讨宇宙创化的科学，它要探讨的基本问题有三：一是宇宙的起源；二是宇宙的生成；三是宇宙的运动。在宇宙的起源上，宇宙学诉求单体论，探求宇宙是由一个什么具体的东西构成，无论是单一宇宙学还是多元宇宙论，都认为宇宙起源于一个无限小的奇怪吸引子。宇宙起源论讲的就是宇宙原创生问题，即宇宙由什么东西创造出来。在解决了什么东西创造了宇宙的基础上，考察宇宙是怎样创造出来的，即这个东西是如何创造了宇宙，宇宙学认为无限小的奇怪吸引子本身具有自我膨胀的能力，它的无限膨胀达于不能自我包容和稳定时，就发生能量大爆炸，这就是宇宙的诞生。第三个问题是通过能量大爆炸而诞生的宇宙以什么方式自存在，宇宙学认为是宇宙的继创生，即大爆炸生成的宇宙其无限炽烈的热能释放产生熵，增熵使炽热的宇宙接受热力学第二定律的规训而朝着冷却的方向做热寂的"坍塌"运动，以至于最终达于无的状态而重新集聚能量，以向新爆炸方面运动。

  现代宇宙学的如上思路并没有超出哲学的原型思维。哲学的最初发问是探求世界的本原，本原这个东西被认为是构成世界的"始基"，它是最早的、最小的和不可再分的且既能自生也能生他的那个东西，这个东西是简单的。这个构成世界本原的简单的东西，在泰勒斯那里是"水"，在阿那克西曼德那里是"无定"，在阿那克西美尼那里是"气"，在毕达哥拉斯那里是"数"，在赫拉克利特那里是"火"。这些简单的东西分别以自己的方式创造了复杂的宇宙，形成自然；复杂的宇宙世界总是创造出各种类型、各种形态的简单的自然存在，这些形态各异、类别不同的简单的自然存在又孕育并可能创造出更为复杂性的宇宙和自然存在。

  从发生学观，哲学受孕于神话，神学成为哲学之母，哲学关于宇宙创化的想象性描述的源头却在神学中。神学描述宇宙是造物主的神创。神创宇宙论是简单创造复杂论，即拥有全知全能甚至全善全恶的能力和潜力的简单存在之上帝，本身蕴含复杂性，这是简单创造复杂的内在源泉，没有这个内在源泉，造物主创世不可产生，即使产生了也不可完成。

  造物主创世纪是原创生，即造物主的创造行为本身创造出有形有态甚至包括无形无态的生命存在的复杂世界，正是由于被创造出来的世界是复杂的，才演绎了真假、善恶、是非、利义，才有了上帝的毁灭（洪水）和继创生

（准予诺亚创造方舟踏上永恒的继创生道路）。造物主由简单创造复杂的原创生是自为，造物主由简单创造复杂的继创生指定代理者而为，这个代理者是诺亚，即耶和华准予诺亚自造方舟躲过洪水毁灭世界的灾难后在大地上繁衍生息。所以，从神学眼光打量，人既是原创物，也是继创物，人的被原创和被继创都是遵循简单创造复杂的宇宙原则。

其次，简单创造复杂作为宇宙创化的总原则，既是原创生原则，也是继创生原则。

在继创生意义上，简单创造复杂是在复杂创造简单的基础上产生的，更准确地讲，简单创造复杂必须以复杂创造简单为母体，为土壤，所以复杂创造简单本身创造了简单创造复杂。更具体地讲，复杂创造简单是朝"向死而生"方向展开，并且这一"向死而生"方向是不可逆的。因为象征或汇聚整体并存无与有、无形和有形、无态和有态于自身的复杂性，是持存的和永恒的，由如此性质和取向的复杂创造出来的简单，始终是有，始终是有形有态和可数性，但凡一切有形有态和可数的存在，在持存和永恒的复杂性面前始终是有限的，这种有限性的必然敞开方向是自我消解有形有态而沉寂于无形的复杂性之中，这一过程就是对简单创造复杂的孕育，由此生成简单创造复杂的相反方向，这一方向也是不可逆的"向生而死"：简单创造复杂必然朝"向生而死"方向展开，即简单以创造复杂的方式将自身消解于复杂之中。所以，简单创造复杂，首先指简单生存于复杂中，其次指简单孕育复杂和简单生成复杂、敞开复杂。

再次，简单创造复杂，是指简单孕育复杂、简单生成复杂和简单敞开复杂。

复杂创造简单，是整体孕育具体、无形无态生成有形有态，从隐藏敞开显露，从沉默走向喧哗，比如大地、土壤、温度、阳光、空气、雨露，以及阴晴、空间、时空等无数的因素汇聚形成的复杂性使一颗无意降落于土壤中的种子破土而出，以生长成苗成树绿荫一片的方式向世界喧哗自身的存在，但最终枯老、死亡、朽烂，最后化为尘埃而归于存在之无中，往日的喧哗最终沦为了沉寂或沉默。由此可以感知到简单创造复杂却与复杂创造简单呈相反方向，是具体朝向整体、有形有态自相解构为无形无态，并从喧哗到沉寂，从显露和敞开堕入隐藏和虚空。

简单创造复杂，不仅是宇宙原创生方式，更是宇宙继创生方式。在原创生意义上，没有简单创造复杂，就没有宇宙的诞生，更没有自然和万物的存在。在继创生的意义上，没有简单创造复杂，不可能有宇宙的继续生成、继续存在。简单创造复杂，创造了宇宙的永恒过程和永恒存在。所以，简单创造复杂既是比复杂创造简单更本原的宇宙原则，也是比复杂创造简单更具广泛性、普遍性的宇宙创生方法。地球的运动、地质结构的变迁，不过是地球上大量的或者所有有形有态的简单存在消隐于复杂的空无之中的一个过程，地球生物圈的生物进化过程，就是无以计数的生物物种和生物个体消亡的过程，从现象学观，这个过程是生物世界的新陈代谢；但从存在论的本质层面论，却是简单创造复杂，正是因为这一简单创造复杂的运动，才孕育出新的复杂创造简单。生物世界的新陈代谢是通过简单创造复杂、推动复杂创造简单的共生循环来实现的。宇宙继创生的根本目的，就是保持宇宙创化的永恒运动，而宇宙创化的永恒运动是通过动态平衡和共生循环来实现的，简单创造复杂生成性推动复杂创造简单，既是实现动态平衡和共生循环所必须遵循的原则，也是实现其动态平衡和共生循环的基本方法。大地上的水这种有形有态的物质存在通过日照而蒸发到大气层，变成弥漫的气雾或有湿性深度的大气，这就是简单创造复杂，因为水是简单的物质存在，大气是复杂的无形无态的整体存在；但被阳光蒸发到大气中的水沦为无形无态的气态存在，又因其湿性生发出来的聚集使之自托不住又降落为有形态的雨点、雨水，这又是复杂创造简单。由此可以看到，由于太阳辐射的外力作用，水这种物质始终处于动态平衡和共生循环的大框架中，从简单创造复杂走向复杂创造简单继而再行简单创造复杂的"生成—解构—生成—解构"的生生不息的进程状态。自然世界是如此，存在于自然之中的人类及其创造物同样如此，建筑、城市、房屋、商品等几乎所有的人造物质存在，都呈现不可逆转地朝向"简单创造复杂"的道路，这就是时空本身使它们自行解构于复杂性的存在世界之中，这个过程有一个突出的中介性标志，那就是从有用之物成为废物，"废物"宣布了它的死亡，然后将其输向"处理"进程，这一进程又启动了复杂创造简单。

复次，简单创造复杂，就是使有形存在自我解构而融入整体和复杂之中，它的基本方式是适应，即个体适应整体、简单适应复杂、有形适应无形、有态适应无态、有适应无。

适应是宇宙创化赋予自身的法则。耶和华创世纪的最后一道工序是按照自己的肖像创造亚当，然后给予祝福和诫命，其实是从律法（以造物主为依据和准则——这是耶和华按自己的肖像创造亚当的隐喻）、责任和范围（管理大地和万物，在伊甸园供给果实）和边界（知善恶之果吃了必死）——三个方面规定了适应的法则：适应的法则，既是生的法则，也是再生的法则。在自然世界里，"每个动物的躯体都有一种与生俱来且有限的能力来适应不同环境。人类能适应比目前海拔高得多的地区的生活。我们的心率、血压和肺活量必须也一定会自我调整以适应较低的气压"①。无论动物，或者植物，甚至微生物，都有承受气候、温度、干渴、饥饿的最终限度，这个限度构成适应的边界，在其限度内适应，就是生；对超出这一限度的适应，就是死，或者说就是再生，这种死而可再生的适应，就是对简单创造复杂原则的启动。

一粒降落于土壤中的草籽，因为适宜的气候、水分和土质而破土而生，适应环境、气候、水土、阳光、空气以及与他物并存的适当空间而生长，最终又适应气候和季节而枯萎、死亡，最后化入尘土之中，这就是适应启动了并推动了简单创造复杂，同时也在简单创造复杂中开启了复杂创造简单，即化入尘土的那株草及草所结的籽，成为土壤的一部分为开春的新的草或其他的物的诞生、成长和适应创造了条件。弱小的草是如此，粗壮的树亦是如此，凶猛的虎狼以及小得可能被忽略的蚂蚁同样如此，每个有形有态的存在物、每种生命，它们都以自身的方式和行为适应他者、适应环境、适应整体、适应充盈的自然和虚空的宇宙，就是开启以自身的简单存在创造复杂的世界的运动，并且，这种简单创造复杂的行为，即"每个创造行为，不多不少，正是对创造物的重演"②。

最后，简单创造复杂的宇宙创生意义。

简单创造复杂，无论是原创生还是继创生，都与复杂创造简单不同：复

---

① ［美］凯文·凯利：《失控：全人类的最终命运和结局》，陈新武等译，新星出版社2015年版，第527页。

② ［美］凯文·凯利：《失控：全人类的最终命运和结局》，第347页。

杂创造简单，就是祛魅，使遮蔽、隐藏显现，使个体、简单从整体和复杂中走出来获得有形的存在，这就是祛魅。反之，在原创生层面，简单创造复杂是创造隐藏、隐蔽、隐逸，也是创造沉默、沉寂、沉沦，更是创造魅暗、神秘、神圣，使神获得居所。在继创生层面，简单创造复杂，就是使暴露、显现、突出、喧哗复归于遮蔽、隐藏、隐逸、沉寂、沉默、沉沦，回返魅暗、神秘、神圣，使造物主的居所始终成为永恒神秘、永放神性光芒的居所。

3. 秩序与涌现的机制

造物主创造宇宙，敞开原创生和继创生，并使宇宙成为永恒的创生过程。这一永恒创生过程是以宇宙生之本性和生生法则为依据并遵循简单创造复杂和复杂创造简单的原则而展开，这是因为"简单性背后的复杂性"和"复杂性背后的简单性"，简单与复杂、简单性与复杂性、简单创造复杂和复杂创造简单之间，既互涵又共生。正是简单与复杂、简单性与复杂性、简单创造复杂和复杂创造简单之间的互涵共生，才生成一种创生机制，生发一种创造方式，形成一种创化力量。

然而，简单创造复杂和复杂创造简单，直接来源于简单性与复杂性的相互制约与激励；但简单性与复杂性互涵和共生，却直接来源于简单和复杂。而复杂与简单，在形态学上呈整体与个体的互涵与共生，在存在方式上却呈隐藏、隐蔽、隐逸、沉寂、魅暗、神秘与暴露、显现、突出、喧哗、祛魅、感知互涵与共生，也是确定、线性、秩序与非确定、非线性、混沌互涵与共生。这种开放性的、多层面的互涵与共生，最后源于造物主创造宇宙时对有与无、存在与非存在、明与暗、有形与无形、有态与无态以及阳与阴的互涵与共生性创造，比如，从宇宙的物质构成言，就形成明物质和暗物质，并且宇宙的主要构成是暗物质，明物质是暗物质的呈现形态。从物质的呈现方式看，有无形无态的呈现方式和有形有态的呈现方式；在明物质层面，有固态、液态、气态和波粒二象的量子呈现方式。仅就物质的明暗分野言，明物质呈阳态，暗物质呈阴态，所有这些相向互涵与共生的因素使宇宙的创生存在获得非定域性的特征，并形成秩序与涌现的创化机制。

宇宙创生的非定域性特征　非定域性问题是现代科学的热门问题，他首先在数学、物理学、生理学、脑科学等领域被一些杰出的科学家发现，比如美国量子物理学家大卫·波姆（David Joseph Bohm, 1917-1992）、斯坦福大学的著名生理学家和脑神经学家卡尔·普里布拉姆（Karl Pribram）、剑桥大学诺贝尔物理学奖获得者布里安·约瑟夫逊（Brian David Josephson）、牛津大学数学家和物理学家罗杰·彭罗斯（Roger Penrose）、美国生理学家和神经科学家本杰明·里伯特（Benjamin Libet）等人先后发现了非定域性问题，提出了非定域性观点、主张。但所有关于非定域性的观点和主张都源于量子现象，都是对量子力学理论的拓展，探讨物理存在与意识现象、物理运动与心灵生成之间的关系，发现物理与意识、存在与心灵之间如何发生影响和作用。他们都认为生物系统中的量子特性可能带给意识的非定域性和场态特征。[1] 英国物理学家诺贝尔获得者布莱恩·约瑟夫森（Brian Josephson）和雅典物理学家福狄尼·泡里卡利-维拉斯等人发现生命有机体与纯物理实验中的"死物质有所不同"，认为生物系统能够以出乎意料的方式利用量子效应。[2] 迪恩·雷丁（Dean Radin）指出："我坚信正是由于这种差异，尤其是生命体拥有的环境适应能力以及赋予随机过程以'意义'能力，生命体就能利用非定域性。"[3]

因为量子现象的发现，非定域性现象得到凸显。从人的存在角度观，非定域性揭示物理世界与意识世界之间的非确定性、模糊性和混沌性，不仅要探求物理世界与意识世界之间的非确定性、模糊性和混沌性何以可能发生，也带出了非定域性存在怎样发生的问题。因为非定域性存在状态带出了超距作用，所以，是非定域性和超距作用两个因素形成的合力导致物理世界与意识世界之间呈现非确定性、模糊性、混沌性状态，具体地讲，导致（物理性质的）大脑与（精神性质的）意识之间的不同步："通常认为意识与大脑两者之间是同步的，其实未必。时空上的非定域性使得有些实验的'现在'概念变得模糊起来，'现在'可能是在未来或者是在过去。"[4]

---

[1] Conrad, Home & Josephson (1988); Josephson & Pallikari-Viras (1991); Penrose (1989, 1994); Bohm (1952, 1986, 1987); Bohm, Hiley & Kaloyerou (1987); Josephson (1988).

[2] Josephson B. D. & Pallikari-Viras F., "Bioilogical Utilisation of Quantum Nonlocality", *Foundations of Physics*, 1991 (21), pp. 197-207.

[3] Dean Radin：《意识宇宙：心灵现象中的科学真相》，第 226 页。

[4] Dean Radin：《意识宇宙：心灵现象中的科学真相》，第 225—226 页。

但是，非定域性发现的真正价值并不在这里，因为非定域性是世界的一种存在状态，并且是世界存在的本原状态，这种存在的本原状态在微观领域的呈现就是量子的波粒运动：量子运动的粒子状态，是一种确定性状态；量子运动的波状态，是一种非确定性状态，这种非确定性状态呈模糊性，当它达于极端时，就呈混沌状态。这种存在的本原状态在宏观领域的呈现就是非定域性，它表现为以形态稳定的静态方式存在的存在物，却总是蕴含非稳定性的动态生变的隐性态势，这种动态生变的隐性态势总是以超距的方式发挥自身功能。这是人的大脑与意识之间非对称性运动的存在根源。

进一步讲，非定域性作为世界存在的本原状态，是宇宙创化使然，是造物主创化宇宙为宇宙创生设定的条件并赋予其内在的生成机制。宇宙存在和继续存在的前提是创生，创生是宇宙的永恒过程。在这一永恒创生过程中，无论是原创生还是继创生，不仅需要形态存在、固持和稳定，更需要无态存在、变动和生成，前者是宇宙创生对秩序的追求；后者是宇宙创生对动力的需要。对秩序的追求，是宇宙创生之实际目的；但秩序的保持必须杜绝僵化而充盈活力，使秩序杜绝僵化充盈活动的根本方式，就是变，就是生成，所以，对生变动力的需要同样基于秩序之目的，是使秩序本身保持生生活力。非定域性源于宇宙创化的自身需要，是宇宙创化构建秩序并使秩序保持生生活力的需要。非定域性基本内涵是非固态性、非决定性、非严格因果性、非线化和混沌性，自具非固态性、非决定性、非严格因果性、非线化和混沌性取向的非定域性，其内在动力本质是生成，其外在的方法是超距作用。所以，非定域性既是宇宙原创生和继创生得以展开的必需条件，也是宇宙原创生和继创生铺开的存在状态。

造物主创化宇宙赋予宇宙创生必须遵循简单创造复杂和复杂创造简单两个原则，而非定域性就是这两个原则发挥创造功能所需要的。所以，非定域性既是复杂创造简单和简单创造复杂所需要的，也是复杂创造简单和简单创造复杂所实现的。非定域性构成创造的源泉和创造的动力，没有非定域性，创造不可能产生。比如，没有暗物质，根本不可能有明物质；没有无，根本不可能有有，没有非存在，最终也无可存在，没有不确定性、混沌性的滋养和支撑，确定性和秩序根本不存在。这是造物主创化宇宙始于无的原因，也是造物主创化宇宙之永恒创生过程必须遵循复杂创造简单和简单创造复杂的理由，因为简单象征确定性和秩序，复杂象征不确定性和混沌，而不确定性和混沌的自为铺开状态就是非定域性。非定域既是复杂创造简单和简单创造复杂的条件，也是复杂创造简单和简单创造复杂必须给继创生留下空间并给继创生积蓄动力。

生命是其典型的例子。生命由复杂性所创造，但与此同时，简单的生命本身蕴含了全部的复杂性，所以表面看来简单的生命又创造着复杂的世界。然而，生命的简单和复杂，恰恰使生命存在于边缘地带，这既是混沌的边缘，也是确定的边缘。确定存在于"混沌的发端"处，即生发于"混沌边缘"；相反，混沌的发端处亦是确定，所以确定亦有边缘，这就是确定边缘。理论生物学家考夫曼认为，生物既有活性的同时也呈稳定性。RBN 模拟的基因网络应该呈"液态"才有实际意义，即既不能太僵硬，也不能太混沌。考夫曼将这种理想的状态概括为"生命存在于混沌的边缘"①。同样，**生命也存在于确定的边缘**。混沌的边缘与确定的边缘的交接地带，构成生命的真实的诞生地，也构成生命的真实的存在地和生长地，这个诞生地应是非定域性存在状态，这个存在地也是非定域性存在状态，这个生长地同样是非定域性存在状态，唯有非定域性存在，一切才皆可能发生；也因为非定域性存在，才生成建构生命的存在及敞开空间。生命的存在及敞开空间，既是实然的，也是应然的，更是未然的，生命存在的实然、应然和未然，此三者合生出生命存在敞开的空间，这个空间就是生命的世界。在生命世界里，得以显现的是确定性内容，但它只是大海中的冰山一角，不可显现既创造显现又沉寂显现的却是非确定性内容，不是被海水淹没沉寂的冰山及其庞大底座，而是隐显冰山于波涛之中的动态的大海本身，它呈非定域性特征。所以，非定域性，才是生命世界的原生状态，它横跨混沌性的存在世界和确定性的存在世界，是边缘化确定的世界和边缘化混沌的世界的合生存在状态。正是这种合生状态，才为复杂创造简单和简单创造复杂互为推进提供了全部的可能性。

宇宙创生的秩序与涌现　　宇宙创生是因为非线性、非确定性、混沌性

---

① Kauffman, S. A., *At Home in the Urdverse*, New York: Oxford University Press, 1995, p. 26.

和由此生成的全部复杂性，但宇宙创生的目的不是非线性、非确定性、混沌性和由此生成的复杂性，而是为了创建秩序。对宇宙创化言，无论原创生还是继创生，都是为创建宇宙秩序，所以，无论遵从复杂创造简单原则从复杂中创造简单，还是遵从简单创造复杂原则从简单中创造复杂，都是建构宇宙秩序。但宇宙通过自创生来建立宇宙秩序始终面临非线性、非确定性、混沌性、复杂性问题的解决，而且非线性、非确定性、混沌性、复杂性问题并不能得到一劳永逸的解决，并使解决本身沦为一种过程，其解决的方法也只在其过程中生成和彰显，这就是**涌现**。

宇宙创生并不源于简单，因为简单本身是确定性的，它本身就是秩序，而是源于复杂，因为复杂对简单和秩序的威胁或消解。因而，作为简单创造复杂和复杂创造简单的根本方法之涌现，也不来源于简单，而是源于复杂。"所有复杂系统都具有涌现性质（emergent properties）"①，这是因为所有的复杂性都包含非确定性、非线性、非秩序性和混沌性。所以，"维控制隐喻（metaphors of control）之后，关于复杂性、自组织和涌现的思想——整体大于部分之和——也开始流行起来"②。

涌现源于复杂，但涌现又是消解复杂性之根本方法。涌现作为一种方法，敞开对秩序的创造，即涌现创造秩序。涌现创造秩序的前提，是涌现是秩序的起源，这是因为秩序解构于确定与混沌的边缘地带。涌现源于非确定性、混沌性，由非确定性和混沌性所滋生，且涌现的作为必要受非确定性、混沌性积聚的层累性力量所推动，但**涌现发生于确定与混沌相交叉的边缘**，具体地讲，涌现发生在确定的边缘和混沌的边缘的交接地带，在这个交接地带，是确定控制混沌和混沌控制确定均处于最薄弱的地方，也是确定性指向混沌性的力量和混沌性指向确定性的力量聚合最密集的地带，更是确定与混沌会聚其他各种势力、各力量的集结地带。

涌现作为简单创造复杂和复杂创造简单的根本方法的原动力，或者说原发机制，却是自创生，即通过复杂创造秩序和因为简单解构秩序，都源于涌现本身的自创生。涌现之拥有自创生的能力和力量，是因为涌现发生于确定

---

① Gordon, D. M., "Control without Hierarchy", *Nature*, 446 (7132), 2007, p.143.
② Gordon, D. M., "Control without Hierarchy", *Nature*, 446 (7132), 2007, p.143.

与混沌相交叉的边缘地带，这一边缘地带构成涌现自创生的源泉，因为自创生肩挑起确定与混沌。自创生担挑确定与混沌之"肩"，就是二者的边缘地带的核心，即确定指向混沌的力量与混沌指向确定的力量之交汇点，这个交汇点构成了非定域性旋涡，确定指向混沌和混沌指向确定的力量持续地交汇于这一非定域性旋涡，这一非定域性旋涡就会不断增强和提升涌现的力量，最后促成涌现的爆发，推动简单创造复杂或复杂创造简单的活动展开，直到其创造的成功。

三　自然为人立法

造物主创化宇宙，赋予生之本性和生生不息的机制，既使宇宙（即"自然"）的存在内生出自生法则、自在法则、自为法则和关联法则，也赋予宇宙自生、自在、自为和关联存在本身成为永恒的创造过程，而必须遵从简单创造复杂和复杂创造简单的创生原则。由于宇宙创化的这两个方面的自身规定，使作为宇宙成员的人类物种哪怕是从自然人类学中走出来创造出了文化人类学，也依然存在于宇宙之中，并构成宇宙创生之永恒过程的一个因素、一个环节，因而，即使日益拥有更高人文水平和人性能力的文化人类学的人类，同样要接受宇宙创生法则的规范，并且其创造活动更应该遵循复杂创造简单和简单创造复杂的创生原则的指南。对这种遵从的抽象表述，就是自然为人立法，或曰宇宙为人立法；从人的角度讲，就是人为自然护法，或曰人为宇宙护法。本部分讨论自然为人立法；后一部分讨论人为自然护法。

1. 自然为人立法的生成境遇

造物主创化宇宙，确立起自生、自在、自为和关联存在的法则，同时也为宇宙创生赋予简单创造复杂和复杂创造简单的原则，一切遵循此自生、自在、自为和关联的法则而存在，一切都遵循简单创造复杂和复杂创造简单的法则而生存，且生生不息。自然万物如此，作为自然之一物的人类同样应如此。但意外的情况却在宇宙中发生，那就是原本很普通和平常的人这一物种在宇宙创生的永恒过程中，经历简单创造复杂和复杂创造简单而获得独特的自我涌现，这就是从自然人类学向文化人类学方向涌现出来，将自己原本的动物存在变成了人文存在，而且其人文存在渐进开出与宇宙创生法则相违背的道路，这就是人为自然立法。

人为自然立法的道路，实际地经历从思想生成到认知践行的过程。人为自然立法的思想萌生，可追溯到智者运动，普罗泰戈拉关于"人是万物的尺度，是一切存在者存在的尺度，是一切非存在者不存在的尺度"的主张，应该是人为自然立法的先声，从苏格拉底将哲学伦理化（或使哲学道德哲学化），到柏拉图的"大写的人"，再到亚里士多德的"第一哲学"，均蕴含"人是万物的尺度"的理念。中世纪漫长的神学世界，经历奥古斯丁和托马斯·阿奎那的努力，使神学发展成人为自然立法理念的发酵期，其直接的表征是神学发展的历程本身构成新科学和文艺复兴的土壤，文艺复兴开启"对人的重新发现"和"对自然的重新发现"道路，使人为自然立法的思想从两个方面得到初步显现：一是人开始从宗教的沉睡中醒来，主体性意识逐渐形成；二是从神学的世界观中走出来，发现了世界的机械构成和机械运动，形成机械论自然观和世界观。这是人摆脱宗教和神学之后必要寻求的一个替代性的使之能构成最终依据的存在框架。经验主义关注人必要摆脱变化不已的感觉的纠缠，渴望一个不变的但又为自己所支配的存在框架；唯理主义虽然不愿意抛弃上帝，但身心二元的困境也使它本能地渴望一个比上帝更好的解决身心二元的客观存在框架。所以经验主义和理性主义因为共同的渴望而认同了机械论自然观，并以此形成机械论世界观。

"大自然"，也既是上帝用以创造和治理世界的艺术，也像在许多其他事物上一样，被人的艺术所模仿，从而能够制造出人造的动物。由于生命只是肢体的一种运动，它的起源在于内部的某些主要部分，那么我们为什么不能说，一切像钟表一样用发条和齿轮运行的"自动机械结构"也具有人造的生命呢？是否可以说它们的"心脏"无非就是"发条"，"神经"只是一些"游丝"，而"关节"不过是一些齿轮，这些零件如创造者所意图的那样，使整体得到活动的？艺术则更高明一些：它还要模仿有理性的"大自然"最精美的艺术品——"人"。因为号称"国民的整体"或"国家"（拉丁语为 Civitas）的这个庞然大物"利维坦"是用艺术造成的，它只是一个"人造的人"；虽然它远比自然人身高力大，而是以保护自然人为其目的;在"利维坦"中,"主权"是使整体得到生命和活动的"人造的灵魂";官员和其他司法、行政人员是人造的"关节";用以紧密连接最高主权职位并推动每一关节和成员执行其任务的"赏"和"罚"是"神经",这同自然人身上的情况一样,一切个别成员的"资产"和"财富"是"实力";人民的安全是它的"事业";向它提供必要知识的顾问们是它的"记忆";"公平"和"法律"是人造的"理智"和"意志";"和睦"是它的"健康";"动乱"是它的"疾病",而"内战"是它的"死亡"。最后,用来把这个政治团体的各部分最初建立、联合和组织起来的"公约"和"盟约"也就是上帝在创世时所宣布的"命令",那命令就是"我们要造人"。①

这是出自托马斯·霍布斯(Thomas Hobbes,1588—1679)《利维坦》序言开篇的文字,最为具体地表达了什么叫机械论世界观。这一机械论世界观获得科学的支撑。艾萨克·牛顿(Isaac Newton,1643—1727)提出万有引力天体力学理论,以此在《自然哲学的数学原理》提出七个定义,② 并将对这七个定义提出三大力学定律:第一定律:$F_{net}=0$。揭示力是改变物体运动状态的原因,即任何物体在不受任何外力或受到的力平衡时,总保持匀速直线运动或静止状态,直到外力迫使它改变这种状态为止。第二定律:$F(x)=max$。揭示力的作用效果:第一,力和加速度同时产生、同时变化并同时消逝;第二,凡是与正方向相同的力或加速度均取正值,反之,则取负值。第三定律:$F=-F'$。揭示力的本质是物体间的相互作用,即两个物体在同一直

---

① [英]霍布斯:《利维坦》,黎思复、黎廷弼译,商务印书馆1986年版,第1—2页。
② "Ⅰ.物质的量是起源于同一物质的密度和大小联合起来的一种度量";"Ⅱ.运动的量是同一运动的起源于速度和物质的量联合起来的一种度量";"Ⅲ.物质的固有的力(vis insita)是一种抵抗的能力,由它每个物体尽可能地保持它自身的或者静止的或者一直向前均匀地运动的状态";"Ⅳ.外加的力是施加于一个物体上的作用,以改变它的静止的或者一直向前均匀地运动的状态";"Ⅴ.向心力是[一种作用],由它物体被拖向、推向以其他任何方式趋向作为中心的某个点";"Ⅵ.向心力的绝对的量是同一个力的一种度量,大小与它由中心经周围环绕的区域传播引起的效力成比例";"Ⅶ.向心力的加速的量是同一个力的一种度量,与在给定的时间它所生成的速度成比例"和"Ⅷ.向心力的引起运动的量是同一个力的一种度量,与在给定的时间它所生成的运动成比例"。[英]牛顿:《自然哲学的数学原理》,赵振江译,商务印书馆2006年版,第1—7页。

线上发生的作用力和反作用力大小相等,且方向相反。

综合霍布斯唯物论哲学和牛顿力学理论共同建构起来的机械论自然观和世界观可以简要地表述为:世界是物质的,构成世界的物质是各自独立的,没有内在的生成关联,只有外在的功能关联。其功能发挥遵循的原理是物质的匀速运动原理,作用力与反作用力原理和能量守恒原理。

由霍布斯唯物哲学和牛顿天体力学共同创建起来的机械论自然观和世界观构成人为自然立法的依据。启蒙哲学既以此为依据,也以此为认知起步,会同经验主义和唯理主义创建主体论哲学。如前所述,启蒙哲学创建主体哲学是一个前后相续的过程,它敞开由个体主体论向国家主体论再向实践主体论方向展开,其真正的起点也就是第一个环节是个体主体论,它由康德来建构。康德建构个体主体论所必须解决的一个前提问题,就是如何处理好经验主义二元论(它以休谟的怀疑论面貌呈现)和唯理主义二元论(它以笛卡儿的身心难题的面貌出现),处理经验主义和唯理主义二元困境的核心,是处理造物主,即如何给造物主安排一个恰当的位置,以避免它干扰和影响主体论形而上学的建构。

康德以机械论自然观为依据,或许是在吸取霍布斯唯物质自然观和牛顿力学理论的基础上对"自然"做出的定义:"自然就是事物的存在,这是就存在按照普遍的规律被规定而言的。如果自然应当指物自身的存在,那么我们就永远既不能先天的认识它,也不能后天的认识它。"① "自然这个词还有另外一种意义,亦即规定客体的意义,而在上面的意义中,它指的仅仅是一般事物之存在的种种规定的合规律性。因此,从质料上来看,自然是经验的一切对象的总和。"② 康德对"自然"做出两种定义:一是纯粹的"自然"定义,即事物本身存在的自然,它是"不可知",是"我们永远既不能先天的认识它,也不能后天的认识它";二是知觉的自然,或可说是人能经验到的自然,它是可知的。这个意义上的"自然的本质,在这种比较狭窄的意义上说,就是经验的一切对象的合乎法则性,而就其是先天地被认识来说,它又是经

---

① [德]康德:《未来形而上学导论》,李秋零译,中国人民大学出版社2013年版,第36页。
② [德]康德:《未来形而上学导论》,第36页。

验的一切对象的必然的合乎法则性"①。

休谟所为之困惑的"不可知"问题,在康德这里变成正常的客观存在,是无需为之忧虑的。因为康德不仅不想抛弃二元论,而且认为二元论主体论是形而上学得以展开的真正起点和基本的视域框架。所以沿袭二元认知论框架,对纯粹的、普遍的自然和人的知觉化、经验到的自然予以俨然的切割,形成"自在之物"的自然世界和人的世界。其目的是给上帝和人划分出楚汉河界的分明地盘:"我们必须把经验的自然界法则同**纯粹的或普遍的自然界法则**区别开来。前者永远以个别知觉为前提,而后者不根据个别知觉,它们只包括个别知觉在一个经验里的必然结合条件。就后者来说,自然界和**可能的**经验完全是一回事;而且,既然合乎法则性在这里是建筑在现象在一个经验里的这种必然连结之上(没有必然连结,我们就不能认识感性世界的任何对象),从而是建筑在理智的原始法则之上的,那么如果我就后者说:**理智的(先天的)法则不是理智从自然界得来的,而是理智给自然界规定的,这话看起来当然会令人奇怪,然而却是千真万确的。**"②(引者加粗)上帝的世界即"自在之物"的世界,也即纯粹的、普遍的世界,它只是属上帝的世界,上帝是其主人,但仅此而已,上帝不能逾越"自在之物"的自然疆界而对居住其外的世界发号施令。"自在之物"之外的世界是属人的世界,人是其主人。在人的世界里,人必须成为人的主体,并且能够成为"唯一目的"的前提,只能是理性。为此必须全面确立理性的至高地位和权威:"理性只是在按照自己的计划而产生的东西里面才有其洞见,绝不可使自己让自然的引带牵着走,而必须自己依据固定的规律所形成的判断的原理来指导前进的道路,迫使自然对理性自己所决定的各种问题作出答案来。凡不是依照预先设计的计划而作出的偶然的观察,是永远不能产生任何必然的规律的。"③ 确立理性的至高地位和权威,是要实现"理性为自己立法",这是保证人可完全按自己的意志行走于世而避免被"自然的引带牵着走"的根本方法,也是保证使上帝不能

---

① [德]康德:《任何一种能够作为科学出现的未来形而上学导论》,庞景仁译,商务印书馆 1978 年版,第 61 页。李秋零将此句译为"在这种较狭的意义上,自然的形式的东西,就是经验的一切对象的合规律性,而就其被先天地认识而言,则是经验的一切对象的必然的合规律性"。
② [德]康德:《形而上学导论》,庞景仁译,商务印书馆 1982 年版,第 93—94 页。
③ [德]康德:《纯粹理性批判》,韦卓民译,华中师范大学出版社 1991 年版,第 6 页。

随便进入人的世界而对人指手画脚的根本前提。

康德以二元论为框架，严格区分自然与人，是为确立理性的至高地位和权威，因为只有当理性的至高地位和权威得以确立，它才可担当起为人自己立法的角色。"理性一手拿着原理（唯有按照这些原理，互相一致的出现才可被认为等值于规律），另一手拿着它依据这些原理而设计的实验，它为了向自然请教，而必须接近自然。可是，理性在这样做时，不是以学生的身份，只静听老师所愿说的东西，而是以受任法官的身份，迫使证人答复他自己所构成的问题。"① 理性要以"受任法官的身份"迫使自然（即"证人"）"答复他自己所构成的问题"，需要自为重建一个客观性的依据，这个依据就是人必须为自然立法。

康德关于"人为自然立法"的主张，有其内涵的规定，这一规定源自他对人与自然的关系的看待。人原本是自然人类学的人，其后才是文化人类学的人，但最终既是文化人类学的人，同时也是自然人类学的人。人的这一双重存在事实仍然构成康德对人与自然的关系的基本期待，只不过他以理性的语言学来表述这一基本看待，即他将这一关系表述为人既是感性存在又是理性存在。人作为感性存在，是一种现象的自然，属于现象的自然界，是要受自然的因果必然性支配；人作为理性存在，是完全可以摆脱感性自然的支配，按理性构筑的道德法则而达于自由存在，这就是人的理性为自己立法："意志的第三个实践原则（它是普遍实践理性相谐和的最高条件）是：每一个有理性的存在者的意志当作普遍立法的意志。"② 只有理性才可使人真正存在，但人要能真正地理性存在，必须解决变化、易逝的感性问题。人的存在的感性问题实际地来源于两个方面，一是人作为自然人类学的存在，他不仅面对自己这个"物理的自然"，也面对纯粹而普遍的自然，即"人类，就其属于感性世界而言，乃是一个有所需求的存在者，并且在这个范围内，他的理性对于感性就总有一种不可推卸的使命，那就是要顾虑感性方面的利益，并且为谋今生的幸福和来生的幸福（如果可能的话），而为自己立下一些实践的准

---

① ［德］康德：《纯粹理性批判》，第15页。
② ［德］康德：《道德形而上学探本》，唐钺重译，商务印书馆1959年版，第453页。

则"①。二是人作为文化人类学的存在,它必须面对思维的自然,或者说经验的自然。这两个方面的自然可概括为人的自然化和人的人化的现象的自然,这两个方面的现象的自然,分别通过身体、知觉、经验而获得"显象",而"'显象'是外部事物引起我们的感觉经验而产生的杂多表象,由此推论'显象'之外一定有'物自体'的存在……所谓'现象'乃是事物对我们的'显象'经过知性范畴的整理而形成的经验对象,所有的经验对象综合在一起就构成了现象界,亦即康德意义上的自然(一切可能经验的总和)"②。人的"知性为自然立法",就是对人作为自然存在和人化的现象自然立法,具体地讲,人为自然立法,既指对人作为人的自然存在立法,也指对人经验和思维的自然立法。

理性武装起来的人,不仅在认知层面,更在实践操作层面,同时向人的自然存在和人经验到的现象自然两个方面展开持续不断的推进、扩张、深化,这种持续不断的推进、扩张、深化是相对纯粹的、普遍的自然而论的,或者说是相对本然的本体的自然而言,是对本然的、本体的自然的不断进军,也是对本然的、本体的自然的展开不断深入、不断扩张的立法进程。因为,只有不断扩大、深化对自然的立法,才可使为自己立法的功能得到自由发挥。在康德的立法体系中,一方面,只有理性为自己立法的成功才可解决感性存在本身的问题;另一方面,只有不断推进知性为自然立法才可保证理性使人真正成为人的主体而自由地存在,二者的辩证关系,康德在《纯粹理性批判》的第二版序言中讲得很清楚:"空间和时间只是感性直观的形式,因而只是作为现象的物实存的条件,此外,如果不能有与知性概念相应的直观给予出来,我们就没有任何知性概念,因而也没有任何要素可达到物的知识,于是我们关于作为自在之物本身的任何对象不可能有什么知识,而只有当它是感性直观的对象,也就是作为现象时,才能有知识。由上述证明当然也就推出,理性的一切思辨的知识只要有可能,都是限制在仅仅经验的对象之上的。尽管如此,有一点倒是必须注意的,就是在这方面毕竟总还是有一个保留,即:我们正是对于也是作为自在之物本身的这同一些对象,哪怕不能认识,至少

---

① [德]康德:《实践理性批判》,关文运译,商务印书馆1960年版,第62—63页。
② 张志伟主编:《形而上学的历史演变》,中国人民大学出版社2010年版,第139页。

还必须能够思维。"①

康德以"人为自然立法"为认识基石构筑起来的个体主体论哲学,不仅在理论方面开出国家主体论和实践主体论哲学,而且在实践层面为古典工业社会向现代工业社会以及后工业社会奠定了哲学基础,开辟出认知论视野并提供了实践的方法论武器。因为康德以人为绝对主体和唯一目的主体论哲学是从人出发,以人的"意志自由"为最高法则构筑起来的理性主义主体论哲学释放两个方面从根本上改变人与自然关系和人类存在走向的要义:一是以人(具体地讲人的意志自由)为依据对存在世界立法,"人是自然界的最高立法者,动物不具有道德,人类对他们不负直接的义务"。② 人为自然立法的基本表述是自然世界作为人的"对象是由认识能力设定和规定的,而不是认识能力是由对象设定和规定的"③。在此基础上,人为自己立法,即确立"意志自由"的绝对地位,并以意志自由为依据构建人的世界的立法原理,即道德原则。以人为法则建构起来的既为自然立法又为人立法的主体论哲学,实是以认知主体本身为本体的哲学,或可简称为主体本体论哲学。这种主体本体论性质的哲学,确立起人成为自然的主人并可按人的意志和意愿去安排自然的权力。它为工业社会可以无限度发展提供了哲学依据。其后的科学理性亦是以这种主体本体论的认知论形而上学为认知基础向前行,并将其推向极端,形成以工具主义和使用价值主义为本质规定的科学主义,科学理性崇尚的科学主义的本质是权威主义、强权主义,以强权和威权为导向,人也由此沦为工具和使用价值物,"无限度的扩张"和"有组织的不负责任",权威主义和强权主义的基本诉求和行为方式,开启了后工业社会,并迅速沦陷于后世界风险社会进程,将人类自己推向了存在的悬崖。当世人类能否悬崖勒马以自救,从根本上取决于能否真正抛弃"人为自然立法"的狂妄,重建"自然为人立法"之人与自然共生、人与宇宙共存的生存理性。

---

① [德]康德:《纯粹理性批判》,邓晓芒译,人民出版社2004年版,第25页。
② [德]康德:《实用人类学》,李秋零译,中国人民大学出版社2013年版,第113页。
③ [德]费希特:《知识学新说》,沈真译,载于《费希特著作选集》第2卷,商务印书馆1994年版,第653页。

2. 人与自然律法的重新认识

中世纪神学家托马斯·阿奎那说过一句名言:"凡是与自然的秩序相违背的东西,就是恶。"从根本讲,"人为自然立法"的思想和主张,在本质上宣扬着一种恶,因为"人为自然立法"从根本上违背了人的实然存在,违背了人与自然的血缘关联,违背了宇宙创化法则和创生原则,推动人类走向无限度的征服、改造、掠夺自然的不归路,将人类的本性予以彻底的扭曲。正是在这种处境中,"自然为人立法"才获得意义。提出"自然为人立法",就是对"人为自然立法"的拨乱反正,使人与自然复归于它本原的存在关系,以解救当世存在危机。然而,要真正能抛弃受惠近三百年的"人为自然立法"思想来重新确立"自然为人立法"的思想,涉及许多问题的重新认识。

首先,需要重新认识自然。

概括前述,第一,自然不仅是一个物质世界,本质上是一个生命世界。不仅在整体上,自然是有机体、是万物之母、是生命之源,因为生命女神盖亚居住其中,"冲突与混乱来自于万神之母盖亚,也正是这位大母神生出了所有光明宇宙的天神。在她的身上,我们既看到了创造,又看到了毁灭;既看到了秩序,又看到了混乱,而总的来说,黑暗和混乱是她的本质"①。具体而言,每个存在、每个物质实体的本质存在仍然是生命,即使是一块碎石,在大时间尺度下,它也是在缓慢地生变,因为它本身是生命存在体。第二,自然既是物质的,也是精神的,而且精神比物质更根本:精神构成自然的根本存在,物质仅仅是自然的敞开样态。所以,自然不只是现象的,更是本体的;不仅是形态,也是无态。第三,自然是宇宙创化的实体呈现,它自生、自在、自为,并以关联方式敞开自身,形成整体与具体、具体与具体之间的生生通道和生成机制。第四,自然的本性是生,敞开本性的机制是生生,其生命释放出来的力量是整体的,并以涌现的方式发挥其自生、自在、自为和关联存在功能。宇宙创生从简单创造复杂和复杂创造简单的真正推动力量,就是自然之力的自为性涌现。

其次,需要重新认识生命。

---

① 钱磊:《英语词源故事集锦》,北京航空航天大学出版社2018年版,第2页。

自然作为有机体的充盈样态，是类型形态学的生命。使自然充盈无限可能性的宏观生命样态有两类：一类是有形有态的生命，另一类是无形无态的生命。仅后者言，自然之无形无态存在的不仅指构成宇宙的暗物质，更指宇宙心灵、自然神性、存在精神和生生的力量和方式。自然之有形有态的生命，包括动物、植物、微生物。在人们的认知常识中，动物最重要，也是最根本的生命样态，它是生物世界的主角，"自然充满着拥有能动性和本能的各种活力感性物——动物。很多动物对人类的生存来说是很重要的，对我们的本体论和认识论也是很根本的，构成了无数文化规范和实践的基础"[①]。但真正构成自然有机体生生存在根基——基础和土壤——的不是动物，而是植物和微生物。植物构成动物得以存在的基础，也构成自然有机体的基础；微生物构成动物得以存在的土壤，亦成为自然有机体的土壤。没有植物，自然必然逆生化，因为植物体系的消解，动物生态链必丧失自生产功能，同时也影响到微生物体系的繁衍。微生物体系和植物体系是互为生存的，微生物体系培育着植物体系，植物体系又给微生物提供源源不断的养料。动物生态链的自生产功能的运作，是建立在植物体系与微生物体系互为生存、共生运作的基础上的。从根本讲，不仅对植物和动物来讲，尤其对人类物种的存在和繁衍言，最不能搅动和破坏的就是微生物体系，它对整个自然世界的滋养功能是以自身沉睡的方式展开。一旦有意或无意地搅动沉睡的微生物体系，其生态后果不堪设想。人类当世存在沦陷于微生物病毒的全方位袭击之中苦不堪言的根本原因，就是"人为自然立法"推动人类肆无忌惮地改造、征服、掠夺自然，最终搅动了微生物世界所致。

宇宙创化生命，生命构成自然。生命存在本身不因其有形无形或有态无态或形态大小而分别出高低优劣。生命存在始终是一种平等存在，无论整体生命还是个体生命，同样如此。更为根本的是，生命的平等存在体现为互为生存、共生存在的网络化建构，每种生命类型、每个生命样态都只是这生命网络中的一个具体存在，并需要四面八方和四通八达的网络本身为之提供存在的全部可能性。人这种生命同样如此。

[①] 詹尼弗·沃奇等：《在文化地理学中重新安置动物》，载于［英］凯·安德森《文化地理学手册》，李蕾蕾、张景秋译，商务印书馆2009年版，第245页。

最后，重新认识人。

在由动物、植物、微生物组成的庞大生命体系的自然世界中，原本一普通物种的人类因为从自然人类学向文化人类学方向进化而获得人文存在的生物大脑、身体和思想（思维、想象、设计、实行）能力，成为一种独特的生命存在，但这并不是宇宙创化的特别设计，更不是自然的动机和目的。人，无论作为物种整体还是作为生命个体，其存在始终是宇宙永恒创生过程中很细微的一个因素，亦是生生不息的自然世界中一个具体的物种生命或个体生命。人的独特性的特别意义，只相对于人自身存在言，对于宇宙创生的永恒过程，对于自然世界的生生不息，它可能成为一道亮丽的彩虹，也可能是有待大地自净化的污染物。所以，人类以平常姿态看待自身在宇宙自然中的存在，或许是真正理性的认知。

人以平常姿态看待自己和自己在宇宙自然中的存在的基本要点有四：

第一，人不是自然的主人，更不是存在世界的主宰。人类物种只是宇宙中的一个因素，是自然世界的一个普通构成，它对自然有机体的功能和价值，并不比一类动物、一类植物或一类微生物更大，也不比它们更小。作为个体，人最多也只是宇宙中的一颗流星，对于绝大多数人来讲，根本配不上宇宙的流星，因为流星虽然短暂，却发出炽烈的光划破黑暗的长空，人类中，只有极个别的伟人才可具有流星般的光芒。所以，无论从类讲还是从个体言，人只是自然的客人，是世界的过客。人的存在，应该**具备客人理念，拥有过客生存观**。

第二，人作为自然的客人和世界的过客，并不享有任何特权，他可以只属自己的人文能力参与自然世界的"物竞天择"的竞斗，但同样遵从"适者生存"的法则，即必须具备自我限度能力以适应自然存在。"物竞天择、适者生存"法则，应该说是生物世界的丛林法则，这一法则强调"竞斗"与"适应"的对立统一，对立统一的竞斗—适应法则的本质规定却是限度，即有限度的竞斗，这是繁衍发展的必须，但自我限度地适应，才是生存的根基。为什么呢？自然世界里的具体生命存在，相对自然本身言，是价值等同的。人存在于自然中成为生命世界之一员，与其他物种、所有生命的存在价值也是等同的，并享有同等权利。在自然世界里，面对地球生命，人没有优越性，更没有优越价值和优越地位。"一切生命都是一种恩典,是前定给人的。人只能进一步给予和塑造生命,但不能支配生命。"① 人与自然生命等存在价值、等存在权利、等存在自由,这是"自然为人立法"所要求的基本生命观。

第三,敬畏自然生命,与地球生命等存的生命观,规定人类世界不应该是相互屠戮的世界,压迫、剥削以及制造和扩大等级、尊卑、歧视等都是违背自然本性,违背生命本性和反人性的。人与人,是同等的生命,虽然有出生、地域、天资、能力的差异,但这些差异都是外在,不是人的本质的差异。人在本质上是无差异,因为人的本性上等同,等同的人性源于天赋而不是人为,是宇宙创化赋予所有生命样态的内在规定性。天赋等同的人性和存在本质,决定了每个人都具有同等的人的地位、同等的人的价值、同等的人的尊严、同等的自由和权利,这些等同的人本地位、人本价值、人本尊严、人本自由和人本权利,构成人缔造社会的依据,以此依据去构建起点平等、人格平等、尊严平等、原则平等和运作原则的机制平等,来缩小和消解因出生、地域、天资、能力造成的不平等。

人与人的平等,不仅源于天赋,也源于生命的延续。前者要求人的当世平等,即生活于当世的人与人等存在;后者要求当世人与未来人在权利上的等同,这种等同就是敬畏未来、尊重未来地球生命和未来人的权利。

人与人的等权利、等价值、等自由、等人格、等尊严和人与未来人的等权利、等价值、等自由、等人格、等尊严,要求每个人应该将从自然的统治者成为对自己的意志与力量、野性与欲望的统治者,只有当自己真实地统治了自己的意志与力量、野性与欲望时,才成为与任何他人等存在的人:"我们看见人的帝王般的尊严,最好的是在那些事实上已经变得自由的人当中,他们之有自由,在于他们学会了统治他们自身的意志。如果人披上德性的皇袍,戴上正义的王冠,他将成为一个有生命力的王者之王、上帝自身的肖像。上帝之美是喜乐之美,得永福者之美,赐福者之美。"②

第四,人与生命和人与人等存在的前提,是人的主体性意识和观念的正确确立。

---

① [瑞士]克里斯托弗·司徒博:《环境与发展:一种社会伦理学的考量》,第348页。
② Gregorios, P., "The Human Presence", *An Orthodox View of Nature*, 1978 (70).

主体性是认识的前提性问题,是人对生命和人与人得以理解的基础,也是人能够获得知识的基础。重新认识主体性,需要了解何为主体性?主体性实涉及主体、身体、自我、身份四个方面的内容。主体性是以**主体的确立**为前提。主体首先是一个认知论概念,也是一个精神学概念,无论从认知讲,还是从精神言,主体的产生、存在和显现,都需要身体,身体使主体成为"这一个"以区别"另一个"。主体必须以身体为载体,并以身体为个性张扬的存在样态,所以,没有身体,无所主体。主体所在乃身体所在。这就是"主体是自知的、有边界的以及独特的个体,主体性包含在身体内部,身体限制着想、束缚着主体性,并将主体性与外部的、不同的、别的东西分离开来"①。如果说身体是主体的外在样态,自我则是主体的内在规定,身份就是主体的社会规则。但在认知意义上,自我与身份是可以分离,并且,自我与身份分离得越明确、越彻底,认知就会越客观、越深刻。反之,在实践行动的层面,身份始终持有自我而构成主体的实际倾向。

以身体为载体、以自我为内在规定、以身份为社会规定的主体所形成的认知倾向或行动倾向,就体现主体性。所谓主体性,是指以自己为中心和目的的人具有明确的**自主性要求、能动性活力和创造性意愿**等认知倾向和行为倾向。这种认知倾向和行为倾向只有在具体的生活情景定义中指向他者时,才发生自身功能。所以,人的主体性构成需要同时具备三个条件,一是存在的自在性:只有当处于自存在的状态时,才可产生自主性要求。二是生存的能动性:凡主体性存在都必须是能动的存在,这种能动的存在有其自身的内涵规定,这就是要求权,包括存在要求权和生存要求权。有要求权,才可生发出能动性,没有明确要求权意识和要求权行为,主体不会产生,主体性也不会存在。三是创造性意愿:主体性始终以具体的身体、自我、身份和规定的"主体"为前设条件,以具体的身体、自我、身份为规定的主体之成为主体的标志,是有不同任何他者的个性化意愿,这种个性化意愿体现相应的创意性。所以,只有当存在的自主性要求释放出能动性活力和创造性意愿时,主体性才产生。

---

① 罗宾·朗赫斯特:《主体性、空间和地方》,载于〔英〕凯·安德森《文化地理学手册》,第413页。

以自主性要求、能动性活力和创造性意愿为内涵规定的主体性，其存在敞开体现四个方面的取向及其特征。

第一，主体性始终相对个体存在言，它必以存在个体的身体的实质性存在，并且其实质性存在的身体必须是以具体的存在场域中自然地生成日常生活的体验为主体前提。

第二，人的主体性敞开既有时空要求，也呈现时空取向。主体性不仅处于具体的空间之中，而且还通过空间来敞开自己。人的主体性敞开的空间性，其一指我们对自己的意识总是在具体的生活情境中发生，即我们关于自我的意识发生，必有特定的生活空间。其二指我们对自己的生活疆域的意识，比如，历史上，酒吧是男人待的地方，所以酒吧是男性空间的观点并不是一种神话，而是一种实实在在的历史构建。其三指人的主体性构建始终伴随四通八达的生活而生成出四通八达性，比如性别、性向、阶级、种族、地位、身份等因素总是以生生不息的整合方式构成主体性的广阔空间性。但空间敞开始终生成时间，时间向空间的渗进性生成出时间之流。主体性始终是人作为主体的意识性或者说意向性敞开，必然是空间生成时间的同时时间生成空间，所以主体性始终融会贯通了时间和空间的互为生成，"主体性不是某种既定的东西，而是过程和产物。同样也不可否认：主体性的场所和空间也是产物，这一点很关键。换句话说，我们栖居的空间和地方生产了我们，我们如何在那些空间中栖居其实是一件**互动**的事物"[①]。

第三，人的主体性既无法与空间性、时间性相分离，也无法与政治、伦理相分离。主体性的政治倾向，源于主体的身份要求，或曰主体的身份规定带出主体性的政治倾向。与此不同，构成主体的自我却使主体性获得相应的伦理倾向性。

第四，人的主体性敞开既体现某种可与他者相交通的一致性倾向，也体现不同于他者而自持地存在的差异性，前者呈人的主体性敞开的普遍性倾向；后者呈人的主体性敞开的个性化倾向。由此两个维度的倾向形成主体性的远近问题。主体性的远近问题是人作为主体与他者的关联距离问题，一般来讲，

---

① 埃尔斯佩思·普罗宾：《主体性的空间必要性》，载于［英］凯·安德森《文化地理学手册》，第431页。

人的主体性敞开的一致性或者说普遍性倾向越明确、越突出，人作为主体与他者的关联距离就越趋向于相近性；人的主体性敞开的差异性或个性化倾向越明显、越凸显，人作为主体与他者的关系距离就越趋向于相远性。

3. 自然为人立法的存在含义

自然为人立法的条件及可能性 讨论自然为人立法，不仅涉及对人与律法关系的重新认知，更涉及自然为人立法的条件和可能性。这个"条件"和"可能性"不是相对立法的自然言，因为自然作为宇宙创化的实存样态，它本身就是为人立法的全部条件和所有可能性；而是指自然为之立法的对象"人"而言，即人这种生命存在是否承受立法的条件和遵从其立法的可能性。以此为认知视域来讨论自然为人立法的条件和可能性，人的生命、身体和作为人文主体此三者获得凸显。

首先，从人的角度看，自然为人立法的条件具备。这种能够承受自然立法的条件有二：一是人的生命；二是负载生命的身体。

生命，既是类意义的，也是个体意义的。但无论类意义的生命还是个体意义的生命，都属自然，都是自然生命，都既来源于自然又存在于自然并最终归属于自然。自然作为宇宙创化的实存样态，它自身的生之本性和由此敞开的生生不息机制，生成出自生、自在、自为和关联存在的基本法则，并在这一法则体系框架下生成建构起运用自生、自在、自为和关联法则的"简单创造复杂"和"复杂创造简单"的继创生原则。人的生命作为自然有机体的构成内容，是具体的自然生命，具有接受自生、自在、自为和关联存在的宇宙创化法则和"简单创造复杂"与"复杂创造简单"的宇宙继创生原则的机能，因为宇宙创化向继创生的永恒过程创造了宇宙生命，同时也赋予宇宙生命以生的创化法则和生生不息的创生原则，人的生命亦是具体的宇宙生命，所以人的生命也同时内具生的创化法则和生生不息的创生原则。所以，自然为人立法，是天赋自然的权力，亦是人的生命得以存在和生生不息的先决条件。

在宇宙世界里，生命可以无形无态，比如暗物质、宇宙心灵、自然神性、存在精神等都是无形无态的生命存在，但即使是无形无态的生命存在，往往也要借助于有形有态的生命存在才可敞开存在，比如暗物质运动总是通过复

第3章 自然为人立法·人为自然护法

杂创造简单的涌现运动作用于有形有态的生命存在的生变来呈现其存在功能。宇宙心灵、自然神性、存在精神总是贯注于具体的类型形态化的存在而存在，以及无形无态的生命存在的涌现来呈现。作为类型形态学的生物之人的生命，必通过身体来敞开生命本身。所以，身体构成自然为人立法的类型形态学条件。

人的身体，既是物理学的，也是生物学的。作为物理学的身体，与物质宇宙（或曰物质自然）直接关联，身体是通向物质宇宙的桥梁；作为生物学的身体，与宇宙生命（或曰自然生命）直接关联，身体是通向宇宙生命的桥梁。正是身体的物理学和生物学桥梁，人与宇宙自然之间形成直接的通道，宇宙创化的法则和创生的原则直接贯穿人的身体而指导人的生命存在遵从自然的法则。

人的身体之具有两个方面的桥梁功能，是因为人的身体始终是自然人类学的，无论自然人类学的人向文化人类学方向进化达到哪种程度，其承受自然人类学规定的身体或可在形态或形式的生变进程中都始终保持其物理学性质和生物学性质。身体的变中不变和不变中变取向，实涉及身体与肉身的区分。在构成性上，肉身是身体的构成元素，但在功能负载上，肉身是自然人类学的，身体是自然人类学向文化人类学的进化。所以，身体既包含自然人类学性质，也凸显文化人类学特征和诉求。梅洛-庞蒂说："我身体的经验和他者的经验是同一个存在的两面。"[①] 其隐含的道理是我的身体的构成元素和他者的身体的构成元素是同一的"**肉骨**"："为了命名它，我们需要'元素'这一古老的术语，在其曾经用来说水、气、土和火的意义上，也就是说，在其说**普遍之物**的意义上，它位于时-空个体与观念之间，是一种**肉身化的**原则，给有存在碎片的地方带来一种存在风格。肉正是在此意义上的存在的'元素'。"[②] 我的身体与他者的身体之所以构成"同一的两面"，还因为同是自然的人类学和动物的人，前者是存在的同构；后者乃物种基因的同一性，

---

① Maurice Merleau-Ponty, *Phenomenology of Perception*, trans., C. Smith, London: Routledge & Kegan Paul and Atlantic Highlands: Humanities Press, 1962, p. 225.

② Maurice Merleau-Ponty, *Phenomenology of Perception*, trans., C. Smith, London: Routledge & Kegan Paul and Atlantic Highlands: Humanities Press, 1962, p. 139.

这是人的肉身的自然性和物种性。要言之，负载人的生命的身体，既是自然人类学的，也是文化人类学的；既呈自然性，也体现物种性，更张扬人文存在的个体性。人的身体的自然性、物种性、个体性使其构成元素的"肉骨"或曰"肉身"获得了世界性的意义，也使人的生命存在及敞开接受自然的律法获得了自然条件的支撑。

"自然为人立法"的前提性法则　　由于人首先是自然人类学的人，然后才产生自然人类学的进化而有了文化人类学，自然为人立法必须有其前提。这个前提是可从两个方面对"自然为人立法"做出奠基性的法则规定：第一，人从自然人类学走出来向文化人类学方向进化，其人文存在的人的前提是动物存在，人文生命的前提是动物生命，所以，自然为人立法的前提性法则是自然为生命立法。第二，所有个体生命和物种生命都是自然有机体的构成要素，因而，自然为生命立法的前提性法则是自然为自己立法。

由于自然是宇宙创化和继创生的实存样态，自然为自己立法的实质是宇宙为自然立法。宇宙为自然立法从两个方面展开：首先，造物主创化宇宙（即宇宙创化）即为自然立法；其次，宇宙继创生为自然立法。前者是宇宙基于创化的生之本性和生生机制而为自然确立自生法则、自在法则、自为法则和关联存在法则，这是自然为自己确立的总法则体系。在这一总法则体系中，自生是自然为自己确立的原动力法则，自在是自然为自己确立的目的论法则，自为是自然为自己确立的主体论法则，关联存在是自然为自己确立的方法论法则。以自生的原动力法则、自在的目的论法则、自为的主体论法则和关联存在的方法论法则为内容构成的自然为自己确立的法则体系，构成"自然为人立法"的奠基法则。后者是宇宙继创生为自然确立的"简单创造复杂"和"复杂创造简单"之**生生**原则，前一个原则是自然有机体之**有序创造无序**的生生原则；后一个原则是自然有机体之**无序创造有序**的生生法则，这方向相反却本质同构的创造原则，保障了自然有机体自身之生和生生不息的循环开进。所以，宇宙赋予自然之创生原则，实是自然**自生生他**的保障原则，它亦构成"自然为人立法"的前提性法则体系之保障原则。

自然有机体是整体生命存在，这一整体生命存在的类型形态学样态是由各种各类的或无形无态或有形有态的生命构成。宇宙创化法则和宇宙继创生原则具身为自然为自己确立的法则体系和精神内涵必然灌注于类型形态学的生命存在之中，构成生命的基本法则，这一过程即自然为生命立法。所以，自然为生命立法的根本内容，也就是自然为自己立法的全部内容，即自生、自在、自为和关联存在的法则，构成生命的奠基法则；简单创造复杂和复杂创造简单，构成生命继创生的一般法则。

在这奠基法则和一般原则合生建构起来的法则框架下，自然为生命世界确立两个基本法则：一是自然**无记忆法则**。这一法则的精髓是：自然没有记忆，即自然从不对自己的过去留下任何记忆，在自然世界里，信息传递以生命为媒介。并且，信息以生命为媒介传递，是由基因传递给肉体，而不是由肉体传递给基因。二是生命的**丛林法则**，即在自然世界里，生命敞开生存必遵从"物竞天择，适者生存"的方式。

要言之，自然为人立法实际地展开三个维度：第一，自然为人作为自然存在立法。人作为一具体的自然存在也获得自然之整体存在的法则的引导，这就是人的存在既必须遵循自生的原动力法则、自在的目的论法则、自为的主体论法则和关联存在的方法论法则的引导和规训，也必须接受"简单创造复杂"和"复杂创造简单"的继创生原则的规范与激励。第二，自然为人作为生命存在者立法。人作为一类具体的生命存在而获得整体的生命法则的规训，这就是自然为人确立"物竞天择，适者生存"的生命丛林法则。在其自然的法则和生命的法则规范下，自然为人确立基本法则。第三，自然为作为人文存在者立法。人从自然人类学向文化人类学方向进化之途，必要以其作为自然存在的自然法则和作为生命存在的生命法则为指南，遵从天赋的生之本性和生生诉求，有限度和边界地创生存在。

"自然为人立法"的具体内容 人既是自然，也是生命，最后才是人。此三者构成自然为人立法的**等序性**，并且正是这种等序性展开，自然为人确立起法则体系。

首先，人作为具体的自然存在，自然为人确立起自生的动力学法则、自在的目的论法则、自为的主体论法则和关联存在的方法论法则，并以此为规范，赋予人作为自然存在"简单创造复杂"和"复杂创造简单"的生生不息的继创生原则。

其次，人作为动物生命，同样不在自然那里留下任何记忆；并且，自然为人确立起生命的丛林法则，即物竞天择、适者生存法则。

最后，人作为人文存在的人，自然为人确立起创造、适应和限度存在的人本法则。

一是创造的法则。作为文化人类学的人，他必须创造。创造成为人从自然人类学走向文化人类学的标志，也成为动物存在的人成为人文存在的人的标志。在自然世界里，所有的存在者，全部的生命，都是依其天赋本性的适应，既是繁衍生命的创造，也是顺其天赋本性的适应之为和适应之果。唯人才具有生育之外的创造智慧、创造能力和创造力量。这源于自然人类学向文化人类学方向演进，不仅是身体的形态结构、体质结构和功能结构的改变，更因为大脑的进化而获得独特的想象力。想象才是创造的源泉；将天赋的自由本性化为意识追求的自由，则构成创造的动力。由于人类从自然人类学的黑暗世界里走出来而成为文化人类学的人类，并获得想象和意识地形塑自由的意愿与能力，创造必然成为自然为其确立的"**使动物成为人**"的首要法则。

二是适应的法则。人既是普遍的自然存在，也是奇特的生命存在，作为普遍的自然存在，它是自然人类学，作为奇特的生命存在，它是文化人类学。人作为文化人类学的人，虽然已有很强的创造能力，并且将会以几何方法加速其人文存在的能力、智慧和力量。但是，作为文化人类学的人，无论发展到哪种程度，他都始终保持自然人类学的存在底色、根本性质、本质规定，这源于人始终是自然的物种、自然的生命、自然的存在，并且最终是宇宙的造化物和创生物。因而，作为文化人类学的人类，可以创造，可以发明，可以超越，但在存在本体和生存本质层面，必须适应，适应物种法则，适应生命法则，适应自然法则，适应宇宙创化法则和继创生法则，适应造物主的神意和神旨。

创造的法则与适应的法则，既是对立的法则，也是统一的法则。作为对立的法则，创造超越适应，适应阻止创造。作为统一的法则，创造激励人生生不息地成为人，成就人，没有止境，没有边界；适应使创造有所敬畏，有所边界，有所限度。因为创造是超越适应的创造，适应规范创造的适应。从"自然为人立法"为之生生不息这一最终目的，创造的法则是重要的，但适应的法则才是根本，因为适应可以使文化人类学的人不失其本性：人的创造始终应该遵其生命本性、自然本性和宇宙本性而展开自己、而形塑自己。

三是限度的法则。将宇宙创化法则和继创生法则统摄起来发挥整体和整合功能的是限度法则，限度法则是宇宙法则的灵魂法则，它隐含于宇宙创化和继创生的法则之中。就前者言，限度蕴含在宇宙创化的关联法则中，关联存在的本质规定就是限度，即只有当整体与个体、存在与存在各自为限度时，关联才可发生，关联存在才成为现实。仅后者论，限度蕴含于"简单创造复杂"和"复杂创造简单"的原则之中，因为限度，简单最终才托不住自己而沦为复杂；由于限度，复杂最终不能包含住自己才生长出简单。限度更是生命世界的丛林法则的内在规定，物之为物，其存在敞开必须竞，但竞之目的是为了生，为了继续生且生生不息的存在，以生为目的的竞之自我规定必是**适**，适即自我限度。所以，因竞而适，由适而竞的根本法则只能是限度。

限度法则是自然为人确立的基本法则，这一法则源于身体、生命、能力等方面的自身规定。人在本源上是限度的存在者，人在本质上是限度的生命个体存在者。

"自然为人立法"的生成性张力　　"自然为人立法"蕴含丰富的存在内涵，也生成性建构起丰富的新法则。

首先，自然为人立法，是指自然法则、生命法则构成人间法则。进而，自然原理、生命原则构成人间原理，即人间社会的所有原理、法则、原则、尺度、规范，都有生命的依据、自然的依据和宇宙的依据。

其次，自然为人立法，也指自然原理生成伦理原理，所有的伦理原理都是建立在自然原理基础上的，自然原理构成了伦理原理的最终依据。

再次，由于人既是自然人类学的存在者，也是文化人类学的存在者，同时还既是"人在形式"也是"物在形式"。自然为人立法，是指人作为人在形式的一切存在规则都必以人作为物在形式的自然法则为最终规训和解释依据。

最后，自然为人立法，既是整体为个体立法，也是个体对整体立法。整体对个体立法的基本要义是：法则蕴含在整体之中，因为法则只能由整体孕育、整体生成并由整体敞开。但法则的功能发挥必指向个体，个体生成、个体存在、个体与个体的关联活动，都必通过法则的功能发挥才得以实现。与此相反，个体对整体立法的基本要义是：一切形式的原创，都源于个体；更多的继创，也因为个体。造物主创化宇宙，是个体之为；宇宙继创生的永恒过程，遵从"简单创造复杂"原则的实质是个体创造整体的原则。宇宙、自然、生命和人的存在，既遵循个体创造整体的法则，同时也遵循整体创造个体的法则，整体创造个体和个体创造整体，这两个创造的法则虽然取向相反，但目的同构，并且本质同一。因为整体创造个体的法则，遵循的是生之整体动力学法则；个体创造整体，遵循的是生之局部动力学法则。完整的生生存在却是整体动力与局部动力的统一，在这种统一诉求中，整体创造个体，是整体动力向局部动力的实现；个体创造整体，是局部动力向整体动力的回归。

四　人为自然护法

康德属于工业时代，他从人的"理性为自己立法"和"知性为自然立法"两个方面建立的绝对主体主义的认识论形而上学为工业社会奠定起思想基础，成为工业社会生成并无限度发挥傲慢的物质霸权主义行为纲领和绝对经济技术理性行动原则的思想源泉，也成为工业社会朝着"无限度的扩张"和"有组织的不负责任"方向极端发展的精神动力。康德思想带来的人类后果，就是工业主义和现代主义向后世界风险社会方向飙进，自然引发生存论的反思。这种对工业主义和现代主义的反思兴起于后现代思潮，只停留于工业主义和现代主义本身，几乎没有能透过工业主义和现代主义去发现其形成的思想根源。在这种状况下，波普尔和海德格尔的思考显得特别的珍贵。

或许，波普尔是直接批评康德"人为自然立法"思想的第一个人，他虽然同意康德关于普遍性的知识来源于理性，但不赞同以理性为来源的知识一定是必然性的知识，因此他说："康德证明的太多了，在企图证明知识怎样成为可能时，他提出了一种学说使我们不可避免地得出一种结论，即我们对知识的探索必然成功，这显然是错误的。"[①]

康德关于理性知识的必然性的论证是建立在"知性为自然立法"的基础

[①] ［英］卡尔·波普尔：《猜想与反驳》，傅季重等译，上海译文出版社2005年版，第68页。

上的,"因为康德相信我们的任务是解释牛顿理论的真理性和惟一性,所以他会相信,这个理论是从我们知性的规律中不可避免地、逻辑上必然地得出的"①。波普尔认为康德的如上推论忽视了两个方面的客观存在,第一,"我们的理智并不从自然界引出规律,但试图(成功程度不等地)把理智自由创造出来的规律强加于自然界"②。第二,"理论就被看作是我们自己心灵的自由创造、直觉地理解自然规律的尝试的结果"③。波普尔从思想逻辑的自洽性方面揭示"人为自然立法"的主观性和缺乏客观可靠的基础,因而只属于"意见"而非真理和知识:"在思想史上出现了一个永远不会重复的独一无二的事件:关于宇宙的绝对真理的最初的和最终的发现。一个古老的梦想成为事实了。人类获得了知识,真正的、确实的、无可怀疑的和可证明的知识——神圣的科学或认识,而不只是人们的意见。"④

与波普尔不同,海德格尔以反思技术的方式旁证了"人为自然立法"的荒谬,并展示"人为自然护法"思想的可能性。海德格尔指出,技术在表面上只是人类谋求生存的手段,但在本质上是人按照自己的意志来安排自然,因而,技术构成人类对自然的征服,这种征服的根本方面不是对具体的自然物或自然状貌的改变,而是对自然的框架,即将自然置于人的意志设定的框架中来任性地安排自然,"在现代技术中起支配作用的展现是一种强求(das Herausfordern)。这种强求向自然提出了开采和储藏它的能源的无理要求"⑤。海德格尔指出,在这种体现人的主体意志和意愿极度膨胀的"框架性"强求与安排下,自然不仅丧失了自身,而且连获得人类的对象性存在物的资格都没有,这就是"凡是以备用物方式存在的东西,就不再作为与我们相对的对象而存在"⑥。工业社会就是如此地利用技术来对自然予以强制安排和处置,这种强制安排和处置自然的方式,是为确定自然与人类之间的存在关系,即将自然变成属于人的"东西",人成为自然的绝对主体。"主体是'主体的',

---

① [英]卡尔·波普尔:《猜想与反驳》,第276页。
② [英]卡尔·波普尔:《猜想与反驳》,第276页。
③ [英]卡尔·波普尔:《猜想与反驳》,第276页。
④ [英]卡尔·波普尔:《猜想与反驳》,第131—132页。
⑤ Heidegger, *Die Teehnik und die Kehre*, Pfullingen, 1988, p. 14.
⑥ Heidegger, *Die Teehnik und die Kehre*, Pfullingen, 1988, p. 14.

乃是因为对存在者的规定和人本身不再受到限制,在任何方面都摆脱了限制。……人向存在者使用尺度,因为他从自己出发并根据自己去规定什么东西可以被看作是存在的。使用尺度是垄断尺度,通过这种垄断,人作为主体被建立为全体存在者的中心。"①海德格尔认为,人赋予技术以框架(Gestell)自然或者以框架的方式任意安排自然和处置自然的方式,本质上是人的主体性膨胀所致,这种主体膨胀导致的恶果是人日益远离自然本身,自然地抛弃了自然对人类存在的真正滋养,"自然意味着在者之存在。存在作为原始活力而持续。这是把万物集合于自身同时又让万物是其所是的力量"②。剔除人任性地安排自然的意志框架,自然才呈现自身存在,自然之自身存在就是日起月落,就是春去、夏来、秋收、冬藏四季运行,就是整个宇宙的存在,就是"自然之自然的东西在人栖居时才把世界的神秘性托付给人、向人说话"③。而人,不过是存在于天地神"之间"者,不过是会聚天地神而与宇宙自然共舞者。海德格尔认为,宇宙自然是通过天地人神四者共同构成的既相互映射又相互隶属的存在整体。"四一体的每一体都以自己的方式反映其他三者的在场,同时也以自己的方式反映自身,从而返回到在四者纯然一性中的自身中去。这种反映并不是肖像般的描绘,而是照亮了四者,并转让它们自身的在场而进入相互隶属的统一。"④人的真正的存在,是自然存在。人的自然存在的本原性状态,是人与自然诗意地共存。技术解构了人与自然诗意地共存的基础和方式,由此生成出根本的存在危险。海德格尔指出,危险之处生成出拯救,人类自我拯救的唯一出路,就是彻底抛弃"人为自然立法"的狂妄而回到"人为自然护法"的常态,只有这样,人类才可放弃技术对自然的框架性征服,放弃对自然的控制,放弃对大地的剥削,解放大地,让大地自由地在自身的本质中存在。⑤

1. 人为自然护法的可能性

海德格尔从反思技术对自然的框架性征服入手,提出人与自然诗意地共

---

① Heidegger, *Nietzsehe*, Band 2, Pfullingen, 1961, p.171.
② Heidegger,: *Holzwege*, Frankfurt, 1980, p.274.
③ Heidegger, *Hebel-der Haus Freund*, Pfullingen, 1958, p.28.
④ Heidegger, *Vortrage und Aufsatze*, Pfullingen, 1959, p.63.
⑤ Heidegger, *Vortrage und Aufsatze*, Pfullingen, 1959, p.63.

存的基本方式是尊重自然的完整性,让自然在自己的本质中自由地存在。自然的本质就是基于生的本性而创生地存在,既自创生地存在,也创他生地存在。自然就是自创、创他的自由存在。放弃"人为自然立法"的控制观念和存在方式,使人与自然诗意地共存,不仅需要重新认知自然,更需要重新确立人与自然的关系,以揭橥人尊重自然的自身的本质存在,这是"人为自然护法"的可能性前提。

人与自然的关系客观地存在着双重性:人与自然的关系,既是被人自己意识地重构后的关系,也是先在其重构的本原性关系。被人所重构了的人与自然的关系,是人基于"存在安全"和"生活保障"两个方面需要而发明技术推动人力——包括人的体力和智力——**改变着**的人与自然的关系,这种性质的关系是一种使与用的关系。在这种关系中,自然成为人的欲望的对象、占有的对象,是被人类所使(即支配、调遣、安排)的对象,也是被人类所利用(剥削、掠夺、占有、改造、征服)的对象。人类以自己的意志和想望来支配、安排、剥削、按压、占有、征服自然的基本工具是技术,目的是将自然变成自己的意愿的使用物。这种被改变了的人与自然的关系,是一种异己的异化关系。这种异化关系既异化自然,又使自然完全丧失其整体存在和本质存在,自然的整体存在的丧失,表征为人将自然予以意志化、意愿化的任意分割与重组,将荒野变成农田,把荒野变成城镇,将乡村变成都市,将散发着芬芳的泥土变成水泥地面,将肥沃的土地变成水泥森林,将森林变成沙漠,将江河变成乱石滩,将整体的大地变成一块块可以任意交换或出售的产品。自然的本质存在的丧失,即自然的生之本性和生生机能被摧毁,自然的创生功能被解构,自然真正成为没有生命的被人上紧被开发的发条的"钟表"。

被人所重构的人与自然的关系,是人的意志和能力改造后的关系,是扭曲了的文化人类学意义的人与自然的关系。与此相反,原本性质的人与自然的关系,是正常的文化人类学意义的人与自然的关系,是贯穿了自然人类学本性和品质的文化人类学意义的人与自然的关系。这种本原性的人与自然的关系,体现如下四个层面的存在论特征和生存论取向。

首先，本原性的人与自然的关系，是一种亲缘关系。"亲缘"一词的本义，意指亲子代遗传的血缘关系，人与自然的关系就是这样一种血缘性质的关系：人类来自自然，是自然有机体的具体构成，即先有整体的自然生命，然后才有具体的类型形态学的自然生命，人类物种就是这样一种具体的自然生命类型，这就是自然人类学。后来才演变成为文化人类学，但其文化人类学的底色和本质依然是自然人类学。所以，作为文化人类学的人类，始终保持自然人类学的本色，与自然之间始终保持亲缘关系。人类出自于自然这一原本性的亲缘关系，使人类重新回到自然，以真诚遵从自然法则的方式与自然诗意地共存提供了**存在论基础**。

其次，在人与自然的本原性关系中，人具有亲生命性（biophilia）。亲生命性，是人类的天性，它是人的本性使然。人的本性就是天赋人的生之朝向：人诞生于世，就具有朝向"生"的生命倾向，人与生俱来使生命继续存在的生之冲动和不可逆朝向，铺开人"因生而活、为活而生生且生生不息"的存在。这种不可逆的生之冲动和朝向内驻于生命之中，却最终溯源于自然，是宇宙创化和继创生赋予自然的本性，这是古希腊语将"亲生命性"定义为"对生命的热爱"（love of life）的原因。亲生命性的本原语义，就是亲自然性，即对自然生命的热爱，因为人的生命源于自然，自然是生命的母亲，亦是人类的母亲。亲生命性，既是自然母亲之爱，也是对生命的源头之爱。对个体生命言，亲生命性，不仅指亲自然、亲大地，亦指亲父母、亲两性之爱，因为它既是自己生命的来源，也是新生命的来源。从本质讲，任何个体生命都是得之于天、受之于地、受之于（家庭、家族、种族、物种）血缘，最后形之于父母，人的生命是天地人神共创使然，所以生命是神性的、神圣的、神的，这是亲生命的本质含义：亲生命性，就是亲宇宙性，亲宇宙创化和继创生。亲生命性的另一层含义，就是热爱生命和敬畏生命，因为热爱生命才敬畏生命，因为敬畏生命才创造生命，因亲生命而创造，恰恰是大自然的要求。"大自然之所以能产生令人震惊的多样性，是因为它在本质上是开放的。生命不会仅靠最早诞生的那几个基因去产生令人眼花缭乱的变化。相反，生命最早的发现之一是如何创造新的基因，更多的基因，可变的基因，以及一个更大的基因库……生命的特征之一是它会不断地拓宽自身的生存空间。大自然是一个不断拓展的可能性库,是一个开放的大千世界。"① 并且,使生命遵从生命的律法而创生,成为亲生命的行动动力。

再次,人与自然之间的亲缘关系,既生成亲生命性,也由亲生命性来定义。人与自然的本原关系的亲缘化和亲生命性之间形成互为依据和动力的结构。自然是人类之母,所以人与自然之间构成本原性的亲缘关系;人与自然之间这种本原性亲缘关系的本质诉求是亲生命性,这是因为人与自然的本原性血缘关系才孕育生成人的亲生命本性,但也只有人对自然的亲生命本性,才可定义人与自然的本原性关系只能是血缘主义的亲缘关系。在人与自然的本原性关系构成中,血缘主义的亲缘性构成亲生命性的本原论依据,其亲生命的本性又构成血缘主义的亲缘关系的本质依据。并且,在人与自然的本原关系中,因为其亲缘性,才产生亲生命本性;也因为亲生命本性,才增强了人与自然之间的本原性亲缘关系的凝聚。亲缘性与亲生命性二者之间构成互为动力的结构关系,这一结构关系构成人与自然的本原关系的内在型式,人与自然之间的亲缘关系的稳定性则源于这种内在型式对人与自然的本原性关系的内化框架。

最后,以亲缘性和亲生命性互为规定的人与自然的本原关系,蕴含一种目的-手段互生论的价值结构。这种互为目的-手段的生成论价值结构集中呈现为三个方面:第一,从发生学讲,自然是人的本源,人是自然的流向。没有自然之源,不可能有人类之流;反之,没有人类之流,自然之源也得不到彰显。所以,人与自然所构成的源流之间互为目的手段,并且目的手段互为生成。第二,从继创生论观,自然是人的目的,人是自然的过客。因为自然,人获得了自然人类学和文化人类学的双重诞生;也因为自然,人从自然人类学走向文化人类学才有其依据,也为文化人类学的人在更高水平上回归自然人类学提供了最终归宿。第三,从创造论,人文存在的人类以其本己的人文方式发展了自然的创造力和创造方法,并以自身智-力行创造之能,但人所创造的一切都源于自然,都由自然所提供,所以,自然构成人的手段;但人所创造的一切,最终源于自然,包括创造的智慧和力量、创造的规则和

---

① [美]凯文·凯利:《失控:全人类的最终命运和结局》,第491页。

道理、创造的材料和工具，都是自然的给予，不仅如此，人动用智-力所创造的一切最终都归于自然。在宇宙创化和继创生的长河中，自然没有为自己留下任何记忆，人也最终没有为自己留下自然，在自然那里，在人与自然的本原性关系中，一切源于自然，且一切归于自然，人只是自然的客人，是宇宙的匆匆过客。

2. 人为自然护法的必为方式

人与自然的本原关系、亲缘性、亲生命性和人与自然互为依据与动力、互为目的-手段的生成论结构，此四者为人为自然护法提供了完整的可能性，而基于其亲缘性、亲生命性所形成自然、生命、人共生存在，则敞开人为自然护法的必然性。

自然、生命、人共生存在的可能性 人为自然护法是基于共生存在的要求。理解其共生存在要求，需先明确"共生存在"的基本含义。首先，共生存在即是人与自然共生存在，为此必须明确其"与共"的出发点和主体：共生存在的出发点是人，而不是其他；共生存在的主体也只能是人，而不是其他。其次，确定"与共"的对象：人与共的对象，既指地球生命，也指自然（即宇宙）。再次，明确"与共"的目的，即自然、生命、人共同生成、共同创生、共同存在。最后，定位"与共"的方式与法则，共生存在的基本方式是创生，自然、生命、人共同创生必须遵从的根本法则，是宇宙创化法则和继创生法则。

理解其共生存在要求，还须明确"共生"的存在性质。从根本讲，共生存在是存在实体，是实体存在，而不是价值实体，这是由共生存在本身规定：自然、生命、人的共生存在，是一种本原的、亲缘化和亲生命性质的存在，它是宇宙创化赋予自然有机体和万物生命的存在原型，所以，共生存在构成自然的**元存在**。共生存在作为元存在，构成自然存在的结构框架，这源于两个方面因素的激励，一是宇宙创化的自生法则、自在法则和自为法则，这三大法则从动力学、目的论、主体论三个维度规定了存在者存在的他者性，即宇宙创化的自然实存样态，是以类型形态的生命存在共筑所成，而每一种类型形态的生命存在都遵从**自生的动力学法则、自在的目的论法则和自为的主体论法则**。不仅如此，以其自生的动力学法则、自在的目的论法则和自为的主体论法则为基本内容的宇宙创化法则,既决定了存在世界是以共生存在的方式敞开,也决定了所有存在者以共生存在的方式发生。二是宇宙创化的关联存在法则要求共生存在必须遵从关联存在法则,因为只有遵从关联存在法则,自然有机体才可内生共生共存这样的一元结构,才使共生存在成为一种元存在。

由于共生存在是由宇宙创化法则赋予的原型存在,所以它成为原发意义的实体存在。虽然也蕴含一种价值,并可看成一种价值实体,但这种价值存在只能是共生存在实体的内在法则生发出来的,并以共生存在的敞开为呈现方式,所以,价值实体由共生存在实体生成。

人、地球、自然共生存在不是推论所成,更不是应然存在,而是一种实然的元存在。人、地球、自然三者构成的这种共生存在之所以是元存在,是因为它是自然文化学意义的。人从自然人类学向文化人类学方向演化,文化人类学的人基于存在的关注才可发现,所以元存在是文化人类学发现并以此为依据而展开存在的存在,由此产生价值,形成价值判断。所以,价值产生于对存在的发现,元价值产生于对共生的元存在的发现。但是,蕴含在共生存在之元结构中的价值,不是指涉具体的行为和事变的价值,而是生成其具体价值的价值结构,这种元价值结构生成出价值尺度。

共生存在是可以度量的,其度量的方式有宏观和微观两种。度量共生存在的宏观方式是时空,时空构成其度量结构;度量共生存在的微观方式是日子,日子构成其度量方式。合起来,日子度量存在。日子度量存在,是将大尺度的时空变成具体的时空,整体的共生存在亦可在具体的日子中展开。每一天的日子,在时间的维度上,它是周而复始的二十四小时,在空间的维度上,天地、气候、空气、阳光、水、土壤,以至于具体的地域、场地、事物等都通过行为展开而联结,形成共生存在状貌,这一共生存在状貌也内蕴其可以放大的元存在。

对共生存在本身的认知和定义,意在于揭示自然人类学的人走向文化人类学,成为文化人类学的人,其对存在世界和自然事物的认知始终客观地存在着两种根本不同的方式,这两种不同的认知方式形成我们对自己存在的基本判断不同。

第一种认知方式是价值推断方式。价值推断的认知方式是先意志地设定一种先在的价值观念或价值尺度,然后将其原本主观的价值观念或价值尺度幻化为客观的存在实体,去审视自己的存在,度量人与事物、地球生命、自然的关联存在的构成及取向。比如儒家的认知方式就是如此,面对自然、生命、人的关联存在问题,总是从人出发推论开始,形成以人为起点和归宿的存在本原论,孟子论人与物的关系,是由人推论到物;张载的"民包物与"论,也是由人推向物。这种认知模式以人的意愿和意志为逻辑出发点,确立以合我意的价值尺度和价值方式、推断方式,然后向外推,最后推出完全合我意的存在、万物、世界、宇宙。这种推论式的认知方式往往发展成为独断论,一旦将这种推论方式推向极端,就产生专制论,从认识和思想的专制到社会结构和生存行为的专制。秦以降形成的独断和专制的思想认知模式、意识形态结构及其统治范式,其源头可追溯到孟子那里。康德的个体主体主义的认知论哲学和黑格尔的国家主体主义的认知论哲学,亦属于这种推断方式,所以他们的思想与后世人类发展起来的独断论和专制论有其渊源上的隐秘关联。

第二种认知方式是事实发现方式。一般而言,科学是事实发现的基本形式,哲学是事实发现的最高方式,因为前者对事实的发现更多停留于现象的存在;后者对事实的发现必要穿透过现象的存在而发现本体存在,而元存在总是蕴含在本体存在之中,并构成本体存在的核心内容。所以,事实发现的认知方式,是发现世界或事物的本原存在事实、本原结构、本原存在方式的认知方式。世界或事物的本原存在事实、本原存在结构、本原存在方式,只能是世界或事物的共生存在事实、共生存在结构和共生存在方式。世界或事物的共生存在的完整表述,是自然、生命、人的共生存在,发现世界或事物的共生事实、共生存在结构和共生存在方式,就是发现自然、生命、人的共生存在事实、共生存在结构和共生存在方式。

自然、生命、人之共生存在的实质,是自然、生命、人之间关联化存在和生成性存在。前者是指自然、生命、人之共生存在是以关联方式敞开,它揭示自然、生命、人三者在存在上的平等性:平等是共生存在的本质规定,关联是共生存在的形态学方式。后者指自然、生命、人之共生存在是以生成的方式呈现，它揭示自然、生命、人三者在存在上的等序性，这种等序性也即生的逻辑，它由宇宙创化所规定，并由生之本性指南和生生机制所规范，即宇宙创化自然，自然创造地球生命，地球生命孕育自然人类学的人，自然人类学的人生育文化人类学的人。所以，平等规定自然、生命、人共生存在必然是关联地存在，其共生存在的元结构在横向上只能是关联结构；生生规定自然、生命、人共生存在必然是生成地存在，其共生存在的元结构在纵向上只能是生成结构。自然、生命、人所散发出来的价值，都是从自然、生命、人共生存在之元结构中纵横相生的关联结构和生成结构衍生出来的，所以价值根源于共生存在之关联性和生成性，共生存在的关联性和生成性蕴含、孕育价值的种子。人类正是通过对自然、生命、人共生存在之原发事实的发现而发现世界何以可能共生存在的机制——关联机制和生成机制——并通过此双重机制而发现共生存在的元价值结构、元价值尺度，然后以其元价值结构为基本框架和认知范式，并以元价值尺度为依据、准则和指南来建构自我存在，形成存在-发展方向及图景。由此形成人与自然共生存在的三个方面不可逾越的规定。

第一方面是认知。

人的认知不能逾越自然、生命、人共生存在的疆界。逾越其共生存在的疆界，就会走向认知的歧路，造成认知的狂妄，陷入认知的泥潭。"与天斗，其乐无穷。与人地斗，其乐无穷。与人斗，其乐无穷。"这是认知逾越自然、生命、人共生存在疆界的典型个案。"人有多大胆，就有多大产""跨越式发展""弯道超车"等背后的认知都体现对自然、生命、人共生存在的超越。人类进化史上的唯人本主义、唯主体主义、唯科学主义，唯物质主义、唯发展主义、唯经验主义、唯政治正确主义等，都体现或无知或恣意逾越自然、生命、人共生存在、突破共生存在的元结构、元价值、元逻辑的张狂和虚妄。这些认知的张狂和虚妄所造成的存在论后果和生存论悲剧，总是让人类、社会不能承受之重。

第二方面是法则。

人存在，不能无视自然、生命、人共生存在的法则；并且，人存在，必须尊重并遵从自然、生命、人共生存在法则，以其共生存在之自生的动力学法则、自在的目的论法则、自为的主体论法则和关联的方法论法则为存在的指南。违背法则的存在，是远离共生存在的存在；远离共生存在的存在，因为丧失法则的指南和规训而使行为本身逾越限度、无所边界。一切逾越限度、无所边界的行为一旦持续敞开，就必然造成对自然、生命、人共生存在的持续破坏，这种破坏使人的存在本身陷入**天谴**的深渊。

第三方面是创造。

自然、生命、人共生存在，是人的元存在。这种元存在要接受其元结构和元价值的双重规范。这种规范来源于宇宙创化和继创生对元结构和元价值的内涵注入，其所注入的内涵的本体方面，是生之本性；其所注入的内涵的动力方面，是生生机制；其所注入的内涵的本质方面，是自生、自在、自为、关联存在的法则体系。所以，以生之本性和生生机制规范的自生、自在、自为、关联存在的法则体系，构成自然、生命、人共生存在的元结构和元价值的本质内容。这一内涵丰富且充满创造张力的元结构和元价值，既要求人必须成为共生存在的创造者，又要求人在共生存在中创造必须接受宇宙继创生的创造原则，即人的共生存在的创造之于宇宙创化言，只能是继创，而不是原创；因而，宇宙继创生，即简单创造复杂和复杂创造简单的双向循环才构成人共生存在的原创，人的共生存在的创造只能在这一原创的框架下展开再继创。所以，创造是宇宙自然赋予文化人类学的特权，这一特权鼓动人的存在昂扬，激发人的骄傲和奋发，但它同样因为人是宇宙自然的创造物而使其创造必须遵从自身的限度和边界。这一限度和边界训导人在共生存在的轨道上前行必须自制虚狂、心怀谦卑，清晰有限创造主体和宇宙的过客的双重存在身份，这，或许才是人的真正伟大之处。

自然、生命、人共生存在的现实性 自然、生命、人共生存在是一种本原存在、一种元存在，人从自然人类学向文化人类学方向进化自己的过程，就是意识地学会共生存在的过程。这一意识地共生存在的过程始终以认知发现为先导、以行为践履为展开方式。人对"自然、生命、人共生存在"的发现，不仅发现其元存在结构和价值、动力和法则，而且还发现其共生存在的方式是场化方式。"自然、生命、人"是以场态的方式敞开共生存在。

自然、生命、人的世界是以场的方式共生存在，存在于存在世界中的生命存在物——包括有形有态的或无形无态——的生命存在物均以场态的方式敞开,并以场态的方式会聚信息或能量进化,场构成生命存在物进化的温床。人同样以场态方式与自然(万物生命)共生存在,并以场的方式推进自我进化和共同进化。"进化就是不断适应环境以满足自身的需求。共同进化,是更全面的进化观点,就是不断适应环境以满足彼此的需求。"① 客观地看,自然世界充满共同进化,每个植物、每个动物当然也包括每个人当必以场化方式敞开其存在时,都有其寄生生物、共生生物伴与活动,并时刻上演着难解难分的"双人舞"。因为,在自然、生命、人共生存在的场化进程中,其他存在者、其他生命存在物相伴与的社会行为越丰富,就越有可能形成互惠互利的共同进化关系。

在自然、生命、人共生存在的场化进程中,进化之需要共同行动来实现,是因为进化的本质是互惠互利。没有互惠互利,进化不可能真正展开,虽然在自然、生命、人共生存在的场化进程中,进化必须遵循丛林法则,但丛林法则却从竞斗与适应两个方面予以规定,即在竞斗中适应,在不断适应中竞斗,以此生生不息地展开。在自然、生命、人共生存在的场化进程中,竞斗的本质是侵夺利益,适应的本质是让与利益。竞斗与适应的本质就是互惠互利。所以,在自然、生命、人共生存在的场化世界里,任何存在物只要能适应其周边存在物、周边环境,就可能实现某种程度上的间接的共同进化。

3. 人为自然护法的目的方法

人为自然护法的必为方式是发现"自然、生命、人共生存在",然后践履与其共生存在和共同进化。人基于对共生存在的认识而以场化方式践履其共生存在,必有其明确目的和方法。

"人为自然护法"的目的　　文化人类学的人践履共生存在,既有其根本目的,也有其基本目的。人践履共生存在的根本目的,是通过人与自然共生存在而实现生命的长存。生命长存的物种方式是物种的继续存在,它需要通过不同种族的繁衍来实现。生命长存的个体方式,就是**生育**,通过生育实现生命的对象化存在。无论物种的长存还是个体的长存,都需要共生存在。共

---

① [美]凯文·凯利:《失控:全人类的最终命运和结局》,第109—110页。

生存在既是物种和个体实现长存的创造性平台，也是物种和个体实现长存的共同进化土壤。

人共生存在的基本目的，是人与他者在一起，即人与他者存在在一起、生活在一起、共进退在一起、生死在一起。比如，人之生，汇聚了天地神人、家庭和医院、亲人和邻居、医生和护士，这是人者之生与他者在一起；人之死，则需要守丧守灵，同样汇聚家人、亲戚、朋友、同事、邻居、神职人员、单位、殡仪馆、教堂、火葬场及其所有相关人员，这是人者之死与他者在一起。

以"人与他者在一起"为目的的共生存在，通过场化的会聚方式敞开五个维度：一是我与你生活在一起。在存在世界里，人的原初存在关系是我与你的关系，具体地讲，就是我与父母的关系，我与儿女的关系，我与妻子（或丈夫）的关系。二是我与群生活在一起，具体地讲，就是我与家生活在一起，我与邻居生活在一起，我与单位生活在一起，我与城市生活在一起，我与乡村生活在一起，我与社会生活在一起，我与我族生活在一起，我与我国生活在一起。三是我与物生活在一起，这是一个开放性的场状态，包括我与上手的物生活在一起，我与未上手的物生活在一起，我与直接关联的物或间接关联的物生活在一起，前者如我与我的居所、我与我居住的高楼、我与我正在使用的桌子与电脑生活在一起，我与阳光、空气、阴晴、气候生活在一起；后者如我与未就寝的床铺生活在一起，我与将要吃的午餐生活在一起，我与坐落在我生活的城市中的公园、图书馆、大街小巷、商场酒店生活在一起。四是我与地球生活在一起，我与宇宙生活在一起，我与存在世界生活在一起。五是我与过去和将来生活在一起，我与想象和幻想生活在一起，我与瞬间和永恒生活在一起，等等。

"人为自然护法"的共性方法 "人为自然护法"的根本方法蕴含在其"护法"一词中。"护法"之"护"的本义是保护、保卫，蕴含"遵""守"义。护法即遵法、行法和保卫法。"人为自然护法"有此三义，并形成三种方法。首先，人必须为自然遵法，即为共生存在遵从自然法则，尤其是遵从宇宙自生、自在、自为和关联存在的创化法则与"简单创造复杂"和"复杂创造简单"的继创生原则。其次，人必须为自然守法，即为共生存在而在生活中行施自然法则，尤其是行施自然的生生法则和生存"竞-适"的生命法则。

第3章 自然为人立法·人为自然护法

最后，人必须为自然护法，即保卫自然法则，使之不遭受遗弃，不遭受曲解和分裂，使自然法则成为人间共生存在的必遵必守法则，因为"依自然法，公平就是指任何人不能通过使他人蒙受损失和受害而变得更富有"①。

人为自然护法，既是存在敞开生存的必然，也是生存敞开生活的必然。实现此必然方式仍然是场化的，可以从四面八方努力，但主要的方面有三。

首先，人为自然护法，需要一种人为自然护法的自觉，这种自觉既是整体的社会要求，也是个人要求。若想使这两个方面要求变成现实，教育才是推动社会和个人践履共生存在的起点和动力，这一起点和动力构成践履共生存在的主体性方法，因为只有通过共生存在教育使所有个人和整个社会都具备践履共生存在的意识能力，才可形成普遍的践履共生存在的生活行动。实施共生存在教育须从以下三个方面努力。

一是通过共生存在教育，普遍地确立"法在自然"的存在观和生存理念。其一，使自然的法则观念和尺度精神构成社会的结构精神和结构框架，并通过社会的规则（制度、法律、道德）体系发挥引导功能。其二，使自然的法则观念和尺度精神成为个人的存在观和生存精神。合言之，共生存在教育就是使社会和个人明确"自然界的最高立法必须是在我们心中，即在我们的理智中，而且我们必须不是通过经验，在自然界里去寻求自然界的普遍法则；而是反过来，根据自然界的普遍的合乎法则性，在存在于我们的感性和理智里的经验的可能性的条件中去寻求自然界"②。

二是通过共生存在教育，建立起一种普遍思维方式和认知范式，这就是"凡不能设想的就都是不可能的，即令感官告诉我们它的确发生了……因此，感官不能发现真理，只有思维才能发现真理"③。因为"人类在创造复杂机械的进程中，一次又一次地回归自然去寻求指引。因此自然绝不仅仅是一个储量丰富的生物基因库，为我们保存一些尚未面世的救治未来疾患的药物。自然还是一个'文化基因库'，是一个创意工厂"④。人类的一切创造都源于自

---

① 张乃根：《论西方法的精神》，《比较法研究》1996年第1期。
② [德] 黑格尔：《小逻辑》，贺麟译，商务印书馆1980年版，第299页。
③ [英] W. C. 丹皮尔：《科学史》，李珩译，商务印书馆1975年版，第54—55页。
④ [美] 凯文·凯利：《失控：全人类的最终命运和结局》，第6页。

然，自然永远是原创，人类只是对原创的发现，进而对所发现的模仿性继创。所以，自然不仅自生并生生不息地维护其自生的创化法则体系和继创生的原则体系的智慧，更蕴含引导人类生境地存在的法则和智慧，这些法则和智慧通过人类精英对自然之原创法则和继创智慧的发现与领悟，而构成人类文化创生的基因。

三是通过共生存在教育，普遍地确立遵守自然法则的生活观和行为准则。德国哲学家格奥尔格·皮希特指出："在自然中没有任何东西不是内在于它的特殊尺度而存在，如果我们跨越了它们的尺度，个体、社会和帝国都将毁灭。"[①] 自然法则构成存在世界的恢恢天网，也构成文化人类学的社会存在的最后防线，成为人始终保持并持续提升其人文存在的真正标志。对个人言，从自然人类学走向文化人类学，从动物存在的人走向人文存在的人，是一个持续不断的永恒过程，只有持续不断地从自然人类学走向文化人类学、持续不断地从动物存在的人走向人文存在的人，"我们当今却学会了，生活只有在尺度中才是可能的"[②]。

其次，人为自然护法要成为一种自觉，不仅需要共生存在教育，更需要构建一种引导人为自然护法的共生存在规则体系，这一规则体系包括认知规则和行动规则两方面内容。第一方面，建构开放性引导的认知规则体系，包括三个向度：一是对人自身认知的规则，包括人与内在自我（尤其是人与心灵、人与信仰）、人与存在（包括种族存在、地域存在、人类存在）和人与过去和未来三个方面的认知限度和认知边界的引导性规范。二是对社会认知的规则，包括制度、法律、道德的功能、限度、边界的规则。三是对自然认知的规则，包括对地球和宇宙、海洋和大地、环境和资源、生物圈和生态圈等方面的认知规则。第二方面，建构引导性激励的社会行动规则体系，这一规则体系也有三个方面主要内容：一是人为自然护法的共生存在制度规则体系；二是人为自然护法的共生存在法律规则体系；三是人为自然护法的共生存在

---

① ［德］G. 皮希特：《论尺度概念》，第 419 页，载于［瑞士］克里斯托弗·司徒博《环境与发展：一种社会伦理学的考量》，第 247 页。

② ［德］G. 皮希特：《论尺度概念》，第 421 页，载于［瑞士］克里斯托弗·司徒博《环境与发展：一种社会伦理学的考量》，第 247 页。

道德规则体系。

最后,人为自然护法要成为一种自觉,更要构建一种人为自然护法的共生存在责任体系。系统论思想的创建者诺伯特·维纳(Norbert Wiener, 1894-1964)认为,一个可以充分释放人性力量而共生存在的社会应该具有的责任原则,是"伟大的正义原则"。他认为这一"伟大的正义原则"由四个具体原则构成的体系:

(1) 自由原则:"每个人的自由发展,在他身上体现了人类充分自由发展的可能性"。
(2) 平等原则:"平等是当 A 和 B 位置互换的时候,仍然是 A 和 B"。
(3) 仁爱原则:"人与人之间的善意超越人性自身的不足"。
(4) 过程原则:"宇宙是由过程组成的,而不是事物(things)"。①

为自然护法之"法"就是共生存在之法。共生存在之法来源于宇宙创生的永恒过程,是宇宙原创化向继创生方向敞开的前后相续的过程,也是宇宙的生之本性以生生不息方式创造的过程,更是宇宙从简单创造复杂继而进入复杂创造简单的循环展开过程。所以,创生过程本身构成宇宙存在的方式,也构成宇宙必须以如上方式存在的责任。这一生且生生不息创生的过程原则也因此必然地构成存在于宇宙过程中的人类的必为责任,即尊重创生过程、维护创生过程并以此生生不息地探索创生过程,成为人为自然护法的奠基性责任,也成为人与万物、人与地球生命、人与自然共存在的基础性责任。

宇宙创化的法则是自生、自在、自为和关联存在法则,在这一法则体系中,自生法则才是根本的,因为自生而自在和自为。所以,宇宙创化的自生、自在、自为法则从不同方面突出了创化存在的自由精神,这既是宇宙创化的权利精神的呈现,也是宇宙创化的责任精神的敞开。人为自然护法的根本之法,就是维护宇宙创化自然的自生、自在、自为的自由法则。所以,维护自由法则构成人为自然护法的根本责任,因为它是人与万物、人与地球生命、

---

① Wiener N., *The Human Use of Human Beings: Cybernetics and Society*, New York: Houghton Mifflin, 1950-1954.

人与自然共生存在的基本权利和责任。

宇宙创化的自生、自在、自为法则最终要接受关联存在的引导，也要获得关联存在的维护。宇宙创化的关联存在法则揭示宇宙创化的自生、自在、自为之自由不可能无限和绝对，它始终是相对的，这种相对的自由根源于宇宙创化本身的有限度和有边界，这种限度和边界制约它不能一次完成其创化工作，必须以继创生的方式并以继创生的过程来展开创化的伟业，所以，宇宙创化的限度和边界以及由此敞开继创生的努力和过程，必然灌注进它的实存样态自然之中而构成自然之生和生生不息的自由努力和自由限度，并必然以其生和生生不息的努力为己责。这种己责构成人为自然护法的基本责任内容，也成为人类共生存在的基本责任引导。这一基本的责任引导就是平等。共生存在的本质是平等，这种本质的平等源于相对自由，但最终根源是宇宙创化自然的生之本性和生生动力及其以关联存在方式展开的永恒过程。所以，以永恒的过程责任、本质平等的责任和相对自由的责任为三维内涵规定的自然之法，必定是仁爱之法，秉持此仁爱之法去践履共生存在的责任，即囊括自然、生命、万物和人类本身于一体的仁爱责任。

人为自然护法之"法"，即"自然为人立法"之"法"，是同一个"法"。这个"法"既指尺度、法则，也指限制和边界，更指规范和指南。具体地讲，这个"法"就是宇宙的尺度和自然的法则，它既构成自身存在敞开的限度、边界和规范，也构成存在于其中的人类存在敞开的限度、边界和规范。从根本讲，宇宙自然是按照自身的尺度、法则而生成，承受自为的限度和边界而存在、接受关联存在的规范敞开生存运动，存在于宇宙的永恒创生进程中的人类要得其存在和生存，必须要吻合宇宙创生的节拍，这是"人为自然护法"的实际呈现。

第4章　限度生存的实然和必然

当世呈现出来的状况及态势，是在以往任何世代难以觉察到踪影的，它意味着毁灭或重生的转折。布朗诺夫斯基（Jacob Bronowski）认为"每个时代都有一个转折点，都有一种新的认识和评判世界秩序的方法"[①] 的产生，而"我们这一代人也在惊讶我们自己的新宇宙观——我们认识世界秩序的新方法——实际上也在实现我们自己的价值，把我们搭成人类的阶梯，通向遥远的星辰"[②]。打开心灵镜像视域，发现人的世界性存在，并不是按自己的意愿和想象来构筑存在的世界，因为我们可以为自己的存在立法，却不能为存在于其中的世界立法；相反，宇宙永恒创生的过程，始终在为自然为自己立法、自然为生命立法、自然为人立法提供保障、增强力量，人对自为存在的世界立法亦要遵从自然的律法，由此开出人为自然护法的道路。人为自然护法的存在敞开之道，就是限度生存。

一　"生存"内涵的诠释

限度生存既是一个问题，也是存在敞开自身的实然样态和方式。作为一个问题，限度生存是从人的当世存在境况中生发出来，对人的当世存在提出如何走出无限度存在的黑暗世界而开辟新生和重塑之道。作为存在敞开自身的实然样态和方式，限度生存是宇宙创化敞开自身的实存样态：宇宙创化世界的行动，就是创造限度生存的存在样态和限制生存的存在机制，作为创化

[①] Jacob Bronownki, *The Ascer of Man*, Bostion: Little, Brown, 1973, p. 20.
[②] ［美］B. 格林：《宇宙的琴弦》，第387页。

者的宇宙同样以限度生存的存在样态呈现自身，并以遵从限度生存的存在机制而继创生。宇宙以"简单创造复杂"和"复杂创造简单"的循环方式敞开继创生的永恒运动，为存在世界、自然万物铺开限度生存方得生生的存在轨道。

1. 生存的内涵框架

"生存"相对存在言，它是存在的此在性敞开，所以"生存"概念成为存在理解的基本方式，并也由此自具丰富的语义内容。

何为"生存"？ 限度生存，是谓生存需节制有边界。需节制有边界的生存相对存在言，既是存在敞开状态，也是存在敞开方式，但首要含义是此在的时空化成。

生存作为存在敞开状态，它是此在的，具有此在的规定性，彼在或它在，以及已在或将在，都不属于生存，因为它们都不具有**生存性质**：彼在或已在，已经褪去了生存的内容；它在或将在，尚待注入生存的内容。生存，是存在主体论的，比如，人的生存，猪的生存，鸟的生存，草的生存，花的存在，江海湖泊的生存，没有主体的到场和在场，没有生存。主体的到场，意味**此在**。主体到场之后，是否继续在场，同样是衡量是否生存的依据：生存必以此在来标定。同学聚会，A君到场，但A君人虽在场，却不知不觉地将自己置身于同学聚会的热闹场景之外，心惦记着他人他事，这是在场之不在场，这种在场之不在场属于**它在**性质，没有获得此在性。此在不仅是主体论的此在，更是具体内容的此在，没有具体内容的生存，不具有此在性。衡量此在是否具体内容的灌注，一是内容有无细节。没有细节的内容，要么不存在，要么属于虚构。二是有无生意。此在性的生存，无论什么境遇，无论以怎样的方式敞开，都是有生意的，缺乏生活，或根本没有生意，是不具有此在的虚构性生存，或者是被人为过滤了的虚假生存。

生存作为存在敞开方式，意即**存在到来**。存在到来，既是存在**来到**现在，也是存在**上手**现在。存在来到现在，即存在的此在化；存在上手现在，即存在的细节化、生意化。生存之于存在之"来到"现在和存在之"上手"现在，揭露的不是存在为何能够成为现在，而是存在以怎样的方式成为现在。通常，存在是以两种方式成为现在，首先是存在以"来到"的方式成为现在，既揭露存在对现在的需要，也揭露存在主体对现在需要，这两种需要隐含一个真实，即无论存在还是存在主体，都只能通过**现在**才可成为自己：存在需要通过现在而成为存在，存在主体也只有通过存在而成为**存在**主体。或曰，只有现在的存在，才是真实的存在，只有现在的存在主体，才是真正的存在主体；反之，所有非现在的存在或存在主体，要么属已在，要么属将在，要么属虚构之在。并且，存在来到现在即生存，意指生存构成存在与现在的关系，即生存搭建起存在与现在之间的桥梁，这既可是存在通向现在的桥梁，也可是现在回返存在的桥梁。此其一；其二，存在来到现在，意味着存在指向现在，现在接纳存在，这种指向的主动性与接纳的受动性之间，构成一种**互为的**限度和边界，即存在以来到的方式规定现在，现在以接纳的方式规定存在，前者规定现在必是存在的现在，并且只是存在的现在，这是主动对受动的制约；后者规定存在只是现在的存在，并且只是现在的存在规定现在，这是受动对主动的制约。这一双重制约构成此在必是时空化的，这是"**生存乃此在时空化成**"的根本语义呈现，即"存在来到现在"，生成出**此在时间**，但"存在来到现在"的结构——存在指向现在和现在接受存在——的双向结构开出了**此在空间**。所以，存在来到现在，敞开了此在时空。

生存作为存在的到来，不仅指存在来到现在，更指存在上手现在。存在上手现在，意味存在到来必须内容化、细节化、生意化。使存在到来内容化、细节化、生意化的方式，就是借助内容、细节、生意使存在上手，即存在通过内容、细节和生意化的方式上手现在。"上手"的表面语义是指从下而上，但本质上却揭露存在到来，实际上是**去蔽**，将自己从隐蔽的、黑暗的深渊中浮现出来、暴露开来使之敞开，获得形相、状貌。具体的内容、细节则是获得形相的方式，生意却使其形相焕发生命、感性生动的方式。所以，存在上手现在，不仅是空间的敞开，更是时间的生成，因为从隐蔽、黑暗的深渊中自我浮现、自我暴露是一个过程，这个过程就是**生成**时间。

从整体观，存在到来，既以来到的方式到来，敞开了空间；又以上手的方式到来，生成出时间。在生存乃此在的时空化成中，空间的敞开是整体性的，但时间的生成始终是具体性的。**具体生成时间**，这是生存乃此在时空化成的根本语义规定，因为离开了具体性，就根本没有时间；或曰：离开了具体内容、具体细节、具体生意对现在的上手方式、上手行为和上手过程，时间就永远不会产生，不能产生时间的现在，自然丧失空间和空间的敞开性。

生存即存在到来。当存在以"来到"和"上手"方式到来，不仅使现在获得此在的严格规定，更赋予现在以**生成**。从根本言，存在敞开生存，即生成：生成才推动生存对此在的时空化成。生成生成生存，就是将存在生成为生存，具体地讲，生成既将存在从过去化成现在，也将将来化成现在。生成既是对存在予以空间的时间化成，也是对存在予以时间的空间化成。在存在敞开生存中，生成即这"敞开"：存在敞开生成，即存在生成生存，既是对此在时间的生成，也是对此在空间的生成，对此在时间和空间的同时生成，构成存在来到现在和上手现在的现在本身——现在通过时间和空间的生成而获得此在的保障。

生存存在　　生存，既是存在来到现在，也是存在上手现在。存在来到现在和上手现在，既有背景意义，也是自身意义的。从背景讲，存在来到现在和上手现在，是存在从隐蔽、黑暗的深渊中浮现出来，暴露开来，以此把现在此在化。从自身讲，存在来到现在和上手现在，是存在对存在的**绽放**，即存在自我绽出，并以此自我绽放而将现在此在化。

存在自我绽出，是指存在把自己打开，从存在中把自己绽放开来，犹如一朵花，它的自我绽出，是从自身中绽出，即花的绽放，是从花朵中绽放出来，而不是从花枝或花树中绽放出来。所以，存在对存在的到来和对现在的上手，是存在从存在的深处自我绽放出来形成现在的此在。

存在是存在之整体，是整体存在。存在自我绽放自然是整体方式绽放自我，但存在自我绽放既是生成性质的，也是以来到现在和上手现在的方式进行的，这就形成存在自我绽放也伴予具体性。存在自我绽放的整体方式是存在对存在的绽出，其具体方式是存在对宇宙万物、自然生命的绽出，也是存在对人的绽出，这是存在来到现在指向上手现在必然是具体、细节和生意化的自身规定。

生存作为存在从存在中自我绽出，获得三个方面的规定性。第一，存在自我绽出意味着来到现在和上手现在之内在性的凸显：一方面，存在是按照存在自身的本性要求来到现在和上手存在，并且唯有内弃于（或张扬）存在之中的自身本性的要求，才使存在来到现在和上手现在成为生成；另一方面，现在亦按照自身本性倾向接纳存在的到来并使其成为上手的存在，即此在。第二，存在自我绽出为生存意味着时空框架的生成。生存即存在从存在中自我绽出现在，绽出现在的具体样态是此在，它的动力方式是生成，它的结构方式是时空，它的形态方式是时空框架。第三，存在自我绽出，既生成此在时空框架，又以所生成的时空框架为桥梁，使存在生成存在（现在化的此在）成为现实（即存在来到现在和存在上手现在），也使存在（现在化的此在）回返（隐蔽的、沉默的、黑暗的）存在变得可能。所以，存在以自我绽出的生成方式来到存在和上手现在，既是存在生成存在（此在）的根本方法，也是存在（此在）回返存在的基本方式。

由于生存是存在之自我绽出，生存实际上是生成的此在存在论或曰生存存在论，也可简称为此在论。生存存在论，就是生存地存在，它是通过生存敞开存在。由于生存始终是此在的，是此在化的现在，但由于存在是以自身之本性诉求来到现在和上手现在，而现在也是以自身之本性要求接纳存在，这种互为诉求的本性或其互为诉求本性的方式，既可完全相合，也非完全相合，甚至有可能相异或相悖，由此可能使对存在时空化成的生存生成出多种存在可能性，或生存的存在融合论，或生存的存在分裂论，或生存的存在对峙论。

存在以自我绽出的生成方式来到现在和上手现在的生存，既敞开各种可能性，也是此在的实存样态。作为此在的实存样态的生存，表征为自在存在。生存的自在存在是由生存本身所开出，可敞开三种实存样态，即生存的自为存在、生存的为他存在和生存的共生存在。

理解生存的自在存在，实要清晰"生存"与"存在"的关联和区别。相对而言，存在是整体的，既无时空规定，也无具体内涵要求，它既可其大无外，也可其小无内；但生存要以"过去、现在、将来"为参照框架，这使生存有具体的时空要求，它属于现在，具有此在的规定性，而且必有具体内容、细节和活泼的生意，所以，生存是存在对现在的来到和上手，是对此在时间结构的生成。生存存在论，意谓生存敞开为存在，但这种存在是受生存的节制的存在，即生存赋予其现在的时空结构并必须接受此在的规定和有具体内容、细节、生意的上手存在，这是生存存在与存在的区别。

在生存与存在的如此区别与关联的意义上，理解生存的自在存在敞开的三种可能性，也就有性质、内容和取向的差异性。生存的自在存在，是生存与存在同一。生存与存在同一，是人的存在与世界存在的同一。因为人的存在始终是生存存在，世界存在即是存在本身，从生存角度讲，生存与存在同一就是人的生存与存在本身的同一。以此为参照，生存的**自为**存在，是生存为自己的存在，是**为己**的烦盲存在；与此相反，生存的**为他**存在，是生存的为他者的存在，是**为他**的烦盲存在。生存的**共生**存在，是**己他**相照看的共生存在，是生存的自在存在的回返，是人与他者的同一，或曰人与存在本身的同一，是人的存在与世界存在的同一。

生存构架 生存是存在的到来，也是对存在的接纳。整体的、无任何具体内容、类型样态和时空取向的存在，向生存走来（现在）并接受上手（此在）的规定，实是生成的过程，在这一过程中，最根本的和本质的生成不是具体内容、具体细节以及内容与细节合生的生意，而是以时间和空间为本体规定的生存构架。

生存构建的本质内涵是时空结构，时空结构规定了存在来到现在和上手现在的**此在化**。由于时空结构的规定，只有此在化的现在，才是真实的现在。因为，在生存的世界里，现在既可是实存的，也可是虚构的，此在成为区别现在之实存或虚构的界标。更为根本的是，唯有此在，才标志存在来到现在和存在上手现在的真实性，缺乏此在的存在虽然可以贴上现在或生存的标签，但它缺乏具体的内容、细节和生意，因为相对生存（或现在）言，只有具体内容、细节、生意才有资格注入此在而构成此在的实体内容。此在是实体，唯有此在这一实体才使现在成为生存，使生成内具凝重，并且获得时空结构的框架性。

时间是一个时刻的无限序列，包括曾经存在但不同过去存在的时刻、尚未存在的时刻以及现在存在的时刻。这序列据说是不可回转的，但是可以度量的。海德格尔称，这样一个时间概念不是根据此在的现象分析而是根据对自然的经验而形成的。相反地，原初的时间概念必须按照此在的存在论建构来说明。操心结构为这说明提供了一个线索：在自身之前存在，已经在世界中存在，以及沉沦和与在世界内的存在者共在。这结构指向了原初的时间。"在自身之前存在"指示出一个预期先行的维度。既然这种先行已经在那里，那么它便包括了一个对此在已是或曾是什么或是谁的重演。**此在的未来就是先行。它是生存论的未来，而重演**则是此在的生存论的过去。最后，与其他存在者的亲近性指向此在的现在。既然当且仅当此在决心占有它自己向终结存在时，这亲近性才真正是有限的，生存论的现在便只能是此在对其有限存在处境的**瞬间一瞥**（*Augenblick*）。这一瞥包括瞥见所谓生存的存在样式与诸如当下上手和现成在手的存在样式之间的不同。① （引者加粗）

生存构架是以此在时空结构为内在规定和框架支撑的，所以，生存构架是生存时空构架的简化表述。以此在时空结构为内在支撑的生存构架有两个方面的自身规定，第一个方面是生存构架规定了存在敞开生存的朝向，这一朝向即整体的、空无的、其大无内且其小无外的存在走向（即来到）现在和上手现在，获得内容的具体、细节和生意，开出生存存在的各种可能性。第二个方面是生存构架以生成的方式促成人的存在关系的缔结。

人的存在关系，是指人与他者构成的**此在**关系，这个"他者"当然指他人，但也不仅指他人，还指他物、他事、他种存在，比如环境、自然、宇宙。具体地讲，人与他者的存在关系呈开放性生成状态，或人与他人的存在关系，或人与他物、他事、他种存在的关系，或人与群的存在关系，或人与环境、自然、宇宙的存在关系。

人的存在关系既有实体与虚体的区别，也有真实与虚假的区别。前者如人的存在与非存在的关系，人的此在与将在的关系，人的实务存在与想象存在的关系等即是。后者更为广泛，既可在整体的层面敞开，比如人与社会、人与环境、人与自然、人与宇宙的关系，都可能逾越现在或者根本没有获得此在性的关系，均体现虚设性或虚假性。更常见的是在具体的层面敞开：真

---

① ［爱尔兰］理查德·柯尔内：《20 世纪大陆哲学》，第 51 页。

实的人的关系,是人的此在框架中的人的个体关系;虚假的人的关系,既是抛弃个体,也是没有此在框架的存在关系。

以此在时空结构为内在规定和框架支撑的生存构架,敞开两个方面,即生存的存在论构架和生存的此在论框架。**生存的存在论构架**,即由地球、宇宙、生命三者构成的生存存在框架,人落入此框架之中,又企图从此框架中逃逸出去,但最终无可逃逸。逃逸出去的冲动和想望,与无可逃逸的无奈与认命之间呈现出来的空间地带,就是生存的存在论构架,它构成人的生存的高墙,由此高墙构筑起生存的此在论构架。

生存的存在论框架,是生存存在的整体性构架,它将此在规定下的现在生存中的所有存在囊括入内。在这种囊括一切的生存存在的整体性构架下,**生存的此在论构架**是属个体的,它敞开三个维度:一是此在生存的记忆,它以遗恨或自得的姿态**带动着**过去;二是此在生存的行动,它以救急和烦忙的方式上手着现在,处奔不息地烦盲;三是此在生存的想象,它以期待和许诺的大手铺开将来,以烦忙鞭打烦盲。

在生存的存在论构架的高墙内构筑起来的生存的此在论构架充满**生存利欲**,生成出生存的利欲构架。限度生存的可能性,由生存的存在论构架和生存的此在论构架共同铺设;限度生存的不可能性,由生存的利欲构架所铺设。或者说,生存的无限度诉求,源于生存的利欲的激励,并获得此在生存的利欲框架的维护。所以,当因为无限度地生存从根与本两个方面影响到生存本身时,就必须激励对限度生存的诉求。

2. 生存开放的状态

初步厘理"生存"的内涵及构成性,为理解生存以何种方式呈现和以怎样方式发挥功能,打开视野,开出认知思路。

生存的状态 从存在言,存在敞开就是生存,或曰存在敞开生存;从生存讲,生存即存在到来。存在敞开生存,这是造物主创世的必为,是宇宙创生的必为,亦是自然生生不息,是存在世界的必为,它揭露存在存在,必须拥有时空,存在对时空拥有的根本方式,是获得具体,并必须通过具体敞开生意。具体即生命,生命才度量出时间,比如,星系运动、太阳自转和公转、地球自转和公转、气候的周期性变化、四季循环,就是存在敞开生存的宏观时空形态、宏观生命形态；树、花、草等植物或牛马猪羊、豺狼虎豹，即生命敞开存在的微观时空形态、微观生命形态。存在敞开生存，即存在自赋存在以实体，因为只有当存在敞开生存，存在才存在，所以，生存是存在之**必为**状态，生存亦是存在之**自为**状态，这是存在敞开生存的依据，亦是生存即存在到来的动机。生存即存在到来，不仅仅是存在来到现在，更重要的是存在**来到现在必须上手现在，只有当存在以来到的方式上手现在时，生存才真正发生**。存在以来到的方式上手存在的实质，就是存在来到现在必须使现在此在化，或曰生存此在化。存在来到现在并上手存在呈现出来的状态，就是生存此在化。生存此在化，是指生存时空状态化。生存时空状态化，就是存在来到现在和上手现在的生命赋形，这就是**生存生成**。生存生成内容、生成细节和生成生意，并通过对内容、细节、生意的生成而生成出时空状态，即将存在来到现在和上手现在所生成的时空结构和生存构架赋予具体生存内容、细节、生意的**时空状态**。这种性质的时空状态，就是存在来到现在和上手现在的应有状态，简称为**生存状态**。

生存状态，是存在来到现在和上手现在的自身呈现，它的内在规定是此在化，它的外在形式是时空构架。生存状态相对自然人类学言，无内外之分，但相对文化人类学，即敞开内外两个维度，即生存的外在状态和内在姿态。

生存的外在状态，就是生活。由于生存是此在化的，并承受此在的时空构架，所以生活必须是此在化的。生活的此在化，并不只是现在，也包含过去和将来，此在化是立足于现在选择性地携带过去而指向将来。被此在规定的生活，无论整体还是个体，都是以现在为出发点将过去和将来生成出来而构成自身的基本内容。被此在规定的生活，既生成过去，也生成将来。生成不是对已有还原性呈现，曾经已有而逝去了的东西，是不可还原的，比如破碎了的任何器物或机械，修复之可能仍然保持其功能或整体的面貌，但它始终有瑕疵，即或没有瑕疵，修复而成的东西仍然不是原本的东西，而且在本质上另一物。对已逝的过去的回忆，本质上是"对往事的新生"。对往事的新生的基本方式是生成，准则是返本开新。同样，对将来的预设，虽然是想象的，却不能任意，也没有任意，它既承受现在的指涉，也不能忽视对往事的新生，所以，对将来的预设必然有起点、有方向、有逻辑的生成。

承受此在指涉和规训的生活，虽然包含对过去和将来的生成，但它始终属现在，是生存的现在样态。生活作为生存的现在样态，其根基在过去，指向的是未有和未来，但出发点是现在，这就是此在化的生活行动与行为。行动是相对生活的过去和将来言，体现整体性诉求：从整体言，生活是行动的。没有行动，没有生活。行为是行动的具体化，即具体情景和生活语境中的生活行动，就是行为。生活行为是具体内容、具体细节、具体生意的行为，是存在上手现在的真正呈现。因为行为打开生活的天空，把过去、将来和现在会聚于此在，把自然、地球生命、他人、自己、处境、利害、得失等会聚于此在，使此在化的生活成为存在敞开生存的连续统和存在上手现在的场域，并将烦忙、烦盲和畏惧融入其生存的连续统和存在上手现在的场域，使之构成此在生活的主旋律。

人的生存状态不仅向外，更向内，生成出生存的内在状态。生存的内在状态由生存的外在状态打开，具体地讲是由生活行为打开。生活行为打开生存的内在状态，是行为对自然、地球生命、他人、自己、处境、利害、得失和烦忙、烦盲、畏惧等的会聚生成。

此在化生存的人，从理论讲可以掌握自己，也可以把控自己的行为，但在实际上，这只是一种可能或一种大概。形成这种可能或大概的根本因素，首先是人居住于世界之中，是世界性存在者，作为世界性存在者，宇宙、自然、地球生命、环境、气候等都是自生、自在、自为和关联存在的，此在化生存的人完全地不能自由地指涉、决定或掌控宇宙、自然、地球生命、气候等实存；相反，必须遵从它们的自生、自在、自为和关联存在的法则。哪怕是一草一木、一花一石，人或可改变其存在环境，却无力于它们自生、自在、自为和关联存在的法则、规律，我们有能力让一草一木生或死，但我们不能改变一草一木的生命周期、年轮和存在规则及生存方式，比如，不能叫一草一木像猪或牛马那样存在，也不能使江河湖泊如山那样存在，更不可改变气候变化引发所有的灾害和病疫。人存在于其中的世界、自然、万物、宇宙等每一个实存都使人成为一种可能性而不是一种必然性，这种可能性从不同方面铸造出人的此在化生存的烦忙、烦盲和畏惧。

不仅如此，人本身也成为一种可能性，我们知道生命有限，却无知有限生命的真正长度，甚至总是幻想着长寿和永生；我们在许多时候确知自己的欲望和期待、想象和野心，却不确知或者根本不了解自己的欲望和期待、想象和野心到底有多，到底有哪些内容，因素一切都在生成，一切都生成于进程之中，即使此时明确了，待会儿又发生了变化，我们对此在化生存的自己其实也是知之甚少、把握甚少，包括对自己的烦忙也是烦盲着不可停止，以至于对自己和自己的烦忙和烦盲也心怀畏惧。

由于如上两个方面，人的此在生存的内在状态，实是由其外在状态的激励生成，其生存的内在状态的基本取向是烦忙的，更是烦盲的和心存畏惧的，这是人的此在生存的内在状态的根本取向，它生成和带动起人的此在生存的内在状态的其他内容。

人的此在生存的内在状态是一个开放的生活世界，择其主要者有三。

一是此在生存的心智状态。

心智是由心商、情商、智商三者构成。心智建构起人的内在生活的框架，这个框架是天赋的，具有整体上的既定性和不变性，它主要从两个方面呈现：其一是心智结构的生成是天赋的，它具有不变的稳定性；其二是心智的构成框架和心智生成关联桥梁是天赋的，同样具有不变的稳定性。在此基础上，心智也具有可塑性，首先，天赋的心智内容是潜在的，它可变现为实际的心智能力，这种将潜能变成能力，即扩张心智的结构框架。这就是说，心智结构的生成虽然有天赋的既定性，由于蕴含其中的内涵是潜在的，所以其天赋的心智结构固有伸缩性的张力空间，将潜在的心智内容化为实际的心智能力的生成过程，实是打开心智结构的张力空间。其次，心智的构成之间的关联性仍是一种潜在的可能性，人通过此在生活的内向努力，将心商、情商、智商之间的潜在关联变成一种现实的通道，使三者互为协调，则可把心智的视野打开，更可将分散的心智潜能（即心商、情商和智商潜能）开发为实际的贯通能力。

总之，心智的结构是天赋的，但心智的此在生存状态是后天敞开的，其敞开的实际状态如何或张力怎样，取决于人此在生存对生活的生成取向和生成的力度与强度。

二是此在生存的意识状态。

人的天赋的心智状态既生成此在生存的意识状态，也受此在生存的意识状态的激励或抑制，由此形成人的此在生存的心智状态和意识状态互为体用。

人的此在生存的心智状态实际地构成人的内在生活的基本框架和整体倾向，人的此在生存的意识状态，就是其内在生活的基本框架和整体倾向的清晰呈现的样态。仅就基本的方面观，人的此在生存的意识状态从整体上呈现三个方面取向性特征。

第一，人的此在生存的意识状态的基本面向，是意识意向。所谓意识意向，即此在化生存的意识朝向，这一意识朝向在一般情况下呈相对的稳定性和不可逆性，正是这一取向上的特征，人的此在生存的意识意向被人们理解和定义为**意向性意识**，它从心灵出发而指向生活行为。

第二，人的此在生存的意识意向一旦生成，就会对人的此在生存的心理状态发挥生成功能，这一生成功能发挥的形态学呈现，就是人的此在生存的意识状态的生成，这一意识状态敞开为互为关联或互为激励的两种形式，即**烦盲联想和烦忙应对**，使人的此在生存的心理生活世界始终处于烦盲联想和烦忙应对的两极状态：烦盲联想不间断地扩张人的此在生存的意识状态，使其意识状态始终处于开放性生成状态，或向内的开放性生成状态，或向外的开放性生成状态，由此不断地实现或修正人的意志自由或扩张人的意志自由。与此不同，烦忙应对烦盲联想而生成，即不断地处理烦盲联想产生出来的内容，或删除，或修正，或强化，或张扬，这就是烦忙应对烦盲联想的工作。人的此在生存的心理生活世界，就是通过其烦盲联想与烦忙应对的互为推进而逐渐形成相对稳定的生活状态及取向，或在此基础上细节性修正和强化其相对稳定的生活状态及取向。

第三，由于人的此在生存的意识状态是烦盲联想和烦忙应对的互为激励，必然带动**意欲**，意欲生成生活的动机，构成生活行动发动的动力。所以，在人的此在生存的内在生活世界领域，其生存的意识状态的根本取向是意欲，意欲既使此在生存朝气勃勃，也使此在生存堕落，因为意欲是将人的此在生存引向无限度深渊的强劲动力机制。

三是此在生存的心灵状态。

人的此在生存的心灵状态既是天赋的，也是此在化生活本身所塑造。仅前者言，天赋的心灵状态由自由意志、灵魂和生命激情所生成，此三者合生构成人的此在生存的内在状态的原型，即原发结构、原发机制、原发动力，具体地讲，它构成人的心智状态的潜在结构，也为人的心智状态的潜在因素变成现实能力提供了最大可能性。所以，人的此在生存的心灵状态构成人的内在生活世界形塑的原动力。另外，人的此生存的心灵状态被此在化生活本身所塑造，是其此在生存的意识状态的内在渗进所激励。由此天赋和后天激励两个因素合力生成人的此在生存的心灵状态呈三个方面的取向。

第一，人的此生存的心灵状态的基本面向，是心灵意向。心灵意向的生成是以天赋的自由意志为坐标，以灵魂为主导（或导向），以生命激情为动力，通过心灵镜像生成，指向意识意向。所以，意识意向（或曰现象学所讲意向性意识）是由心灵意向所生成，并由心灵意向所引导。

第二，人的此在生存的心灵状态，是存在想象。存在想象的最大取向和特征是无限可能性。存在想象的无限可能性，既指存在想象的无限度性，也指存在想象的无穷尽性。它既可为人的此在生存朝向无限的实利诉求提供可能性，更为人的人性成长、精神发展提供无限可能性，宗教神学、哲学、科学、艺术、教育等所有领域的精神和思想的勃发，都以存在想象为前导。

第三，人的此在生存的心灵状态的实际朝向敞开内外两个维度，其内在朝向是通过心灵镜像带动意识意向的生成、变化或发展；其外在朝向是带动心智矫正意识状态，使之强化自由意志和张扬灵魂与生命激情。

生存的开放性　　人的此在生存的内在状态，既是内向的，也是向外的，由此形成两种内在生活，内在自闭的内在生活或渴望外部世界的内在生活，前者内凝性生成情感、意识、观念、思想，影响心灵；后者向外性生成出生存的开放性空间。

人的此在生存的开放性，是指人的此在的心灵状态、意识状态和心智状态的开放性。人的此在心灵状态、意识状态、心智状态的开放性呈两种可能性朝向，即或合生朝向或分裂朝向。如果其此在生存的心灵状态、意识状态、心智状态处于各相分裂的状态，人的此在生存往往处于生活的分裂状态，这种分裂的轻度状态的外在表现是言行不一，其内在表现是人格分裂。这种分裂的重度状态，就是人不能正常生活而处于精神分裂的病态生活之中。人所期望的此在生存的开放状态,应该是其心灵状态、意识状态、心智状态的合生状态。但无论是分裂性取向的生存状态,还是合生性取向的生存状态,其开放性都会开出不同内容、不同程度的三种基本取向。

一是人的此在生存的人本意向,即如何使人成为人的基本意向。如何使人成为人的问题,不同时代、不同地域、不同制度、不同文化制约赋予的内容、性质、取向不同。由此形成渣人、小人、大人的区分。渣人即人间渣滓,或曰人渣,这类人是文明、人性、理性的敌人,具有共同的不如牲畜的兽性,即没有任何限度的掠夺性、占有欲、专制欲、集权欲、暴力欲、战争欲、斗争欲。其基本信念是与天斗其乐无穷,与地斗其乐无穷,与人斗其乐无穷,信奉的兽性之道。小人,是指以求利为人生目的的人,但讲做人的常识,讲道德,讲利欲的限度和边界,所信奉的是利道,属利道之人。利道之于人具有两可性,如果逾越常识、道德、利欲的边界,就会沦为渣人。有无做人的常识、有无道德、有无利欲的限度和边界,成为小人与渣人的分水岭。大人是指也以求利为生存的奠基,但人生是以求义为目的,信奉的是义道,属于义道之人。

二是人的此在生存的存在意向,这是人的此在生存对存在的基本看待形成的相对不变的认知朝向及内驻于心灵和精神世界的意识倾向。这种存在意向蕴含三个方面的内容:第一,对存在世界(宇宙、自然、地球)的看待所形成的相对稳定的认知朝向和意识倾向;第二,对生活于其中的环境(人居环境、地域环境、地球环境)的看待所形成的相对稳定的认知朝向和意识倾向;第三,对人的历史(过去、现在、将来)的看待所形成的相对稳定的认知朝向和意识倾向。

三是人的此在生存的神本意向,这是人此在生存对神性世界的基本看待形成的相对稳定的心灵朝向。这涉及造物主的创世,也涉及宇宙继创生,更涉及人的心灵的深幽世界。客观地讲,确实不少人在意识的状态层面,可能因为观念的主导是唯物质的无神论者,但在心灵的深幽世界,每个人的生命或者说心灵之中都保有一个神的空间场域。对无神论者言,其日常生活态全是无神和唯物质倾向,但往往在生死攸关的处境或情境中,也会心中祈祷的。原因何在?存在世界本身是神意的,宇宙创化行为难以用科学和人的世俗观念来解释，神作为创世者比科学和人的世俗观念的解释有更大的可信度。

3. 生存的生成敞开

生存是存在到来，是存在来到现在和上手现在，并获得此在指涉的方向和时空结构的构架。生存来到现在和上手现在而现实此在化生存的基本方法，就是**生成**。

何为生成？ 生成之构成存在来到现在和存在上手现在的方法，在于生成本身对生存而言，这就是生存生成。生存生成，既指生存需要生成，也指生成生成生存，因而，生存成就着生存。这个"成就着"的"着"字，意指生成生成生存并不是一次性活动，而是持续敞开的永恒过程，只要存在来到现在和存在上手现在不止，生成生成生存不止。

从根本讲，无论是生存生成生成，还是生成生成生存，本质上都是生存生成存在，所以，生成不仅是存在来到现在和上手现在的方法，首先是存在来到现在的方式和存在上手现在的方式。

存在来到现在和存在上手现在，使生成获得自身规定，这一自身规定就是生成是对存在敞开生存的时空化成，具体地讲，存在敞开生存，需要生成将过去、将来予以时空化成。将过去予以时空化成，是指把已有化成生存的此在时空构成；将过去予以时空化成，是指把将来（未有、未来）化成此在时空内涵和此在时空结构。通过这一双重化成，存在敞开生存才获得此在化的时空构架，赋予生成以固有方向，这一固有生成方向敞开两个方面。

一是过去生成现在，且现在生成将来。

在存在敞开生存的生成中，"现在"是核心。首先，存在敞开生存的生成，实际地面对两个环节，一是存在来到现在。在这个环节中，"现在"是终点，即存在敞开生存的生成，就是从存在出发将存在生成为现在，只有当存在生成为现在时，生存才获得现实性。二是存在上手现在。这个环节中的"现在"是起点，即只有从存在中生成出过去和将来，并将过去与将来生成为此在时空构架并赋予其构架以具体内容、细节和生意时，现在才成为此在的实体而敞开生存。由此两个方面，现在既是实存的，更是存在的，前者可打开生存实在论的天空；后者可开辟生存存在论的通道。生存实存论所关注的基本问题有二：一是生存生成实存何以可能；二是生存沉迷于实存本身的条件。生存存在论关注的基本问题亦有二：一是生存生成存在何以可能；二是生存回返存在本身的多种可能性。无论是生存实存论还是生存存在论，都将不能回避历史，以现在为中心的过去和将来必以自身方式参与生存实存论和生存存在论中，因为"思想就是当它自己理解自己、自己诠释自己时的人际关系的生活。在这种自愿的发扬中，在这种从客观到主观的推进中，**不可能断言**历史的力量在哪里结束而我们的力量在哪里开始，而且严格来讲，这个问题是无意义的，因为历史只是给那些生活于其中的主体的，**主体总是历史性地处身于世的**"①。（引者加粗）

二是自然生成人，个体生成整体。

存在敞开生存即生存，既是存在以来到的方式生成现在，也是存在以上手的方式生成现在。这一双重生成之于人的存在到来，首先是自然生成人，然后是个体生成整体。自然生成人，是指自然人类学向文化人类学生成，其生成的具体敞开式是动物存在的人生成为人文存在的人。个体生成整体，是自然人类学的人向文化人类学的生成不是一次性的活动，而是永恒的生成过程，在这一永恒生存进程中，个体繁衍出整体，谱写出历史，想象出未来，创造出无可穷尽的可能性。

生成形塑生存烦忙　　在人的存在到来之生成中，自然生成人和个体生成整体从两个方面揭露存在敞开生存的**生成本质**，这即**生存烦忙**。

在人的存在到来之生成中，自然生成人和个体生成整体构成形塑生存烦忙的方法，即自然生成人和个体生成整体从三个方面敞开生存烦忙的本质，包括生存实存论本质和生存存在论本质。

首先，人在此在生成中绽出。"人在此在生成中绽出"中的"人"，其一指自然人类学意义的人，即动物存在的人；其次指文化人类学意义的人，即人文存在的人；其二指不断进化的文化学意义的人，即人文存在的大人，消除人渣，超越小人的义道之人。

"人"的三重语义揭露人在生成中绽出是一个生生不息的过程，这一生生不息的生成过程奠定起人成为人的**向上阶梯**：第一步阶梯，宇宙创化万物生

---

① Maurice Merleau-Ponty, *Phenomenology of Perception*, trans., C. Smith, London: Routledge & Kegan Paul and Atlantic Highlands: Humanities Press, 1962, pp. 172–173.

命的过程中创化了人，这是创造主对人的最初生成，它将人生成为众物之一物，众生命存在之一具体生命存在。第二步阶梯，人从众物、众生命中绽出，生成为自然人类学的人，这是自然生成人，自然让人绽出。第三步阶梯，人从自然人类学中绽出而成为文化人类学的人。第四步阶梯，人在文化人类学的阶梯上不断地绽出，即不断自我开辟为"苟日新，日日新，又日新"的人，这是因为人无论如何生生不息地生成性绽出，却永远无法摆脱自然人类学的束缚。人始终是其物在形式与人在形式共存，正是对这种共存的求解构，才生生不息地开启人的自我生成不断绽出的永恒道路。

其次，人此在生成绽放出激情。人是造物主的杰作，它具有神性的激情。人受自然的孕育并成为自然人类学的人，它具有自然本性的激情。人是从自然人类学向文化人类学方向持续地生成绽出的人，它具有人文本性的激情。由此三者生成一种激情的合力，使人的生存绽出无限可能性的激情，形成激情的过旺。激情的不足无利于此在生存的生成，激情过度旺盛同样不利于此在生存的生成。并且，比较而言，激情过旺比激情不足危害更大。所以，对此在生存的生成必须处理过盛堆积的激情，使之消解或达于无用。处理旺盛地堆积的激情的基本方式是燃烧激情，即寻求自我燃烧的方式来消耗其层累性堆积的激情，使生存生成达于此在平衡。通常的激情燃烧的方式既可能是生成性建设的，也可能是生成性破坏的，比如科学、哲学、艺术活动、技术探险和开发等，就属于创造性激情的燃烧方式；集权和专制、财富掠夺和占有、嫖娼和卖淫等，更多地属于破坏性的激情燃烧方式。

激情燃烧始终是烦忙的，更可能是烦盲的。一般以为，创造的激情燃烧是烦忙的，但这只是在无实利诉求的情况下才可保持单纯的烦忙，比如，古代的科学、哲学、艺术，大都与实利没有多少关联，即人们不会为名为利去发问存在的奥秘，探究自然的秘密和创造美的世界，所以，科学与技术两分，哲学与科学更多地各相独立。近代以降，实利渐进渗入哲学、科学、艺术领域，甚至宗教、信仰领域也不能幸免，纯粹的烦忙越来越少见，即或是哲学、科学、艺术等创造性的激情燃烧方式，也在烦忙中越来越增添浓厚的**烦盲**。至于破坏的激情燃烧当然是烦忙，但本质是烦盲的。从根本讲，人的存在到来的生成总是与生存烦盲息息关联，或可说人的存在到来中生成出源源不断的生存烦盲，激情燃烧成为其不可阻竭的动力。

生成生存烦盲的动力 激情处于燃烧状态，源于烦盲的极度，或极端烦盲不断留下的残余的层累性聚集，达于逾越心灵阈伐的临界点。然而，人的存在到来生成生存，为何会形成生存烦盲？这既可从现象观，也可从本质论。

从现象观，人的存在到来生成生存烦盲，首先源于无止境的存在想象不能聚焦于实在，而是朝虚幻方向层累性集聚所致，即虚幻性质的存在想象脱离对实在的聚焦地层累性集聚起来的无用激情，必然会成为强大之力推动此在生存烦盲。其次是对生存烦盲本身的无限度无止境的联想和再想象，亦在层累性集聚中成为助推此在生存烦盲的力量，因为烦盲的联想产生于烦盲本身无力达于行动的验证，而在意识和情感的世界里反复地涤荡，必然层累性堆积为无用的激情而以更加烦盲的方式释放。

在本质的层面，人的存在到来生成生存烦盲，主要源于四个几乎既是本能又属本源的因素。

第一个因素是孤弱。

人在存在到来生成生存，实质上是自然人类学生成文化人类学，具体地讲是从动物存在的人生成人文存在的人，这一生成的根本要义是动物存在的人获得人文存在的人的意识能力（意识对象的能力和意识自我的能力）、想象能力、预设能力、实行能力和人的存在敞开生存的关系建构能力等。正是这些能力的生成性敞开，人发现自己在宇宙自然和存在世界中的个体存在和孤弱的现实、历史及未来。人的孤弱意识、孤弱情结包括孤独性、无力感、自我卑鄙意识、羞耻感等，如此内涵的孤弱意识的层累性集聚必然生成出一种超越意愿、强权意志，以及逸责的自由，并整体性地生成出一种永劫的生存烦盲冲动。

第二个因素是匮乏。

自然人类学向文化人类学方向生成的永恒过程，不仅孤弱意识日益生成为燃烧的激情，而且个体存在对所滋养生命的全部资源都没有现成的这种匮乏状况的发现，以期望通过求群协作和技术开发来解决存在匮乏的努力，最终导致更大的匮乏度和匮乏冲动，必然地生成出一种永劫的激情，燃烧起更加旺盛的生存烦盲的火焰。因为匮乏感和匮乏冲动是在从根本上掏空了人的此在生存，使人的此生存成为**生成性空洞**。首先是不断地掏空心灵，使心灵成为空洞，人沦为心的空壳，灵魂解构，自由意志往往沦为强权意志，生命激情沦为兽性激情。其次是生存空泛化，饥渴性占有欲、囤积心和施虐冲动、永久性渴望等被无止境地塞进这生成性空洞中。所以，心灵空洞，是匮乏的内在化生成；生存空泛化，是匮乏的外在化生成。正是这内外互为响应的生成性匮乏才源源不断地生成出生存烦盲的激情。

第三个因素是疏离。

当人的存在到来生成生存遭遇本原性存在的孤弱和匮乏所生成出来的生存烦盲最终不通达实在，或者说，当本原性孤弱和匮乏生成出来的生存烦盲努力并不能获得行动的验证时，人的生存必然滋生出无法自我消解的失败意识，产生卑鄙意识和羞耻感，只能向负面寻求一种自封闭性的自慰，由是生成出疏离冲动，包括对自我的疏离、对社会的疏离和对存在的疏离。这些内容的疏离冲动同样层累性集聚为一种激情冲动，生成性强化生存烦盲。

第四个因素是他人认知。

在人的存在到来的生成此在生存的进程中，无论作为强者还是作为弱者，他人之于自己始终是一种阻碍，虽然不同的人基于不同境遇和能力，对他的这种阻碍认知的性质、内容、取向程度等方面存在差异性，但他人阻碍自己的基本认知生成起复杂的激情冲动，比如，他人阻碍的必然论、他人的工具论，以及将他人作为发泄的对象的对象论，或者将他人作为生存烦盲的参照物以及崇拜对象等，都使人的存在到来生成出生存烦盲。

生存的回返性　　由其本原性的孤弱、匮乏、疏离和他人认知等因素的激励，人的存在到来生成生存烦盲成为基本面向、基本格局，对生存烦盲这一基本面向、基本格局的无抵抗认同，就是人的根本堕落。意识人在存在到来生成生存烦盲这一基本面向、基本格局的根本危险而由自发到自觉的生存抵抗，就有可能突破生存烦盲而回返本原性存在。

首先，生存回返本原性存在的条件性。

存在敞开生存，即人的存在到来的生成，它使存在本身获得此在的现在性，但也因为人的自身局限和存在世界本身的自生、自在、自为和关联存取向，形成人的存在到来生成此在生存烦盲。意识生存烦盲对人此在生存的堕落性而寻求对本原性存在本身的回返，亦需要自身存在条件的具备。

第一个条件是生存的可塑性。在人的存在到来生成的此在生存进程中，生存的可塑性呈开放性状态，但主要因素有二。

一是存在世界的不确定性。存在世界的不确定性源于宇宙的创生运动、自然的生生、地球生命的不息繁衍，以及人与环境、人与地球生命、人与自然、人与宇宙之间的存在关系的生变等。作为世界性存在者，其存在到来生成的生存进程亦在其存在世界的不确定性中展开，自然生成生存的可塑性。

二是人的不确定性。因为"人总是能够做到超越他已经被铸成的样子"①，而生成生存，形成生存烦盲。人是一个开放性的世界存在者，存在于世界中的此在生存，既可拢集四面八方，也可走向四通八达。虽然如此，人的不确定性的重要方面有三：一是人的存在到来生成的此在生存境域的不确定性。这种不确定性既有自然因素的激发，也有历史因素的激发，更有此在生存进程中人自身因素的激发。二是人的身体的不确定性。因为人的存在到来生成此在生存，必须指向个体而成就个体，所以此在生存始终是个体的，个体的生存必须是身体的。人的个体化的身体既是天赋，呈现不可改变的先天倾向；也是后天生成的，更释放出此在生存欲求和本原性存在渴望。这既有相对稳定性，又始终面临生成的身体总是生成出不确定性，这些不确定性可能带动起对本原性存在的回返渴望。三是此在生存烦盲本身的可变性和不可确定性，因为生存烦盲既受心灵错乱的影响，也受意识错乱的影响，更受心智分裂的影响，同时还要承受来自各方面的外部因素的影响，这些影响铸成了人的根本性的不确定性。

第二个条件是存在敞开生存。存在敞开生存，即存在来到现在和存在上手现在，它要受时空构架、具体内容、细节和生意等内容注入才可实现自身。在"存在敞开生存"，或者说在"人的存在到来生成生存"的语境中，存在由本体定型，它无时空、内容、细节、生意等因素的要求性和规定性；与此不同，生存由存在的本体之场划定界域，形成境域。所以，存在是场域的，

---

① [爱尔兰] 理查德·柯尔内：《20世纪大陆哲学》，第86页。

生存是境域的。生存的境域性在存在的场域中绽开，这是因为生存的境域性受此在的牵引，也往往被此在遮蔽。但这种此在牵引要以不可逆方式指向将来，这种指向将来的牵引成为烦盲的此在生存可能褪去烦盲而回返本原性存在。并且，此在性生存遮蔽并不是必然的，而只呈或然性，这种或然性亦为生存回返存在倒没了可能性。

其次，生存回返本原性存在的可能与现实。

基于如上客观的条件性，其存在敞开生存回返存在，既有可能性，也有现实性。

生存回返存在的可能性，根本地源于生存是存在的到来，即人的存在来到现在和人的存在上手现在，并被此在化、时空化、内容化、细节化和生意化。所以，生存是人的存在方式。

生存作为人的存在方式有两层基本含义，即生存是人的存在敞开方式和生存是人对存在的回返方式。海德格尔曾断言："就真理来说，这位希腊哲学家（亚里士多德，引者注）有两个观点比胡塞尔更为原创：第一，他把真理理解为诸存在者向一个解蔽着的存在者（人类）的去蔽；第二，这解蔽不局限于意识，而被他归于人的行为本身，更准确地讲，归于人的存在方式。换个说法，海德格尔断言，对亚里士多德来说，aletheia 或真理，是事关生命或生存（bios）的事情。正是在这种用现象学解读亚里士多德的语境中，海德格尔才用'此在'，这个关键词代替'实际生命'一词来标志人的存在方式。德语中，'此在'既有动词义——'出现'或存在，也有名词义——'在场'或存在。此外，前缀'da'同时具有那儿（there）和那时（then）的意思，指示某物发生的地点和时间。海德格尔用这个词标示人的存在方式，他力图表明，一个人的具体生存是一个现象，它在那儿，被抛入一个地点与时间，其中有去蔽发生。"① 生存是存在的此在敞开，它构成人的生命的实际存在。具体言之，生存是人的存在的现在，即**"活着的当下"**。但生存也是拢集着过去并播散着将来的存在方式，它要求生存作为存在的现在、活着的当下，必须是在场。所以，生存即在，此在，既是在世之中，也是在世之在。

---

① ［爱尔兰］理查德·柯尔内：《20 世纪大陆哲学》，第 42—43 页。

生存回返存在的现实性，恰恰在于人的存在到来生成生存烦忙和生存烦盲。生存烦忙意味着操劳；过度的操劳而沦陷于生存烦盲。生存烦盲意味着疏离、阻断、沉沦。对此在生存言，烦忙的操劳促人回返本原性存在的渴望；而烦盲造成的生活疏离、阻断甚至沉沦，往往激发人回到本原性存在的冲动。

就生存本身的二重性言，也构成生存回返存在提供了现实的动力。一般地讲，人的存在到来生成的生存，作为存在之敞开必是去蔽的，但与此同时也是遮蔽的。生存所去蔽的是自然，是过去；所遮蔽的往往是此在，或将来。不仅如此。人的存在到来要求存在到来现在和上手现在本身决定了上手的现在的生存，既是空间化的此在敞开，也是历史性的时间渗进。这敞开、这渗进，既是被抛的，也是自为、自求的。生存的被抛，既是过去之为，也是他者或者存在之整体所为。生存的自为、自求，则敞开人的此生存朝向回返存在的显现方式。

二 生存困境的生成根源

人的存在到来，不仅指人的存在到来现在和上手现在，获得生成的此在规定性，更指人从自然人类学脱颖而出成为文化人类学的人，以自己的方式耕耘历史化的此在土地，持续地生成不断此在化的自我生存。这一耕耘式生成其此在生存的努力，既不断遭遇有限与无限的困境，又源源不断地扩大其有限与无限的困境。

1. 生存有限的无限性

人的存在到来，就是自然人类学向文化人类学的生成，所以人的存在到来是人从动物存在的人变成人文存在的人的根本改变，其改变的存在方面是存在方式，人不再按自然的方式存在而是按人自己的方式存在。按自然的方式存在，就是顺应自然存在，感觉化生存；按自己的方式存在，在很大程度上是逆自然方式存在，不仅保留动物的感觉生存，更热衷于想望生存。

人从自然人类学向文化人类学生成之能按自己的方式存在，是因为想望。想望生成的条件，不仅"两脚走路，两手做事"，根本的是分离意识和对象性能力的生成。分离意识的生成，把人与存在世界做出两分；对象性意识的生成，把分离出来的存在世界作为观察的对象、思考的对象、索取的对象。由于分离意识和对象观念的成长，人获得想象、设计和实行的系统意识和观念。想象，既可将自己变大，更可将世界变小并变得符合自己的意愿或需要；因为想象，必然鼓动设计，即按照自己的意愿方式来考量如何存在和怎样行动，比如，本来没有房屋，但天然的山洞启发想象可以按自己的方式挖掘岩洞，或者基于大树茂密的枝叶可以挡风雨而启发想象依照树身的形态盖茅棚。想象创造设计，设计鼓动行动的尝试，行动尝试的成功或失败，都激发更新想象和更新设计的努力，如此循环开进，人走上按照自己方式存在的道路，这条道路虽然在自然世界中往来穿梭，却在一步步背离自然。沿着这种既依赖自然又背离自然的分裂道路继续向前，越走越艰难的感觉自然滋生，最终变成不可重负，这就是生存有限的无限性。

生存有限的无限性有两个方面的含义：一是指生存是有限的；二是指生存的有限是没有限度的，即生存的有限呈无限的漫延状态，越往前走，这种有限的无限性更让人的生存倍感艰难。人类当世生存每况愈下的状况和趋势，或许就是生存有限的无限性的最好诠释。

生存有限的无限性问题，可概括为既来自四面八方又敞开为四通八达的问题，择其主要者有四，即世界有限、资源有限、社会有限和人自身有限。

世界有限　形成生存有限以及其有限无限化的根本因素，是存在世界。存在世界既指宇宙，也指宇宙创化的实存样态自然，更指自然的具体构成地球。

一是宇宙的有限。宇宙的有限主要从两个方面敞开，首先，造物主创化宇宙并没有赋予其无限性，而是赋予其有限性。并且，造物主创化有限的宇宙时赋予它自行解决有限而达于无限可能性方式，那就是宇宙的继创生。宇宙继创生的两个原则，即简单创造复杂和复杂创造简单的原则，既是宇宙有限的两个方面的规范，也是宇宙从有限中生成出来无限的方式，即有限宇宙的无限可能性，必从简单创造复杂和复杂创造简单的循环往复的永恒过程中呈现出来。其次，造物主创化宇宙时创造了宇宙的构成及内部结构，这就是宇宙由明物质和暗物质的构成比例，在这一构成比例中，明物质是绝对有限的，而人的生存对自然的依赖，尤其是所需求的自然资源主要属于绝对有限的明物质范畴。

二是自然的有限。自然作为宇宙创化的实存样态,其有限性最终根源于宇宙创化本身和被创化所成的宇宙本身,因而,宇宙有限的两个因素也构成自然有限的基本面向。不仅如此,自然的有限更在于它是一个有机生命存在,并且它作为有机生命存在的形态却是类型学的,类型学的生命存在蕴含两个方面的有限取向,一是凡类型化的生命存在,无论如何繁多,都是可数的,而可数的一切都蕴含有限,都是有限。二是凡可类型化的生命存在之个体,都是有生死的,而生死就是有限的表征。任何由有生死的个体组成的类型,在本质上也有限的,因为构成类型的生死个体总是构成对它的存在状况的制约。

三是地球的有限。地球是宇宙自然的构成要素,这本身决定了地球的有限性。此其一,其二,相对继创生的宇宙的开放性言,地球却呈现相对的封闭性,"地球生态系统是封闭式的世界而非开放式的宇宙"。宇宙的开放性意味着它本身具有无限可能性,宇宙的继创生从整体上体现这一点,宇宙也正是通过简单创造复杂和复杂创造简单而不断地实现其无限的可能性;但地球的自我封闭性却规定了地球本身的限度性,形成地球具有自身的极限。地球之自身极限主要体现在两个方面,一是源于地球是一个实体,它作为一个实体只是一个星球,并且在整个银河系中它只是一个小小的星球,既不能由行星扩张为恒星,也不能以此取代其他行星,地球本身设定的自身极限既不可超越,也不可取消。二是存在于地球上的所有生命存在形式、所有物资资源都是限度的,因为每一种生命都是具体化的,每一种资源都是个体化的和实体化的,个体化、实体化、具体化,此三者都是限度的标志:限度才使生命具体,也唯有限度才使资源个体化和实体化。

资源有限 资源本身是一种客观存在实体。作为客观存在的实体,其作为"资源"而存在并不是它的本来和命运,而是因为外在于它的力量强大到可以运用它时,它就因为其外力对它需要而沦为资源,并以"资源"的方式接受外力的运用。以此观之,"资源"概念具有相当广泛的指涉性,即一切可被他者运用的存在实体都可称为"资源",比如生命、物质、事物以及一切存在形式,都可因为某种存在的需要而成为资源。从这个角度看,所有存在实体都属于资源,都是资源。由于资源是可数的存在实体,所以一种资源对另一种资源言，始终是限度的。比如，我的生命相对我来讲，过一天就一定是少了一天；泥块相对土地来说，被水冲走一块或无数块，就意味着这块土地贫瘠了一分。森林整体上如海，但砍一棵树就少一棵，如不停地砍，森林最终会不复存在。今天的森林生态与百年前、五百年或一千年前比较，可看出这种有限的严重程度，并以此表明，不论什么资源，永远都是限度的。

资源有限，既相对存在论，也相对使用论。在存在论意义上，任何资源都是有限的，因为一切资源都是可数的。在使用论意义上，资源客观地存在着不可再生和可再生的有限制约。不可再生的资源，用之则少，少之又少，最后会沦为无。大地之下的矿物质，一般来讲都属于不可再生资源，比如煤、天然气、石油、金属矿物质等，都属于"用之则少，久用而无"的不可再生资源。这类不可再生的资源，是绝对有限的资源。另一类是相对有限的资源，即可再生资源。从理论上讲，可再生资源具有无限可能性，但在实际上，一切可再生的资源的再生都需要以时间为保证：再生需要时间的孕育，但时间本身却成为永恒的限度方式。比如口袋里的钞票会用之则少，虽然可以不断挣钱以为弥补，如果花销的速度超过挣的速度，最终会沦为贫困。另一方面，再生资源本身存在着再生的极限，一棵树经历岁月的腐蚀也会变老而结果的能力日益变弱，最后无果可结。生育之于自然世界的所有形态的物种和个体生命言，都存在绝对的限度，这种绝对的限度对于个体生命，不可缓解和改变，对于物种来讲，或可通过遗传变异来缓解，但仍然有最终的极限。人世间的作为更是如此，比尔·盖茨的财富无论怎样以几何方式增长，最终都可以量化；并且，比尔·盖茨的财富也不会永远地膨胀下去，它总会在某个临界点上来一次"反者道之动"。这种反者道之动实构成人类经济不可逾越的规律。一个国家以至于一个时代，富人占有的财富越多，穷人拥有的财富越少；反之亦然，因为财富之于人间社会总是存在着一个总量性的限度。经济学家讲经济和市场时，总是从不同的方面强调那只"看不见的手"，这只"看不见的手"就是经济和市场的最后限度，也是地球资源和人类财富的最终限度。

资源在本性上是绝对有限的。这种绝对有限性决定了财富的绝对有限。对人类言，突破这种绝对有限的方式，是发展经济并因此而发展技术。但发展本身就具限度，违背发展本身的限度而谋求无限经济发展，带来的后果不仅不能从根本上改变经济的有限，而且会造成各个方面的对有限经济的消耗而最终使经济限入更加的绝对有限的贫困中，最后造成社会的病态化。[①] 不仅如此，因为无限地发展经济必须深度开发资源，这需要技术。但技术本身也有绝对限度的，在绝对有限的"既定的技术条件下，一个社会的可用资源决定其经济成就的上限，包括人口数量。通过技术变革提高生产率，或开拓新资源，它的上线就会上升，由此放宽了人口进一步增长的条件。然而，最终若没有进一步的技术变革，边际收益递减的现象就会出现，社会面临生产的新的上限，继而人口增长开始平滑（或衰落），直至崭新的'划时代创新'"[②]。无论怎样发展技术，资源的上限始终存在。即使技术开发出来任一新的资源，同样构成经济的上限，因为任何资源在本性上绝对有限。

社会有限 社会是一个开放的存在场域，社会的有限性也来自四面八方，又通过四通八达辐射开去，形成有限的开放性状态。这种有限的开放性状态的社会本身形成的有限性，最为集中地从三个方面呈现出来。

一是社会资源的有限。社会资源与自然资源有关联，但根本地不同于自然资源：自然资源是自然世界依据宇宙法则而生成消长的生命存在被运用的体现，社会资源是人以自身智-力创造出来的社会财富被运用的体现。形成社会资源绝对有限的第一个因素，是自然资源的绝对有限，因为人运用智-力创造财富凭借的材料来自于自然，是对自然资源的摄取。第二个因素是财富增长的绝对有限，财富增长的有限性，不仅源于土地、劳动力、资本以及企业家精神的限制[③]，同时也要受人口、资源、技术和社会制度的制约。这众多因素形成的合力构成财富生产的绝对有限。不仅如此，财富增长的有限性，还涉及财富消耗的问题，财富一方面生产；另一方面消耗，并且消耗才是促进财富创造的动力。但消耗财富的行为本身就是生成财富增长绝对有限的方式。

二是社会条件的有限。社会是构成性的，但构成社会的条件本身成为限

---

① ［美］龙多·卡梅伦、拉里·尼尔：《世界经济简史：从旧石器时代到20世纪末》，潘宁等译，上海译文出版社2016年版，第1页。
② ［美］龙多·卡梅伦、拉里·尼尔：《世界经济简史：从旧石器时代到20世纪末》，第18页。
③ ［美］龙多·卡梅伦、拉里·尼尔：《世界经济简史：从旧石器时代到20世纪末》，第8—9页。

度，每一种构成社会的条件，不仅本身成为限度，而且也成为社会的限度。

构成社会条件的有限主要有两个方面，一是指构成社会所必须的条件的缺乏，比如正常而健康的社会需要人文宗教的土壤和信仰的指南，在某些地域存在的环境里却普遍缺乏，这种普遍的缺乏必然构成社会在精神层面的缺陷，这种缺陷会影响社会的正常展开和健康生成。二是指构成社会的基本条件，有可天然地或后天地处于匮乏或过盛状态，这种匮乏和过盛状况构成社会条件有限的正反两面，比如，土地贫瘠、资源匮乏就是社会条件匮乏的体现；又比如，社会构成基本条件是人口，在农牧社会，人口不足，是制约社会的根本条件，但在当世，当人口处于过盛状态时，同样加剧了社会的有限程度。

构成社会条件的限度，是指构成社会的条件本身的限度使社会呈现限度。比如财产所有权制度的选择，就影响社会的财富的有限性程度，因为不同财产所有权制度，构成财富创造、财富增长、财富分配、财富消费等方面的根本取向。财产所有权制度，既可能是一种最大的社会激励力量，也可能是一种最大的社会制约力量。无论激励或制约，都直接地影响到社会经济生产、财富创造和分配，以及人的权利是否平等、自由或能否得到保障。

三是社会力量的有限。社会力量是各种构成社会并激励或制约社会力量的总和的称谓。在社会力量中，最根本的力量是制度力量、科学力量、技术力量和信仰力量、思想力量、精神力量。比较而言，制度力量、科学力量、技术力量均属于社会性的力量，即以社会的方式释放出来的力量，这种力量是强大的，但也是有限度的。其中，制度力量通过法律、公权、人权三者呈现。人权和公权的性质定位及其博弈关系的确立，构成制度的核心内容和灵魂，法律是对制度敞开的行为规范，是对公权（即权力）和人权（即权利）的边界约束，它既是权力和权利的保障方式，也是对权力和权利的防范方式，使所有存在于其中的存在者不遭受伤害和侵犯。在制度力量的构成中，权力统摄权利并安排权利，权力则无限度而使权利难以释放出其正当要求，这种极端情况从根本上造成社会的倾斜性限度，即极大地抑制和压制了社会的创生活力，促使社会以倒退的方式加剧其有限化；反之，如果权力制衡权力而形成权利博弈权力的社会机制，社会的有限会处于正常健康的状态而释放出滋生某些方面的无限可能性。科学和技术是发展的，但科学和技术在本性上是有限度的，这是制约社会使之有限的根本方式，因为人的存在和生存必须解决"安全存在"和"生活保障"这两个基本问题，但解决这两个问题就需要发展科学和技术。由于科学和技术的绝对有限性而自然地形成社会始终不能很好地解决存在安全和生活保障的问题，使存在安全问题和生活保障问题始终处于求解决的状态，恰恰构成社会的根本有限的表征。科学和技术的有限性还在于科学和技术发展的绝对有限，这种绝对有限性的生成和不断扩张，既受制资源条件，也受制人的能力，更受制社会之整体状况。

信仰力量、思想力量、精神力量则属于个体性的力量。信仰力量之于人是强大的，并且信仰力量通过人而对社会的影响也是强大的。但强大的信仰力量成为一种限制，一种限制中的有限性，首先是人如果没有信仰，个人将失去方向而带来各个方面的制约性。如果人有信仰，则必须接受信仰的指南而呈现"该为"与"不该为"的领域区别和行为限制。思想和精神的力量同样如此。

人自身有限 人的生存是属人的。生存有限的无限生成的根本方面，是人本身。可以说，人本身的有限，带动起社会、资源的有限。因为，如果没有人本身的有限，则不会需求社会，更不会需求资源。生成人本身有限的根本因素有四：第一，人是个体。个体造就人的生存的所有的根源，尤其是存在有限的根源。第二，人是个体生命，个体化的生命使个体有了生死，生死成为人本身有限的内在根源。第三，人是需要资源滋养的生命个体，对资源的需求构成人本身有限的外在原因。第四，滋养个体生命的资源没有现成，需要个体的劳动、创造、付出才可获得，但劳动、创造、付出无论如何努力，都是绝对的有限。如此四个方面的有限性推动人本身的有限从人的存在的方方面面呈现出来，择其主要者有三。

首先是人的身体有限。属人的身体绝对有限主要表现在四个方面，第一，身体生成的整体完成性。你作为一个人，身体的性别、身体的构成完整与否、身体形态的原型、身体面貌的底色等都是你诞生时就初步地整体完成。这种整体的完成性，构成任何一个人的身体的永久性限度。第二，身体结构的固态化，人可以长高，也可以变胖或瘦，更可以变得更美或更丑，年轻长存或迅速老化，但基本的身体结构始终是固化的，没有什么变化。而身体结构的固化，恰恰构成人身体的绝对有限的一个方面。第三，身体力量的绝对有限，你力大无比，可负重的极限是500斤，但在500斤基础上，哪怕增加200斤的重量，也会把你压垮。第四，身体的生育力绝对有限。生育力的绝对有限的根本表现，不是生育子女的多少，而是身体的生生能力的绝对受限，因为生育力的本质是生殖力量，生殖力量是人的身体的意志力量和生生力量的会聚，是人的身体性的创造的源泉，人的身体生生的创造展开为两个方面：一是生育繁衍的力量；二是财富创造强力，包括物质财富的创造强力或精神财富的创造强力。身体的生育力量的有限实是人的生殖能力和创造能力的绝对有限。

其次是人的生命有限。人的生命绝对有限，既可从来源讲，也可从存在论。从来源讲，人的生命是自然人类学的，它是天地神人共创的杰作，具有内在的神性和神圣性，却属于物理学性质和生物学性质，这两个方面决定了人的生命无论怎样文化人类学化，它都无法摆脱其生命的物理学和生物学的约束。从存在敞开生存讲，人从自然人类学中走出来以文化人类学的方式存在，其生命必须接受存在来到现在和存在上手现在的制约，这种制约表述为：生命是此在的，却要同时承受过去和将来的拉扯，由此拉扯形成生命不可能按照本性的方式任性地敞开，它必须接受此在的激励，并承受已有（比如观念、文化、信仰、父母或子女）的束缚，更要受未来的牵引。

更为根本的有限，却是生命向死而生。这源于生命的个体化。个体化的生命是有生的，但很不幸的是，凡有生的生命必有其死，并且有生的生命只能以向死而生的方式展开此在生存。生命的有限，不仅构成人本身有限的来源，而且无时不加剧人本身的有限。知道生命"向生而死"而消极相待，各种限制接踵而来；反之，抗拒生命"向死而生"的宿命，其源源不断地付出或许可收获许多生命之外的东西，却加速消耗了生命本身，使有限的生命更为有限。然而，生命的到来，始终是对避免限制、减少有限性的选择，但无论选择顺应和抗拒的方式，都是对生命有限的加剧。

最后是想象和创造力的有限。人的有限生命存在，一半是实存；另一半是想象。实存痛感其存在的有限，于是想象。想象是超越实存有限的最好方式，但想象本身是有限的，你可以想象天之高远、海之浩瀚、地之深幽，但这一切只是你的想象，与实存的天地海洋有根本区别，也不能对天地海洋有丝毫影响。而且，你的想象也不能从根本上改变你作为人的实存原型样态、实在的原型结构。你贫穷，你可以想象富有，在你的使自己富有的想象里，总是用可数的数字来描述、来再现，但数字无论如何庞大，都是可数的。所以，你对财富的想象不能超出你自身的极限。

人在存在中的想象方式和想象程度，决定其创造力的性质和创造力的强度。一个人，无论具有何等无限的想象力，但其创造力始终有限。因为，人的身体有限、生命有限，必然是想象力和创造力有限。上帝分配给任何人以想象和创造的天赋和力量，都以做成做好一件事为准则。牛顿，只能创造出经典力学体系，爱因斯坦只能在宏观物理学领域发挥想象和创造的才能，而在微观物理学领域，哪怕是最先进入（比如发现量子现象并提出量子理论的最初设想），最终也会遗憾地退出。这是因为上帝制定的责任原则是**一人一事原则**。无视这一原则或违背这一原则，就是贪婪，贪婪造成的结局是什么都做不好，什么都做不成，人的有限一生总是半途而废。官员的贪财贪色，政客的见风使舵、商人的见利忘性，大众、常人们追逐蝇头小利抛弃底线，等等，都从不同方面证实上帝对人的责任原则：一个人一生只能做一件事，一个人要做成和做好一件事，必须托付终身。这就是人的想象和创造力的绝对有限的最终根源。

2. 生存无限的有限性

人是有限的存在者，其存在敞开生存，既有限也无限，生存有限是存在世界对人的限制而言，包括人的身体和人的存在本身也是生存有限的客观实存因素。生存有限是人的主观性相对实存的人而言，仅后者论，生存是无限可能性的，但这种无限可能性总是遭遇客观实存的制约而最终湮没于有限之中，由此生成**生存无限的有限困境**。

人性的无限可能性　　生成此在生存无限可能性的第一个因素，是人性。人性的无限可能性，敞开三个最重要的方面。

首先，在自然人类学意义上，天赋人的本性是生之朝向，敞开为生生。具体地讲，人性之"生之朝向"是发生学意义的；人性之"生生"是生存论意义的。无论是发生学意义的生之朝向，还是生存论意义的生生，人性都蕴含无限的张力，这种无限张力就是人因生而活，为活而生，且生生不息。

其次，人总是从自然人类学向文化人类学生成，人性也伴之生成。在文化人类学意义上，天赋人性必然要落实在"人的存在来到现在和上手现在"的此在生存上来，这敞开"生→利→爱"的文化的人性链条，即基于解决生存的"存在安全"和"生活保障"而因生求利，得利生爱，失利生恨。由于人作为个体的孤弱，因为其因生求利不能完全地自为，需与他者互借智-力，所以因生求利的得或失，均考虑他者，这样就形成文化人类学的人将自然人类学的生之朝向和生生力量化为文化人类学的生己与生他、利己与利他、爱己与爱他的对立统一。这种己与他之间的生、利、爱的对立统一张力，同样充满无限可能性，并且这种无限可能性比自然人类学意义的"生之朝向"和"生生"力量所生成的无限可能张力更大，更具有广泛的可持续性。

最后，人性从自然人类学向文化人类学方向演进，不仅从"生"中演绎出"利"和"爱"，将自然人类学的物理性质和生物性质的生之本性发挥出生己与生他、利己与利他、爱己与爱他的对立统一张力，而且还从自然人类学的"生生"中滋生无限可能性的"欲"，将天赋"相近"的生之本性演绎出"习相远"的各种可能性，同时也由此生发出如何将被欲望所染的"习相远"的生之本性重新回归天赋的"相近"的无限可能性。

利欲的无限可能性　　人性本无善恶，也本无真假，更本无美丑，因为人性是天赋生命的内在实体，它属于实然。人性由实然变成应然，从动力学讲，是源于人的个体生命存在和作为个体生命存在必须资源滋养才可保持生命，使生命持存下去，因为造物主创造人这类生命存在，并没有为他准备好维持生命所需的资源，这或许是宇宙创化的有限性所致。人类必须为之而自为地解决其滋养生命的资源问题，但这种努力需要全面的付出，而且更有可能遭遇生的风险并付出生命的代价，由此两个方面，利欲产生。

从自然人类学向文化人类学方向生成观，自然人类学的人，其生之本性更多具象为适应本能，生命是自然的化成，生命更是大地的浪子，顺应自然的生变，适应大地的存在方式，成为最好的存在敞开方式。但人从自然人类学中走出来，意识地追求一种文化人类学的存在方式，本原的生之本性更多地具象为生生不息的利欲。利欲使天赋相近的人性变成了"习相远"的善恶、真假、美丑，利欲也能将"习相远"的人性重新变成天赋的"相近"。而且，利欲还将已逝的过去和不可知的将来强行地联结起来,形成无限可能的整体存在。

在自然人类学踏上文化人类学的道路上,利欲是个魔术师,总是以各种方式乔装打扮人性、乔装打扮人、乔装打扮人的存在和贯通现在、过去和将来的此在生存。然而,无论利欲有多大能耐,无论人类发挥怎样的才智去无限度地创造利欲和释放利欲,利欲的无限可能性以及利欲所生产制造出来的无限可能性,最终都要沦陷于生存的绝对有限之中。比如权力梦想或财富梦想之于个人,无论如何狂热不顾一切地无限度追逐,最终仍然不可能建立超越有限的无限权力帝国或财富帝国;相反,其权力帝国或财富帝国的梦想和狂妄最终会使之沦陷进更为绝对的有限性之中,甚至沦陷于一无所有之中。就整体言,经济或许是最典型的例子,人们总是狂热于将经济增长定义为发展,并坚信经济可持续增长具有无限可能性,因而,追求经济增长变成了"进步"和"发展",甚至将经济的"增长"等同于社会的"进步"和"发展"①,但实际情况并非如此:经济增长是可能的,经济增长促进社会的进步和发展也将成为可能,但这种可能性并不等于必然性,因为社会的发展和进步,是社会的诸因素整合所成,经济只是众因素中的一个基本因素。仅就经济本身言,经济的增长同样是诸多条件具备形成的有效合力,除诸自然因素外,就社会言,社会结构、市场组织、制度的场域、法律的性质及效力范围,以及主体的人性向度、技术、知识、社会方法等因素成为经济增长的可能性因素。客观地看,形成经济增长可能性的所有因素都是绝对有限的,而这些绝对有限的可能性汇聚起来时,就生成出一种无限可能性,当这种无限可能性指向经济及增长时,经济和经济增长自身的无限可能性最终只能沦陷于绝对有限之中。经济和经济增长在理论上的无限可能性沦陷于实际的绝对有限性之中的必然境况,虽然至今不为更多的人所正视,但它早被《增长的极限》(1972)讲得异常清晰:"这个星球上的经济增长将会在今后100年内某个时候达到极限。"② 这种极限现在已以后世界风险社会的"后经济陷阱"的方式全面地铺开来了。

---

① [美] 龙多·卡梅伦、拉里·尼尔:《世界经济简史:从旧石器时代到20世纪末》,第6—7页。
② [美] 龙多·卡梅伦、拉里·尼尔:《世界经济简史:从旧石器时代到20世纪末》,第493页。

技术的无限可能性　　人作为个体，本是一个有限的生命存在；人作为整体，同样是一个有限的物种。无论作为个体，还是作为整体，在自然人类学阶段，其存在虽然可铺开无限可能性，但它只是一种潜因素而未得张显。将有限存在的人之个体和整体驱赶上无限可能的道路，或者说将潜隐于自然人类学的物理的身体和生物的基因中无限可能性显出来而成为一种上手的力量，则是人从自然人类学中脱颖而出地自为文化人类学的努力。人从自然人类学中生成出文化人类学的自为努力能够逐渐变现，则得益于技术。

技术实现着的人的无限可能性。首先，技术改变了人，使人坚信无限可能性，使无限可能性变成真正的存在信仰。其次，技术改变着人的存在方式和生活方式，这可从技术的发展史中得到呈现，从最初的旧石器技术到今天最新的生物工艺学技术体系，不断发展起来的技术虽然基于对存在物、对存在对象的资源化改造的需要，但最终投向到人身上的，就是对人的存在方式和生活方式的一次又一次的重建。再次，技术改造了物理世界，使物理世界成为人的世界。但技术改变物理世界仅仅是表面的，它是通过对物理世界的改造而改变人的世界方式，人的世界结构和人的世界框架。海德格尔将技术的本质概括为人的世界的存在"座架"和生存"框架"，是异常深刻和精准的。文化人类学的人就是通过技术对物理世界的改造来制定出使人们遵从难以改变人的世界结构和人的世界的存在框架。技术对人的世界的框架性、对人的存在方式和生活方式的规训化，构成技术成为技术的功能标示。最后，技术的无限可能性体现在它对物理世界的改变来实现对人的世界的根本改变的这种能力，在许多方面实际地超过了上帝，而且在人性规定方面，也改变了上帝造人时给予人疾病、寿命、能力等基本规定。基因编辑，以技术的方式改变着人种和物种，这是上帝不愿为之的，技术可任性地为之；人工智能不遗余力地开发人的生物大脑，破译人的大脑的工作密码和意识、思维、情感甚至心灵运行机制，这是人工智能这一生物工艺学技术在不设限制的情况下的无限开发，会生产出取代生物人类的机器人类来统治世界，其实已呈现出日益清晰的可能性，即为当世人们迷狂的基因工程和人工智能新技术正在逾度地行使"上帝之能"。

技术具有无限可能性，这种无限可能性来源于两个方面的力量激发：一是人类对技术无限性的绝对信念，这种信念上升为对技术的崇拜，形成技术主义，并暗中获得强权主义和专制主义的强劲支持，使技术无限可能的信念更为坚定。二是文化人类学的生成性进化，不断开发人的想象力和创造潜力，使原本具有无限可能性的想象力获得了实存的验证，自然反过来强化想象和由此启动的创造力爆发出更为强劲的无限可能性，这种无限可能性构成技术无限可能性的主体性支撑。

虽然如此，无论在想象的层面还是在实存的层面，技术无论怎样体现其无限性，最终不能逾越绝对有限的边界。吕埃尔指出："一切技术进步都是有其代价的，技术提出的问题要比它解决的问题更多，技术的不良后果与有效影响是不可分离的，每项技术都隐含无法预料的后果。"[①] 技术始终是有限的，并且技术的有限性在最终意义上是绝对的。这是因为技术在本性上是有边界的，它的功能适应也有范围的规定性。技术的这一本性决定了技术的缺陷，任何技术都不可能成为"全能"和"永久"的技术。要想使技术成为"全能"和"永久"的力量的不是技术本身，而是人。如果人的意志的努力将技术本己的边界和限度连根拔起，那么技术带给人类的只能是灾难，当灾难普遍泛滥时，人为了自救而不得不限制、改变或废除技术本身。

三　无限度的生存溃烂

生存本身是有限度的，由于人的存在到来，原本单纯取向的生存被注入了无限性，由此生成生存有限的无限性和生存无限的有限性，从人和存在世界两个维度敞开方向相反的态势，产生绵绵不绝的生存困境。这一生存困境贯穿人类文明的兴衰史。更为客观地看，人类文明的兴衰史直接地源于生存有限的无限性与生存无限的有限性之相永恒冲突生成的生存困境，解决这一生存困境的历史方式，是竭尽所能地放大其人和存在世界蕴含的无限可能性，生成出全方位的无限度生存，并最终导致无限度生存的全面溃烂。

1. 无限度生存的历史

有限度地生存，是宇宙创化使然，它构成自然世界万物生存的基本法则。

[①] 转引自赵建军《追问技术悲观主义》，东北大学出版社2000年版，第163页。

当人的存在到来，即人的存在来到现在和上手现在时，有限度地生存的法则才开始呈现自身的不周延性。突破有限度地生存的法则的周延性，无论对个体还是人类言，都会在当下得益众多，但在最终结果上总是悲剧：个人一旦踏上无限度之路，最终结局可能是尽毁其成；人类社会一旦以无限度诉求为准则，其展开的过程一定会创造出很高的文明，却难以永续，最终会使文明本身消逝于无形。从根本讲，人从自然人类学向文化人类学方向生成是一种不幸，因为它开启了人原本有限的**自得存在**向无限可能的**自为存在**方向，将自己抛入无限度挣扎的兴衰旋涡。

如上判断不是想象，而是人的存在事实，它实存在于历史的记载中，人类社会曾经出现过不少高度文明的社会，最后或中断或消失。这些文明和文明的社会之所以中断或消失，有一个共同因素的促成，那就是无限度生存。尼罗河流域的古埃及文明（公元前3100－公元前30年）和巴比伦文明（约公元前1894－约前1595年）的消失，都与高度发达的农耕文明与环境的巨变相关，而环境的巨变虽有自然的因素，但更多的是过度开垦导致环境破坏的层累性积聚突破生态临界点所致。对于两河文明（约公元前4000－约前3000年）的消失，生态考古学发现一个重要原因是对土地的过度开发和耕种。对于古印度文明（约公元前3100－约前1850年）的消失，历史教科书认为是由雅利安人入侵导致。在人类历史上，外敌入侵的情况不少，但入侵的外敌消灭其占领族群文明的情况却未见，具体地讲，历史本身留下的记忆是雅利安人进入印度河流域的时间是公元前1500年以后，那时的古印度文明已经消失1500年左右了。导致古印度文明消失的根本原因有二：一是气候变化；二是经济和社会发展推动人口快速繁殖，人口增长速度加大对土地的压力而无限度扩大农业、发展生产导致环境生态破坏达于极限所致。[①] 三星堆遗址（公元前2800－前1100年）的考古发掘出来的古城和青铜器等制品体现极高的文明，其何以消失是一个谜，目前学界提出三个猜想都不能获得较普遍的认同，那么，根据三星堆如此发达的文明观，其突然消失仍然可能与其无限度生存相关。相传其源头可追溯到新石器时代的具有很高资质的玛雅文明（公元前

[①] 郭圣铭：《世界文明史纲要（古代部分）》，上海译文出版社1989年版。

1500年－公元16世纪）持续3000余年后，也消失于无形，探究其消失之因，无限度生存仍然是罪魁祸首。约翰·劳尔在《启示录的动力》中说："对待玛雅文明的崩溃，我们所描述的不是一个社会政治的崩塌，而是一个更深远的**社会和人口问题**的大灾难。"① T. 帕特里克·卡伯特指出："多数人都同意，几个世界连续的发展使玛雅变得相当脆弱，几乎任何一种灾难，如干旱、侵蚀或社会动乱，都会使其衰退。"如上各种文明的兴衰消亡，其实不正在当世各种文明的展开中重演吗？已逝的和正在挣扎的文明的兴衰表明："在整个生态系统的大背景下，没有任何一个物种可以肆无忌惮地独占尽可能多的能源流，而同时又毫无控制地扩大其种族的数量。"② 人类物种一旦要执意地肆无忌惮地独占尽可能多的能源流来无限度地发展自己，其最终的生态学结果只有一个，那就是灭亡。已逝的文明已经充分证明了这一结论，正在无限度生存的狭窄跑道上狂奔的当今世界各种文明，亦正在以"无限度地扩张"和"有组织的不负责任"的方式验证着这一结论。

2. 无限度扩张的风险

生存突破本原的限度而诉求无限度的发展，其方式方法以及诉求领域可能因为时世的不同而有所差异，但开辟出来的朝向具有不可逆性，而且其结局也呈同构。比较地看，已逝的文明和正在挣扎"发展"的文明，其实现无限度生存诉求的开发领域完全不同。在农牧时代，其无限度生存热衷于开垦土地、发展农业、建设城市；进入工业时代，其无限生存的激情转而投向商业领域，热衷于技术的开发建构机械技术体系，以之为武器全面改造自然环境、开发地球资源，建立大机器生产线，建设都市，乡村城市化。但诉求无限度地生存的方法都是同构的，那就是"无限度的扩张"和"有组织的不负责任"。③

无限度扩张的风险扩散方向 人类从自然人类学向文化人类学方向涌现性生成之路一旦朝着无限度生存的方向展开，必然形成无限度的扩张。无限度的扩张一旦作为人类生存的基本方式和方法，必然会源源不断地生产出

---

① John W. G. Lowe, *The Dynamics of Apocalypse*: *A Systems Simulation of the Classic Maya Collapse*, *Albuquerque*, University of New Mexico Press, 1984.
② ［美］J. 唐纳德·休斯：《世界环境史》，第53页。
③ ［美］J. 唐纳德·休斯：《世界环境史》，第191页。

风险，并使之社会化扩散。以此审视德国社会学家乌尔里希·贝克（Ulrich Beck）的工作，就体现巨大的历史意义和文明兴衰存亡的警示性。贝克从环境和生态等方面诊断现代社会无限度生存层累性生成的风险叠加呈现，意味着人类盲目追求的现代化进程已进入"风险社会"（Risk Society）[①]，他的此一思考形成《风险社会》于1986年正式出版。

理解风险社会，需了解"风险"概念的含义："风险"从根本上区别于"危险"。"危险"具有更多的或然性，它或源于自然或源于人为，或可预知的非突发性或不可预知的突发性，或非边际效应的一次性或体现边际效应的连续性，因为危险是自然地生成的。[②] 与此不同，"风险"却只源于人为，它具有不可预知的突发性并体现边际效应态势，因为**风险是建构的**，它是人逾越自然的限度生生法则而按自己的意愿和意志的力量创造出来，这种被建构性创造出来的风险既成为"文明"的基本内容，又体现文明的"副作用"。风险之所以成为人们关注的对象，既目的于前者，这即"使自己的决定将会造成的不可预见的后果具备可预见性"；又目的于后者，这就是有针对性地"采取预防性行动以及相应的制度化的措施战胜"风险，以保障无限生存诉求更加无所阻碍。在此严格的意义上，"风险社会是一个现代概念。它以各种决策为前提条件，并且努力使文明社会各种决策所产生的无法预见的后果变得能够预见、能够控制"[③]。风险社会是无限度生产的成果。无限度生产创造风险社会，既需要技术条件，也需要社会条件，更需要政治及制度条件。无论农牧社会还是古典工业社会，都不能同时提供这些条件，只有人类世界进入现代化进程，这些条件才逐一具备：在现代社会进程中，无限度生存生产风险社会，是以"各种决策"为动力，以阶级为准则，以系统为保障，以生产财富为根本方式，"在发达的现代性中，财富的社会生产**系统地伴随着**风险的社会生产"[④]。生产财富以生产风险为代价，实现财富创造以制造风险社会为

---

① ［德］乌尔里希·贝克：《世界风险社会》，吴英姿、孙淑敏译，南京大学出版社2004年版，第188—189页。
② ［德］乌尔里希·贝克：《自由与资本主义》，路国林译，浙江人民出版社2001年版，第118页。
③ ［德］乌尔利希·贝克：《世界风险社会：失语状态下的思考》，张世鹏译，《当代世界与社会主义》2004年第2期。
④ ［德］乌尔里希·贝克：《风险社会》，何博闻译，译林出版社2004年版，第15页。

基本方式,"在现代化的连续进程中,'财富-分配'社会的社会问题和冲突开始和'风险-分配'社会的相应因素结合起来"① 时,风险社会才真正形成。

无限度生存必然造就风险社会,对风险社会的意识和谋求消解之道,并不是要抑制无限度生存;相反,这是为了扫除进一步推进无限度生存的阻碍,由此产生的实际结果,不仅不能降解风险社会,反而加剧风险社会的扩散,形成"世界风险社会"(World risk society)。

> 在古典工业社会中,财富生产的"逻辑"统治着风险生产的"逻辑",而在风险社会中,这种关系就颠倒了过来。在对现代化进程的反思之中,生产力丧失了清白无辜。从技术-经济"进步"的力量中增加的财富,日益为风险的阴影所笼罩。……风险生产和分配的"逻辑"比照着财富分配的"逻辑"(它至今决定着社会-理论的思考)而发展起来。占据中心舞台的是现代化的风险和后果,它们表现为对于植物、动物和人类生命的不可抗拒的威胁。②

贝克对"世界风险社会"的如上定义,正面揭示了世界风险社会形成的根本之因是风险生产和分配的逻辑的扩散,它占据社会的中心和世界的舞台,并从八个方面敞开为无限度生存必然进一步扩散的命运:第一,既非毁坏也非信任(安全),而是真实和事实;第二,(依旧)与事实相反的是,一种具威胁性的未来变成了影响当前行为的参数;第三,在数学化的道德中,它结合了事实声明及价值声明;第四,在人为的不确定性中表述的控制和控制的匮乏;第五,在认识或重新认识的冲突中被意识到的知识或无知;第六,被同时重构为全球性和地区性的"全球地区性"风险;第七,知识,潜在的影响有症状的后果间的差异;第八,失去自然和文化之间的二元性的一个人造的混合世界。③

---

① [德]乌尔里希·贝克:《风险社会》,第17页。
② [德]乌尔里希·贝克:《风险社会》,第17页。
③ [德]乌尔里希·贝克:《世界风险社会》,第188—189页。

"风险"的概念与"世界风险社会"的概念是矛盾的,这意味着从风险到世界风险,差异被破坏之后重新联系了对立面。这种被破坏的"差异"就是人造的文化世界对自然的忽视和跨界:"这些领域间边界的消失不仅是由自然和文化的工业化,而且是由危及人类,同样还有动物和植物的危险所引发的。无论我们是否考虑臭氧空洞、污染或食物短缺,人类活动不可避免地污染了自然。"这种因人为而形成并且不断加大的对立,是追求风险控制却最终无法控制的对立,是实现人为的确定性但始终处于人为不确定性的对立,是掌握更多知识的同时却处于无知的对立。基于这种对"差异的破坏"和"对立的扩张"之双重态势,风险社会世界化呈现五个方面的取向:首先,风险社会世界化。第一,风险无处不在地渗入人的日常事务和日常生活之中,既使日常事务和日常生活本身潜伏巨大风险,也使日常事务和日常生活成为巨大风险的制造之源。第二,风险无国界,虽然风险表现为环境的、技术的、经济的或政治的,但风险本身敞开超环境、超技术、超经济、超政治的取向,由此形成无限度生存的风险同时既是"全球地区性",也是"地域全球化"的。① 其次,推动风险社会世界化的直接动力是生产风险的同时,控制风险的欲望和努力加剧了人为的不确定性,"在风险范畴的帮助下,我们试图对未来拓殖得越多,它就越脱离我们的控制。在世界风险社会中不再可能使风险客观化"。再次,风险社会世界化是指"风险的影响在增长",这种呈增长状态的风险是"从技术风险向经济风险、市场风险、健康风险、政治风险等的自我转变"②。复次,风险社会世界化体现人和社会对知识的盲信和对科技的依赖增强,更表现为对知识和科技的无原则运用的社会化行为本身不仅源源不断地生产出新的风险,而且加剧了风险社会的复杂性和人为不确定性的发展逻辑。③ 最后,风险社会世界化既表现为风险的多样性,更意味着风险一旦变成现实,就会产生强大的破坏性。与各种未知的自然灾害、战争冲突等传统风险相比,现代化生产和消费所生产出来的诸如极端气候、大气污染、水污染、各种潜在的放射性物质、生物多样性骤减、生物世界的跨界行动等所形

---

① [德]乌尔里希·贝克:《世界风险社会》,第183页。
② [德]乌尔里希·贝克:《世界风险社会》,第187、183、180、184、186页。
③ [德]乌尔里希·贝克:《风险社会》,第198页。

成的风险，无论从多样性还是从广阔性或者危害程度等方面，既超越了人的认知能力，也超越了人类社会的承受能力。①

综上，无限度生存造就的世界风险社会作为人类财富生产和分配的必不可少的"副作用"，始终是一个问题的两个面，即财富生产和分配创造了风险的生产和分配；风险的生产和分配推动了财富生产和分配的继续。从时间的层累性观，只要无限度生存没有停止，财富生产和分配的模式就不可能改变，风险的生产和分配必然体现增长的不可逆性；从空间的敞开性看，风险的生产和分配的不可逆方向敞开了风险社会的世界化。风险社会世界化的可控形态，就是财富生产和分配的有序进行；反之，风险社会世界化的不可控形态，就是财富的生产和分配与风险的生产和分配相脱节，具体地讲，就是风险的生产和分配与财富的生产与分配发生角色互换：风险的生产和分配占据生产和分配的舞台中心，构成强制性引导财富的生产和分配，财富的生产和分配接受风险的生产和分配的调配。这种生产与分配的世界方式，就是后世界风险社会方式；② 这种性质取向和存在样态的风险社会，就是后世界风险社会。③

无限度扩张的后世界风险社会态势　　后世界风险社会是对世界风险社会之"后"状况、态势及进程特征的表达。"后"字本是一方位副词，既可表空间性排序，也可表时间性进程，有"后期""超越"等义，也含有"更加""比……更严重"等意思。后世界风险社会是无限度生存从古典工业社会向现代工业社会再向后工业社会发展至于今天，其风险无论在广度还是深度方面都远远超出乌尔里希·贝克描述的"世界风险社会"，人类进入了比世界风险社会更糟糕、更严重、更不堪修补的社会，它敞开如下特征和态势。

第一，后世界风险社会生成的驱动力量。

贝克作为社会学家，其对风险的思考只是从社会学切入，根本缺乏自然人类学向文化人类学方向生成所形成的人的存在到来的存在论和人的存在来到现在和上手现在的生存论的基本视野，难以发现人的存在到来敞开的历史化的此在生存的本原性限度和突破这种本原性限度的无限度生存的必然走向

---

① ［德］乌尔里希·贝克：《世界风险社会》，第184页。
② 唐代兴：《后世界风险社会的不可逆转型》，《深圳大学学报》2021年第1期。
③ 唐代兴：《后世界风险社会》，上海三联书店2022年版。

和结局,因而,他在无限度生存的无意识认同和维护无限度生存的基础上所构建的世界风险社会理论,只能是对工业社会现代化的辩护理论,并通过理论的辩护来引导风险重重的工业社会进行自觉的建构性革命,以消除其生产和分配风险的社会机制,从而推动工业社会向世界主义迈进。贝克为工业社会做现代性辩护并重振现代性的根本理由和依据,是认为工业社会是人类发展的高级社会,对它只有发展和完善,没有超越和取代。并且这种"认为"不是贝克的独见,而是近代以来从两分社会到全球社会的共识。但很不幸的是,工业社会无限度生存的性质决定了它从古典样态向现代化方向发展的必然结局是自我解构,这是无限限度生存的社会——从古典工业社会向现代工业社会方向进发——恰恰对应风险社会向世界风险社会方向展开,最后进入后世界风险社会而完成工业社会的自我终结。这是身怀自然主义信念的贝克虽然在穷其全部智慧为工业社会的现代化做辩护,但其理性主义的头脑又使他得出另一种认知:"虽然许多人仍然沉浸在经济无限增长、社会不断进步、科学技术万能、安全和控制不断增强的美梦中,但通过生产力的无限扩张和科学技术的不断进步建立一个完善、富裕、美满、幸福的理想社会的神话开始破灭。"① 这是因为"世界风险社会的形成并非由现代性和现代化的失败而是由它的成功造成的",而是风险源于人力世界的无限度扩张打破了生态平衡:"传统的现代化用市场和消费的疯狂代替了人类需要有节制的满足。现代工业文明无限增长的模式与地球资源的有限性和地球生态环境的承受能力从根本上不相容。"② 与此同时,生产风险的制度形式是"有组织的不负责任",它由两个因素激励生成:首先是风险生产和分配与财富生产和分配一体化;其次是对两种生产的系统化设计和系统化运作的每个人、每个机构甚至掌握这一切的权势者,也最终受系统本身的支配和安排。

根本的问题是,人们为什么要设计出这样"有组织的不负责任"的制度形式和运行机制呢?答案是:"我们生活在一个全球性的,利己主义的,和比

---

① [德] 乌尔里希·贝克:《世界主义的欧洲:第二次现代性的社会与政治》,华东师范大学出版社 2008 年版,第 57 页。
② [德] 乌尔里希·贝克:《世界风险社会:寻找失去的安全》,德国法兰克福出版社 2007 年版,第 19 页。

我们想象的更不道德的风险时代中。个人实现自我和成就的伦理是现代西方社会最强劲的潮流。选择、决定、成为个人所渴望成为的自己生活的主宰和自己'身份'的创造者的个体，是我们这个时代的核心特征。"① 只有当设计出"有组织的不负责任"的制度形式和运作机制时，无论个人还是群体组织甚至政府或执政党，才可实现利欲最大化；只有当"有组织的不负责任"贯穿于制度样式和运行机制之中，"授权作恶"和"平庸作恶"才有土壤和舞台，而授权作恶和平庸作恶恰恰是谋求利欲最大化满足的两种基本方式。工业社会之所以在实现自身成功的同时创造出了风险社会和自我终结的后世界风险社会，是因为工业社会从制度形式和运行机制的设计到具体生产消费，都最大限度地开发了人的欲望和最大限度地释放了人性之恶。欲望鼓动的无限度创造和无限度开发以及无限度生产和无限度消费，既是平庸作恶的基本方式，也是授权作恶的合法性依据，更是风险生产和分配后世界化的根本动力。

第二，后世界风险社会的两极性取向。

与其说后世界风险社会是一种社会形态，不如说其是一种社会方式，它既成为对工业社会和支撑它的现代性的终结方式，也是对未知的社会形态的开启方式。客观地看，正在被终结的工业社会，已沦为死境社会，这是它被后世界风险社会所终结的自身原因；相对正在被终结的工业社会言，将被开启的未知社会应该是一个生境社会。从死境化的工业社会到未知的生境社会，后世界风险社会构成一座桥梁，架通了死而再生的道路。

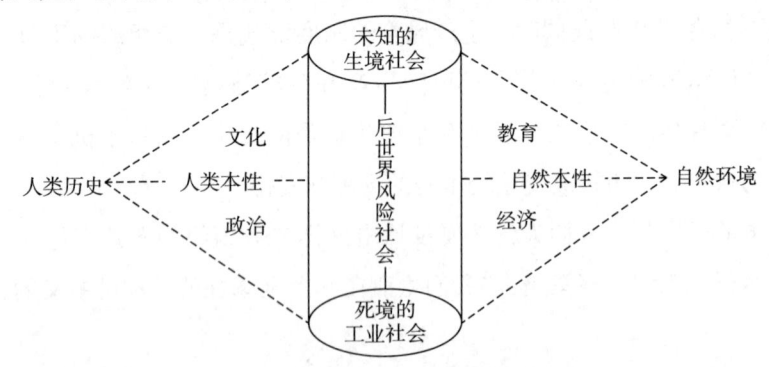

[4－1：后世界风险社会的两极取向]

① ［德］乌尔里希·贝克：《世界风险社会》，第10—11页。

如图4-1所示，后世界风险社会自具两极性，一极连着已死的无限度生存的工业社会；另一极通向未回返限度生存的生境社会。由于后世界风险社会联结着无限度生存的工业社会，它的全部风险内容、风险形态、风险方式、风险机制、风险动力都通过风险本身层累性集聚，以疫情病全球大流行为突破口喷发出来，解构了无限度生存的工业秩序，破灭了无限度生存的"工业文明可以给人类带来完美的幸福社会"的梦想，并以原子大爆炸的方式释放危机、风险和破坏力、摧毁力，所以后世界风险社会是倍极增长的高风险社会，是极端风险社会。由于后世界风险社会又联结着未来的可回返限度生存的社会，它一方面潜伏着因极端风险滋生的毁灭的可能性；另一方面又蕴含着化解极端风险、走向人类自救性新生和重构的各种可能性。仅后者言，后世界风险社会又是一个改变旧有信仰体系、认知体系、思想体系、知识体系、方法体系而重建价值体系的社会，如果这种可能性能够通过人类的理性努力来实现，那么后世界风险社会又可能是一个重建存在方式、生存方式和生活方式的社会。

后世界风险社会的两极状态，使它本身蕴含甚至滋生各种可能性，因为它是一个充满变化、没有定型并且也得不到定型的过渡性方式，它带给人类的存在困境、生存危机和生活苦难，既是持久的，也是充满无穷变数。在这种持久性的和易变性的后存在境况中，最根本的存在之问凸显了出来，需要思考，探求答案，付诸行动，获得解救。这，恰恰构成后世界风险社会的自身进程：获得解救的实质是，找到或者说建构起一种能够使人类重获新生的限度生存的生境社会；但它的前提是人类必须为之付诸行动，而行动本身需要正确的认知和思想的引导。这个所谓的正确认知和思想，就是可以避免重蹈工业社会覆辙的认知和思想，它一定符合人类本性和自然本性。要使指导行动的认知和思想同时接受人类本性和自然本性的约束和激励，则需要反思性思考，其反思性思考的出发点应该是导致后世界风险社会形成的风险层累机制，以此为起步，反思性思考的逻辑指向风险层累性生成的动力。由此观之，后世界风险社会的敞开，既可能被整个人类世界被层累性释放的风险、危机、破坏力所摧毁，也可能化解其层累性释放的风险、危机、破坏力。要避免前者而走向后者，只能靠人类理性去澄清如下三个根本性问题：

限度引导生存

第一个问题：进入后世界风险社会，我们身在何处？并身向何处？

第二个问题：面对后世界风险社会，我们错位在何处？并向何处归位？

第三个问题：走出后世界风险社会，是选择继续无限度生存之竞斗？还是选择限度生存的共生？

3. 全方位生成的陷阱

纵观人类发展史，实是一无限度生存的历史，推动其无限度生存历史的普遍方式是无限度的扩张，它无限度地敞开为两个基本的方面，首先是心灵、认知的无限度扩张，形成一种无限度扩张的思想基础和无限度扩张的信仰基石和信念动力。其次是在此基础上生成无限度扩张的利欲逻辑，即无法则、无边界、无限度地追求利欲最大化的逻辑，这利欲最大化的逻辑不仅成为控制整体社会的基本方式，也成为无限度扩张的社会行动方法，这种无限度扩张的社会行动方法就是"有组织的不负责任"。①

有组织的不负责任一旦成为引导无限度生存的社会行动方法，必然造就无限度扩张的后世界风险社会陷阱。

人口陷阱　在无限度生存的社会里，以有组织的不负责任的社会方式推进无限度的扩张，所产生的最根本的陷阱就是人口陷阱，它是生成和带动所有生存问题的元问题，也由此成为一切陷阱的母体性陷阱。后世界风险社会进程中的人口陷阱，不是由人口严重不足造成的陷阱，而是由人口极端过剩造成的人口陷阱。这一陷阱产生于人口与地球之间在生存位态方面形成的限度，极端逾越这一生存限度，就会生成人口陷阱。

在最终意义上，地球是有限的星球。有限的地球能够为生物提供栖居的空间更是有限，这种有限既要求相当数量的生物多样性维持，也形成对栖居于其中的生物的最终量的限度，所以，有限栖居的地球空间潜在地规定多样性存在的生物的繁衍边界。这一边界由"物竞天择，适者生存"的法则来引

---

① ［德］乌尔里希·贝克：《世界风险社会》，第191页。

导，当人类物种从自然人类学进化为文化人类学，而逐渐逾越此一竞斗与适应互为规范的自然法则而自行无限度的扩张性生存时，必然形成人口生产和物质生产同步的无限扩张，这种无限度扩张所生成的根本的生存陷阱，只能是极端人口生产造成的人口暴增的陷阱。这既可从已经消逝的那些古代文明得到证明，更可从人类生存的人口数量史得到呈示。旧石器时期，世界人口100万人。进入新石器，人口增长到1000万人，青铜时代人口增长到1亿人。进入纪元的人口是2.5亿人左右，到纪元1000年时，人口也只增长到3亿人左右，16世纪达到6亿人，18世纪中叶突破了7.7亿人。自此以后，世界人口开始加速度增长①，世界人口每增长10亿人，所用时间分别是100年、30年、15年、12年。联合国人口基金会发布的《2021世界人口状况》全球报告显示：世界人口达到75.96亿人。如此庞大的世界人口基数生成出来的人口陷阱，成为后世界风险社会进程中所有问题、全部危机和一切存在风险的风险之源。世界化的疫灾和诸如洪水、干旱、地震等已日常生活化的各种环境灾害，殖民风潮、侵略战争及第三次世界大战风险，以及帝国主义、集权主义、专制主义等的满血复活，都是有组织的不负责任的敞开形态，但生成这些有组织的不负责任的最强劲的原动力是极端人口数量造成的世界人口陷阱。这是因为，无论人类整体还是国家社会，总是地域性存在，其可供生存的特定地理疆域决定其承载人口的**最终限度**。这个"最终限度"由**环境**和**地力**两个因素构成：环境的自身限度决定它承载**生物的容量极限**，生物的繁衍超过其承载容量极限，环境必然自行崩溃。地力绝对有限，它为人类提供的食物资源同样绝对有限，但人类对食物等资源的需求却**无限增长**，导致人类需求无限增长的重要因素是不断繁衍的人口，形成"人口增殖力与土地生产力天然地不相等"，因为人口繁衍"是按几何比率增加，而人类所需的生活资料则是按算术比率增加的"，但"伟大的自然法则必须不断使它们的作用保持相等"，其基本方式是自然繁衍的"人口受到的所有抑制可以归并为贫困和罪

---

① 但也有考古学家考证在100万年前，世界人口只有1万—2万人；到新石器时期世界人口仅300万人左右。还有"人口学史学家估算距今约12000年前，全世界有500万居民"。参见帕斯卡尔·阿科特《气候的历史：从宇宙大爆炸到气候灾难》，李孝琴等译，学林出版社2011年版，第91页。

恶"。① 人类要改变突破自然法则所造成的"贫困和罪恶"的基本方式有两种：一种方式是**自我限制**需求，其根本方法是控制人口，使之适度。另一种方式是发展智－力**无限度地**开发环境资源，但这种努力的最终结局只能是环境崩溃，但环境崩溃的前提性动力是人口陷阱。

环境陷阱　"环境"即自然，是人类物种可栖居和可利用的自然，或曰人存在于其中的自然界就构成环境。所以，环境实际上指人与存在于其中自然界之间所构成的关系。这种关系的实际生存取向是呈限度取向还是呈无限度取向，自然界为之提供了相对稳定的方面，人为之提供了绝对不稳定的方面，因为自然界是遵从自生、自在、自为和关联存在的法则而生存，并不具有对人的能动性。存在于自然世界中的人和人类，既是人在的人和人类，更是物在的人和人类，既有遵从自然法则的责任，更有逾越自然法则的能动性，正是人类所具有的逾越自然法则的能动性想望和能力，才生成无限度生存的可能性，这种可能性一旦变成行动诉求而持续敞开，则必然生成环境陷阱。所以，环境陷阱既相对人言，也是人造的生态学结果。

环境陷阱生成的原动力因素，是人口生产极端地逾越了人与地球之间在存在方面的限度边界，即极端人口陷阱构成环境陷阱生成的母体、土壤和动力。

环境陷阱生成的根本的动力因素，是人基于物质幸福的无限想望激发出来的无限度生存努力。人的无限度生存努力在经济领域的无限扩张，是通过有组织的不负责任的征服自然、改造环境、掠夺性开发地球资源。当这种征服自然、改造环境、掠夺性开发地球资源的经济努力持续地展开后，必然导致三个方面的生态学后果，一是地球生境整体性破碎。具体地讲，第一，地球生境能力整体性弱化，自生境能力丧失，生物迁移，人无法居住；第二，生物多样性持续减少、物种大量灭绝，生物世界、植物世界，甚至微生物世界的生境遭受深度破坏。21世纪以来，新老传染病频发且世界化流行，则是生物世界和微生物世界的生境遭受深度破坏的逆生态呈现。二是包括大气、

---

① 马尔萨斯：《人口原理》，朱泱、胡企林、朱和中译，商务印书馆2014年版，第8、9页。

地面、地下立体污染。三是气候丧失周期变换规律，形成气候失律极端化①。如此三个方面的生态学后果的层累性集聚生成环境陷阱。

无限度发展经济之所以会生成环境陷阱，是因经济嵌含在社会之中，社会嵌含在环境之中。经济与社会之间构成嵌含关系，经济与环境之间亦构成嵌含性质的关联，并构成一种嵌含规律。在这种嵌含规律的控制下，经济发展与环境生态之间呈相反的矛盾张力取向：**经济发展必以环境为代价，经济每向前发展一步，环境就向后倒退一步；经济全速发展，环境就全速后退；经济无止境地发展，环境就遭受全面破坏而死境化**。经济与环境之间的本质关系是"**用废退生**"的关系，这一关系的正面表述是：经济发展越缓慢、越有节制，环境就越具有自生境的恢复功能；反之，经济发展无节制，甚至实施"竭泽而渔"的发展大跃进，最后只能形成环境陷阱，导致环境崩溃，文明解体。

新技术陷阱 人从自然人类学走向文化人类学的基本标志，是"两脚走路，两手做事"；进入文化人类学阶段的人，不断摆脱自然的束缚而成为人文存在的人类的自我革新的根本方式，是发明技术并不断地发展技术。技术（technology）指人以己之力运用环境、开发自然来解决存在安全和更好生活的知识形态、物理形态和操作系统。② 人类发现技术，可追溯到远古火种的发现和保存，继而对种子的发现和保存，直到游牧生活变成定居生活，技术逐渐成为生存的中心问题，不同时代对此中心化的生存问题的关注重心和取向的不同，形成不同时代的技术体系。从宏观方面，人类技术体系经历三次大的变革并形成三大体系，即手工技术体系、机械技术体系和生物工艺学技术体系。手工技术体系产生于农牧时代并服务于农业生存，机械技术体系产生于商业社会并服务于工业化生存，生物工艺学技术体系产生于后工业时代并服务于后工业生存。

技术是解决人的生存工具和生存手段的社会方式。从发生学讲，技术构成人由物到人的标志。从生存论言，技术构成人自我重塑的方式，即通过

---

① 参见唐代兴《气候失律的伦理》（人民出版社2017年版）和《恢复气候的路径》（人民出版社2017年版）。

② 参见唐代兴《环境与技术博弈的哲学-伦理问题》第9章"发展与变革：技术体系的三跨步"。

"利用自然"来"**重塑存在的自然环境和自身的自然本性**",这是技术诞生的**动机**,也是技术发展的**目的**,这一动机和目的最为实在地落实在对两个根本的"存在缺陷"的努力解决。第一个存在缺陷是存在的无安全性,它源于两个方面:一是来源于生物世界生物的威胁;二是来源于自然世界的生变运动。第二个存在缺陷是生活的无保障性,具体表征为生存资源的无现成性、匮乏性和谋求必付出高成本的代价。技术就是解决人的存在安全和生活保障的根本社会方式,也是在更新的生存处境中不断地解决其存在安全和生活保障的基本工具,因为技术武装了人的"**生存能力**","**将自然改变为服务于自己的生活之物**"。在物理层面,技术"改变自然"的实际成果是"重塑了自己的自然环境",即不断地解决存在安全和生活保障——因为人"按照自己的方式和欲求存在"的想望无限度无止境,激发人解决存在安全和生活保障的水准也敞开为无限变化的进程,从而导致存在安全和生活保障问题成为"**人成为人**"的永恒生存问题。

由于技术的动机和目的是通过"利用自然",亦即改造自然来"重塑存在的自然环境和身体的自然本性",所以它始终是**合伦理**的。人类从动物进入人类,经历旧石器技术、新石器技术再向农牧社会的手工制作技术以及工业社会的机械生产技术的演进,技术的伦理问题未得产生,其根本原因是通过利用自然来"重塑存在的自然环境和身体的自然本性"的技术,始终绝对忠诚地服务于人而体现完全的合伦理性。技术的发展从合伦理性向伦理问题滋生的方向展开,既是创造技术的人出了问题,也由此推动技术本身出了问题,只有当技术与人**相向敞开**为问题时,技术合伦理性的历史格局才被打破而不得不将技术伦理问题凸显出来,予以生活的和理论的双重关注。技术引发出伦理问题,可能源于两种情况。一种情况是技术通过"利用自然"来服务于人,**逾越**了人与生物或人与自然的边界;另一种情况是技术的研发和运用扩大了"利用自然"来服务于人的动机,抑或技术的研发和运用改变了"利用自然"来服务于人的动机。前一种情况的具体表征是技术"改变自然"突破了人与生物、人与自然之间**共生存在**的边界,逾越了技术"利用自然"来服务于人的合伦理的限度。由于技术对自身动机的逾越而造成人的存在与自然的对立、人的生存发展制造出来的环境死境化日益明显和普遍,致使由技术引发出来的伦理问题被环境的伦理所遮蔽，即人们**往往关注环境的伦理问题而忽视技术的伦理问题**，但在本质上，一切形态的环境问题都是技术问题，所有方面的环境伦理问题，最终都是技术的伦理问题，因为人对环境的破坏是通过技术来实现的。后一种情况是改变"利用自然"来服务于人的动机，而是"利用人"服务于人。当技术改变其动机和目的时，必然导致技术与伦理之"合"的分离，具体地讲，当技术通过"利用自然"来服务人转向通过**"利用人"**来服务人时，其伦理问题必然出现。产生于 20 世纪 70 年代临床医学中的堕胎技术、遗传控制技术之所以导致伦理问题的产生①，是因为堕胎技术、遗传技术是通过**"利用人体"**来解决人的生命问题，这种**改造人的身体**的技术方式对人类技术发动了根本性质的逆转，即使技术既违背人的生命伦理，也违背生物伦理和自然伦理。因为在存在世界里，决定生命的诞生或死亡的不是人的权力，而是造物主所司，通过技术来决定生命的诞生和死亡，从根本上违背生命伦理和宇宙自然的律法。同样，人的遗传（或变异）也不是人的权力所致和职责所司，它同样是人力之外的造物主所司，遵从的是宇宙自然的律法和世界进化的法则。世界的进化法则本质上是生物世界的生态平衡法则，包括生物世界物种间的生态平衡和物种内部的生态平衡。通过技术的方式进行遗传控制，实是干扰和破坏生物世界的进化法则，从根本上违背了自然伦理。从人的角度看，无论堕胎还是遗传控制，都是人**自为狂妄地**通过技术来逾越宇宙自然的律法和世界进化的法则，窃取造物主的权力，其行为从根本上丧失了人的本性。

生物工艺学技术体系就是这样一种"利用人"来服务于人的技术体系，它从**根**与**本**两个方面将技术推向了终结人类自身存在的陷阱之中。这是因为生物工艺学技术体系以人的身体为开发的对象，具体地讲，是以人体基因（包括其他生物基因）、人的生物脑和人的生物肉身及内在生命机制为研发对象，以计算机为运算工具，以会聚技术为认知方法、以大数据为分析方法，以基因工程和人工智能为两翼形式。生物工艺学技术体系将从三个方面将当世人类推进后世界风险社会陷阱。

---

① Lester S. King, "Who Shall Live? Medicine, Technology, Ethic", *JAMA*: *The Journal of the American Medical Association*, Vol. 212, No. 9, 1970, p. 1528.

首先，无限研发基因工程将全面加速后人类危机，这一危机从三个方面敞开：第一，自然生物学的基因技术指向生物世界和植物世界，无限度地展开生物物种和植物物种的基因编辑，培养跨物种交流，其所带来的意想不到的后果有二："一是人为地推动物种突破本身的疆界，造成生物世界大变异，可能带来生物世界大动荡、大战争，地球生态或将因此沦为沉寂或死亡，人类存在根基将彻底丧失。二是生物世界物种因为无边界的基因编辑而造成生物大变异，激发沉睡的微生物世界整体行动反抗人类跨界，人类将面临自毁性危险。"① 第二，各个有技术能力和经济实力的国家都争先恐后地大量投入建设各种级别的病毒实验室，展开生物细菌培养和病毒培养，所带来的自然风险是任意的和任性地搅动与扰乱微生物世界。微生物世界相对植物世界和动物世界来讲，不仅是更要小心对待的一个世界，更是一个不能搅动和唤醒的世界，一旦人为的搅动和唤醒了微生物世界，它就展开对整个生物世界，尤其对人类世界的反抗运动，这是人类力量根本不可抵抗和防御的，至今仍未消解的世界大流行的加速迭代变异的病毒应该是其最好的诠释。不仅如此，生物细菌和病毒培养还存在着两种可能性风险：一是主观性风险，比如基于军国主义野心而培养生物细菌和病毒；二是客观性风险，比如实验室的生物细菌和病毒的不慎泄漏。但无论哪种情况的发生，对人类来讲都是毁灭性的灾难。第三，人种生物学的基因编辑技术，表面看确实是在造福人类，比如通过人种基因拼接技术和 DNA 重组技术解决不孕不育和优生优育等问题，但客观上扩张了后人口问题，因为人种生物学基因编辑技术的开发，分别从扩大生育群体、延长人的寿命和减少遗传性疾病等方面促进了人口增长，加重了后人口危机，但更为根本的是带来了生物人类危机，即人口的生产将可能不再是生物的生育，而是如商品那样的人工制造。

其次，竞相研发人工智能带动后人类危机向深广领域扩张：第一，人工智能技术极大地提升着核技术，加大世界范围内的核风险，实是将人类推进了"核冬天"："'核冬天'并不仅仅是个理论，它同时也是个具有高尚道德含义的政治宣言。如果人们相信：核武器不仅会威胁到我们及敌人的存在，

---

① 唐代兴：《基因工程和人工智能：人类向后人类演进的不可逆风险与危机》，《江海学刊》2020 年第 3 期。

甚至可能灭绝整个地球上的人类社会。"所以"'核冬天'都是一个标记，一个由于人类暴行而伤害地球母亲的标记。'核冬天'不仅是技术上的问题，它同时更是道德上和政治上的问题。它强迫我们自省：不论我们由核武器所获得的利益有多少，都会被其危险给抵消掉；而这种难以挽救的危机，无论如何都是不允许存在的"。① 第二，人工智能技术提升了全球范围内的军备竞赛级别，大量的具有更大杀伤性、毁灭性的武器被竞相研发，每日俱增地扩大了世界性战争风险。第三，人工智能技术将进一步加大了人类追求普遍平等、自由和公正的难度。首先，竞相研发的人工智能技术，不仅展开了全面的技术重组，也开启了全面的资本重组、市场重组和权力重组，这四个维度的重组从根本上改变着社会，改变着生产方式和消费结构，更从根本上改变着社会结构和社会分配方式，使整个社会面临越来越普遍的平等、人权、自由、公正、人道关怀危机。② 其次，人工智能技术研发机器来代替人力，确实可以使人享有更多的自由和闲暇，但也由此带来广泛的技术性失业。

最后，大数据分析和人脸识别等技术不仅本身成为一种控制技术，也将人工智能变成一种社会控制技术。无任何限制的大数据分析技术和人脸识别技术协同人工智能朝全面控制人和全面控制社会的方向发展。在这一进程中，第一是作为个体的人被赤裸地存在，被赤裸地生活，没有隐私，没有自由。第二是作为整体的社会正在被少数人甚至一人所掌控，即谁在**终端**掌控了这些新技术，谁就是世界的统治者。

经济陷阱　　自然人类学向文化人类学方向演进始终面临的根本问题，是存在安全与生活保障问题，这两个问题都直接关联经济，因为经济就是将自然资源变成人安全存在和生活保障需要的物质条件。经济的物质条件是稀缺的物质资源，它来源于自然；但稀缺的物质资源要变成经济必须通过技术化的劳动，对技术化的劳动的有序组织，就是生产，生产出来的成果就是商品。并且，只有以有组织的技术化方式将稀缺物质资源变成的商品，才可参与生产的"个体之间进行分配"。由此形成"经济"的两个特点：第一，所

---

① ［美］F. J. 戴森：《全方位的无限：生命为什么如此复杂》，李笃中译，生活·读书·新知三联书店1998年版，第283、286—287页。
② 唐代兴：《人工智能发展带动的社会公正危机》，《人文杂志》2020年第8期。

谓经济，不过是合生人口（具体讲劳动力）、物质资源（抽象讲"自然"或"环境"）、技术的社会方式，是人发明技术开发自然（或环境）资源解决存在安全和生活问题、满足人的需要的社会方式。第二，人发明技术来开发自然资源以满足生活需要的经济活动是有规律的，不仅生产有规律，分配也有规律。这个生产的根本规律不是市场，而是生产需要的物质资源的稀缺性，以及由此稀缺性生成的绝对限度性；这个分配的规律应该是劳酬对等、成本与收益成正比。由此两个方面促成研究"经济学是一门研究财富的学问，同时也是一门研究人的学问"①，作为研究财富的学问，其意在于揭示财富的本性：**财富的本性就是将稀缺的东西变成丰足的东西**；作为研究人的学问，其意在于揭示经济在本质上是人性的：**经济的健康本性，是将"习相远"的人性变得更"相近"**②；**经济的异化本性，是扭曲人性**。

经济的本性敞开的是天赋人性。天赋人性落实在如何解决存在安全和生活保障之道中，既可能保持其天赋的"相近"，也可使之"习相远"，即天赋人性在利欲、利害的习染过程中变得趋恶而**人相为战**。经济却成为人性被利欲、利害习染的生存场所，也是人性被利欲、利害习染之后趋恶而人相为战的战场。但这个战场也有规律，边际经济学家杰文斯认为这个规律就是"快乐与痛苦的微积分"，即"以最小的努力满足最大欲望，以最小厌恶的代价获取最大欲望的快乐，使快乐增至最大限度"。③ 按照边沁的功利主义原理，趋利避害、避苦求乐是人的本性。当人发明技术去无止境地创造财富，"以最小的努力满足最大欲望"或"以最小厌恶的代价获得最大欲望的快乐"，经济的规律必然遭受破坏。因为当人类无限追求财富的快乐和物质欲望的无限度满足，必然形成无限度地征服自然、改造环境、掠夺地球资源，从而突破物质资源稀缺生成的限度规律而形成经济陷阱。

在后世界风险社会进程中，其经济陷阱形成于诉求无限度生存的工业社会对如上两个经济规律的破坏突破了最终界限，导致人类经济从持续高增长模式转向低增长、零增长或负增长的陷阱之中，形成人类经济市场的波动将

---

① ［英］马歇尔：《经济学原理》上卷，朱志泰译，商务印书馆1964年版，第2页。
② （宋）朱熹：《四书集注》，岳麓书社1995年版，第256页。
③ ［英］斯坦利·杰文斯：《政治经济学理论》，商务印书馆1984年版，第2、37页。

再无低谷与高峰之分，人类经济的"危机"与"复苏"都将在低增长、零增长、负增长之间展开，形成低增长与零增长，或低增长与负增长的循环。这是因为无限度生存的工业主义经济模式持久运作生成的三个生态学后果构成推动人类经济持久陷阱化的合力：第一，以经济高增长为主题和动力的工业主义经济发展在事实上破坏了地球生态，造成了地球的贫困。因为经济持续高增长是对各种稀缺的地球资源持续消耗为前提，并且以源源不断向自然界和人类社会排放废弃物为最后体现。第二，工业主义将人类社会蜕变成一个物质主义的消费社会，将人蜕变为物质主义的消费者。在物质主义消费社会里，消费本身成为具有全方位的破坏力。它首先对人性全面堕落，使人性彻底物化，人的根基坏死。① 因为在消费社会里，工业主义就是物质主义，存在和生活只需要物质，人也成为物质。所以"哪里的消费业已高涨，哪里的人们最好就不再有增长的经济或是收入的增加，因为高消费挫败了植根于人性中的需求"②，更掏空了整个地球，把生物世界贫瘠化，将有机体的自然变成死亡之谷。第三，人类赖以存在于其中的环境丧失了生境，自然失去了再生产能力。在这种状况下，继续存在的人类继续发展经济，只能进入高成本时代。首先是劳动力的高成本化。在过去，无论古典工业社会还是现代工业社会，经济高增长都以廉价劳动力为基础；但进入后经济时代，劳动力成为"高价商品"。一般劳动力和机械技术劳动力被人工智能技术整体地淘汰，劳动力高素质、高能力、高技能化，要求人成为劳动力的成本大大提高，雇用劳动力的成本也同步提升。其次是工具和技术高成本化。在后技术进程中，新技术的开发日新月异，但开发新技术需要付出的成本，远比机械技术时代高昂得多。高成本化的新技术及其由此生产出来的工具，同样是高成本化的。最后是资源开发和利用高成本化。在农牧时代，人类谋求生存利用的仅是地球表面的资源，比如土地、森林、野兽、生物等，所付出的最大成本是时间和蛮力。当地球表面资源出现枯竭状态时，人类不得不努力发明开发地下资

---

① Vieki Robin and Joe Dominguez, *Your Money or Your Life*, New York: Penguin Books, 1992, p. 15.

② ［英］彼得·S. 温茨：《现代环境伦理》，朱丹琼、宋玉波译，上海人民出版社2007年版，第370页。

源的机械技术。当地下资源开发呈现枯竭状态时，人们将目光投向海洋和太空，为了开发海洋资源，必须革新技术；为了向太空寻求生存空间，必须开发更高水平的技术，但首先要突破的技术难关，就是怎样使生物人体承受太空的严酷生存环境，于是研发出赛博格技术，随之展开人脑开发，产生人工智能。然而，从海洋资源开发到太空资源探索，再到将人的生物脑及肉身作为资源对象来开发，其资源开发和运用的成本，是一个比一个高。

4. 无限度的溃烂态势

无限度生存的掘进，开启后世界风险社会进程，它主要表征为后人口陷阱、后环境陷阱、后技术陷阱和后经济陷阱，但其综合呈现的却是后政治陷阱，这一世界化的后政治陷阱集中体现在三个方面。

技术破坏走向技术垄断 海德格尔在论及技术问题时指出："真正莫测高深的不是世界变成彻头彻尾的技术世界。更为可怕的是人对这场世界变化毫无准备。"① 海德格尔的忧虑给予如下启示：第一，人的无限度生存的努力，已将人的世界变成了彻头彻尾的技术统治人的世界；第二，技术反客为主地居于统治者的位置，并没有引来世人的普遍关切，因而，如何应对技术对人类的统治对于人类大众来讲，却没有真正的意识和准备。

技术成为统治力量，是从破坏开始继而通过垄断来形成。技术作为一种破坏力量，其破坏产生的边际效应虽然广泛地辐射到人类社会的各个方面和每个领域，但其破坏的重心是环境生态和社会生态两大领域。

技术为服务于经济而造成环境生态的普遍破坏和深度破坏。这种普遍性的和深度化的破坏主要从三个方面呈现并生成三个世界性难题：一是大气中臭氧层破坏，形成臭气空洞扩散。二是气候周期性变化运动规律的丧失，气候失律极端化，北极燃烧，地球生存烧烤模式化。三是核技术带动的核冬天。如上三个方面的环境生态破坏生成的问题，都是世界性难题。但比较而言，核破坏更无形而且最具毁灭性。因为核技术不仅成为毁灭环境的力量，更是直接毁灭人类的力量，因为"辐射会改变基因，产生随机突变。大多数变异

---

① ［德］海德格尔：《海德格尔选集》下册，第1238页。

都是不利的，会导致不孕、后代过早死亡或者恶劣的畸形"①。放射性物质需要很长时间才能够分解，而且**生物体和大自然对其缺乏抵抗能力**，所以核技术是打开的潘多拉盒子。②

技术破坏社会生态，是其不可避免之事，但人类史上的手工技术体系和机械技术体系破坏社会生态体现两个特征：一是局部性的；二是只在劳动分工领域和分配领域，不涉及社会结构的破坏。生物工艺学技术体系对社会生态的破坏却是整体的，它悄无声息地进入社会结构领域，对社会予以资源、生产、分配结构和权力结构、权利结构以及自由结构的整体性破坏和重建，更为根本的还包括对人种结构、基因结构和人的身体结构的破坏和重建。

技术对生物人的破坏体现在人的自然进化被人工进化取代。基因工程技术**改变着**人以自然生育为繁衍后代的唯一方式的人种延续结构，开启了运用"**技术造人**"的社会方式，试管婴儿已大行其道，基因编辑等造人技术业已成熟，只是基于伦理道德、政治和传统等方面的考量而未得推行，但"后人类可能完全是人造的"③已不是神话和想象，而是"已从物理和机械的本体，到生物的和有机的本体——从被制造的实体，到生长的实体"④的现实。不仅于此，基因工程与人工智能的结合已使人类在肉体和精神两个方面呈现对生物人的超越性，尤其是人的肉体可以不再是纯粹的生物的身体，许多非生物性质的人造身体器官甚至人造基因不断产生；人的精神也可以脱离生物大脑而产生，或替代人的生物大脑而产生，比如替换生物大脑的人造大脑，芯片镶嵌的人造思维、人造精神、人造记忆，或者将机器镶嵌在身体之中使其融为一体，比如眼睛中的照相机、耳朵里的收录机等，人的生物的身体构成、身体结构、身体功能面临不断的机械改造。

技术带动社会结构生态的毁灭　　生物工艺学技术对社会的破坏既是全方位的，更是立体掘进的，比如无限度开发的人工智能，其广泛运用于社会

---

① ［美］J.唐纳德·休斯：《世界环境史》，第238页。
② ［美］J.唐纳德·休斯：《世界环境史》，第241页。
③ ［澳］迈文·伯德：《远距传物、电子人和后人类的意识形态》，载于曹荣湘选编《后人类文化》，上海三联书店2004年版，第124页。
④ ［澳］迈文·伯德：《远距传物、电子人和后人类的意识形态》，载于曹荣湘选编《后人类文化》，上海三联书店2004年版，第137页。

的短暂进程已悄然无声地重塑着社会本质结构、社会本体结构和社会形态结构。

从整体讲，社会结构始终呈伦理取向，正常的或者说合人性的社会结构呈趋善取向，这一取向具体表征为社会的结构性公正。社会的结构性公正是最根本的公正，因为在本质论层面，社会的结构性公正表征为存在的平等和信仰与思想的自由，这些均通过存在知识的建构而意识地形成。在本体论层面，社会的结构性公正表征为公民对民权的限度和民权对公权的博弈，它通过权利分配的普遍平等和权力分配的分立制衡来呈现。在形态论层面，社会的结构性公正表征为权利与责任的对等，它通过利益分配的"合法期待与道德应得"[①] 来规范化实现。

人工智能技术运用于社会领域无声地解构着社会的结构性公正，这是因为：第一，人工智能技术努力于肉身化，肉身也在技术化，这就是人的身体、人的生命、人的大脑越来越被技术化，越来越多的技术肉身化和生命化。技术肉身化和肉身技术化成为人工智能研发的双重目标。第二，人工智能越发展，技术和工具分解和弱化的人存在主体地位的能力越强，人对技术和工具的依赖性也成正比例地上升。第三，在人工智能社会里，人将无法离开技术而存在和生存，这在于人逐渐**被技术安排**，人的存在逃不出技术的掌控。比如无所不在的中国天网，就对人做了双重安排，既安排了人的安全度，也安排了人的自由度。第四，无限度开发的人工智能技术日益广泛的运用社会，不仅推动社会生产-消费结构的改变，更推动了社会权利-权力结构的改变，这种改变主要从如下三个方面呈现。

首先，人工智能技术无声地改变了社会的生产-消费结构，也必然地改变着社会的结构性公正。这是因为：第一，人工智能正在领导一场新硬件技术革命，即凡是人所能做或人所要做的事，都可以生产出智能机器来做，开发和生产智能机器逐渐成为社会生产的主导领域。第二，人工智能研发将推动智能机器迅速替代所有机械机器，生产领域的生产机器设备体系，将完全人工全智能化。第三，由于如上两个方面的改变，导致整个社会生产领域的

[①] 唐代兴：《伦理学原理》，上海三联书店 2018 年版，第 260—264 页。

劳动岗位机器人化，机械智能时代的产业工人大部分被智能机器所取代。第四，人的劳动岗位被智能机器取代这一趋势，不仅体现在第一产业领域，更体现在第二产业领域和第三产业领域，哪怕是传统的白领阶层的职业领域，都将逐渐为智能机器所占领，"我们正在被一种新型疾病所折磨，一种某些读者甚至没有听说过名字的疾病，也是他们将在未来不断听到的疾病，那就是**技术性失业**。"①（引者加粗）另一方面，人工智能推动了整个社会劳动就业的结构性变化，这种变化带动起来的首先是社会分配的结构性变化，因为人工智能技术的无限度研发和运用，实质地推动市场更加垄断化，社会资源、社会财富更加高度集中于少数个人或少数群体手中，贫富差距更加扩大。

其次，人工智能技术无声地改变了社会分配结构。劳动就业的结构性变化，必然带动分配的结构性变化，这一变化过程却无声地改变了社会的结构性公正，使社会的结构性公正逐渐丧失，以至于最后形成社会的结构性公正消亡。Acemoglu 认为，人工智能作为一种偏向性技术（Directed Technical Change 或 Biased Technical Change），对它的运用必然对不同群体的**边际产出**产生不同作用，进而从三个层面影响所有人的收入状况。第一，在社会的结构性分配领域，"要素回报"差异是构成收入分配差别的根本原因。人工智能研发推动资本回报率在全球范围内呈速增趋势，从而造成更多资源、收入、财富向少数资本所有者聚集，导致市场垄断加剧和社会不平等加剧②。第二，在社会的结构性分配领域，**技能水平是收入分配差异的重要因素**。人工智能技术几乎全覆盖地影响了技术要求很低和以程式化任务为主的职业群体，不仅造成了这两大类职业群体的大量人员失业，也造成了这两类职业群体的收入不断降低。③ 人工智能技术对低技能劳动的替代，扩大了收入分配的结构性不平等，对高技能劳动的替代，同样扩大了收入分配的结构性不平等。④ 人工智能技术从根本上改变了劳动分配的社会结构，形成严重不公正的分配性社

---

① [美]杰瑞·卡普兰：《人工智能时代》，李盼译，浙江人民出版社 2016 年版，第 126 页。
② T. Piketty, *Capital in the Twenty-First Century*, Belknap Press, 2014.
③ D. Autor, F. Levy, and R. Murnane, "The Skill Content of Recent Technological Change: An Empirical Exploration", *Quarterly Journal of Economics*, 2003, 118 (4), pp. 1279-1333.
④ D. Acemoglu, and P. Restrepo, "Low-Skill and High-Skill Automation", *Journal of Human Capital*, Forthcoming, 2018.

会结构，推动劳动分配的两极分化不仅特别严重，而且更为普遍和残酷。第三，在人工智能社会，造成社会分配的结构性不公正的重要推动力量，是被人工智能改变了的市场。人工智能改变市场结构的基本方式，是使低技术含量的企业迅速消失，使所有机械智能技术的企业迅速衰落，同时扶持那些高自动化的企业或研发应用人工智能技术的企业，使之不断增强市场力量，获得资源、市场垄断和更高收入回报。[①]

最后，人工智能技术制造出社会的结构性分配的不公正，带动了社会劳动分配不公正的普遍化。社会劳动分配普遍不公正的实质，是人权和自由被迫获得不平等定格，因为社会劳动分配普遍不公正，不仅造成劳动分配方面的不平等和不自由，也制造出政治生活的不平等和不自由。从宏观的社会结构观，形态层面的社会结构的改变，必然造成两个后果：其一是向外，推动社会劳动的普遍不平等，分配的绝对不公正，贫富差距更大；其二是向内，破坏本质层面的社会结构，形成权利与权力之间的结构性不平等普遍化。

在机械智能社会里，其权利－权力结构体系中，无论权利指向权力，还是权力指向权利，都是直接的，或直接的人－人结构，或直接的人－物结构。这一直接结构关系嵌含在人是主体的社会框架中。在人工智能社会里，无论权利指向权力或权力指向权利，中间都伫立着一个物、一个机器。这种中介化的权利－权力结构，不仅导致了冷冰冰的社会的产生，而且使社会由机器操控，或者可以某个权力者或权力团体通过人工智能机而操控整个社会权利－权力系统，这样一来，必然在社会的本体结构层面造成权力对权利的非平等和不公正。在人工智能社会里，平等和公正的权利－权力结构遭受解构的方式是多方面的，但概括其要，最根本的方式有两种：一种是权责虚化；另一种是权力暴虐化。在机械智能社会里，由于人对人、人对物是直接的，由此形成人对人、人对物的权利责任不仅是直接的，而且也是实在的，具有不可虚化的严格规范性，所以一旦权责虚化，就会受到法律或道德的干涉，

[①] D. H. Autor, and D. Dorn, "The Growth of Low-Skill Service Jobs and the Polarization of the U. S. Labor Market", *American Economic Review*, 2013, 103（5）, pp. 1553 - 1597. D. Autor, D. Dorn, L. Katz, C. Patterson, and J. Van Reenen, "The Fall of the Labor Share and the Rise of Superstar Firms", *Working Paper*, 2017a; D. Autor, D. Dorn, L. Katz, Patterson, C., and J. Van Reenen, "Concentrating of the Fall of the Labor", *NBER Working Paper*, 2017b, No. 23108.

并规训其矫正。但在人工智能社会里，由于人对人、人对物的关系是间接的，由此形成人对人、人对物的权利责任关系不仅是间接的，产生出**可虚化**的空间。比如，在机械智能环境里，诈骗必须是骗子**在场地**展开；但在人工智能环境里，骗子可以不在场地展开诈骗，并且往往以不在场的方式行诈骗。另一个最典型的也是最日常的例子是"线上线下"，使人产生了二分：人既是作为主体的人，同时也是作为身份的人，同一个人的这种二分性自然使其权责也获得了实化或虚化的两分性："线上的身份因通信和游戏改变了原来身份的意义，人的身份成为一种通信的产物，主体的世俗化使得社会控制变弱了。"[①]

从根本讲，人工智能技术推动社会发生根本性转变的内在节点，当然是权责的可虚化性；但更重要的方面是阿尔伯特·伯格曼指出的那样：人作为现实的存在主体沦为了虚化的可供分析、处理、运用甚至弃置的"数据流量"。[②] 最为本质的一面是，人作为存在主体的根本条件或者说权利的丧失，比如独立、自由、平等这些基本的权利，通过隐私权的丧失而丧失。人作为存在主体的权利丧失必然造成两个不可逆转的后果：一是人失去自我、自己，比如人脸识别技术的运用，哪怕是个人最隐私的内心想法，也可运用大数据技术对人的每次不同脸部表情的分析而获得。所以，人脸识别技术使作为个体主体的人在日常生活的刷脸过程中不知不觉地失去了自己。二是人工智能技术作为一种权力被权力机构或权力者垄断，会形成社会的绝对集权或专制。在机械智能社会，集权和专制主要在政治领域产生，其功能发挥涉及的范围只在公共生活领域。进入人工智能社会，集权和专制可以在任何领域发生，而且能够无所不在，哪怕最隐秘的私人生活领域、纯粹个人的情感领域，也可能成为集权和专制的战场。尤其是当人工智能技术在极权社会里被政府全权投资研发运用，必然的结果是人工智能技术与极权政治结合，后人类必将沦为科技的奴隶。因为极权社会里，其社会结构是**趋恶**取向的，当以破译人脑工作原理和运行密码为主题的人工智能技术服务极权政治时，其趋恶的社

[①] L. Floridi, *The Onlife Manifesto: Being Human in a Hyperconnected Era*, London: Springer Open, 2015, pp. 108–109.

[②] Albert Borgmann, *Crossing the Postmodern Divide*, Chicago: University of Chicago Press, 2013, p. 108.

会结构从形态到本体,再从本体到本质,必然衍生出**通体的恶**。在一种通体之恶的社会结构框架规训下,"人类危机也就释放出了他者所蕴含的破坏性力量"①,民众只能生活在"统治者为表面的幸福而编造的谎言里"②,其行为被监控和追踪,其意识被谎言包裹。人如同无意识的智能产品,甚至可能成为一种特殊的艺术品。在这种境况下,"人类面临的最大的威胁就是自我毁灭"③,因为"一旦人的进化超出了猿类应有的简朴,那么,他们在毁灭自我的道路上是极其聪明的"④。人工智能技术的无度研发应用过程本身,或许就是这样一个社会公正全方位解体的自我证明过程。

四 限度生存的实然

人类的无限度生存,实是在欲望、物质、财富、权力等方面无限度诉求,并以"无限度的扩张"和"有组织的不负责任"的方式展开,创造出了非凡的物质文明和与之相适应的哲学、科学、教育、文化,与此同时,也将生存本身推向后世界风险社会的多元陷阱。形成这种相对立的两种状况的根本原因,不是操作方式和方法等方面出了问题,而是皆源于无限度生存本身违背生存的根本法则。**生存的根本法则是限度**。从历史观,无限度生存的方式产生于文化人类学阶段,在自然人类学阶段,人是以限度生存的方式存在。限度生存的存在方式是自然人类学的方式,也是存在世界所有类型形态的生命的存在方式,老虎是林中之王,但森林中的其他所有动物都有自己的存在地盘、生存空间,老虎任其为之,而与森林中的所有动物和平共处,老虎为何能如此?不过是林中之王的老虎遵从了限度生存的法则而已。

限度生存是造物主的创世法则,宇宙继创生遵循这一创世法则,自然万物的生生不息遵循这一创世法则,地球生物世界里的生物链网络以及物种的领域观念、地盘意识和群落性存在,都贯穿了这一限度生存的创世法则。远

---

① [意] 罗西·布拉伊多蒂:《后人类》,宋根成译,河南大学出版社 2016 年版,第 95 页。
② J. Hart, *The Oxford Companion to American Literature*, Oxford: Oxford University Press, 1995, p. 695.
③ D. Simmons, *New Critical Essays on Kurt Vonnegut*, New York: Palgrave Macmillan, 2009, p. 214.
④ J. Parini, *The Oxford Encyclopedia of American Literature*, Shanghai: Shanghai Foreign Language Education Press, 2010, p. 265.

古的神话，以生动不息的描述方式记载下这一创世法则，宗教和神学却以信仰的方式向人间播种这一创世法则，比如基督教的"十戒"、佛教的"五戒十善"、伊斯兰教《古兰经》规定的应禁"十事"等，都是以律法的方式引导和规训人遵从限度生存的创世法则。宗教和信仰的存在价值，在于它以神的名义和方式规训和引导无限度冲动的人类学会对限度生存的存在方式的敬畏，在生活中抵御各种诱惑而坚守限度生存的存在法则。宗教和信仰的衰落是哲学、科学和经济、政治联手的胜利，其胜利的形态学标志是创造出辉煌的文化和文明，其胜利的本体论标志是无限度生存成为人类的存在方式。但也正是哲学、科学和经济、政治联手谋划无限度生存所取得的一个又一个胜利，汇聚成巨大的洪流将人类卷进后世界风险社会的陷阱之中，要从这一沉沦于深渊的陷阱中走出来，需要废止无限度生存而重新回归限度生存的实然存在方式。

1. 败坏人性的复返

要从无限度生存的历史构筑起来的此在处回返限度生存，需要反省历史主义的无限度生存，探其根本的医治之方。从整体观，无限度生存虽然表现在"无限度的扩张"和"有组织的不负责任"，但根本在于抛弃限度生存的律法而自立无限度生存的存在方式，其根源却是人性的败坏，所以，医治人性败坏才是为回返限度生存重塑根本。

医治人性败坏，需要清醒认知人性败坏的根源、表现和方法，才可有的放矢。关于人性败坏的根源，孔子讲得最清楚，他说"性相近也，习相远也"①，是揭露人性天赋相近，而习相甚远这两个存在现实。天赋人性相近，是指人的生之本性——生之朝向和生生的生命机制——实源于宇宙（自然）本性，是宇宙本性的物种化和个体生命化。生和生生的宇宙本性的法则化，就是自生、自在、自为和关联存在，其中，自生、自在、自为三大法则，可归纳为存在的主体法则；关联存在法则可看成是存在的客体法则；存在的主体法则和客体法则的合生（即统一），则构成限度生存法则。所以，限度生存的存在法则里，由自生法则、自在法则和自为法则构成的存在主体论法则，

---

① 钱穆：《论语新解》，生活·读书·新知三联书店2016年版，第400页。

突出生存属于自己，因而生存必须自己经历、自己经营，无论整体的宇宙或自然，还是具体的万物及个体生命，其存在敞开均如此，无论自然人类学的人还是文化人类学的人，亦须如此，这也应该是人类主体论的自然根源。与自生、自在、自为的存在主体论法则不同，存在客体论的关联存在法则，却强调己与他的合生，或可说怎样实现自生、自在、自为的方法论法则，也是怎样贯彻自生法则、自在法则、自为法则的方法论法则。所以，在造物主的创世法则中，关联存在法则虽然是方法论法则，却是根本的法则，因为只有关联存在法则的贯通，才有自生、自在、自为法则的运用；只有关联存在，才有限度生存。

人类原本是自然人类学，本能地遵从以自生、自在、自为为内在规定的存在主体论法则和存在客体论的关联存在法则。人类从自然人类学走向文化人类学，同样要遵从其存在主体论法则和存在客体论法则，因为人虽然从自然人类学中走出成为文化人类学的人，却并没有走出宇宙和万物，而是依然存在于宇宙和万物之中。然而，人类却恣意放大自生、自在、自为的主体论法则并刻意地放弃了关联存在的客体论法则，由此走上一条以生生不息地追逐无限度生存的不归道路。追溯其存在论根源，是文化人类学的人在追求人文存在的过程中，意识地追求人性的败坏。

人意识地追求人性的败坏，就是有意识、有目的地放大利欲的本能，以放大的利欲本能去污染人性，最后用利欲本能取代人性，使天赋的人性被悬置，这样一来，被悬置的天赋人性始终悬置在原处，裹持和取代人性的利人却始终汹涌向前"生命不息，追名逐利逐权不止"，这就形成孔子所讲的人性的"习相远"，这也是无限度生存根源于人性的败坏的根本理由。

人性败坏的普遍化　　无限度生存作为一种存在方式被全面确立，实是经历了相当长的努力过程，这个过程是以科学为先导，以哲学为殿军，以经济和政治为两翼形态而展开，其孕育的土壤恰恰是中世纪的神学时代，从5世纪奥古斯丁以柏拉图哲学来解释神学始，到13世纪托马斯·阿奎那用亚里士多德哲学来解释神学，意外地赋予纯粹信仰的宗教以理性，而无限度生存的存在方式却是以理性为认知支撑的。如果说中世纪的神学意外地为无限度生存的存在方式培育了土壤，那么文艺复兴可看成是对无限度生存的存在方式的播种。文艺复兴引发"对人的重新发现"和"对自然的重新发现",分别从哲学和科学两个领域开启了人的主体论关注,并建构起机械论世界观,一方面,洛克和亚当·斯密分别撬动政治和经济推行以人为本体的机械论世界观;另一方面,法国的启蒙运动完成了有无限生存的社会文化思想革命,德国的启蒙运动建构起去上帝的绝对主体论的形而上学认识论,实现无限度生存的存在方式的哲学基石的构筑,其后科学主义和唯物质主义的实践论全面推进无限度生存的存在方式获得社会化建立,展开为开发技术、改造环境、掠夺资源、发展资源"无限度的扩张"和"有组织的不负责任任"。

整合观之,无限度生存铸造人性的败坏,实是科学、哲学、经济、政治还包括教育和文化的合谋推动。无限度生存呈现出来的人性败坏是全方位的,是立体的,是深入历史、灵魂和骨髓的败坏,这种深入历史、灵魂和骨髓的人性败坏,更为根本地体现在以下三个方面。

第一个方面,人性败坏最为集中地体现在权力上,就是追逐权力无所不及并无所不能。这种对权力的追逐,从两个方面展开:一是追逐对自然的权力,即想方设法全面垄断和控制自然,征服自然、改造地球、掠夺性开发地球资源,这是追逐对自然的全面垄断和控制的行为展开方式。其具体展开为两个扇面:其一,地域控制,即领地(包括领土、领海、领空)占有与扩张;其二,资源占有与扩张,比如始于15世纪、盛于17—18世纪的第一个殖民时代,其殖民主义主要是以占有领地的方式占有资源和人口;20世纪后期以来形成的第二个殖民时代,其殖民主义主要是以占领市场和投资性开发自然资源为基本形式。二是追逐对社会的权力。这种追逐主要展开为四个方面:其一,不惜一切方式和手段对付人,向人施加权力,将人置于权力的绝对掌控之下,其基本方式是将人作为财富的工具、使用工具和奴役工具,将人变成工具的极端化发生在奴隶时代。对人施加权力的根本方法,是将人定义为实现其目的的耗材。将人予以耗材定义,却发生在技术化存在的时代,具体言之,只有在生物工艺学技术产生并体系化形成的当世,以计算机为运演工具,以会聚技术为认识方法,以大数据为分析方法,以基因工程和人工智能为两翼形态的生物工艺学技术体系全面控制人的言论、思想、人身和行动自由、存在场域和空间时间,人就被彻底地沦为连工具资格都不具备的耗材。

其二，对财富的权力，就是不惜采取任何方式——包括谎言、欺骗、暴力、抢夺、没收——等方式，将他人的财富和社会共创的财富占为己有，而且贪婪成性、穷凶极恶、永不满足。其三，对权力的权力，这里主要指对公共权力的独占，为实现独占不惜采取各种手段，只讲目的不讲手段，并且在更多的时候为达目的不择手段。其四，对历史的权力，就是强占历史，将历史据为己有，并采取历史虚无主义或谎言的双重方式按照自己的意愿、意志重新构造历史，重新修饰历史，重新表彰历史，其经典理念是克罗齐（Benedetto Croce，1866－1952）的"一切历史都是当代史"。

第二个方面，人性败坏最为普遍地体现在物欲上，形成人性物欲主义。首先，人性物欲主义有其认知、思想和信念的哲学支撑，这就是唯物质主义。唯物质主义主张世界的物质主义构成，并且其物质主义构成是按照机械方式运作。因而，唯物质主义坚决抛弃信仰和关于信仰的任何精神和思想，坚决主张机械论世界观。其次，实利主义价值体系，它由三个方面构成，一是经济主义，即"'人与人之间的关系——物质需要——是首要的，人与人之间的关系——社会——则是次要的。……人与物之间的关系高于人与人之间的关系……这是一个决定性的转变，这一转变将现代文明与所有其他文明形式区别开来，它也符合我们的意识形态领域关于经济至上的观点。'这也就是说，社会应当从属于经济，而不是经济从属于社会。在这个新的领域中，道德观被经济观所替代，它'注重收入、财富、物质的繁荣，并把它们视为社会生活的核心'"。二是人乃经济动物："这种实利主义或经济主义的另一个假设，反映在人是经济动物这样一种关于人的信条中。当用这种抽象的方式去看待人类时，无限度地改善人的物质生活条件下的欲望就被看成是人的内在本性。"三是经济万能论，即"'无限丰富的物质商品可以解决所有的人类问题。'这种信条与人是经济动物这种大众观点一起使我们作了这样的假想：物质财富与社会的普遍健康和福利之间的确存在着统一性。用最粗浅的话说，国民生产值构成衡量一个社会运行状况的标志"[①]。最后，物质幸福目的论。将社会发展的个体目的定位为物质幸福，许诺物质幸福没有止境，并假定无

---

① ［美］大卫·格里芬：《后现代精神》，王成兵译，中央编译出版社1998年版，第19页。

限物质幸福既有人的主体能力的条件构成,也有以机械论世界观为支撑的自然资源无限论的客观条件,由此将无限物质幸福作为构建实利主义价值体系的内在目标。

唯物质主义、实利主义、无限物质幸福目的论,此三者形成合力,则建构起物欲主义的社会行动纲领和行动原则,前者即物质霸权主义行为纲领,它构成工业社会——从古典工业社会向现代工业社会再向后工业社会——方向无限止境扩张的新技术化、工业化、都市化行动纲领;后者即绝对经济技术理性行动原则,它构成唯物质至上、唯财富至上、唯经济至上的经济技术理性行动原则,此原则将经济利益作为最高目标,以科学技术为最高准则和一切的判断尺度和依据,以唯物质主义、实利主义、物质幸福目的论为动力、以物质霸权主义为行动纲领和以经济技术理性为行动原则,人性物欲主义必然构建起与此之相对应的行动规范和评价尺度,这就是"只讲目的,不讲手段"和"为达目的,不择手段",形成对日常生活的引导,就是感官主义、享乐主义和消费主义,其极端形式就是性肉主义,人堕落为彻底的物。

第三个方面,人性败坏最为深刻地体现在对文明的腐蚀、对文化的解构和对道德底线的逾越。

首先,人性的物欲主义和权欲主义败坏表现在文明上,一是对文明的自然来源、宇宙来源、神性来源的刻意掩盖、歪曲和否定,不承认人来源于动物、来源于自然、来源于造物主,形成祛魅化。人以自废的方式丧失文明的来源,文明的来源不在,文明成为可任意想象和虚构的漂浮物,这是虚无主义的最终根源。二是对文明的人文来源的傲慢,这种傲慢表现为薄古厚今,或诽古扬今,极端行为就是诬化或毁灭传统,尤其是对源头传统的否定或曲解。

其次,人性的物欲主义和权欲主义败坏表现在文化上,就是文化的阉割性处置。一是文化虚无主义,即解构文化,使文化沦为空壳。使文化虚无化的基本方式有两种:一种方式是采取全面、彻底地批判文化传统的方式来虚空文化;另一种方式是以自己的意愿方式和意志方式来解释文化,即以赋予文化新内容的方式来掏空文化的固有内容。二是以否定已有的文化内容和文化精神的基础创造一种反人性、反人道的文化,比如纳粹党文化或斗争文化是极好的案例。

最后，人性的物欲主义和权欲主义败坏表现在道德上，就是反道德。其基本方式有二：一是实利主义，其行为准则是"只讲目的，不讲手段"或"为达目的，不择手段"；二是势利主义，其行为准则是"有奶就是娘"。

人性败坏的垄断主义　　无限度生存造成人性败坏最为集中地体现在权力垄断上，权力垄断是人性败坏最彻底的方面，因为权力垄断是一切垄断之垄断，是垄断一切的垄断。

权力垄断的首要方面是对权力本身的垄断，包括私权力的垄断或公权力的垄断，前者如血缘宗法主义的父权制，就是私权力的垄断方式；后者如君主专制、帝王制度以及现代社会的政治团体对国家权力、社会权力的垄断等，则属于公权力的垄断方式。

权力垄断的基本方面是对资源的垄断，包括自然资源、社会资源和精神、思想、知识的垄断。

权力垄断的重要方面是对财富的垄断，包括私人财富和社会财富的垄断。

权力垄断的根本方面是对人身的垄断，包括对人的身体、精神、认知、思想、思维、思考的垄断和对人的权利、自由、利益、贫富的垄断。

权力垄断的立体方式是对技术的垄断，尤其是对生物工艺学技术体系的垄断，为权力垄断插上翅膀，使之无所不能。

权力垄断的基本工具有三，即权力、财富、技术。

权力垄断的第一种工具是权力，即运用权力垄断权力，这是权力垄断权力的强暴方式，在这种方式中，权力即垄断的目的，也是权力垄断的手段。

权力垄断的第二种工具是财富。财富与权力之间的关系是双重的：在发生学意义上，财富生成权力，并且财富垄断权力。因为财富实质上是指个人或社群解决或满足当下所需后节余下来的生存资源的积累物，只当有剩余的生存资源积累形成财富时，就产生如何储存、保管和分配（财富）的问题，权力由此产生。所以，权力的性质是公共的，但对公共权力的使用总是需要动用个人或机构、组织的意志，这就为产生权力垄断提供了土壤，所以，从生存论讲，权力垄断财富，但财富也垄断权力。

财富垄断权力，既是发生学的，也是生存论的。在发生学意义上，财富创造出权力，所以财富垄断权力；在生存论意义上，权力垄断形成的财富，又反过来垄断权力。因为，财富无论在发生学意义上还是在生存论意义上，其本质是权力，可称之为财富权力。财富的权力本质规定了财富与权力之间的双重关系，形成人性败坏表现在财富与权力的关系上就是钱-权交易。钱-权交易就是可以用财富去购买权力，或用财富去打通权力使权力为财富服务，同时也可能用权力去聚敛财富。

  权力垄断的第三种工具是技术。相对而言，财富和权力是垄断的两种传统方式，而技术垄断构成技术社会和技术化存在的时代的基本方式。在传统的意义上，无论是权力垄断还是财富垄断都非常有限，其垄断有明确的对象、具体的事件、局域的性质，并且是一次完成的，一次垄断与另一次垄断之间有间隔。技术垄断却打破了传统的权力垄断和财富垄断的所有局限，获得垄断的非明确的对象、非具体事件性和整体性、连续性、不间隔性，这是技术垄断的特征，尤其是以计算机为运算工具、以会聚技术为认知方法、以大数据为分析方法、以基因工程和人工智能为两翼形态会聚性打造出来的数字集权工具，不仅具有如上垄断特征，更具有超距性、无距性、自动化和无人性等特征。因为生物工艺学技术不仅是一种技术，而且上升为一种综合化、立体化、自生成化权力体系，它使权力和财富形成对技术权力的依赖，即权力和财富发挥和扩张其垄断功能，必须借助于技术。由此形成不断开发出来的新技术对权力和财富的武装，使权力和财富——尤其是权力——发挥出无所不能的垄断功能，形成无所不能的技术权力垄断。当这种无所不能的技术权力对权力和财富予以全方位武装，权力和财富就将人性败坏推向了极端。

  人性败坏的空场化 无限度生存铸造人性败坏最彻底的方面是权力垄断，无限度生存铸造人性败坏最苍凉的呈现，就是人的消逝，人不在场，人全面退场，人的存在世界沦为无人的世界，这就是在无限度生存的世界形成人性败坏的空场化。这种人性败坏的空场化从三个维度呈现。首先是人的此在生存的**此处无人**。此在生存的此处无人，既指此处无个人，也指此处无他人，更指此处无自己。其次是人的此在生存的**别处无人**。此在生存的别处无人，既指别处无个人，也指别处无他人，更指别处无自己。最后是此在生存中**人在虚无**。此在生存中人在虚无，并不是指人在网络中或在虚拟世界，而是指人在整体上的丧失，消失，只存在千人一面的脸谱化、技术识别性和统一动静的人。

人性败坏的空场化的实质，是人在无限度生存的追逐中沦为物，沦为工具，最终沦为耗材。

在无限度生存之场中，人沦为物，是**人对自己**的定义，意指人沦为唯物质主义者，不仅在认知上、知识上、思想上、精神上甚至包括情感上，物质是第一性的；而且在劳动、创造、生活等方面成为**无杂质或者纯种的**物质主义者。基本的信仰有三：首先，世界，就是物质的，是由纯粹的物质构成，除了物质，世界不生产精神，没有情感，更无信仰。其次，劳动，是为了创造物质。再次，生活，是为了享受物质。最后，情感，是为了消费物质，甚至谈情说爱，是为品赏或品味物质。

在无限度生存之场中，人沦为工具，是**社会对人的**定位。在形式上，人是主体；但在实际上，由于唯物质主义、物质幸福目的论、实利主义人和势利主义引导下，人与人之间、人与群以及人与社会之间，总是互为工具，劳动工具、生产工具、消费工具、利益工具甚至情感工具。

在无限度生存之场中，人沦为耗材，是**权力、财富、技术对人的**定义，指权力、财富、技术只根据需要把人当成材料，既任意地使用，也任意地安排，更任意地切割和组织，并任意地弃置和处理，可以不考虑人是否活物，也不考虑人的感受、苦乐以及权利或自由，由技术武装起来的权力和财富的大货车，可以任意地装卸和运输人。

在无限度生存之场中，人性败坏到将人沦为物、沦为工具、沦为耗材的过程，首先是作为主体的解构，然后消失。人作为主体的解构，乃主动与被动的共同作为。人主动解构其主体，是基于人生利欲化，生存的物质主义、实利主义、势利主义诉求和生活的消费主义、享乐主义和性肉主义向往的自我鼓动。人被动解构主体，则源于技术裹持权力、财富和权力、财富借助技术而升成为主体，形成权力对人的主体的取消，财富对人的主体的消解，技术对人的主体的控制。

在无限度生存之场中，主体解构并消失是一个生成性过程，这个过程的起点是利欲膨胀，形成利欲主义；利欲主义重新塑造人的个性，使人的个性扁平化，最后被金钱、关系、身份所替代，形成金钱创造个性，关系丰富个性，身份增长个性。当个性被金钱、关系、身份所置换，道德沉沦、美德消隐，平庸之恶生活化，自由不在。从生存本质讲："自由意味着一场奋斗，自由必须被努力地争取，自由必须作出决定。如果自由不凭借自由的行动就已然获得，就像在获得，就像在萨特的世界中那样，那么自由的行动就成了多余的。"① 因为"正是自由使障碍产生于自由的面前，所以障碍能够作为对自由的限制而置于自由的对面"②。个性消失、主体解构的实质是自由本身成为生活的阻碍，消除自由带来的阻碍的基本方式，就是解除为自由的责任和权力，使隐私消失，将生活改造成平庸之恶，用平庸之恶装备生存。

在无限度生存之场中，主体解构，个性扁平化和生活平庸之恶化，首先从精英堕落开始，精英堕落同样是主动与被动共同作为。精英主动堕落于各种"红萝卜"和"水火棍"，前者诱发出精英们的利欲野性和物质激情；后者生成精英们的犬儒向往和规训精神。精英堕落的最后形式，是**精英远逝**。精英远逝是精英进入大众，成为大众，并成为平庸之恶的生活的领跑者。

精英远逝，是无限度生存极端化的呈现。梅洛-庞蒂认为，自由"不是勾勒出世界的细致的轮廓，而是仅仅制定出其大体的结构"③。精英就是为其所生存其中的时代勾勒出自由的大体结构的人，精英远逝，平权的大体结构崩塌，个人的自由空间折叠了起来，社会的心灵世界内生溃烂，世界失序，一方面喧嚣；另一方面沉默。喧嚣的是物，是工具，是耗材的被挥霍使用、被胡乱装卸、被随意弃置的嘈杂；喧哗的是权力对财富的抢购，财富对权力的收编，技术对权力和财富的拥持，及其争相道贺的庆宴。沉默的是沦为物、沦为工具和耗材的空心、空洞、空无，当然还加上淡淡的卑鄙和苦痛，麦考利把它概括为由于权力和财富，但因为技术对权力武装和对财富重新分配而生发出来的"**后人类痛苦**"，即"在平凡的技术物件（artifacts）中，因人类为提高效率而打破时空限制、整合优秀资源而来的创伤确实发生了。后人类

---

① ［爱尔兰］理查德·柯尔内：《20世纪大陆哲学》，第124页。
② Maurice Merleau-Ponty, *Phenomenology of Perception*, trans., C. Smith, London: Routledge & Kegan Paul and Atlantic Highlands: Humanities Press, 1962, p. 439.
③ Maurice Merleau-Ponty, *Phenomenology of Perception*, trans., C. Smith, London: Routledge & Kegan Paul and Atlantic Highlands: Humanities Press, 1962, p. 439.

痛苦不仅仅是理论问题,它每天都发生在普通人身上。……当我们经历技术失败时,人类的主体性就受到挑战。我们潜意识地创伤性地放弃技术产品这种力量,却因之进一步受到创伤……。我们创造了技术物件,以便使'生活世界'与我们一起痛苦。正是这种欲望,反过来影响了后人类理论的基本观念,使之在整体上不能协调'人类'和'技术'的边界之本质"①。

从根本讲,喧嚣指向的是存在,是向存在的喧嚣,向存在喧嚣是在宣判人在无限度生存中对关联存在的丧失。与此相反,沉默指向的是本己,是对本己的沉默。对本己的沉默是人在无限度生存中自我的彻底丧失。自我的彻底丧失是心灵的消失,是情感和思想的丧失,是记忆、意识和思维能力的丧失,由此除了无限生存的喧哗、物、金钱、财富、权力和不断更新的技术的喧嚣,全面静穆,生活无语,言说远逝。生活无语,言说远逝,人从物、从工具向耗材方向全面溃退。

2. 限度生存的目的

无限度生存之所以导致人性全面败坏,是因为无限度生存无视宇宙创生法则和自然的生生本性。医治人性败坏而复归限度生存,就是重新遵从宇宙创生法则和生生本性。宇宙的创生法则即以自生、自在、自为为规范的存在主体论法则和以关联存在为规范的存在客体论法则。无限度生存是无限度地放大了自生、自在、自为这一宇宙创生存在主体论法则的同时,却压缩了甚至抛弃了宇宙创生的关联存在法则,回返限度生存就是回归自生、自在、自为的存在主体论法则的本位,同时启用关联存在的客体论法则,合起来讲,就是遵从人与地球生命、自然**共生存在**法则。宇宙创生的实存样态是自然,宇宙创生法则实存为自然之生生本性。基于共生存在法则的规范,自然之生生本性构成对限度生存的指导,即人、地球生命、自然的**共生进化**。

限度生存之共生进化　　回返限度生存的共生进化,是指人与地球生命、自然或人、生命、物的共生必以进化方式展开。

理解共生进化,需从"进化"入手。凯文·凯利曾对"进化"概念做出

---

① Miccoli Anthony, *Posthuman Suffering and the Techno-logical Embrace*, Lanham: Lexington Books, 2010, pp. x – xi.

如此定义："进化是一种有组织地变化的架构。不仅如此，进化是一种自身求变、自行重组的有组织变化的架构。"① 此定义赋予"进化"三个方面的内涵：第一，进化是生物自求其变的内生结构或框架；第二，这种内生结构或框架是自组织的；第三，进化就是对这种自组织结构的重组行为和重组方式。由此三个方面敞开"进化"的如下特征和取向：

第一，进化源于生命存在的自发。

第二，进化必为生命存在的自我为导向。

第三，进化只是生命的复制，生命的自我进化只能是生命对自我的复制。生命的共同进化，是生命存在的相互复制。

第四，进化接受遗传控制。对生物言，遗传控制的机制是基因；对人类物种言，遗传控制的机制是基因和文化，是生物基因与文化自组织化的耦合与互动。

第五，肉体可塑性。进化就是生命以自我为导向的重塑，婴儿迅速成长的过程，即生命以自我为导向重塑的典型个案，它可以通过观察和知觉而得知，"随着进化出更复杂的躯体和行为，躯体得以重塑自身，动物得以选择自己的生死之门。这些选择打开了躯体'学习'的空间，使进化得以继续进化"②。

进化呈现出来的如上特征，揭示进化之于进化者自身言，既是自生变，也是系统地自生变并系统地自敞开。进化的**自生变进程是其自生成综合的过程**，"进化是许多过程的综合，这些过程形成一个进化的群体。进化随着时间的推移而进行，因此进化本身的多样性、复杂性和进化力也增长了。正所谓，变自生变"。"进化系统的本质，是一种产生永恒变化的机制。永恒的变化并非重复出现的周期变化，不像万花筒那样缺乏想象力。那是真正永恒的活力。永恒的变化意味着持续的不平衡，永远处于即将跌落的状态。它意味着对变化做出变化。这样一个系统将永远处于不断改变现状的边缘上。"综合二者，进化是自生变的系统化再造过程："进化的过程不断地集中力量，一次次及时地再造自己。每一次改造，进化都变成更有能力改造自己的过程。因此，'它

---

① ［美］凯文·凯利：《失控：全人类的最终命运和结局》，第536页。
② ［美］凯文·凯利：《失控：全人类的最终命运和结局》，第537页。

既是来源，又是结果'。"①

进化是生命存在的实然，而生命存在始终是关联地存在，关联存在是宇宙创生的法则，亦是通过自然之整体而赋予个体生命的生生法则。因而，进化虽然是个体生命存在的内生结构的自我重组努力，但它必须在关联存在的框架下敞开，所以进化之于任何个体生命言都与他者相共，这就是共同进化。共同进化，就是共生进化。共生进化是一存在事实，但不属于应然性质，而是实在存在，是指人、生命、自然以共生的方式进化。以创立真核生物起源理论而闻名的美国生物学林恩·玛格丽丝（Lynn Margulis）指出，共生进化不仅是生物世界的存在方式，也是微生物世界的存在方式，在微生物世界里，细菌的繁殖是以共生方式进行的，所以她提出"细菌共生是祖细胞形成的核心事件"这一著名假设之后，生物学家们沿着其指引的方向向前，不仅发现在微生物世界里共生现象比比皆是，而且揭示无论微生物世界还是生物世界，共生源于竞争与适应，这是进一步解释了达尔文的"物竞天择，适者生存"进化理论。人虽然是文化人类学的人，但它源于自然人类学，并且其文化人类学发展始终在自然人类学的原型框架下展开，以自然为土壤，所以人与地球生命（生物和微生物）、人与自然之间始终是共生存在的，这种共生存在的基本方式是共生进化。

共生进化必须以竞争与适应互为推进的方式展开。在竞争与适应互为推进共生的框架中，竞争是共生的剧烈方式；适应是共生的温和方式，共生是其"剧烈之竞"与"温和之适"张弛有度。但在其张弛有度中，竞争与适应的性质不同，展开的方向也相反：竞争是分裂，是对关联存在的弱化或解构；适应是合作，是对关联存在的维护或强化。只有分裂性竞争，而无合作性适应，不会产生共生；反之，只有合作性适应，而无任何形式的分裂性竞争，共生同样不能产生。

性质和方向完全相反的然竞争与适应，如何达向**相适相成**呢？这实涉及共同进化何以可能的问题？客观地讲，在存在世界里，共同进化之有可能，是因为进化者的背后共有一只"看不见的手"，这只"看不见的手"就是需

---

① ［美］凯文·凯利：《失控：全人类的最终命运和结局》，第 619、618、621 页。

要共同进化的**生命**，更准确地讲，是需要共同进化的生命**朝向群居**的生生本性，这种朝向群居的生生本性拥有非凡的生成稳定的非稳态的能力，这种生成稳定的非稳态的能力构成人、生命、自然共生进化的本性的动力。

基于这种本性的动力，无论从竞争论还是从适应论，共同进化的展开需要具备两个条件，即聚集和学习。聚集是共同进化的首先条件，也是共同进化的首要含义，这是由关联存在法则所决定，也是由关联存在法则所引导，这就是只有聚集才有共同。聚集是共同的前提，也是共同进化的基础。但聚集只能产生于关联存在的相互需要，由此产生关联存在的整体性（或系统性）。聚集是关联存在者基于关联存在的需要而相互贯通，但这种以相互贯通方式聚集的前提是关联存在者本身的**活的存在**，是活的存在物、活的生命存在。只有活的存在物、活的生命存在才创造聚集的惊喜，才推进聚集持续不间断地展开。所以，聚集本身是生命运动，是共进退的关联存在变化。对生命存在者，其关联存在展开的运动和变化之本质，是**生死相依**。关联存在之能保持和增强，在于生死相依的聚集，聚集的持久动力是学习，是关联存在者基于关联存在的进化需要而相向学习。所谓学习，是个体在活着时的适应性。学习即适应。适应既需要竞争，也需要创造，更需要自我限度。因而，竞争、创造、自我限度此三者的合生呈现，构成学习的基本规定，也构成学习的整体动力。

限度生存之共生存在　　进化是存在世界的法则。进化法则之于宇宙即继创生的自生、自在、自为和关联存在的法则；进化法则之于自然即生生不息地"简单创造复杂"再从"复杂创造简单"的创造原则；进化法则落实在生物世界，即"物竞天择，适者生存"的共生进化；进化法则贯穿于人的世界，即以共同进化为动力的**共生存在**。

共生存在的动力是共生进化，共生存在的基础是关联存在。所以，共同存在既相对共生进化言，也相对关联存在言，既相对人、地球生命、自然之关联存在言，也相对人、物、社会之关联存在言。由此揭示共生存在之根与本：共生存在的物理之根，是环境、地球、自然、宇宙；共生存在的生物之根，是物性、人性；共生存在的社会之根，是政治和伦理。统摄三者于一体的共生存在之本，是生生不息的生命存在。

基于如上因素的合生指南，共生存在的实质性诉求有二，即自由和幸福。共生存在的自由，是关联存在的自由、是有限度的自由，这种自由是共生者之间互为自由的前提，也是其互为自由的边界，更为其互为自由的内容。如此规定的共生自由构成幸福的内在规定性，以共生自由为内在规定的幸福，亦属于关联存在的幸福，它同样是关联存在者之间互为幸福的前提，也是互为幸福的边界和内容。所以，在共生自由牵引下，共生幸福既是一种现实，更是一种可能。"一方面，人是幸福的，当他们的生活得到改善，他们相信如果作出努力，就能够应对不确定性的根源并使自己的各种愿望得到满足。另一方面，如果这些条件都被剥夺了，那么他们就是不幸福的。所以，问一下从当代取样的成年人是越来越多地进入前一个范畴还是后一个范畴，是合情合理的。但是答案并不清楚。"① 因为对于大多数人来讲，并不真正理解共生存在的幸福，因为它与无限度的物质幸福论有其根本的却难以轻易辨别的内涵、取向和价值诉求的不同。

五　限度生存的应然

从人性败坏和共生存在之两反两个方面讨论限度生存，揭示限度生存是一种实然存在，违背其实然存在，人性全面败坏；遵从限度生存，则可实现共生存在。从无限度生存的陷阱中走出来回归限度生存，必有其可能条件和现实基础及方式。

1. 限度生存的人本要求

虽然无限度生存的感知、认知、思想和行动模式已深入人心，并构造出具有深厚历史底蕴的文化蓝图、魅力无限的文明景象和无所不包的价值体系，但回返限度生存亦具有普遍的可能性，这一普遍可能性首先体现在人身上。

在宇宙世界里，其存在主体是自然，自然的主体是类型形态化的生命。在人的世界里，其存在主体是人。由人与地球生命、自然关联存在的世界里，其主体依然是人。人作为其关联存在的主体回返限度生存的可能性，主要从精神和身体两个方面呈现。

---

① ［美］杰罗姆·凯根：《三种文化：21 世纪的自然科学、社会科学和人文学科》，第 230 页。

限度生存的认知可能 如第一章所述,"精神"概念有广狭含义,广义的精神,是相对人的身体而言的,指统摄人的意识(认知、知识、思想)、潜意识、无意识和心灵化的心智框架及其倾向状态;狭义的"精神"指包含认知、知识、思想等的**意识内容**,为表述方便,简称认知。

人的认知敞开纵横两个维度,横向敞开的认知涉及宇宙自然、生命和事物、人之自我或他人三个方面;纵向敞开的认知从此在出发带动过去和将来。由此纵横向度,形成人的认知的无限可能性,但这种无限可能性只是相对已然和实然言。首先,这里的"已然"和"实然"是相对存在世界——包括自然存在世界和人的存在世界——本身言,存在世界为人的认知打开了无限可能性,但人对存在世界的认知是异常有限的,尤其是随着文化人类学不断突破自然人类学的限制持续地拓展认知视域之进程中,对存在世界的探索方面,人的认知的深度或许有所掘进,但在认知广度方面反而日趋收敛,典型的例子是越往上古回溯,其对存在世界的探索越呈整体性、全方位性,比如在古希腊或先秦,神话、宗教、科学、哲学、政治、经济没有区分,也没有学科分类;但越是向近代、现代和当代走来,学科分类越来越细,细到可以把研究上帝的一根头发发展成为一门学问。在当世生活中,专家之往往被嘲笑为"砖家",更多地源于专家们视域狭窄得如同抛掷在地面的一块块各自孤立的和缺乏生命力的"砖头",或者是缺乏自持的底线、定力而为他者任意驱使(使用)的"砖头"。但是,在大众的认知或呈反向,越是从过去走向现在和此在,大众的知识视野越开阔,但其认知越浅表,甚而至于文化被一点一滴地抽掉了它的认知、知识、思想、情感以及信仰和精神的内涵,成为只有外壳的语言符号或声音或画面。比如,手机网络化的时代,几乎人人都可以书写语言、符号,人人都可能制作画面、制造声音与观念,但缺乏基本的认知却变得越来越普遍,形成普遍化的认知缺乏。其次,其"已然"和"实然"是指对存在的认知获得性而言,人的认知的获得性所形成的已然和实然,相对认知指向的纵横维度呈现的开放的无限可能性言,始终是有限的,而且这种有限性将个体的渺小和可怜予以无限地突显出来:比如人的基本本性,人最爱的应该是自己,最利的也应该是自己,从道理上讲,人对自己的认知应该是最容易、最清晰、最全面和最深刻,但却恰恰相反,人最不认知和了解的就是自己,所以两千多年前苏格拉底和孔子才分别以不同的方式告诫人们学会认知自己,但最终收效甚微。人对自己的认知绝对有限,人对昨天和明天、过去和未来的认知更是甚少,对世界(事物、自然、宇宙)的认识更是有限。

　　认知的有限性,既源于世界的广漠性、开放性和不确定性,更源于人的认知的本性。世界的广漠性、开放性和不确定性,根源于宇宙生生不息的创生,具体地讲根源于自然"简单创造复杂"和"复杂创造简单"之循环往复的永恒过程;人的认知本性的局限,主要体现在三个方面:一是人始终只关心当前的、近距离的事物,离自己距离越远或者时间越久的事物或存在越是淡漠。二是人的认知源发于感官和知觉,由此形成认知展开的单一性取向,认知事物只能一个一个地展开,思考问题只能一个一个地进行,处理事务只能一件一件地解决。三是人的认知还要受其心灵镜像视域的制约。

　　由于人的认知的有限性,必然生成人的生存的限度性,所以,人的有限认知构成人限度生存的主体性条件,也为人能够限度生存地存在提供了主体认知方面的全部可能性,即一旦当人调整认知方向,正视认知的有限性,其认知的有限性就为人限度生存地存在提供主体方面的可能性力量。

　　限度生存的身体要求　　人作为存在主体,无论其整体意义的生命,还是具体的精神和心灵都通过身体而获得实存样态。所以,从无限度生存的存在状况中走出来回返限度生存的存在,身体成为基本的主体条件。

　　身体之所以成为限度生存的主体条件,是由身体本身所决定。首先,生命的所有方面都通过此在而被捕获进"身体"之中;其次,存在世界的所有方面亦通过此在而被捕获进"身体"之中。因为身体是生命的本体,身体也是认知的主体。从发生学讲,是身体开启了认知。身体开启认知的发生学,不是感官和知觉意义的,而是身体对身体意义的。在发生学意义上,身体对身体的触摸引发出认知,身体对身体的进入或身体对身体的吸纳发生认知。从认知的发生学观,人的认知基因、认知原型产生于生命种子的形成过程,这个过程的起点是身体对身体的进入和身体对身体的吸纳,形成精子对卵子和卵子对精子的配对追寻,最后配对成生命的种子。其后,生命的种子在母体中孕育十月,无时不是身体对身体的感觉、体认甚至领悟,婴儿从母体脱落来到尘世的最初认知引导,依然是身体对身体的触摸方式展开,并由此形成人的存在关系的原型是"我-你"关系。对一个新生命言,其所构成的"我-你"关系的直接原型是"子-母"关系。这一原型关系亦构成原初的认知方式,即身体对身体的认知,这就是梅洛-庞蒂所讲的:"的确是我的身体在感知他者的身体,并在这个他者的身体中发现了我自己意向不可思议的延伸,一种与世界打交道的熟悉方式。从此以后,由于我身体的各个部分共同构成了一个系统,所以我的身体和他者的身体就是一个整体,是同一现象的两面。"①

或者更准确地讲,人的存在关系是由人的存在认知提供其内在框架。人的存在关系的原型是"子-母"关系,生成以"子-母"为底色的"我-你"关系,其扩张形态是"我-他"关系和"我-它"关系,前者指我与他人的关系;后者指我与他物、他事以及存在世界的关系。构架这三种存在关系的内在框架的原型是身体性的"我-你"认知方式,并由此拓展出身体性的"我-他"认知方式和"我-它"认知方式。人的身体不仅在存在意义上具有三个维度,在认知意义上也具有三个维度,这就是作为**自为**的身体,作为**为他**的身体和作为**存在**的身体。首先,作为自为的身体,只有我自己才知道我的身体,但我也不能完全地知道自己的身体,身体对于我来讲,也是一个永远的秘密和永远的神秘,它不断唤起我对自己的神秘的身体的意识和体验、迷惑或觉解。其次,作为我的为他的身体,即萨特所讲的"我是一个身体被他者所知道的为我的存在"②和"作为被他者知道的我的身体",即"我们在他者面前的在世之在中有着真实但无法掌控的一面——诗人所说的'就像他者在看我们'"。③ 我的为他者的身体,是指我的身体存在本身构成存在的对象,即我的身体始终处于四通八达的状态,成为承受来自四面八方的窥视的对象,这就形成一方面我通过我的身体被认知、被接受或者被拒绝,我的身体始终在去蔽我的身体,我的身体在泄露、在出卖我的存在;另一方面

---

① *The Visible and the Invisible*, *Followed by Working Notes*, ed., C. Lefort, trans., A. Lingis, Evanston: Northwestern University Press, 1968, p. 225.
② Jean-Paul Sartre, *Being and Nothingness*, trans., H. E. Barnes, New York: Philosophical library, 1956, p. 351.
③ [爱尔兰]理查德·柯尔内:《20世纪大陆哲学》,第88页。

也以此知道我的身体最终是保守我的秘密使我充满独立、个性、魅力、神秘的身体，他者对我的身体的认知和窥视都是有限的，哪怕是最亲的人（比如我与我的母亲）或最亲密的人（比如我与我的妻子或我与我的丈夫），他对我的身体的了解是相当有限的，我对他的身体的了解亦是有限的。最后，作为存在的身体，不仅指我的自为存在的身体，也指我的世界性存在的身体，正是身体的这一双重存在，身体认知身体和身体认知世界才成为可能，或曰身体通过（人或物的）身体而认知存在。

人的身体必然是身体，但人的身体绝不仅仅是身体，因为身体通过此在而将生命和世界的所有方面捕获进了"身体"之中，生命、精神、意识和心灵完全地构成身体本身，身体的"自为的存在必须完完全全地是身体，它必须完完全全地是意识；它不能与身体相联合"①。同样，身体的为他存在和身体的为存在的存在，也完完全全的是身体本身，因为"身体是（前反思地）**'活生生地存在着的'**，而不是（反思地）'被认识的'，它是我是其所是的手段的绝对中心，而不是我所运用的工具，同时它还是我此时此刻的观点，我在世界中由此出发去行动的立脚点"②（引者加粗）。

身体对认知的生成性和对认知方式的构成性，不仅为人的存在关系提供内在框架和类型方式，也赋予了人存在的有限性。首先，身体的有限性为限度生存提供了可能性。每个人都有一个只属于自己的肉身，这个肉身无论相对自己还是相对他者言，都相对稳定，这种相对稳态的肉身释放出来的生存功能的限度亦相对稳定，这一双重稳定性的肉身规定了人只能限度生存地存在。其次，身体的不确定性亦为限度生存提供了可能性。身体的不确定性主要来源于两个方面，一方面是来源于身体对认知的生成性和对认知方式的构成性：身体对认知的生成性是三维的，身体对认知方式的构成性也是三维的，这一双重三维生成出身体的开放性存在，这种开放性存在的身体敞开不确定性。另一方面是来源于人的肉身虽然在整体上是相对稳态，比如身体的结构、身体的体态、身体的面貌以及与之相适应的身体的功能，是相对稳态的，但

---

① Jean-Paul Sartre, *Being and Nothingness*, trans., H. E. Barnes, New York: Philosophical library, 1956, p.305.
② ［爱尔兰］理查德·柯尔内：《20世纪大陆哲学》，第88页。

同时也会在其相对稳态的框架下,随时空的变化而变化,比如体重的变化、健康状态的变化、年龄的变化等,都使身体增加了自身的不确定性因素,这些不确定性因素同样使身体本身为限度生存的存在提供了多种可能性。

由于如上两个方面因素的相互制约或激励,身体的不确定性往往从四个方面敞开。一是自在对身体的要求性是不确定的。身体的自在,是指身体非意识地存在,即不受意识的支配的身体以自身的方式存在,比如处于睡眠状态的身体,就是自在身体;蜷缩在沙发里看电视的身体也是自在的身体。自在的身体的不确定性体现在身体随时**以自身的方式**安放自己。二是自为对身体的要求性。身体的自为,指身体随时接受意识的安排,意识地安放身体,使身体处于更大的不确定性中。萨特将自为的身体视为完全意向性的,是意向性的身体,即"身体并非仅仅与使行动者个体化的谋划保持外在的关系。因此,身体是存在的'处境'中必不可少的一部分,是一种手段,经由它,我们处境的其他'必然的偶然性',比如我们的种族、我们的阶级以及我们的过去全都混合在一起。换句话说,作为自为存在的身体是我们人为性的最基本形式"[1]。三是为他对身体的要求性,即接受来自他者的指令或存在的要求而安放自己的身体,因为为他的身体现在是作为他者的肉身(flesh)出现的,人的肉身意味着"他者的,在场的纯粹偶然性"[2]。比如窥视他人的身体,是以他人的身体的存在位态为准则来安排自己的身体的位态,战争中的侦察活动、战场中的偷袭隐蔽等行为都体现身体的受使性,这种受使性的身体也是不确定的。四是身体的不可控性,这源于身体存在的场态化,即在有他人任意参与的公共场所(即使家庭也是如此),身体是处于四通八达的存在状态,在这种状态中,自己对自己的身体处于不可控状态,比如身体被他人窥视,过往行人的"注目",以及身体欲求对身体的出卖或身体主动或被动的付出等,都使身体处于不确定性状态。

身体敞开的每种形式的不确定性,为生存提供了各种可能性,也正是这些可能性释放出身体的绝对有限,身体呈现出来的绝对有限为人的限度生存

---

[1] [爱尔兰]理查德·柯尔内:《20世纪大陆哲学》,第88页。
[2] Jean-Paul Sartre, *Being and Nothingness*, trans., H. E. Barnes, New York: Philosophical library, 1956, p. 343.

地存在提供了现实性。

2. 限度生存的社会要求

造物主创造的世界既是整体存在，也需要个体生命对整体存在的充盈。宇宙继创生既为个体与整体如何共生存在提供法则，也是其整体与个体共生存在的方式。人类作为宇宙中之一实存生命样态，既是个体存在，也是整体存在，还是个体与整体的关联存在，这一关联存在要求必以共生方式敞开。这一共生方式落实于个人存在，就是人与社会之间限度生存地共生存在。限度生存的可能性和现实性，不仅来源于作为生存主体的个人方面，更来源于个人存在于其中的社会本身。社会与个人一样，是一个开放性的场态存在，它不仅四通八达贯通所有领域甚至每个存在物，也承受四面八方的压力或刺激。所以，社会的场态存在本身为人的限度生存提供了无限可能性，但也正是这一无限可能性包含了绝对的有限性，这些有限性因素构成限度生存的必然要求和社会条件。仅后者论，其为限度生存提供多种可能性主要有四个方面。

利益的限度要求　　人是需要资源滋养但又无现成只靠自己劳动创造才可获得的存在个体，其存在的根本需求是利益。由于个人对生存所需的资源并不能靠个人的劳动付出而得到保障，必须走向他人、与他人结成互助智-力的合作生存关系，为这种生存的持久需求所生成的互助智-力的合作生存关系得到持久的维持和增强，人们不得不形成平等互利、合作共赢的行动规则，并需要其平等互利、合作共赢的行动规则得到持久的维护并充分地发挥其仲裁的功能，于是产生应有的绝对仲裁权威的调停机构，这就是政府组织。由是，以政府为仲裁者所组织起来结构化、秩序化的社会同样产生利益需要。从个人到社会，再从社会到个人，这种互动的利益需要只能是有限度的。对个人或个体的组织、机构（比如企业）来讲，其利益需求的无限，自然造成利益谋求和占有的无限，其结果只能损害社会的有限利益要求；与此相反，当社会的利益需要无限度，必然造成其利益谋求和占有无限度，这种社会需求无限度必然形成对个人正当和合法利益的损害或剥夺。无论是个体对社会的利益强占或剥夺，还是对个人的利益强占或剥夺，都会导致社会无序，这种无序的持久展开的最终结局，是人与人、人与社会的合作的解体。

所以，无论个人还是社会，利益都是一种普遍需求，从根本上涉及人之生和社会的存在。但普遍需求的利益是绝对有限的,无论资源何等富饶的国度或经济如何发达、财富如何丰盈的社会,利益始终是普遍需求的内容,并构成一种普遍生存的限度方式,所以普遍的利益需求构成限度生存的根本方式,它决定着一切,包括决定着自由的向度和权利与权力的性质及边界。

自由的限度要求　　利益需求是天赋人的缺陷,这种天赋缺陷构成社会生成的动机,也构成人和社会必须限度生存的普遍规定,形成个体和社会都必须遵从的限度生存的法则,即**利益限度法则**。与此不同,自由诉求是天赋人的权利,这种天赋人权亦构成社会生成的动机,也构成人和社会必须限度生存的普遍规定,形成个体和社会都必须遵从的限度生存法则,即**自由法则**,抑或**群己权界法则**。

天赋自由的权利,为何会生成出限度生存的群己权界法则呢?这是因为天赋的自由,是绝对平等的存在自由,即每个人凡事**有权如此**的自由,但当人的存在来到现在和上手现在的方式此在时,其存在的绝对自由只能沦为相对的自由:"夫人而自由,固不必须以为恶,即欲为善,亦须自由。其字义训,本为最宽,自由者凡所欲为,理无不可,此如有人独居世外,其自由界域,岂有限制?为善为恶,一切皆自本身起义,谁复禁之!但自入群而后,我自由者人亦自由,使无限制约束,便入强权世界,而相冲突。故曰人得自由,而必以他人之自由为界。"① 群己权界的自由揭示:自由是己相对他者言,个人独立而在的世界不存在自由与不自由的问题。但是,自由是己与他者之间互为确立的行为边界和生存限度,即我的自由的边界是你的自由,你的自由的边界是我的自由,无论什么原因,人与人之间一旦突破了这一边界,自由就不存在了。自由不存在的生存情况主要有两种,一种情况是人主动地和自由地让度自由,这种情况或者出于亲情,或者出于友情,或者出于慷慨;另一种情况是人出自被动或被迫的丧失自由,这种情况往往源于强夺和侵犯,这种强压或侵犯的行为属于无限度生存的行为。由此,求群、适群、合群的人的自由,只能是群己权界的自由。群己权界的自由,是一种相对自由,这种相对自由既是相互给予,也是相互维护。这种既相互给予又相互维护的相

---

① [英] 约翰·穆勒:《群己权界论》,严复译,上海三联书店2009年版,第7页。

对自由，就是限度生存的根本形式，离开了相互给予和相互维护，相对自由不存在，限度生存也不存在。

权利和权力的边界　　社会是人的意愿性联合，这种意愿性联合的根本目的是共同的存在安全和生活保障，由此诞生的社会要解决人人共同面临的存在安全问题和生活保障问题，其根本努力不是组织生产和创造财富，而是解决权利和权力的边界问题。

所谓权利，指缔造社会的主体的人权，亦称民权；所谓权力，指国家（立法、司法、行政）权力，也可指其他社会机构的组织权力，简称公权。民权与公权的边界有三层含义，一是指民权的边界。人是靠拥有其平等的权利资格而立足于社会，并依权利而索取自由和利益，所以，权利成为衡量自由和利益的尺度，自由和利益也构成权利的内在规定。由于自由和利益的规定，人与人之间发生自由或利益的交集时，必要求权利的对等、平等，所以，权利构成权利的边界。这一权利边界从两个方面规定：你的权利构成我的权利的边界，我的权利构成你的权利的边界。二是指公权的边界。公权是指由国家立法权、行政权和司法权力组成的社会服务权力，这种社会服务权力因为有国家机器（立法机器、司法机器、行政机器——比如政府体系、警察、监狱等）的武装，而既是整体的权力，也是绝对的权力，是绝对的整体权力和整体的绝对权力。权力的如此性质规定了权力必须有边界、有限度。公权的边界和限度既相对权力本身言，也相对民权言。由于权力必须通过分配而形成，并通过分布而发挥功能，所以相对分配和分布言，权力构成对权力的边界，这种边界从纵横两个方面规定：在横向维度上，权力的分布必须互为边界和相互制约，比如立法权、行政权、司法法三者之间在权力上应该界限分明，并且应该有相互激发和制衡的机制。在纵向维度上，权力的分配亦必须互为边界和相互制约，比如政府权力的纵向分配所形成的政府权力体系必须上下有明确的边界和限度。三是民权与公权之间的边界。这一边界的性质构成和取向敞开两种方式，第一种方式是公权定义民权，形成公权确定民权的性质、内涵和边界，民权绝对服从公权，公权可绝对地无限度地扩张自身权力，使其权力无边界；另外又无限度地支配民权。第二种方式是民权定义公权，形成民权确定公权的性质、内涵和边界，公民绝对地服从民权，构成民权博弈仅博弈公权的权利机制和律法制度，在这种博弈机制和法律框架下，民权的边界是公权，公权的权力范围是公民的权利范围。

然而，无论公权定义民权还是民权定义公民，都有其最终限度，哪怕是在公权定义民权的社会里，公权可以无限度地扩张和行为，最终还是需要收敛而形成限度性，因为当公权将绝对无限度的权力推向极端，也会引发权力的阻碍，当这种阻碍不能靠无限绝对的公权来解除时，它也只能收敛其绝对无限度，形成相应的自为边界或互为边界。所以，权利和权力的边界构成限度生存的基本准则。

技术的边界 技术是文化人类学的人类为解决其存在安全和生活保障而发明的生存工具。技术这一以服务于人的生计为目的的性质和功能，决定了技术在本质上是有限度的。这是因为，第一，人类从自然人类学向文化人类学方向进发，是一个未完成、待完成、需要不断完成的永恒过程，在这一永恒敞开的生成过程中，昨天的存在安全并不能替代今天的存在安全，今天的生活保障也不能构成明天的生活保障，一是世界存在、人类社会始终在变化不息；二是不同时空阶段的存在安全的水准和生活保障的内容要求可能不同，由此形成人的存在安全问题和生活保障问题始终是一个常新问题，常新的存在和由此演绎出来的常新存在安全和生活保障问题的谋求解决，需要常新的技术，这就形成技术的功能效力范围和功能效力长度是绝对有限的，这种绝对有限表征为每一个新的世代和社会，都不遗余力地开发新的技术。第二，技术的产生和新技术的开发的社会学动机，是更新的存在安全和生活保障问题要求技术的更新，但技术的产生和开发的主体条件，却是人对存在世界的律法、原理、法律、规律的探索、发现和有序的掌握，但人类探索发现存在世界的律法、原理、法则、规律的能力始终是有限的，并且也基于对其有限的突围而不断更新其探索，这种有限和更新有限探索的努力，自然构成技术不断更新的认知来源、方法来源，尤其是新技术形成的制作的范式的来源。由此形成技术的绝对有限。如上两个方面的因素的合生形成一种整体的动力，推动人类进程中的每一个世代都始终如一地以生生不息的方式开发新技术，使新的技术不断突破生存的限度，而这种突破生存限度的努力本身表明生存本身绝对有限度。

技术与生存之间构成复杂的关系最为突出地敞开为三个方面：首先，技术在本质上的限度性，决定了依赖于技术谋求生存的关联存在在本质上是有限度的。其次，技术的限度本质激励出人对技术的无穷开发，形成技术总是处于不断突破自身限度的进程中，由此敞开技术的无限可能性，这种无限可能性为人的无限度生存提供了信念、信心和探求方式。最后，新的技术可以突破技术本身的限度而开辟无限可能性，总是激发人将其可能性无限度地变换成无限度生存的现实性，这样就形成技术为权力背书和权力赋技术权位，由于前者，不断开发的技术沦为权力的工具；因为后者，不断开发的技术获得权力的赋能而成为权力，即技术权力。技术与权力的互为借重，最后既导致技术对人的关系的颠倒，也导致技术对权力的关系的颠倒，前一种颠倒使技术奴役人变成现实，人成为技术奴役的对象，技术成为人的主人；后一种颠倒使技术成为权力的仆役，权力成为技术的主人。正是技术对人颠倒和技术对权力的颠倒，使技术和权力互为动力开辟无限生存的极端道路，在这条极端道路上，人最终沦为物、沦为工具、沦为耗材。

要从根本上解决生存的限度问题，使无限度生存回返限度生存的存在，其根本努力是限度权力，而限度权力的根本任务同时展开两个方面：一是在传统的社会框架下，解决权力与权利，或者说公权与民权之间的边界，形成权利约束权力的律法和权利博弈权力的社会机制。二是在技术化存在的社会框架下，解决技术的限度开发问题，但前提是剥离技术与权力互为借重的实利关系。前者是技术的自身边界的确立，后者是对技术与权力边界的划分。只有处理好这两个方面，限度生存的可能性才能变成现实性。

六 限度生存的普遍方式

逻辑实证主义哲学家卡尔纳普（Paul Rudolf Carnap；1891－1970）一生致力于在语言哲学的探索和写作中不断升华自己的书写哲学信仰，他在其自传中概述自己如何不断地自我提升这一书写哲学信仰，他说："在我看来，个人的主旨应当是努力发展其个性和建立人与人之间有益而健康的关系。这个目标意味着在社会的发展中以至于最后在整个人类的发展中，人们必须进行相互合作，从而建立一个共同体。在这个**共同体**中，每个人都能过一种称心如意的生活,并且有权分享文化发展的成果。尽管人人都知道他个人的生命终将在这个地球上消失,然而这一事实绝不会使他的生活丧失意义和目的。假使他给自己规定任务,努力地去完成,并且把所有个人的特殊任务视为整个人类伟大历史使命的组成部分,因为人类的目标远远超过了每一个人生命的有限历程,那么,他就使自己的生活获得了意义。"① 卡尔纳普指出,人人都存在相互关联且命运与共的共同体中,这一共同体的共生存在才是每个人能够过一种"称心如意的生活"的前提条件,但这个前提条件的具备却需要每个存在于这关联存在的共同体中的人为之创造、付出和经营有限度的生存。

1. 可持续生存

限度生存地存在的基本社会方式,是可持续生存,即使生存可持续。使生存可持续是相对无限度生存言:无限度生存追求可持续发展,可持续发展的核心观念和根本诉求是经济发展的可持续化。纵观人类史,无限度生存的存在方式追求无限度虽然从哲学、科学、技术等所有方面努力,但最终都落实到经济的持续发展上来,实实在在地为经济的持续发展服务。经济的持续发展的实质就是保持和增强经济的高增长。但基于资源、环境、成本、劳动力、技术等因素的刺激或制约,经济发展始终是有限度的,最终不可能无限度地增长和持续地发展,一旦违背这一限度而盲目追求必然导致经济的彻底衰退,经济彻底衰退的最终结果是文明的消逝。如前所述,人类史中不少消逝的文明均证明这一点。人类经济不可无限度地增长和持续地发展的根本原因,是它必要受世界存在的"不可能"原理制约:"不可能性定理恰恰是科学的基础。我们不可能比光行进得更快;不可能创造或消灭物质-能量;不可能制造出一台永动机;等等只有尊重不可能性定理,才能使我们避免在那些注定要失败的事情上浪费资源。因此经济学家们应该特别牢记这些定理,尤其是我们在这里将要论述到的,即世界经济的增长不可能不以贫穷及环境退化为代价。换句话说,可持续增长是不可能的。"② 世界银行经济学家赫尔

---

① [美]鲁道夫·卡尔纳普:《卡尔纳普思想自述》,陈晓山、涂敏译,上海译文出版社 1985 年版,第 11—12 页。
② 赫尔曼·E. 戴利:《可持续增长:一个不可能性定理》,载于[美]赫尔曼·E. 戴利、肯尼思·N. 汤森编《珍惜地球——经济学、生态学、伦理学》,马杰等译,商务印书馆 2001 年版,第 300 页。

曼·E. 戴利关于世界经济增长的不可能性,源于世界存在自身原理的限制,这就是世界的有限性,即世界存在的有限,世界存在承载力的有限,世界存在资源的有限。世界的有限性决定了世界存在的限度方式,即世界只是以自我限度的方式存在。不仅作为整体的世界,其存在和运动是有限度的,存在于其中的任何具体的存在形态、任何生命形式,其存在及敞开都是有限度的。世界的限度存在形成了万物生命和所有存在形式的**限度生存**,也规定了人类的经济活动的限度性,包括经济增长和发展的限度性。无论从存在世界还是从社会或个人观,以经济可持续发展为主导而展开的哲学、科学、技术、政治以及教育和文化等所有领域诉求无限生存的这种存在方式,最终将文化人类学的发展推上陷阱重重的后世界风险社会的悬崖,解救的根本社会方式是从无限度生存的悬崖上有序地退回到可持续生存的存在道路上来,重新探索人类能够持续生存的方式。从整体观,这种探索从三个方面展开。

后退式限度生存 后退式限度生存是指将生存从逢山开路、遇水架桥拼死向前的可持续发展的悬崖上撤退下来,以退后的方式探索生存的可持续性,构建一种后退式限度生存的存在方式。后退式限度生存,不是降解可持续发展速度,而是重新定义"发展",发展不是以经济为导向,应该诉求生存的可持续存在。所以,以后退方式回归限度生存,就是重新定义生活。所谓生活,是指享有"无伤害、有尊严、幸福的"和普遍"平等、自由"的环境是人的基本权利[①],去技术化存在是构建这种环境的社会方法,因为技术化存在在本质上是将人物化、工具化、耗材化的社会存在方式,是使精英远逝和逼人退场的社会生存方式。去技术化存在,就是将人从物化、工具化和耗材化的深渊中解救出来,使人回归存在敞开的生存之场,成为来到现在和上手现在的此在之场在场之人,过自然主义的简朴生活。

清减式限度生存 清减式限度生存是指将生存从无限度的可持续发展悬崖撤退下来,做一种可持续化的限度生存范式的重建,探索清减式限度生存的重心不再是后退,是清理和减少无限度发展所层累性形成的生存负荷,使其真正实现生存的限度化。所以,构建清减式限度生存的基本方向,是实

---

① Stockholm Declaration, Stockholm (1972), Principle l.

施社会结构的重塑和社会发展重心的转移。

无限度生存的存在方式得以支撑的社会结构,是唯物质主义的社会结构,哲学、科学、教育、技术、经济、政治等各个领域、所有方面都围绕此构建起一个严格等序化的和绝对不平等的物质主义的结构体系,消解无限度生存的结构体系,探索限度生存的存在方式,需要重新建构与之相适应的社会结构,即以精神为主导的社会结构,哲学、科学、教育、技术、经济、政治等各个领域和所有方面,都需围绕此而建构起一个非等序化的和普遍平等的以**精神导向物质**的结构体系。只有通过重塑社会结构才可实现社会发展重心的转移,即由可持续发展转向可持续生存;可持续发展的方向是吸纳农村而发展城市、都市,通过压缩、扁平、萎缩乡村来壮大城市、都市,城市、都市成为乡村的压榨机。基于此,清减式限度生存转移社会发展的重心的具体方式,就是都市、城市反哺乡村,复活乡村,回归自然。所以,建构清减式限度生存的存在方式的基本方法有三:一是去泛都市化、去泛城市化,中止都市、大中城市的规模发展,深度探索都市和大中城市的功能发展,使都市、大中城市的发展重心转向功能建设、功能开发、功能拓展,同时有序地发展镇城。所谓有序地发展镇城,是指发展镇城的重心不是规模,而是限制其规模发展,立体发展镇城的功能,包括经济功能、生活功能,尤其是教育、医疗、卫生、养老保障功能和环境的生境滋养功能。二是复活乡村,使生活回到乡村,使都市、城市成为建设、创造、革新、活化乡村的舞台和活水源泉,使世界、社会、生活以乡村为归宿。三是小政府大社会。所谓小政府,就是使政府机构少、人员少、权位小和权力少。政府越小,消耗越小,公民的负担越小,社会越平等,伤害越少。所谓大社会,首先指由社会来管理社会,社会的自身活力、自身潜力、自身创造力就会得到全面的释放,整个社会既充满个性,更充满创造力,还充满对自由和个性的创造性引导。其次指由社会引导社会,社会引导社会的社会,更容易形成公民建设、法治建设和人性主义的道德社会的建设,更容易形成道德社会。再次指由社会规范社会,即社会以自身的力量规范各个阶层、各个领域的行为,真正促进人人尊重社会、关心社会、净化社会、美好社会。最后指将社会的归还社会,将个人的归还个人,将政府的归还政府,使其各司其职,各担其责。

修养式限度生存　　修养式限度生存是指在将生存从无限度的可持续发展悬崖上撤退下来予以负荷的清减之后，以修养的方式探索生存的可持续性，构建修养式限度生存的存在方式。具体地讲，就是在重塑社会结构和社会重心的基础上探索一种更人性化的可持续生存的方式，即休养生息的生存方式。这种生存方式的社会面向，是以无限节流为主导、以有限开源为准则。这种生存方式的个人面向，是拒绝奢侈，崇尚简单。

2. 修善与艺术

限度生存，是一种社会建构。但在更大的视域上，限度生存是一种文化人类学的重建。人类从自然人类学中走出来探索文化人类学的存在方式，开辟出来的是一条无限度发展的存在道路，这条道路标志着人的发展的外向性，形成外向发展范式，这一外向发展范式就是无限度地向外部世界扩张，无限度地扩大人的存在世界，尤其是扩大其物质存在的世界，其对心灵、情感、意识、精神的探索和信仰的确立、思想的创造、知识建构等，都是围绕无限度扩张外部世界和无限度扩大人的物理世界而展开。从历史观，这种扩张性发展几乎构成文化人类学的目的，物质主义存在几乎构成人的目的。人类的这种外部世界化的扩张主义的文化人类学发展，一路掘进走到今天，遭遇重重阻碍，沦陷进由各种陷阱组构成的后世界风险社会进程，这一进程本身意味着这种扩张主义的文化人类学发展模式的终结，人类必须在此终结点上去重建文化人类学的新发展方式。这种新发展方式应该由外部扩张转向内在建设，即丰富、深厚、弘大人的信仰、心灵、情感、精神的世界，以信仰探索、心灵探索、情感探索、精神探索、思想探索和知识探索为生活的源泉、幸福的源泉，并以真、善、美、利、义共生的生活为幸福的标志。所以，限度生存之于个人，其基本的方法应该是修养善和创造美。

限度生存的修善方法　　限度生存的实质，不是以物质为生活目的，而是以精神为生活目的。以精神为生活目的的存在，不是说人的生存反对物质，或人的生存不要物质，而是指人的生存对物质的诉求必须有限度，这种对物质的限度的定性和定量的综合指标是生活所需要的**物质无匮乏之忧**。使物质无匮乏之忧的社会条件，却是去特权、去争夺、去垄断、去剥夺和去压迫的普遍平等。因为只有去特权、去争夺、去垄断、去剥夺和去压迫的社会，才可成为平等的社会；也只有去特权、去争夺、去垄断、去剥夺和去压迫的社会，才可建立起普遍的存在安全制度和人人的生活保障体系的社会。所以，无论对个人还是社会，物质无匮乏之忧，并不是指物质、财富的极大丰富，而是指物质、财富的平等创造和物质、财富的平等流动、平等分享。

解决物质的无匮乏之忧，对个人言，是能够做到的，对社会来讲，也是能够做到的。其根本的努力，不是无限度地创造物质和财富，虽然这很重要，但根本的努力是建设无匮乏之忧的社会结构和律法体系。扩张主义的文化人类学发展的历史呈现出来的是特权盛行、争夺剧烈、垄断、剥夺和压迫社会化，这种社会化方式为探索限度生存积累了丰富的经验和教训，这些经验和教训应该成为当世走向未来的文化人类学重建的难得财富，具体地讲，可以充分运用积累起来的这些经验和教训来解决物质无匮乏之忧的社会问题，建构起使从社会到个人和从个人到社会在物质方面的无匮乏之忧的社会结构和律法体系。在此基础上，探索信仰、心灵、情感、精神、思想、知识无限丰富和富有的生存范式和生活方法。

信仰、心灵、情感、精神、思想、知识无限丰富和富有的生活，即会通真、善、美、利、义的的生活，可简称为**善美生活**。其中，利是善美生活的保障，即善美的生活必须是物质无匮乏之忧的生活，因而，有限度的求利——具体地讲，以权利和责任对等的方式求利——是善美生活的必需。真是善美生活的奠基，基于此基本要求，揭露（存在世界或事物存在的）真相、探求真知、发现真理、讲求真实、凡事真诚，构成善美生活的基石。善是善美生活的本体，基于此基本要求，知德和行德，成为善美生活的内在规定、必须指南和根本准则。美是善美生活的目标，基于此基本要求，人与天调，然后天地之美生。义是善美生活的敞开，基于此基本要求，相信、希望、爱，成为善美生活的日常方式。

探索以真、善、美、利、义为基本内涵规定的善美生活，需要探索、重建或革新一种政体方式、制度结构和权利约束权力的社会方式，这是前提，也是基础。但具备这个前提并形成这个基础，却需要生存主体的善美修养。生存主体的善美修养的重心，是修养德性，践履德行，创造美好。修养德性，就是知德，知德的起步是求真，方式是理性，重心是品质的涵养和良心对良知的生成，方法是**尽性而诚**。践履德行就是行德，行德的起步标志是实做，方式是中道，重心是日常庸行，方法是**尽心而诚**。

限度生存的艺术方法 修养德性是为践履德行，践履德行是为创造美好生活方式和生活状态。为践履德行而修养德性，需要尽性知德；为创造美好而践履德行，需要尽心行德；为创造美好生活方式和生活状态，需要探索美和艺术。

探索美，不仅需要明白何为美，其根本也是知其美的来源、美在何处。

美来源于存在和存在的到来。存在世界是美的源泉，存在世界之美来源于宇宙创化之生生和宇宙继创生之简单与复杂：简单是美，复杂是美，简单创造复杂是美，复杂创造简单是美。因而，存在的到来，即美的到来。在浩瀚的宇宙里和自然世界里，存在无时不到来，美无时不存在、无时不彰显。对人来讲，存在的到来即存在来到现在和现在上手现在而**生成**此在生存，美也随之来到现在和上手现在而生成此在生存。所以，切近地说，美来源于存在上手此在生存。美的最终来源于宇宙的伟大创化和继创生，美的直接来源是**历史化的此在生存**。

理解美的来源，构成美在何处的觉解方式。以客体的姿态观，美在每日上手的生存，它隐藏于生存的烦忙和烦盲中，只要剥开生存的烦忙并剔除生存的烦盲，美就自为地敞开。以主体的方式观，美在对美好生活的创造。对美好生活的创造，就是艺术。

创造美好生活的艺术，当然是艺术家们的艺术，但不只是艺术家们的艺术，并且主要不是艺术家生产的艺术，而是大众的艺术，是诉求、创造、经营限度生存的人人的艺术。基于限度生存的本真意愿和挚诚，努力于信仰、心灵、情感、精神、思想、知识的自我充盈和丰富，在日常庸行的生活中践履真、善、美、利、义，就是探索艺术、创造艺术和鉴赏艺术。

在重建限度生存的文化人类学中，艺术是限度生活的探索、创造和经营的基本方式。无论专门的艺术家，还是生活大众，都应该是限度生存者，都限度生存在存在世界之中，接受宇宙创化的生生法则（自生、自在、自为和关联存在的法则）的牵引并承受宇宙的继创原则（简单创造复杂和复杂创造简单的原则）的规训。而且，宇宙创化之自生、自在、自为及关联存在的生生法则和继创生的简单创造复杂与复杂创造简单的原则融通在限度生存之中，构成限度生存的存在常识。生活大众在限度生存中要遵从其常识，艺术家们在限度生存中也要遵从其常识，因为艺术家们首先是存在者、生活者，然后才是艺术家；并且，人成为艺术家，最终仍然是生活者、存在者。这是生活大众与艺术家"与共"的土壤、共存的舞台和共守地创造善美生活的法则。

  限度生存的艺术，或者说会通了宇宙创化法则和继创生原则的限度生存，本质上是艺术。限度生存的艺术在本质上是诗，诗在本质上是哲学。哲学是理性凝练的诗，诗是感性张扬的哲学。创造限度生存的艺术方式，其基本的形态是艺术，其最高的形态是诗和哲学，其内在神韵是信仰、希望和爱。滋养信仰、希望和爱的限度生存充满创造善美生活的魅力，是因为创造无限度生存的文化人类学，追求祛魅，暴露一切，显现一切，使一切扁平、平庸，创造出唯物质主义的平庸之恶盛行于世；解救无限度生存的文化人类学，却意愿于返魅，返魅生命存在，返魅自然世界，返魅宇宙创化和继创生，返魅信仰、希望和爱。返魅，成为创造善美生活的动力，也是善美生活的最终旨归。

参考文献

［爱尔兰］理查德·柯尔内：《20世纪大陆哲学》，鲍建竹、李婉莉等译，中国人民大学出版社2016年版。

［奥］弗洛伊德：《精神分析引论新编》，高觉敷译，商务印书馆1987年版。

［奥］维特根斯坦：《思想札记》，吉林大学出版社2005年版。

［德］爱德华·策勒：《古希腊哲学史——柏拉图与老学园派别》（第3卷），詹文杰译，人民出版社2020年版。

［德］爱德华·策勒：《古希腊哲学史——从最早时期到苏格拉底时代》（第1卷上册），聂敏里、詹文杰、余友辉、吕纯山译，人民出版社2020年版。

［德］爱德华·策勒：《古希腊哲学史——从最早时期到苏格拉底时代》（第1卷下册），余友辉译，人民出版社2020年版。

［德］爱德华·策勒：《古希腊哲学史——古希腊哲学史的折衷主义流派史》（第6卷），石敏敏译，人民出版社2020年版。

［德］爱德华·策勒：《古希腊哲学史——斯多亚学派、伊壁鸠鲁学派和怀疑主义学派》（第5卷），余友辉、何博超译，人民出版社2020年版。

［德］爱德华·策勒：《古希腊哲学史——苏格拉底与苏格拉底学派》（第2卷），吕纯山译，人民出版社2020年版。

［德］爱德华·策勒：《古希腊哲学史——亚里士多德与早期散步学派》（第4卷上下册），曹青云译，人民出版社2020年版。

［德］费希特：《费希特著作选集》第2卷，商务印书馆1994年版。

［德］海德格尔：《存在与时间》，生活·读书·新知三联书店1999年版。

［德］海德格尔：《海德格尔选集》（上下册），孙周兴选编，上海三联书店1996年版。

［德］黑格尔：《小逻辑》，贺麟译，商务印书馆1980年版。

［德］黑格尔：《自然哲学》，梁志学等译，商务印书馆1980年版。

［德］胡塞尔：《逻辑研究》第2卷，倪良康译，上海译文出版社2006年版。

［德］康德：《纯粹理性批判》，邓晓芒译，人民出版社2004年版。

［德］康德：《纯粹理性批判》，韦卓民译，华中师范大学出版社1991年版。

［德］康德：《道德形而上学探本》，唐钺重译，商务印书馆1959年版。

［德］康德：《实践理性批判》，关文运译，商务印书馆1960年版。

［德］康德：《实用人类学》，李秋零译，中国人民大学出版社2013年版。

［德］康德：《未来形而上学导论》，李秋零译，中国人民大学出版社2013年版。

［德］康德：《形而上学导论》，庞景仁译，商务印书馆1982年版。

［德］康德：《宇宙发展史概论》，上海外国自然科学哲学著作编译组，上海人民出版社1972年版。

［德］乌尔里希·贝克：《世界主义的欧洲：第二次现代性的社会与政治》，华东师范大学出版社2008年版。

［德］乌尔里希·贝克：《世界风险社会》，吴英姿、孙淑敏译，南京大学出版社2004年版。

［德］乌尔里希·贝克：《自由与资本主义》，路国林译，浙江人民出版社2001年版。

［德］乌尔里希·贝克：《风险社会》，何博闻译，译林出版社2004年版。

［法］利奥塔：《后现代性与公正游戏：利奥塔访谈、书信录》，包亚明译，上海人民出版社1997年版。

［法］利奥塔：《后现代状态》，车槿山译，生活·读书·新知三联书店1997年版。

［法］列维·布留尔：《原始思维》，丁由译，商务印书馆1981年版。

［法］帕斯卡尔·阿科特：《气候的历史：从宇宙大爆炸到气候灾难》，李孝琴等译，学林出版社2011年版。

［法］让-皮埃尔·韦尔南：《希腊神话与宗教》，杜小真译，生活·读书·新知三联书店2001年版。

［古罗马］查士丁尼：《法学总论》，张企泰译，商务印书馆1989年版。

［古罗马］西塞罗：《论共和国论法律》，王焕生译，中国政法大学出版社1997年版。

［古希腊］柏拉图：《柏拉图全集》第1卷，王晓朝译，人民出版社2002年版。

［古希腊］亚里士多德：《灵魂论及其他》，吴寿彭译，商务印书馆1999年版。

［古希腊］亚里士多德：《尼各马科伦理学》，廖申白译，商务印书馆2003年版。

［古希腊］亚里士多德：《政治学》，吴寿彭译，商务印书馆1983年版。

［荷兰］斯宾诺莎：《伦理学》，李健译，陕西人民出版社2007年版。

［加］斯图亚特·C. 杉克尔：《20世纪科学、逻辑和数学哲学》，江怡、谢涤非等译，中国人民大学出版社2016年版。

［加］约翰·V. 康菲尔德主编：《20世纪意义、知识和价值哲学》，江怡、曾自卫等译，中国人民大学出版社2016年版。

［美］B. 格林：《宇宙的琴弦》，李泳译，湖南科学技术出版社2007年版。

［美］Dean Radin：《意识宇宙：心灵现象中的科学真相》，何宏译，科学技术文献出版社2014年版。

［美］F. J. 戴森：《全方位的无限：生命为什么如此复杂》，李笃中译，生活·读书·新知三联书店1998年版。

［美］J. 唐纳德·休斯：《世界环境史》，越长风、王宁、张爱萍译，电子工业出版社2014年版。

［美］W. 安德鲁·霍菲克编：《世界观的革命》，余亮译，中国社会科学出版社2016年版。

［美］爱德华·格兰特：《中世纪的物理科学思想》，郝刘祥译，复旦大学出版社2001年版。

［美］布鲁斯·罗森布鲁姆、弗雷德·库特纳：《量子之谜：物理学遇到的意识》，向真译，湖南科学技术出版社2014年版。

［美］大卫·格里芬：《后现代精神》，王成兵译，中央编译出版社1998年版。

［美］大卫·格里芬编：《后现代科学》，马季方译，中央编译出版社1995年版。

［美］赫尔曼·E. 戴利、肯尼思·N. 汤森编：《珍惜地球——经济学、生态学、伦理学》，马杰等译，商务印书馆2001年版。

［美］杰罗姆·凯根：《三种文化：21世纪的自然科学、社会科学和人文学科》，王加丰、宋严萍译，上海人民出版社2011年版。

［美］杰瑞·卡普兰：《人工智能时代》，李盼译，浙江人民出版社2016年版。

［美］凯文·凯利：《失控：全人类的最终命运和结局》，陈新武等译，新星出版社2015年版。

［美］理查德·S. 韦斯特福尔：《近代科学的建构》，彭万华译，复旦大学出版社2001年版。

［美］理查德·德威特：《世界观：科学史与科学哲学导论》，李跃乾、张新译，电子工业出版社2014年版。

［美］列奥·施特劳斯：《自然权利与历史》，彭刚译，生活·读书·新知三联书店2016年版。

［美］龙多·卡梅伦、拉里·尼尔：《世界经济简史：从旧石器时代到20世纪末》，潘宁等译，上海译文出版社2016年版。

［美］鲁道夫·卡尔纳普：《卡尔纳普思想自述》，陈晓山、涂敏译，上海译文出版社1985年版。

［美］罗伯特·C. 所罗门、［美］凯特林·M. 希金斯主编：《德国唯心主义时代》，诸傅华、冯俊等译，中国人民大学出版社2016年版。

［美］梅拉妮·米歇尔：《复杂》，唐璐译，湖南科学技术出版社2015年版。

［美］乔纳森：《论解构》，陆扬译，中国社会科学出版社1998年版。

［美］乔治·霍兰·萨拜因：《政治学说史》（上下册），盛葵阳、崔妙因译，商务印书馆1986年版。

［美］乔治·萨顿：《科学的生命》，刘珺珺译，上海交通大学2007年版。

［美］斯蒂文·贝斯特、道格拉斯·凯尔纳：《后现代理论》，张志斌译，中央编译出版社1999年版。

［美］特伦斯·欧文：《古典思想》，覃方明译，辽宁教育出版社 1998 年版。

［美］托马斯·L. 汉金斯：《科学与启蒙运动》，任定成、张爱玲译，复旦大学出版社 2000 年版。

［美］威尔·杜兰：《世界文明史（希腊生活）》，幼狮文化公司译，东方出版社 1999 年版。

［美］约翰·惠勒：《宇宙逍遥》，田松南、宫梅芳译，北京理工大学出版社 1998 年版。

［美］约翰·H. 霍兰：《隐秩序：适应造就复杂性》，韩晖译，上海世纪出版集团 2015 年版。

［美］约翰-克里斯蒂安·史密斯：《认知科学的历史基础》，武建峰译，科学出版社 2020 年版。

［日］田中裕：《怀特海有机哲学》，包国光译，河北教育出版社 2001 年版。

［瑞士］克里斯托弗·司徒博：《环境与发展：一种社会伦理学的考量》，邓安庆译，人民出版社 2008 年版。

［苏］涅尔谢相茨：《古希腊政治学说》，蔡拓译，商务印书馆 1991 年版。

［新加坡］C. L. 腾主编：《19 世纪哲学》，刘永红、陈善贵等译，中国人民大学出版社 2016 年版。

［意］彼德罗·彭梵得：《罗马法教科书》，黄风译，中国政法大学出版社 1992 年版。

［意］罗西·布拉伊多蒂：《后人类》，宋根成译，河南大学出版社 2016 年版。

［英］G. H. R. 帕金森主编：《文艺复兴和 17 世纪理性主义》，田平、孙喜贵等译，中国人民大学出版社 2009 年版。

［英］R. G. 柯林武德：《自然的观念》，吴国盛译，华夏出版社 1990 年版。

［英］W. C. 丹皮尔：《科学史》，李珩译，商务印书馆 1975 年版。

［英］阿尔弗雷德·怀特海：《自然的概念》，张桂权译，中国城市出版社 2002 年版。

［英］安东尼·肯尼：《牛津西方哲学史　第 1 卷·中世纪哲学》，王柯平译，吉林出版集团 2012 年版。

［英］安东尼·肯尼：《牛津西方哲学史　第 2 卷·中世纪哲学》，袁宪军译，

吉林出版集团 2012 年版。

［英］安东尼·肯尼：《牛津西方哲学史　第 3 卷·近代哲学的兴起》，杨王译，吉林出版集团有限公司 2012 年版。

［英］安东尼·肯尼：《牛津西方哲学史　第 4 卷·现代世界中的哲学》，梁展译，吉林出版集团有限责任公司 2012 年版。

［英］彼得·S. 温茨：《现代环境伦理》，朱丹琼、宋玉波译，上海人民出版社 2007 年版。

［英］布莱恩·克莱格：《宇宙大爆炸之前》，虞骏译，海南出版社 2016 年版。

［英］达尔文：《物种起源》，周建人、叶笃庄、方宗熙译，商务印书馆 1997 年版。

［英］大卫·福莱：《从亚里士多德到奥古斯丁》，冯俊等译，中国人民大学出版社 2004 年版。

［英］怀特海：《科学与哲学论文集》，王启超等译，首都师范大学出版社 2017 年版。

［英］霍布斯：《利维坦》，黎思复、黎廷弼译，商务印书馆 1986 年版。

［英］卡尔·波普尔：《猜想与反驳》，傅季重等译，上海译文出版社 2005 年版。

［英］凯·安德森：《文化地理学手册》，李蕾蕾、张景秋译，商务印书馆 2009 年版。

［英］莱尔·沃森：《超自然现象：一部新的自然史》，王森洋译，上海人民出版社 1991 年版。

［英］罗素：《西方哲学史》，何兆武等译，商务印书馆 2009 年版。

［英］马尔萨斯：《人口原理》，朱泱、胡企林、朱和中译，商务印书馆 2014 年版。

［英］马歇尔：《经济学原理》（上、下卷），朱志泰译，商务印书馆 1964 年版。

［英］梅因：《古代法》，沈景一译，商务印书馆 1984 年版。

［英］牛顿：《自然哲学的数学原理》，赵振江译，商务印书馆 2006 年版。

［英］培根：《新工具》，关琪桐译，商务印书馆 1938 年版。

[英] 斯坦利·杰文斯：《政治经济学理论》，商务印书馆1984年版。

[英] 斯图亚特·布朗主编：《英国哲学和启蒙时代》，高新民、曾晓平等译，中国人民大学出版社2009年版。

[英] 泰勒主编：《从开端到柏拉图》，韩东晖、聂敏里、冯俊、程鑫译，中国人民大学出版社2003年版。

[英] 休谟：《人性论》，关文运译，商务印书馆1983年版。

[英] 约翰·穆勒：《群己权界论》，严复译，上海三联书店2009年版。

[英] 约翰·马仁邦主编：《中世纪哲学》，孙毅、查常平等译，中国人民大学出版社2009年版。

（东汉）杨孚：《异物志辑佚校注》，吴永章校注，广东人民出版社2010年版。

（宋）朱熹：《四书集注》，岳麓书社1995年版。

《18世纪末—19世纪初德国哲学》，商务印书馆1960年版。

北京大学哲学系外国哲学史教研室编译：《西方哲学原著选读》（上下卷），商务印书馆1999年版。

北京大学哲学系外国哲学史教研室：《十六—十八世纪西欧各国哲学》，商务印书馆1975年版。

北京大学哲学系外国哲学史教研室编：《古希腊罗马哲学》，商务印书馆1961年版。

曹荣湘选编：《后人类文化》，上海三联书店2004年版。

郭圣铭：《世界文明史纲要（古代部分）》，上海译文出版社1989年版。

江平、米健：《罗马法基础》，中国政法大学出版社1991年版。

李学勤编：《字源》，天津古籍出版社2013年版。

钱穆：《论语新解》，生活·读书·新知三联书店2016年版，第400页。

唐代兴：《环境治理学探索》，人民出版社2017年版。

唐代兴：《恢复气候的路径》，人民出版社2017年版。

唐代兴：《伦理学原理》，上海三联书店2018年版。

唐代兴：《气候失律的伦理》，人民出版社2017年版。

魏凤文、高新红编：《仰望量子群星：20世纪量子力学发展史》，浙江教育出版社2016年版。

张志伟主编：《形而上学的历史演变》，中国人民大学出版社 2010 年版。

张仲庚等：《人格心理学》，辽宁人民出版社 1986 年版。

赵敦华：《西方哲学简史》，北京大学出版社 2001 年版。

赵敦华：《现代西方哲学新编》，北京大学出版社 2001 年版。

赵建军：《追问技术悲观主义》，东北大学出版社 2000 年版。

Albert Borgmann, *Crossing the Postmodern Divide*, Chicago: University of Chicago Press, 2013.

Banesh Hoffman, Helen Dukas, *Albert Einstein, Creator and Rebel*, NewYork: Viking, 1972, p. 18.

Coermer, S. J., *Chaos and the evolving ecological universe*. Langhorne, PA: Gordon and Breach Science Publishers, 1994.

D. Simmons, *New Critical Essays on Kurt Vonnegut*, New York: Palgrave Macmillan, 2009.

Dennett, D. C., *Consciousness explained*, New York: Little, Brown and Company, 1991.

Eddington, A., *The Nature of the Physical World*, Cambridge, UK: Cambridge University Press, 1928.

FritzC. A. Koelln, James P. Pettegrove, translation, *The Philosophy of the Enlightenment*, Boston, 1955.

G. W. F. Hegel, *Science of Logic*, trans., A. V. Miller, New York: Humanities Press, 1976.

Hauking, *A Brief History of Time*, John Gribbin, *In Search of the Big Bang*.

Herbert, N., *Quantum Reality: Beyond the New Physics*, Garden City, NY: Anchor Books, 1985.

J. Hart, *The Oxford Companion to American Literature*, Oxford: Oxford University Press, 1995.

J. Parini, T*he Oxford Encyclopedia of American Literature*, Shanghai: Shanghai Foreign Language Education Press, 2010.

Jacob Bronownki, *The Ascer of Man*, Bostion: Little, Brown, 1973.

James, W., *The will to believe and other essays in popular philosophy and human immortality*, New York: Dover Publications, Inc., 1956.

Jean-Paul Sartre, *Being and Nothingness*, trans., H. E. Barnes, New York: Philosophical library, 1956.

John R. McNeill, *Something New Under the Sun: An Environmental History of the Twentieth—Century World*, New York, W. W. Norton, 2000.

John W. G. Lowe, *The Dynamics of Apocalypse: A Systems Simulation of the Classic May a Collapse*, Albuquerque, University of New Mexico Press, 1984.

Kauffman, S. A., *At Home in the Urdverse*, New York: Oxford University Press, 1995.

Kuhn, T. S., *The structure of scientific reVolutions*, Chicago, II: University of Chicago Press, 1970.

L. Floridi, *The Onlife Manifesto: Being Human in a Hyperconnected Era*, London: Springer Open, 2015.

Lindley, D., *Where does the weirdness go? Why quantum mechanics isstrange, bou not as strange as you think*, New York: BasicBooks, 1996.

Maurice Merleau-Ponty, *Phenomenology of Perception*, trans., C. Smith, London: Routledge & Kegan Paul and Atlantic Highlands: Humanities Press, 1962.

Maurice Merleau-Ponty, *The Primacy of Perceptiom and Other Essays on Phenomenological Psychology, the Philosophy of Art, History and Politics*, ed., J. M. Edie, Evanston: Northwestern University Press, 1964.

Miccoli Anthony. *Posthuman Suffering and the Technological Embrace*, Lanham: Lexington Books, 2010.

Nozick R., *Philosophical Explanations*, Cambridge: Cambridge University Press, 1981.

Paul Churchland, *Matter and Consciousness*, Cambridge, MA: MIT Press, 1984.

Penrose, R., *The emperor's new mind*, Oxford: Oxford University Press, 1989.

Robert Audi, *Belief, Justification, and Knowledge*, Belmont, CA: Wadsworth Publishing Company, 1988.

Schrödinger, E. , *My view of the world*, Cambridge: The University Press, 1964.

T. Piketty, *Capital in the Twenty-First Century*, Belknap Press, 2014.

Vieki Robin and Joe Dominguez, *Your Money or Your Life*, New York: Penguin Books, 1992.

Weber R. , *Dialogues with scientists and sages: The search for unity*, New York: Routledge & Kegan Paul, 1986.

Whitehead, A. N. , *Process and Reality*, Cambridge University Press, 1929.

Whitehead, A. N. , *Science and the modern world*, Cambridge: Cambridge University Press, 1933.

Wiener N. , *The Human Use of Human Beings: Cybernetics and Society*, New York: Houghton Mifflin, 1950 – 1954.

Wilber, K. , *The spectrum of consciovsness*, Wheaton, IL: Theosophical Publishing House, 1977.

索　引

保障原则　226

本能　2，4，24，26，29~35，37，43，45，46，49，52，68，80，89，90，129，138，211，219，264，277，308

本原宇宙观　8，137，150，151，170

必然存在　9，121，122

创造　1~3，5~10，16，17，27，30，36~39，41~43，48，50，53，55，56，61，62，69，95，98~100，108，110，111，113~115，119，121，125，127~132，137，140，142~144，146，147，149~153，165，169，170，172，177，187，191，193，194，196~205，207~211，218，222~231，234~236，239，240，242，243，245，247，248，262，263，269，270，272~278，280，281，283，286，288，294，298，306，307，311，313~316，319，322，326，328，331，333~337

创造的法则　228，230

创造性意愿　222，223

创造性原则　62，125，127，129~132

此在　13，73，74，79~88，92，95，96，121~123，212，248~268，275~278，286，307，313，321，322，324，327，332，336

此在空间　249，250

此在生存　254，257~260，263~268，275~278，286，313，336

此在生存的心灵状态　258，259

此在生存的心智状态　257，258

此在时间　249~251

存在　1~18，20~42，44~67，69~76，78~83，85~89，91~127，129~140，142~147，149~188，191~208，210，211，213~256，259~281，286，289~299，302，305~310，313，314，316~337

存在敞开生存　9，30，31，61，243，250，253~256，261，262，264~267，275，276

存在到来　248~250，254，255，261~266，268，280，281，286

存在的绽放　250

存在来到现在　248~252，255，261，266，267，275，277，281，286，327，336

存在上手现在　248~252，256，261，266，267，275

存在世界　1~11，15~18，22，23，25，26，30，37，41，51，71~73，95，97，98，100，103，109，111，112，120，121，137，140，142，144~147，150，152，155，157，168，175，186，203，208，217，220，237，240，242，244，248，254，260，264~266，268，269，276，280，295，306，313，318，319，321~323，329，332，334~336

存在真理　13

存在主体　56，248，249，302，305，307，308，316，320，322

带动　2，34，43，53，54，74，83，85，95，108，113，121，134，158，161，181，254，257~259，266，274，290，296，297，300，301，303，304，321

动物存在　2，29~31，35~38，41，48，55，57，102，106，109，120，127，210，226，228，244，262，264，268

动物的心智　29，33~35，37，41，42，44，55

多样性法则　112

发生学机制　49

法在自然　175，176，184，185，190，243

法则　7~9，26，39，61，110~113，120，127，129，130，134，135，160，164，183~188，191，204，205，210，213~215，217，218，220，224~230，234，236，237，239~246，256，272，280，281，283，290~292，295，306~308，316，318，319，326，327，329，336，337

烦忙　254，256~258，262，263，268，336

烦忙应对　258

烦盲　252，254，256~258，263~268，336

烦盲联想　258

返魅　205，337

非定域性　156，205~208，210

复杂　5，6，10，25，26，31，32，46，59，81，104，113~115，118，128，154，155，170，172，181，190~196，198~205，207~210，218，224，226，227，229，230，240，242，243，245，248，265，269，270，285，297，317，319，322，330，336，337

复杂创造简单　5，6，10，191，193，196，198~200，202~205，207~210，218，224，226，227，229，240，242，245，248，269，270，319，322，336，337

复杂创造简单原则　196，209

个体生成整体　262

公权的边界　328

共生　5，7，9，11，52，53，57，60，74，79，81，87，96，110，125，134，152，163，171，172，191，203，205，217，219，236~246，251，252，290，294，305，316，318~320，326，331，334

共生存在　9，52，53，79，96，110，125，171，172，219，236~246，251，252，294，316，318~320，326，331

共生进化　316，318，319

孤弱　264，265，277

关联存在　7，11，16，33，47，48，50，

99, 103, 106, 107, 110, 112, 113, 115, 120, 137, 151～154, 158, 160～164, 168～170, 176, 183, 193, 210, 218, 224, 226, 227, 229, 237, 238, 240, 242, 245, 246, 256, 265, 292, 307, 308, 316, 318～320, 326, 330, 331, 336

关联法则 113, 183, 191, 210, 224, 229

过去生成现在 261

耗材 124, 170, 309, 314～316, 330, 332

合生 2, 31, 34, 39, 53, 69, 71, 118, 124, 125, 163, 169, 176, 177, 179, 182, 192, 199, 208, 227, 252, 259, 260, 298, 307, 308, 319, 320, 329

合生性遗传 125

后世界风险社会 217, 230, 278, 286～291, 295, 298, 300, 306, 307, 332, 334

后退式限度生存 332

互生 176, 178～180, 235

互运 190, 191, 195

环境陷阱 292, 293, 300

活着的当下 267

己他关联 107

记忆机制 4, 42

技术的边界 329

技术的无限可能性 279, 330

技术垄断 300, 313

技术性失业 297, 303

技术造人 301

继创 1, 5, 8, 10, 120, 121, 196～205, 207～209, 224, 226～230, 234～236, 240, 242, 244～246, 248, 260,
269, 270, 306, 319, 326, 336, 337

继创生原则 200, 202, 224, 227, 242, 337

继发生 4, 54, 56, 57

继生论机制 49, 54

价值 24, 26, 46, 70, 136, 162, 163, 172, 173, 207, 217, 220, 221, 235～240, 247, 284, 289, 307, 310, 311, 320

简单 5, 6, 10, 26, 66, 104, 126, 127, 129, 142, 146, 156, 172, 190, 191, 193, 196, 198～205, 207～210, 218, 224～227, 229, 230, 240, 242, 245, 248, 269, 270, 319, 322, 334, 336, 337

简单创造复杂 5, 6, 10, 191, 199～205, 207～210, 218, 224, 226, 227, 229, 230, 240, 242, 245, 248, 269, 270, 319, 322, 336, 337

简单创造复杂原则 200, 204, 209

节制 9, 170, 180, 248, 251, 287, 293

尽心而诚 336

尽性而诚 336

经济陷阱 278, 297, 298, 300

精神结构 4, 45, 75, 93, 114, 158

敬畏 15, 22, 23, 51, 170, 185, 221, 228, 234, 307

镜框性存在 13

可持续生存 331～334

空场化 313, 314

空间视域 48

匮乏 90, 264, 265, 273, 284, 294, 334, 335

力学原则 6～9, 61, 62, 125, 126, 130～132

利益　117，129，171～173，215，241，297，302，311，312，314，326～328

利益的限度　326

利用人　181，295

利用人体　295

利用自然　294，295

利欲的无限可能性　277，278

灵魂　3，4，7，18，25，39，50，53，54，57～60，62，63，66～72，74，77，80，83～85，92，96，114，134，151，212，229，259，265，273，309

垄断主义　312

民权的边界　328，329

能动性活力　222，223

喷薄　51

期待　87，137，215，254，257，302

潜意识　316，321

亲生命性　234～236

亲缘关系　128，183，234，235

清减式限度生存　332，333

情商　7，45，75，134，257

祛魅　14，15，47，200，205，311，337

祛魅存在　14

权利　111，115，162，172，173，190，220，221，245，246，273，301，302，304，305，312，314，327～330，332，335

人本法则　228

人本宇宙观　8，137～140，142，144，145，150

人的世界　1，2，8，9，11，92，103，109，135，137，139，140，142，143，145，164～166，169～173，214，215，217，240，247，279，300，313，319，320

人口陷阱　290～292，300

人是世界性存在者　101

人为自然护法　8，9，174～176，210，230～233，236，241～247

人文存在　2，5，35～37，48，55，57，63，70，71，75，102，106，109，120～122，174，210，220，226～228，235，244，262，264，268，293，308

人文心灵　29

人文原型　48，53，56，57，70，71

人性败坏　307～314，316，320

人性存在　120

人性的无限可能性　101，276

人性的宇宙　137，151

人性能力　120，210

认知　2，4，5，12，13，16，18，21，23，25，27，28，34，40，45～48，56～58，62，66，71～73，75～78，80，84，87，93～95，97，113，117～119，123，132，135～141，143，145～147，150～152，154，155，158，159，161～163，177～179，182，193，211，213，214，216，217，219，220，222，224，233，237～240，243，244，254，260，265，286，287，289，290，295，307，308，310，312～314，320～324，329

善美生活　335，337

社会结构生态　301

社会面向　8，164～166，169，171，334

生成　2～5，7，8，11～14，25，27，28，30，32～37，39～45，48，50～53，55～

61，63，64，69，70，72~74，76，79~
84，87，91，92，94，95，97~99，103~
105，107~115，117~121，125，131，133，
134，137，139，145~147，150~152，155，
156，161，163~166，168~170，176，177，
179~183，185，186，191~194，197~203，
205~213，218，223，224，229，230，
232，235~239，246，249~259，261~
266，268，269，272~274，276~283，
286，287，289~293，298~300，312~
315，317，319，322~324，326，327，
329，336

生成本质 76，262

生成生存烦盲 264，265

生成时间 107，223，249

生成形塑生存 262

生存 1，5，8~11，13，14，16，24，26，
28，30~33，45，46，48，52，53，55，
61，62，65，66，69，72，75，79，95，
96，105，110~113，115，116，121，
122，125，128~131，135，165，170~
173，196，202，205，208，210，217，
219，220，222，227，228，230，231，
233，234，236~269，274~287，289~
294，298~300，302，306~309，312~
316，318~322，324~337

生存存在 250~254，261，262

生存的此在论 254

生存的存在论 254

生存的回返性 265

生存的开放性 259

生存的可塑性 266

生存的生成性

生存烦忙 262，268

生存构架 252~255

生存回返本原性存在 265，267

生存困境 268，280

生存利欲 254

生存无限 276，280

生存无限的有限性 276，280

生存有限 268，269，274，276，280

生存有限的无限性 268，269，280

生存状态 122，255~257，260

生命激情 4，7，50，53，54，57，58，60，
62，63，68~71，74，83~85，92，96，
125，134，259，265

生生 3~10，16，17，25，26，28，30，
45，47，52~54，56，57，61，63~65，
67，70，72，74，75，80，109，110，
112，115，119，126，127，130，131，
139，151，164，166，168~170，181~
183，187，191，193，195~197，203，
205，207，210，218~220，223，224，
226~230，233，234，239~242，244~
246，248，254，262，263，266，275~
277，283，306~308，316，318，319，
322，324，329，336

生生不息 3，10，16，26，30，52~54，
57，63，65，67，70，109，110，119，
168，183，187，191，196，197，203，
210，220，223，224，226~229，234，
241，244~246，254，262，263，276，
277，306，308，319，322，329

生生法则 205，226，242，283，318，336

索 引

生生流变　181～183
生生原则　8，9，191，193，226
生生之向　3，25
生物存在　6～9，123，125，130
生物的完整性　7，130～133，135
实然存在　5，7，9，121，122，135，166～168，170，174，175，218，307，320
世界性存在　8，9，81，92，101，103，124，132，135，137，139，145，164～166，169～173，247，256，266，324
适应的法则　204，228
疏离　265，268
四面八方　2，34，40，49，50，54，72，123，155，156，164，193，219，243，266，269，272，323，326
四通八达　49，50，54，72，123，155，156，164，193，219，223，266，269，272，323，325，326
体型　14，38，39
体质生物学　39，40，44，49
体质物理学　37，44，49
天赋能力　30，39
同质性关联　119
畏惧　23，256，257
文化人类学　1～9，14，26～28，32，34～41，45～58，70，83，102，106，107，109，110，113，118～122，124，130，131，133，137，164，170，174，175，210，215，216，220，225～229，233～235，237，239～241，244，255，262～264，268，275，277～282，286，291，293，297，306，308，318，321，329，332，334～337

文明能力　120
无匮乏之忧　334，335
无限的生存溃烂
无限度　10，14，67，102，178，217，218，230，247，254，258，259，264，273，278，280～294，296，298～303，306～310，312～316，320，322，326～335，337
无限度的扩张　217，230，282，290，291，306，307，309
无序创造有序　226
无意识　7，31，55，70，74，75，77，81～93，96～100，129，134，138，140，155，158，287，306，321
物理存在　6～9，122，124，125，154，155，157，206
物理的完整性　7，124，130～133，135
物以群分　179
物质经验主义　15，22，23
物质实证主义　15
希望　54～57，63，66～68，70，72，74，80，102，104，105，121，174，335，337
现在生成将来　261
限度　1，2，8～10，14，32，35，67，68，72，81，85～87，102，110～113，115，120，154，161，166，167，170，174，178，182，187，204，217，218，220，227～230，240，244，246～249，254，258～260，264，269，270～274，278，280～294，296，298～303，306～310，312～316，319～322，324～337
限度的法则　229

353

限度生存 1，8～10，170，247，248，254，280～287，289，290，292，298～300，306～309，312～316，319～322，324～337

相容性法则 112

想象 12，14，25～27，61，62，68，73，74，79，116，123，128，133，136，137，151，158，177～180，185，186，197，201，220，228，242，247，253～255，257，259，262，264，269，275，276，280，281，288，311，317

心觉 4，35，41～45

心觉机制 4，41～44

心理的完整性 7，130～132，134，135

心灵 3～5，7，11，13，14，17，21，23～29，31，38，39，42～93，96～100，102，103，105，108，117，118，120，123，125，133，134，139，146，151，158，159，162，178，179，182，196，206，219，224，225，231，244，247，258～260，264～266，279，290，315，316，321，322，324，334～336

心灵的个体原则 4，57

心灵的功能 58，61，63，67，70

心灵的镜像功能 70，71

心灵的神学原则 58～60，63

心灵的原则 57～59，63，125

心灵的滋养功能 70，73

心灵的自因原则 61，62

心灵结构 4，42，45，48

心灵镜像 4，11，13，14，71～73，75，76，80～82，87，88，96，99，100，103，247，259，322

心灵镜像视域 4，11，73，75，76，87，88，103，247，322

心灵意向 75，80～82，87，88，92，96，99，100，103，259

心灵直观 51，73，117，178

心灵滋养 55，70，74，75

心商 7，45，75，134，257

心智 2～5，7，14，16，17，20，22，23，25，26，28，29，32～57，59，61，63，65～67，70，75，80，81，86，97，105，106，108，118～120，132，134，158，189，257～260，266，321

心智存在 14，26

心智结构 4，39，42，44～49，53，118，257

心智进化 4，35，40

心智倾向 26，28

心智心觉化 35，41，42，45

心智运作 33，34

心智知觉化 34～36，41～45，52

新技术陷阱 293

信仰 7，18，19，39，42，44，48，50，51，55～57，63，66～70，72，74，80，119，133，134，140，141，143，150，244，263，273～275，279，289，290，302，307，308，310，314，321，330，334～337

修善 334

修善方法 334

修养式限度生存 334

野心 257，296

艺术 44，73，97，211，259，263，306，

334，336，337

异质性关联　119

意识的　2，24，31，32，44，45，75，77～100，129，138，140，141，155，159，160，182，206，260，264，268，306，325

意识的传导　99，100

意识的反思　98

意识的功能　86，95，98

意识的建构　82，85，87，98，100

意向环路　79

意向生成　4，81，105

意向视域　75，76，81

意向性想象

意向性意识　258，259

意愿　9，12，40，47，66，67，72，83，102，123，126，137，138，140，143，145，161，166，171，174，175，178，217，222，223，228，231，233，238，247，264，269，283，310，311，328，336，337

应然生存　9，105，121，122，135

涌现　2，3，11，28，51，53，115，149，156，205，208～210，218，225，282

用废退生　293

有序创造无序　226

有组织的不负责任　217，230，282，287，288，290～292，306，307，309

宇宙创生　196，197，203～205，207～210，218，220，245，246，254，316，318

宇宙的心智　3，16，17，22，25，26，28，29，36，52，53，59，63，65，66，81

宇宙观　8，21，137～140，142～147，149～154，157，161，164，170，247

欲望　15，89，101，123，126，145，197，221，233，257，277，285，288，298，306，310，316

元存在　236～238，240

原创　1，8，49，53，114，121，150，151，196～198，200～205，207，209，230，240，244，245，267

原创生原则　202

原创宇宙观　150，151

原发关联　49，50

原发生　49，53，54

责任　54，69，106，150，172，204，217，230，245，246，276，282，287，288，290～292，302，304～307，309，315，335

绽放　250，263

长生　183

知觉　31～36，38，40～46，49，52，55，56，78，79，81，83，93～95，116，117，132～134，145，146，149，161，177～179，186，213，214，216，317，322

秩序　1，14，19，36，37，47，89，97，98，135，136，138，139，141，147，162，182，186～188，191，196，197，205，207～209，218，247，289，326

智商　7，45，75，134，257

重新认识人　220

重新认识生命　218

重新认识自然　218

姿态　17，38，39，62，71，98，151，161～

355

163，192，220，254，255，336

自持　48，52，54，65，67，74，152，223，321

自创　4，62，64，68，70，113，114，183，197，209，210，233

自存　9，64，65，74，112，132，201，222

自化　74

自强　74

自然面向　8，135，164，165

自然人类学　1～9，14，26～29，32～38，40，41，45，47～50，52～58，60，63，65～67，70，83，86，102，104，106～110，113，118～122，124，130，131，133，137，164，169，170，173～175，210，215，220，225～229，233～235，237，239，240，244，255，262～264，268，275～279，281，282，286，291，293，297，306，308，318，321，329，334

自然生成人　262，263

自然生法　175，176，184，185

自然生物　104，296

自然为人立法　8，9，174～176，210，217，218，221，224～229，246，247

自然宇宙观　8，137，145～147，150，151

自生　3，25，41，52，53，64，84，113，115，164，167，182，183，185，186，191，197，201，210，218，219，224，226，227，236，239，240，242，244～246，256，265，292，293，307，308，313，316，317，319，336

自生成　41，53，84，115，182，186，313，317

自生法则　183，191，210，226，236，245，307，308

自生生他　226

自为　4，48，64，65，84，96，97，112，113，115，120～122，134，146，151，154，161～164，177，182，183，185，191，197，202，208，210，215，218，224，226，227，229，236，240，242，245～247，251，252，255，256，265，268，277，279，281，292，295，307，308，316，319，323～325，329，336

自为法则　183，191，210，226，236，245，246，307，308

自由的限度　327

自由意志　4，7，39，53，54，57，58，60，62～72，74，80，83～85，92，96，134，259，265

自在　3，9，25，59，73，74，86，101，111，113，114，119，120，140，143，145，146，174，176，178，183，185，191，197，210，214，216，218，222，224，226，227，236，240，242，245，246，251，252，256，265，292，307，308，316，319，325，336

自在法则　113，183，191，210，226，236，307，308

自主性要求　222，223

后　记

　　人来于自然，并存在于自然中。或可说，人是造物主的原创化之物，又在造物主的继创生中由物成为人，但依然存在于造物主创造的存在世界中，构成其存在世界的具体存在者。哲学的存在之问，须先发问自然存在世界，然后才可开出发问人的存在世界的正道。

　　发问自然存在世界，其首要问题是从积习已久的经验和观念传统中走出来，构建一种尽可能回返存在世界本身的新的理性认知方式，然后才可进入存在世界，揭发存在世界共生存在的形相和场态本体，敞开其场态本体的生境本质。以此出发，发问人的存在世界，须先澄清存在于自然世界中的人对待这自然世界的主体资质及可能性构成，这就是人从自然人类学进入文化人类学——或者从动物存在的人走向人文存在的人——所应具备的人的心灵镜像。其心灵镜像生成的视域程度，才形成人对人的世界的构造，为何以自然世界为最终参照和最后边界，这是因为从自然人类学的动物存在中走出来的人，既是世界性存在者，又是他者性存在者，此二者构成了人以及人构造属人的世界的存在处境。存在于其双重处境中的人，只能是限度生存。

　　限度生存构成人类的存在宿命，有意地忽视或刻意地逾越，就会自为地造就出各种各样的存在困境和生存危机，这些存在困境和生存危机构成每一个世代的人类磨难，以及文明的毁灭与重生。对每个世代的人类以及同一世代中不同民族国家或个体而言，化解其存在困境和生存危机的根本之道，是抛弃所有形式的无限度贪婪而重建限度生存。以是观之，充满惯性的无限度竞斗与理性的限度生存，构筑起沦陷于后世界风险社会进程的当代社会的十字路口。

相继卷3之后完成于改变人类历史的三年世界大灾难进程的本书所致思的限度生存的基本问题，能够纳入"生存论研究"得以面世，既得益于中国社会科学出版社的远见，更得益于责任编辑刘亚楠女士的卓识。这种远见和卓识构成罪孽沉重的当世可能得救的信心之源和希望之光。

2023 年 9 月 1 日

书于狮山之巅